LE
MAHA-BHARATA

POÈME ÉPIQUE
DE KRISHNA-DWAÎPAYANA
VÉDA-VYASA

PREMIER VOLUME.

© 2024, VÉDA-VYASA (domaine public)

Édition: BoD · Books on Demand GmbH, In de Tarpen 42, 22848 Norderstedt (Allemagne)

Impression: Libri Plureos GmbH, Friedensallee 273, 22763 Hamburg (Allemagne)

ISBN: 978-2-3225-5312-9

Dépôt légal : Novembre 2024

À

NOS SOUSCRIPTEURS.

Ce volume renferme à lui seul plus de matière que les douze chants de l'Énéide, et cependant l'action du poème n'est pas même commencée !

C'est la moitié du grand vestibule d'un palais immense, dont les décorations originales, étranges, bizarres, ingénieuses ou naïves, gracieusement, hardiment ou vigoureusement conçues, font déjà pressentir la magnificence, la richesse, la profusion, le délicat et le fort, le riant et le sévère ; en un mot, l'inspiration toute spontanée, indépendante et neuve, qui s'est donné pleine carrière dans l'ornementation fantaisiste des salles intérieures.

Il y a là sans doute beaucoup de choses, qu'on pourrait appeler obscènes à notre point de vue européen. C'est l'antiquité crue ; nous avons risqué dire l'antiquité pure : eh bien, oui ! nous reprenons ce mot à peine rejeté. C'est l'antiquité de saintes gens, pour qui n'existait pas l'impureté des mots, parce que l'impureté des choses était absente du cœur et de l'esprit.

Je n'ai point essayé d'envelopper ces nudités avec la gaze des paroles. Je me suis confié à ce langage d'une Revue, parlant de ma traduction du *Çiçoupâla-badha* :

« On ne tolérerait pas aujourd'hui ces détails ; mais c'est là précisément un trait caractéristique, dont le traducteur a bien fait de conserver l'empreinte ; car son livre s'adresse aux érudits plutôt qu'à la masse du public[1]. »

C'est une face des mœurs générales, que l'Europe n'a pas encore étudiée : il faut donc l'offrir aux yeux telle qu'elle est ici dans sa nature. D'ailleurs, l'entreprise de gazer est bien souvent une chose impossible. Comment, par exemple, gazeriez-vous ces détails singuliers de Vrihaspati, amoureux de sa belle-sœur enceinte, et de l'embryon, qui parle au Demi-dieu libertin dans le sein même de sa mère ?

Si vous ne donnez que des *Extraits du Mahâ-bhârata* sans doute vous n'admettrez pas dans la suave corbeille de votre Anthologie cette fleur primitive, incivilisée et dont notre odorat ne peut supporter la senteur âcre et pénétrante. Mais, si vous traduisez le poème dans tout son entier, il vous faudra bien aborder cette plante sauvage, la recueillir elle-même, la mettre à sa place au milieu des autres ; et tous vos efforts pour gazer ici la chose ne feront que la rendre plus indécente, en montrant l'impureté même du traducteur à l'endroit, où la gravité de l'auteur n'avait rien supposé d'impur.

Nous n'avons pas voulu faire de notes pour ménager l'espace : on n'aurait pu que répéter celles répandues çà et là dans nos volumes précédents. Nous avions prévu d'ailleurs, ce que nous a confirmé la liste de nos souscripteurs, que ce serait, pour la plus grande partie, des indianistes, qui aimeraient mieux lire sans doute, au lieu de ces notes assez inutiles pour eux, quelques pages de plus ajoutées à la traduction.

Quant au petit nombre des autres l'Index des noms et des surnoms, mis en tête du présent volume, suppléera d'une manière bien suffisante à l'absence de ces indications rudimentaires.

On sait que les Indiens tenaient en si haute estime le Mahâ-Bhârata qu'ils attachaient la conquête du ciel à sa lecture journalière, et que, pour faciliter cette pieuse entreprise, on avait partagé tous ses chapitres en plusieurs sections fort inégales et souvent très-courtes. Le distributeur commence invariablement chacune d'elles par ces mots : *Lomaharshana* ou *Vaîçampâyana dit*, quoique la précédente se termine souvent par la même formule, dont un seul vers quelquefois sépare les inutiles redites. Son but est, ce nous semble, de remettre le lendemain ses lecteurs au courant des choses, dont il suppose qu'ils ont perdu le fil depuis la veille.

De même, bien qu'une stance finisse par ces mots : *Tel ou tel personnage tient ce langage ou parle en ces termes*, le compilateur ne manque jamais d'ajouter, pour ainsi dire, en marge, au commencement des paroles de l'orateur ou de l'interlocuteur cette fatigante redondance : *Tel ou tel personnage dit* ; peut-être afin de faciliter la recherche d'un texte, d'une autorité, d'un exemple, que le pandit veut ensuite retrouver.

Nous avons retranché sans aucun scrupule, sur la fin du volume, regrettant de ne pas en avoir eu l'idée plus tôt, ces additions marginales, fastidieuses, parasites, qui ne sont pas de l'auteur, qui gênent la marche de sa narration et rendent son allure embarrassée, lourde et traînante.

Ce tome fut traduit et imprimé en six mois. S'il est mauvais, cette rapidité n'en sera point l'excuse ; mais, s'il est bon, c'est une première assurance, que nous sommes heureux d'offrir à nos bienveillants souscripteurs.

On avait promis des volumes de cinq cent cinquante à six cents pages ; chaque volume aura définitivement six cents pages, comme celui-ci ; quelquefois plus, jamais moins : nous prenons sur nous-même tout l'excédent.

Aujourd'hui que nous possédons l'expérience faite du premier tome, nous pouvons dire le nombre total avec une certitude arithmétique. L'ouvrage entier aura seize volumes !

Ne vous écriez pas qu'il vous en coûtera donc pour quatre volumes, en sus des douze annoncés, une vingtaine de francs, que vous n'aviez pas compté dépenser ; car j'aurai payé de quelques milliers, moi ! l'honneur d'être votre dévoué traducteur.

Le calcul en est facile.

J'imprime à 300 exemplaires, nombre assorti à mon humble renommée. Par conséquent, si toutes les souscriptions à cinq francs étaient venues à moi directement, j'aurais à recueillir une somme inférieure à quinze cents francs ; car il faut bien donner quelques exemplaires. Mais, comme le plus grand nombre est arrivé chez nos libraires et que nous leur faisons une remise d'un franc cinquante centimes par chaque souscription, il s'en suit que, de volume en volume, nos frais auront dépassé nos recettes de plusieurs centaines de francs.

Je le savais avant de commencer cette folle entreprise, comme dirait un sage de notre siècle.

Si ma nature avait été façonnée sur le patron de beaucoup des autres hommes, mon premier feu se serait évaporé insensiblement par les fatigues, les difficultés, les dépenses, l'accueil probablement silencieux du premier volume ; mais, loin de s'éteindre, je le sens au contraire, qui m'échauffe d'une nouvelle ardeur. J'ai commencé ce long ouvrage, j'atteste que je le terminerai, si Dieu ne m'arrête par la mort ou l'infirmité ! mais il me laissera, j'en ai la confiance, accomplir ma tâche, parce qu'il doit en sortir l'acquisition de beaucoup d'idées nouvelles et le redressement de beaucoup d'autres anciennes.

Voilà notre but, sinon le seul, du moins le principal ; est-il possible de se proposer quelque autre chose ? En effet, cet ingrat labeur ne sera jamais entrepris nulle part, et chez nous moins qu'ailleurs, soit en vue de l'argent, car sa vente partout balancera difficilement ses frais ; soit en perspective du renom, car la publicité est ici trop peu grande et la tâche est immense ; soit pour la bagatelle, souvent fort insignifiante, d'un bout de ruban rouge.

Hippolyte Fauche.

Juilly, 30 octobre 1863.

PETIT INDEX

DES NOMS ET SURNOMS DES PERSONNAGES, QUI OCCUPENT LA SCÈNE DU PRÉSENT VOLUME[2].

A

Aîndri, *fils d'Indra*, un des noms d'Arjouna. V. ce nom.
Adhokshadja, nom de Krishna, comme identique à Vishnou.
Apava, un nom de Vaçishtha.
Arjouna, le troisième des fils de Kountî. Né d'Indra et imputé à Pândou.
Atchârya, *instituteur*. — V. Drona.

B

Balarâma, le troisième Râma, le demi-frère de Krishna et le serpent Ananta fait homme.
Bhagavat, un des noms de Brahma. *V. ce mot.*
Bhîmaséna, deuxième fils de Kountî. Né de Maroute ou du Vent, et imputé à Pândou.
Bibhatsou, — V. Arjouna.
Bhîshma, fils aîné de Çântanou et de la déesse Gangâ (le Gange).
Brahman, l'Être irrévélé.
Brahma, la première personne de la Trinité indienne, ou la puissance créatrice personnifiée de *l'Être irrévélé* dans sa manifestation.

D

Dévavrata. — V. Bhîshma.
Dhanandjaya, *le conquérant des richesses*. — V. Arjouna.
Dharma ou **Dharmarâdja**, un des noms d'Yama, le Pluton indien.
Dharmarâdja, un nom d'Youddhishthira, comme fils d'Yama.
Djâtavédasa, un des noms d'Agni, le feu personnifié.
Douryodhana, c'est-à-dire, *le guerrier méchant*, l'aîné des cent fils du roi Dhritarâshtra et le rival des princes fils de

Pândou.
Draâupadî, fille du roi Droupada, épouse des cinq fils de Pândou.
Droupada, roi du Pantchàla, qui fait aujourd'hui partie du Pendjab.
Dwalpâyana, — V. *Vyâsa*.

G

Ganéça, fils de Çiva et de Parvatî, le Dieu de la sagesse.
Gangéya, — V. Bhîshma.
Garouda, oiseau fabuleux, fils de Vinatâ et la monture de Vishuou.
Goudâkéça, — V. Arjouna.

H

Hari, un des noms de Vishnou et de Krishna, son illustre incarnation.
Héramba, — V. Ganéça.
Hrishikéça, un nom du même Vishnou.

I

Indra, le roi des Dieux, le rassembleur de nuages, le *Jupiter tonans* de la mythologie indienne.

J

Djishnous, *le victorieux*. — V. Arjouna.

K

Kâlî, — V. Satyavatî.
Karna, fils de Prithâ et du Soleil, adopté par le cocher du roi et son épouse Râdhâ.
Kéçava, *crinitus*, un nom de Krishna, comme identique à Vishnou.
Kirîti, *diademate cinctus*, un autre nom d'Arjouna.
Kountî ou **Prithâ**, l'épouse du roi Pândou et la mère d'Youddhishthira, de Bhîmaséna et d'Arjouna.
Krishna, fils de Vasoudéva et de Dévakî, la plus grande des incarnations de Vishnou.
Krishna, surnommé Dwaîpâyana. — V. Vyâsa.
Krishnâ. — V. Draâupadî.
Kshattri, « *the son of a female slave,* » dit Wilson ; un surnom de Vidoura.

M

Maghavat, *qui possède le bonheur*. — V. Indra.

N

Nakoula, le premier des fils jumeaux de Mâdrl. Sa naissance des Açwins fut imputé à Pândou.

P

Paraméshti, *in altissimo sedens'*, *un nom de Brahma.*
Phâlgouna, — V. Arjouna.
Pitâmaha, « *the great father of all,* » dit Wilson. — V. Brahma.
Pourandara, *celui, qui brise les villes*, un nom d'Indra.
Partha ou **Prithide**, c'est-à-dire, fils de Prithâ, nom commun aux cinq fils de Pândou, mais donné plus particulièrement à Arjouna.
Prithâ ou **Kountî**, V. ce nom.

R

Râdhéya. — V. Karna.
Râma, surnommé *Paraçourâma*, un brahme, fils de l'anachorète Djamadagni et l'exterminateur de la race des kshatryas.

S

Sahadéva, le puiné des fils jumeaux de Mâdri. Sa naissance des Açwins fut imputée à Pândou.
Satyavatî, pêcheuse devenue reine, épouse de Çântanou.
Savyasâtchi, en français *l'Ambidextre*, un nom d'Arjouna.
Souyodhana, c'est-à-dire, *le bon guerrier*. — V. Douryodhana.

Ç

Çakra, *validus*, un nom d'Indra.
Çatakratou, *qui a célébré cent* ou *qui est honoré par des centaines de sacrifices*, un des noms d'Indra,
Çankara, *celui, qui fait la bonne fortune*. — V. Çiva.
Çiva, troisième personne de la Trimourti, la puissance destructive et reproductive personnifiée de l'Être irrévélé dans sa manifestation par les choses créées.

T

Târkshya, — V. Garouda.
Trisaptikritwa, c'est-à-dire, *qui a fait trois fois sept fois*, sous-entendu, *le massacre des kshatryas*. — V. Râma.

V

Valkartana, *qui resecavit*, un nom de Karna.
Vâsoudéva, c'est-à-dire, le Vasoudévide. — V. Krishna, n° 1.
Vasoushéna, le premier nom de Karna. V. ce mot.
Vidoura, frère de Pândou et de l'aveugle Dhritarâshtra. Il était une incarnation d'Yama, le Dieu des morts.
Vidjaya, *la victoire*. V. Arjouna.
Vignéça, *le maître des obstacles*, c'est à-dire, le Dieu, qui les écarte. — V. Ganéça.
Vîrintchi, ou *le créateur des différentes choses*. — V. Brahma.
Vishnou, la deuxième personne de la Trinité indienne, la puissance conservatrice personnifiée.
Vrikaudara, *ventre-de-loup*, un des noms de Bhîmaséna, ou Bhîma par abréviation.
Vrisha, un des noms, que portait Karna, le fils du Soleil et de Prithâ ou Kountî.
Vyâsa, fils de Paraçara et de Satyavatî, le compilateur des Védas et l'auteur du Mahâ-Bhârata.

Y

Yajnaséna, — V. Droupada.
Youddhishthira, l'aîné des fils de Pândou et de Kountî. Né d'Yama ou Dharma, le mérite de sa naissance fut imputé à Pândou, frappé d'impuissance par la malédiction d'un anachorète.

ERRATUM.

Page 5, ligne 13, je traduis, sans aucun changement, les quatre mots très-obscurs par ceux-ci : *olim, soles omnes erant terræ*, ou, sans renversement de construction : *omnes olim terræ erant soles*. C'est vrai, suivant la science : était-ce un débri d'une science primordiale ? C'est là une question en dehors de notre but.

Page 8, ligne 3e : *le petit-fils*, lisez : *le fils*.

Page 16, corrigez ainsi la stance 156 : Quand.... avait enlevé de dessus elle, par *centaines*, une masse de robes, sans qu'il parvînt à lui arracher la dernière ; alors,... »

Page 21, ligne 3e, au lieu de : *avait tué jusqu'au dernier nos plus forts guerriers, mis en embuscade pour lui ôter la vie*, lisez : *avait tué nos héros déterminés, qui avaient juré de lui ôter ta vie*.

Page 23, ligne 15ᵉ, *du frère de Douççâsana,* lisez : *de Douççasana, son frère*, c'est-à-dire, son cousin.

Page 24, stance 207ᵉ, au lieu de : *aux ondes dormantes et s'était fait un rempart de son eau* ; lisez : *était entré dans un lac, où il s'était couché, après qu'il en eut solidifié les eaux.*

Page 24, corrigez ainsi la stance 208ᵉ : « Quand j'eus ouï dire que les Pândouides venus là et se tenant près du lac, accompagnés du Vasoudévide, avaient blessé *de paroles* mon fils, bouillant de colère ; alors…

Même page, stance 209, au lieu de : *sans raison par l'intelligence de Vâsoudéva* ; lisez : *déloyalement, Vâsoudéva en étant le témoin* ; alors,…

Page 119, dans la vitesse du travail, il m'est échappé un mot, qui se comprend fort bien, mais qui n'est pas reçu en français : *dévorateur*. Supposez-le, comme il est ici, écrit en Italique.

Page 151, à la fin de la stance 1394, mettez une virgule au lieu du point.

Page 163, ligne 27ᵉ, corrigez ainsi la traduction : « Je ferai que cette plume soit l'honneur, et de toi, Çatakratou, et de ta foudre, honneur elle-même du rishi, des os de qui elle est née ! Je te laisse donc pour le même but cette plume,… »

Page 237, ajoutez à la troisième ligne, après : *suivant la règle*, ces deux mots oubliés : « dit Çâunaka. »

Page 241, ligne dixième, la phrase est amphibologique, au lieu de : *Il*, mettez en tête : *Douryodhana*.

Page 260, ligne vingt-cinq : tombée au sein de *Drôni*, lisez : *d'une aiguière*.

Stances 2568 et 4830, le même texte peut donner les deux sens. Le second est plus naturel, mais le premier est appuyé sur la stance 2634 : « Les fils de Vinatâ sont connus sous les noms d'Arouna et de Carouda. » Je n'ose ou je ne puis décider autrement la question.

Page 284, stance 2675, mettez une virgule après "Sinhikâ" et lisez ainsi la fin de la stance avec le commencement de la suivante : «…fut sur la terre ce prince, qu'on appelait Krâtha.

Un Asoura, l'aîné des quatre fils d'Anâyoush, se nommait Vikshara et fut…»

Stances 2726 et 2741 : *et plus fort que cent hommes* est une faute, que l'on a corrigée plus bas, stance 6685, où l'on a traduit cette expression comme il suit : *et un par-dessus la centaine.*

De même, stance 2740, l'expression, *qui avait plus de charmes que cent femmes*, est corrigée dans les stances 4519 et 4523.

Page 401, à la fin de la stance 3743, mettez une virgule au lieu du point.

Page 468, nous avons ajouté deux mots à la seconde épreuve : car, au commencement de la première ligne ; *adoptif*, à la fin de la septième. Effacez-les ! N'essayons pas de mettre des concordances ou des enchaînements là, où se froissent tant de parties hétérogènes. Laissons l'ouvrage aller comme il est ; et, quand nous l'aurons fini, s'il plaît à Dieu ! Quand nous dominerons bien ce vaste ensemble et toutes ses parties, nous ajouterons un volume de considérations historiques, littéraires et critiques.

LE MAHÂ-BHÂRATA

POÈME SANSCRIT

ADI-PARVA

Honorez d'abord Narâyana, et Nara, le plus éminent des hommes, et la Déesse Sarasvatî ; ensuite, récitez *ce poème, qui donne* la victoire !

Un jour, le rejeton de Soûta, Ougraçravas, fils de Lomaharshana et versé dans les Pourânas, se rendit chez les Brahmarshis aux vœux parfaits, doucement assis dans le sacrifice de douze années, que célébrait le chef de famille Çâaunaka au sein de la forêt Nêmisha. Le petit-neveu de Soûta s'inclina devant eux avec modestie ; et, pour écouter de merveilleuses histoires, les anachorètes d'environner cet hôte, arrivé dans l'hermitage des habitants du bois Nêmisha. Les mains réunies en coupe, il salua tous ces vertueux solitaires, et, traité par eux avec honneur, il s'informa des progrès de leur pénitence. Après que tous les anachorètes se furent assis, le Lomaharshanide gagna d'un air modeste le siège, qu'on lui désigna ; mais, quand ils le virent assis lui-même à son aise et délassé, un d'eux prit la parole et lui demanda quelques récits : « D'où viens-tu, rejeton de Soûta ? en quel pays as-tu passé le temps ? Réponds, brahme aux yeux de lotus, à cette question de moi ? » 1-7.

Le Lomaharshanide, ainsi interrogé, de parler avec décence et vérité. Ougraçravas, qui avait le talent de la parole, tint en cette nombreuse assemblée de saints anachorètes ce langage assorti à leur caractère :

« Dans le sacrifice des serpents, qu'offrit le magnanime Djanamédjaya, le rishi des rois, Krishna-Dwaîpâyana jadis a raconté exactement différentes histoires bien pures en la présence même de Pârîkshita, le roi des rois : ce sont elles, qui furent ensuite fidèlement répétées par Vaîçampâyana. J'ai ouï raconter moi-même ces histoires de natures diverses, réunies dans le Mahâ-Bhârata ; et, quand j'eus visité de nombreux et renommés tîrthas, je suis allé dans ce lieu saint, hanté des anachorètes, et, nommé le Champ-de-bataille-de-tous, où fut livré jadis le combat des Kouravas et des Pândouides et de tous les souverains. Le désir de visiter vos saintetés m'a conduit en cet hermitage. Tous, vous êtes vénérables à mes yeux, je vous regarde tous comme entièrement unifiés avec l'Être absolu ; vous avez tous une grande part à ce sacrifice, vous qui possédez la splendeur du soleil ou du feu. Purifiés par les ablutions, vos prières récitées, vos oblations versées dans le feu sacré, brahmes, que vous dirai-je, tandis que vous êtes là tranquillement assis sur vos sièges ? Est-ce de saints récits, qui ont pour fondement les Pourânas, qui ont pour base l'intérêt et le devoir, c'est-à-dire, l'histoire des monarques et des magnanimes rishis ? » 8-16.

« Ce que nous désirons entendre, c'est l'histoire, qui fut racontée jadis par Dwaîpâyana, le plus grand des pénitents, répondirent les anachorètes, et dont le récit, écouté par les Dieux et les Brahmarshis, en reçut les applaudissements. C'est la sainte collection de l'œuvre admirable de Vyâsa, conforme aux quatre Védas, le meilleur des récits, composé de chapitres en mètres différents, où respire la plus fine logique, et dont la parure est le sens des Védas ; collection pure, enlevant la crainte et le péché, formée des sujets entrelacés d'un itihâsa, qui est la substance du Mahâ-Bhârata, revêtue de tous les ornements, augmentée de nombreux Çâstras, elle, qu'a inspirée Brahma, et que Vaîçampâyana a fidèlement racontée au roi Djanamédjaya par l'ordre de Dwaîpâyana avec l'approbation des rishis. »

Le Soûtide répondit : « Quand j'aurai d'abord fait hommage à l'Homme primitif, Içana, très-adoré, très-loué ; à l'Être absolu, droit, éternel, révélé et irrévélé, *essence de l'ineffable* monosyllabe, non-existant, ou plutôt qui est et qui n'est pas, qui est tout, qui est supérieur à ce qui existe et n'existe pas ; au créateur antique, suprême, impérissable de ce qui a précédé ou qui a suivi ; à Vishnou, appelé aussi Hrishikéça et Hari, le chef *des êtres*, le seigneur de ce qui se meut et ne se meut pas, pur, sans péché, heureux, qui donne le bonheur ; j'exposerai ensuite l'idée sainte de l'œuvre admirable du magnanime Vyâsa, l'éminent rishi, honoré ici par tous les mondes ; cette histoire, que plus d'un poète a déjà racontée, que d'autres en ce moment racontent et que d'autres encore raconteront après eux sur la terre ; cette vaste science, renommée dans les trois mondes et bien-aimée des sages, qui vit dans les abrégés et les développements des brahmes, qui est ornée de limpides expressions, qui renferme les paroles des Dieux et des hommes, qui marche accompagnée par la variété des mètres et des vers. 17-28.

» Au temps, où ce monde était sans lumière, invisible, enveloppé de tous côtés par les ténèbres, un œuf énorme, immortelle semence des créatures, fut créé au commencement de l'youga : il est nommé le Divin-grand. En lui était, avons-nous appris, la vérité, la lumière, l'éternel Brahman, cause indistincte, subtile, merveilleuse, étendue également de toutes parts, inaccessible à l'esprit même, essence de ce qui est et n'est pas. De lui naquirent le suprême-aïeul, le seul prééminent, Pradjapati, Brahma, Souragourou, Sthânou, Manou, l'Ether et Paraméshthi. Après eux sortirent les Prâtchétasas, Daksha et les sept fils de celui-ci ; ensuite les vingt-un maîtres des créatures, l'Homme ou l'âme universelle, que tous les rishis connaissent, les Viçvadévas, les Adityas, les Vasous, et même les deux Açwins, les Yakshas, les Sâdhyas, les Piçâtchas, les Gouhyakas et les Pitris. Ensuite éclorent les sages, les plus grands des éminents Brahmarshis, les Râdjarshis nombreux et doués de toutes les vertus, l'eau, le ciel, la terre, le vent, l'atmosphère et les points cardinaux ; puis, tour à tour, les nuits, les jours, les quinzaines, les mois, les saisons et l'année ; enfin, toute autre chose, dont est composé le monde exposé aux yeux, et tout ce qu'on voit existant parmi les êtres mobiles et immobiles. Arrivé à la fin d'un youga, le monde entier se résout *et rentre là, d'où il est* sorti. Dans les commencements des yougas, chaque espèce d'êtres se manifeste à son tour : ainsi les caractères des saisons apparaissent dans la révolution d'une année avec leurs formes diverses. De même que tourne sans commencement ni fin dans le monde la roue de ses évolutions : ainsi roule, sans commencer ni finir, la cause de la *naissance et de la* destruction des êtres. 29-40.

» La création des Dieux fut de trente-trois mille trois cent trente-trois individus par une évaluation abrégée.

» Le fils du ciel fut Vrihatbhânou, *le soleil*, appelé encore Tchakshouratman, Vibhâvasou, Savitri, Saritchîka, Arka, Bhânou, Açâvaha et Ravi. 41-42.

» Les terres jadis sont nées de tous les soleils ; le plus éminent parmi eux, c'est Dévabhrâdj ; le fils de celui-ci porte le nom de Soubhrâdj. 43.

» Trois fils d'une vaste renommée et pères de nombreuses familles naquirent à Soubhrâdj : ce furent Daçadjyotis, Çatadjyotis et mahasradjyotis. Le magnanime Daçadjyotis eut dix mille fils ; Çatadjyotis engendra ici dix fois autant d'autres fils, et Sahasradjyotis, qui plus est, en eut lui-même dix fois autant ! C'est d'eux qu'ont pris naissance la race de Kourou, des Yadouides et de Bharata, la famille d'Yayâti et d'ikshvâkou, la lignée entière des Râdjarshis, les races nombreuses et les vastes générations des êtres ; toutes les habitations des êtres *animés*, ce qui regarde le mystère contenu en trois lettres, les observances du Véda, la distinction, le devoir, l'intérêt et l'amour. 44-48.

» Le rishi a passé en revue les divers Traités, qui roulent sur l'amour, l'intérêt et le devoir, ainsi que toutes les lois, qui régissent la marche du monde. Les histoires, les commentaires, les traditions, enfin tout caractère du poème fut exposé là dans son ordre. Quand il eut fini de resserrer et d'étendre : « Les sages désiraient, en vérité ! dans le monde, se dit le vénérable, cette vaste science, qui porte en elle ses abrégés et ses développements ! » Certains brahmes lisent le Bhârata en commençant par l'épisode de Manou, quelques-uns par celui d'Astika, ceux-là par celui d'Ouparitchara ; il en est qui le lisent entièrement. Les savants, habiles, les uns à raconter, les autres à retenir les vers du poème, font resplendir la science variée de ce *docte* recueil 49-53.

Après qu'il eut disposé, à force de pénitences et d'instruction théologique, l'éternel Véda, le petit-fils de Satyavatî, le fils de Parâçara, le savant brahmarshi, fidèle à son vœu, se mit à rédiger cette sainte histoire. Quand il eut achevé ce narré sans pareil : « Comment instruirai-je ici mes disciples ? » pensa le brillant Dwaîpâyana. À la vue de cette pensée dans l'esprit de l'anachorète, Brahma, l'instituteur fortuné des mondes, descendit ici-bas de soi-même par amitié pour le rishi et par affection pour le bien du monde. À son aspect le rejeton de Vâsavî, environné par tous les groupes des solitaires, sourit, s'inclina, ses mains réunies en coupe, et lui offrit un siège. Il décrivit un pradakshina autour d'Hiranya-garbha, assis sur le siège d'honneur, et se tint *respectueusement* à côté de son fauteuil ; puis, sur l'invitation de Brahma-Paraméshthi, Krishna s'assit joyeux près du siège avec un candide sourire. L'anachorète à la grande splendeur : « C'est moi, bienheureux, dit-il à Brahma-Paraméshthi, qui ai fait ce poème tenu en fort grande estime. J'ai fondé aussi, Brahma, un autre mystère, celui des Védas, avec les œuvres développées des Angas, des Oupanishads et des Védântas ; par mes soins, les histoires et les Pourânas ont ouvert les yeux, et le passé, le présent et l'avenir, cette triade fut ce qu'on appelle le temps. J'ai défini la vieillesse, la mort, la crainte, la maladie, l'être et le non-être, le caractère de la vertu en ses diverses formes et celui des ordres religieux, les règles pour les quatre classes et celles des Pourânas entièrement, celles de la pénitence, du noviciat, de la terre, du soleil, de la lune, la mesure des étoiles, des constellations, des planètes avec les quatre âges, les Rig, Yadjous, et Sâma, esprit suprême du Véda ; l'étude du Nyâya, la médecine, le don suivant la manière des sectateurs de Çiva ; la naissance appelée divine et humaine, quoique égale par la cause ; la description des tîrthas et des lieux saints, des rivières, des montagnes, des forêts et de la mer ; l'art des combats dans les antiques âges et les kalpas divins, les différences des espèces de langage, la marche des affaires mondaines, l'essence, qui est répandu partout et se communique à tout : enfin, il n'existe pas sur la terre un écrivain, qui ait traité déjà ces matières. » 54-70.

- « Je pense, dit Brahma, que la connaissance de la science des mystères t'élève au-dessus de la foule distinguée des solitaires, quelque distingués qu'ils soient par la pénitence. Je connais depuis le commencement ta véridique parole, qui a pour sujet Brahman : ce poème, comme tu l'appelles, sera donc le poème par excellence. De même que les trois autres états sont incapables de faire ce qui distingue le maître de maison ; ainsi nul poète n'est capable de produire ce qui distingue ce poème. Pense à Ganéça, anachorète, pour la tâche d'écrire cette œuvre. »

« Quand il eut parlé de cette manière, dit le rejeton de Soûta, Brahma de s'en retourner dans son palais. 71-74.

Ensuite Vyâsa, le fils de Satyavatî, pensa au souverain des Ganas. À peine eut-il formé cette pensée, aussitôt Héramba, qui aime à satisfaire la pensée de ses adorateurs, Vighnéça descendit là où se tenait Védavyâsa. Honoré par lui, il s'asseoit, et Vyâsa lui tient alors ce langage : « Maître des Ganas, Dieu pur, sois l'écrivain du Bhârata, ce poème, que j'ai composé dans mon esprit et que je vais te dicter. » À ces mots, Vighnéça répondit : « Oui ! je serai ton secrétaire, à condition que ma plume ne s'arrêtera pas un instant aussi long-temps que j'écrirai. » — « Soit ! n'écris pas, si tu es quelque part sans comprendre, » dit Vyâsa au Dieu. — « *Aum !* » reprit Ganéça ; et c'est ainsi qu'il devint le secrétaire du pénitent. 75-79.

Ensuite le solitaire fit en lui-même avec ardeur l'enchaînement du poème, touchant lequel Dwaîpâyana l'anachorète, ayant réfléchi, dit cette parole : « Je sais huit milliers et huit centaines de çlokas ; Çouka les sait ; Sandjaya ou les sait ou ne les sait pas. » Il est impossible de rompre cette masse de çlokas bien fortement enchaînée par le mystère du sens, que le solitaire y tient renfermé. Dans les moments, où Ganéça, tout savant qu'il fût, s'arrêtait à réfléchir un instant, Vyâsa composait plusieurs autres çlokas. Ce poème avec les pinceaux trempés dans le collyre de la science fait ouvrir les yeux au monde, qui marche aveuglé par les épaisses ténèbres de l'ignorance. Telle que cette obscurité s'enfuit à la clarté des récits, abrégés ou développés, qui ont pour objet l'affranchissement de l'amour, des richesses et de la loi, ainsi est-elle chassée par le soleil du Bhârata. De même que les pléoménies des Pourânas enfantent les clairs-de-lune des Védas, de même il produit la lumière en dissipant les *nuages*, ennemis de l'intelligence humaine. Le séjour de l'embryon du monde est éclairé tout à fait, comme il sied, par la lampe de cette histoire, qui anéantit les brouillards des illusions. Le chapitre de la table des matières est la semence du poème, le Pâauloma et l'Astika en sont comme les racines, Sambhava en est le tronc sublime, Sabhâ et Aranya sont les *branches*, volière d'oiseaux. Le chant d'Aranî est sa forme première ; Oudyoga et Virâta sont, pour ainsi dire, sa moëlle, le chant de Bhîma est sa principale branche, la section de Drona est son feuillage ; le chant de Karna est sa parure de fleurs blanches, celui de Çalya en est le parfum, le chant des femmes et l'Aîshika est son délassant ombrage, la section de Çânti est son fruit plantureux ; l'Açwamédha en est le suc aussi doux que l'ambroisie, l'Açrama-Sthâna est la terre, où il est planté ; le Mâausala, honoré des brahmes les plus distingués, est l'abrégé des Védas. Cet arbre immortel du Bhârata deviendra une source de vie pour tous les princes des poètes et ce que le Dieu des pluies est aux plantes de la terre. 80-92.

Le rejeton de Soûta dit : « Je vais exposer la production de ses fleurs et de ses fruits, doués tous d'un suc doux, pur, que ne sauraient cueillir même les Immortels. Jadis, par les ordres de sa mère et du sage Bhîshma, l'héroïque et vertueux Krishna-Dwaîpâyana engendra au sein de la veuve de Vitchitravirya les Kâauravyas semblables aux trois feux sacrés. Quand il eut donné la vie à Dhritarâshtra, Pândou et Vidoura, le sage s'en revint à son hermitage afin d'y continuer ses pénitences. Les jeunes princes nés, grandis, entrés dans la meilleure des voies, le maharshi récita le Bhârata dans ce monde des enfants de Manou. Interrogé par Djanamédjaya et par des milliers de brahmes, il enseigna ce poème à son disciple Vaîçampâyana, assis devant lui. Il récita lui-même, pressé mainte et mainte fois, le Bhârata dans les intervalles du sacrifice, où il était assis au milieu des assistants. Dwaîpâyana dit avec convenance la grandeur de la race de Kourou, le caractère vertueux de Gândharî, la science de Kshattri, la fermeté de Kountî. Le saint anachorète exposa la magnanimité de Vâsoudéva, la véracité des Pândouides, la conduite effrénée des fils de Dhritarâshtra, et renferma en vingt-quatre mille çlokas le recueil du Bhârata, non compris les épisodes : c'est le poème, que les savants appellent aujourd'hui le Bhârata. Le saint hermite fit en outre un abrégé de cent cinquante çlokas pour table des matières avec les chapitres des histoires. Dwaîpâyana fit d'abord lire ce poème à son fils Çouka ; ensuite, il fut donné par le maître à ses autres disciples, formés sur son modèle. Il fit un second recueil de soixante centaines de mille çlokas : trente centaines de mille sont déposés dans le monde des Dieux ; quinze centaines de mille furent dits chez les Pitris ; quatorze au milieu des Gandharvas ; cent mille seulement furent chantés parmi les hommes. Nârada fit écouter ces vers aux Dieux ; Asita-

Dévala aux Pitris ; Çouka les récita aux Rakshasas, aux Yakshas, aux Gandharvas. Vaîçampâyana, le vertueux disciple de Vyâsa et le plus instruit de tous les sages, qui possèdent le Véda, récita les cent mille çlokas dans ce monde des hommes ; je vais les dire moi-même ; écoutez ! L'irascible Douryodhana est un grand arbre, le sage roi Dhritarâshtra en est la racine, Karna le tronc, Çakouni les branches, Douçâsana les fleurs écloses et les fruits mûrs. Le vertueux Youdhishthira est aussi un grand arbre ; Krishna, Brahman et les brahmes en sont les racines, Arjouna le tronc, Bhîmaséna les branches, les deux fils de Mâdrî les fleurs écloses et les fruits mûrs. 93-109.

» Après que Pândou eut conquis par sa bravoure et son intelligence de nombreuses contrées, il habita, en compagnie des anachorètes, dans la forêt, où il s'adonnait à chasser. Il tomba en de pénibles infortunes, à commencer par la naissance des fils de Prithâ, parce qu'il avait tué une gazelle dans l'accouplement : on voit ici la marche de la Destinée, inséparable des actions. Leurs mères, *ses épouses*, conçurent d'Yama, du Vent, d'Indra et des célestes Açwins, selon ce qui est enjoint par le Traité des Devoirs. Quand ils eurent grandi avec ces magnanimes pénitents, sous l'œil vigilant de leurs mères, dans ces forêts saintes et dans ces purs hermitages, novices portant le djatâ, disciples conformes aux enseignements du maître, ils furent conduits par les anachorètes chez les princes Dhritarâshtrides. « Voici les fils de Pândou, vos amis, vos frères et vos enfants ! » Ces mots dits, les hermites s'éclipsèrent. Après qu'ils eurent vu les pénitents les annoncer comme les fils de Pândou, les Kourouïdes et les citadins, qui appartenaient aux premières classes, firent éclater les transports de leur joie : « Ils ne sont pas de lui ! » murmuraient ceux-ci. « Ils sont bien ses fils ! » s'écriaient ceux-là. « Comment peuvent-ils être de lui, disaient les autres, puisque Pândou est mort depuis long-temps ? » — « Qu'ils soient les bien-venus de toutes les manières ! oh bonheur ! nous voyons la postérité de Pândou ! Criez : « Bien-venus ! » On entendait ces paroles de tous les côtés. Quand ces voix eurent cessé, *toutes* les plages du ciel résonnèrent et ce fut encore un bruit confus d'êtres invisibles. Il y eut à l'entrée de ces princes une pluie suave de fleurs et de parfums ; le son des tambours se mêlait à celui des conques : c'était comme une merveille ! Le plaisir de cet *événement* fit naître la joie au cœur de tous les habitants : le bruit, qui s'élevait là, augmenté par celui des conversations, s'en allait frapper *jusqu'à la voûte* du ciel. 110-121.

Les Pândouides, qui avaient lu tous les Védas et les différents Traités, habitèrent cette ville en grand honneur à l'abri de toute crainte. Les citoyens aimaient la pureté d'Youdhishthira, la fermeté de Bhîmaséna, le courage d'Arjouna, la docilité de Kountî à l'égard de son directeur, la modestie des jumeaux fils des Açwins ; et l'héroïsme des *cinq* charmait toute la ville. 122-124.

Ensuite, exécutant une chose difficile à faire, Arjouna obtint la jeune Krishna dans l'assemblée des rois, où elle devait se choisir elle-même un époux. À compter de ce jour, il reçut dans le monde les hommages de tous les *habiles* archers, et son aspect dans les batailles ne fut pas moins impossible à soutenir que la vue même du soleil. Arjouna, après qu'il eut vaincu tous les rois et toutes leurs puissantes armées, se mit à protéger le suprême sacrifice du roi. Youdhishthira put donc mener à bonne fin le râdjasoûya, ce grand sacrifice, où abondaient et les aliments *pour tous* et les dons pour les brahmes, et qui fut doué de toutes les qualités. Djarâsanda et le roi de Tchédi, orgueilleux de sa force, succombent, grâce à la sagesse de Vâsoudéva, grâce à la vigueur de Bhîma et d'Arjouna. 125-129.

À la vue des précieuses richesses étalées çà et là devant ses regards, des chevaux, des éléphants, des vaches, des pierreries, de l'or, des perles, des habits variés, des manteaux, des couvertures, des joyaux, des pelleteries, des voiles, des lits tissus de laine ; à la vue de leur maison, ressemblante aux palais des Immortels et savamment bâtie par Maya avec les *magnifiques restes apportés du Vârshaparva* ; à la vue de cette prospérité des Pândouides enrichis, alors une bien grande colère, fille de l'envie, naquit au cœur de Souyodhana. Là, comme il se hâtait de sortir, Bhîma se rit de lui en présence de Vâsoudéva, sans plus d'égard que s'il était un homme de bas lieu. Lui, chez lequel abondaient toutes les espèces d'aliments et toutes les sortes de pierreries, il était devenu pâle, jaune, maigre, dit-on à Dhritarâshtra. Ensuite, cédant à sa tendresse pour ses fils, celui-ci permet le jeu ; Vâsoudéva, à cette nouvelle, ressent une vive colère[3]. 130-136.

Quand il eut jeté Vidoura, Drona, Çâradvata, Bhîshma, Kripa dans cette lutte aveugle, où les kshatryas se consumaient l'un l'autre, il n'en eut pas le cœur infiniment satisfait, car il avait ouvert la porte aux contestations, qui viennent à la suite du jeu, et permis l'entrée aux différentes infortunes, qui accompagnent la mauvaise chance. 137-138.

Les fils de Pândou ayant gagné, lorsqu'il vit s'exhaler de terribles ressentiments et qu'il sut les projets de Douryodhana, de Karna et de Çakouni, 139.

Dhritarâshtra, après de longues réflexions, dit ces paroles à Sandjaya : « Écoute, Sandjaya, tout ce qui est dans mon cœur et ne veuille pas me blâmer. 140.

» Tu es instruit, tu es plein de sagesse et d'intelligence, tu es estimé pour ta science ! La guerre n'est pas mon opinion et la destruction de ma famille ne m'est pas agréable. 141.

» Je ne mets aucune différence entre mes enfants et les fils de Pândou. Enivrés par la colère, mes fils injurient ma vieillesse. 142.

» Privé des yeux, je supporte ce dédain par faiblesse et par amour de mes fils ; je suis devenu comme insensé à l'exemple de Douryodhana, qui délire et a perdu l'esprit. 148.

» Depuis qu'il a vu la prospérité du splendide Pândouide dans le sacrifice du râdjasoûya et subi la moquerie en regardant les montées du palais. 144.

» Incapable de vaincre lui-même les Pândouides dans un combat, et ne pouvant, tout prince qu'il est, atteindre à leur éclatante prospérité. 145.

» Il a, en compagnie du roi de Gândhara, médité un jeu trompeur sous l'apparence de la bonne foi. Écoute donc, Sandjaya, tout ce qui est connu par moi. 146.

» Quand tu connaîtras dans la vérité que mes paroles sont accompagnées de l'intelligence, alors, fils de Soûta, tu sauras qu'aveugle j'ai du moins la vision de la science.

» Quand j'eus ouï dire qu'Arjouna, levant son arc, avait frappé, abattu sur la terre le but merveilleux, et enlevé Krishnâ à la vue de tous les rois ; alors, Sandjaya, je n'ai plus conservé d'espérance pour la victoire. 147-148.

» Quand j'eus ouï dire qu'il avait mené de force Soubhadrâ, la fille de Madhou, à Dwârakâ et que les deux vaillants Vrishnides s'en étaient allés à Indraprastha ; alors, Sandjaya, je n'ai plus conservé d'espérance pour la victoire. 149.

» Quand j'eus ouï dire qu'Arjouna, armé de flèches divines, avait arrêté le roi des Dieux versant la pluie, et que le feu s'était rassasié à dévorer la forêt Khândava ; alors, Sandjaya, je n'ai plus conservé d'espérance pour la victoire, 150.

» Quand j'eus ouï dire que les cinq fils de Prithâ, accompagnés de Kountî, s'étaient échappés de la maison de laque et que Vidoura s'était joint avec eux pour le bon succès de leurs affaires ; alors, Sandjaya, je n'ai plus conservé d'espérance pour la victoire. 151.

» Quand j'eus ouï dire qu'Arjouna, ayant percé le but au milieu de l'amphithéâtre, avait conquis Drâaupadî et que les héros Pântchâlas s'étaient réunis aux héros Pândouides ; alors, Sandjaya, je n'ai plus conservé d'espérance pour la victoire. 152.

» Quand j'eus ouï dire que Bhîmaséna avait étreint dans ses bras le plus vaillant des Mâghadains, Djârasanda, resplendissant au milieu des kshatryas, et l'avait étouffé ; alors, Sandjaya, je n'ai plus conservé d'espérance pour la victoire. 153.

» Quand j'eus ouï dire que, dans leur conquête du monde entier, les fils de Pândou avaient contraint à la soumission les monarques de la terre et qu'ils avaient célébré le grand sacrifice du râdjasoûya ; alors, Sandjaya, je n'ai plus conservé d'espérance pour la victoire.

» Quand j'eus ouï dire qu'on avait traîné dans l'assemblée Drâaupadî, couverte d'un seul vêtement, désolée, baignant de larmes son cou, souillée des impuretés de son mois et traitée comme une femme sans appui, elle, qui avait pour défenseur *un tel époux* ; alors, Sandjaya, je n'ai plus conservé d'espérance pour la victoire. 154-155.

» Quand j'eus ouï dire que le méchant Douçâsana, d'une intelligence étroite avait enlevé de dessus elle, par centaines, une masse de robes, sans qu'il parvînt à lui arracher la dernière ; alors, Sandjaya, je n'ai plus conservé d'espérance pour la victoire. 156.

» Quand j'eus ouï dire qu'Youdhishthira, vaincu au jeu par Sâaubala, avait perdu son royaume et que ses incomparables frères l'avaient suivi dans l'exil ; alors, Sandjaya, je n'ai plus conservé d'espérance pour la victoire.

» Quand j'eus ouï dire les différents exploits de ces vertueux Pândouides, partis pour les forêts et que leur amitié fraternelle avait plongés dans le malheur ; alors, Sandjaya, je n'ai plus conservé d'espérance pour la victoire. 157-158.

» Quand j'eus ouï dire que des milliers de brahmes magnanimes, initiés, vivant d'aumônes, avaient suivi Dharmarâdja dans les bois devenus sa demeure ; alors, Sandjaya, je n'ai plus conservé d'espérance pour la victoire. 159.

» Quand j'eus ouï dire qu'Arjouna avait plu dans un combat à Tryambaca, le Dieu des Dieux, sous les apparences d'un chasseur montagnard, et qu'il avait obtenu la grande arme de Çiva ; alors, Sandjaya, je n'ai plus conservé d'espérance pour la victoire. 160.

» Quand j'eus ouï dire que ce Dhanandjaya, docte, illustre, attaché à la vérité, muni d'une arme divine, habitait vraiment le ciel en présence de Çakra ; alors, Sandjaya, je n'ai plus conservé d'espérance pour la victoire, 161.

» Quand j'eus ouï dire ensuite qu'Arjouna avait triomphé des Kâlakéyas et des Pâaulomans, fiers d'une insigne faveur, qui les rendait invincibles aux Dieux mêmes ; alors,

Sandjaya, je n'ai plus conservé d'espérance pour la victoire. 162.

» Quand j'eus ouï dire qu'*Arjouna*-Kirîti, qui traîne *avec fureur* ses ennemis était allé dans le monde de Çakra pour la mort des Asouras et s'en était revenu, son exploit accompli ; alors, Sandjaya, je n'ai plus conservé d'espérance pour la victoire. 163.

» Quand j'eus ouï dire que Bhîma et les autres jeunes princes étaient allés avec Vaîçravana dans cette région, inaccessible aux enfants de Manou ; alors, Sandjaya, je n'ai plus conservé d'espérance pour la victoire. 164.

» Quand j'eus ouï dire que mes fils, charmés des conseils de Karna, s'étaient rendus à Ghoshayâtra et que, jetés dans les chaînes par les Gandharvas, Arjouna les avait délivrés ; alors, Sandjaya, je n'ai plus conservé d'espérance pour la victoire. 165.

» Quand j'eus ouï dire, petit-fils de Soûta, qu'Yama, sous la forme d'un Yaksha, avait conversé avec Dharmarâdja et répondu convenablement à certaines demandes ; alors, Sandjaya, je n'ai plus conservé d'espérance pour la victoire. 166.

» Quand j'eus ouï dire que les miens n'avaient pas su que les fils de Pândou habitaient, avec Krishnâ, dans le royaume de Virâta sous un extérieur emprunté ; alors, Sandjaya, je n'ai plus conservé d'espérance pour la victoire. 167.

» Quand j'eus ouï dire qu'Arjouna avait brisé, avec un seul char, les plus vaillants des miens au temps, où ces magnanimes habitaient le royaume de Virâta ; alors, Sandjaya, je n'ai plus conservé d'espérance pour la victoire.

» Quand j'eus ouï dire que le roi de Matsya avait donné la vertueuse Outtarâ, sa fille, à Arjouna et que celui-ci l'avait acceptée pour son fils ; alors, Sandjaya, je n'ai plus conservé d'espérance pour la victoire. 168-169.

» Quand j'eus ouï dire qu'Youdhishthira banni, privé de sa famille, dépouillé de toutes ses richesses, n'en possédait pas moins sept armées complètes ; alors, Sandjaya, je n'ai plus conservé d'espérance pour la victoire. 170.

» Quand j'eus ouï dire que Mâghava-Vâsadéva était venu *s'incarner* de son âme universelle dans l'intérêt des Pândouides sur cette terre, dont il est, dit-on, la seule énergie ; alors, Sandjaya, je n'ai plus conservé d'espérance pour la victoire. 171.

» Quand j'eus oui dire à la bouche même de Nârada : « Arjouna et Krishna ne sont pas autres que Nara et Narâyana ; je l'ai vu, à n'en pouvoir douter, dans le monde de Brahma ; » alors, Sandjaya, je n'ai plus conservé d'espérance pour la victoire 172.

» Quand j'eus ouï dire que, désirant la paix dans l'intérêt du monde, Krishna s'en était allé chez les Kourouides porter des paroles de paix et s'en était revenu, ayant vu échouer sa mission ; alors, Sandjaya, je n'ai plus conservé d'espérance pour la victoire. 173.

» Quand j'eus ouï dire que, Douryodhana et Karna ayant conçu le dessein de prendre Kéçava, celui-ci s'était montré lui-même sous des formes nombreuses ; alors, Sandjaya, je n'ai plus conservé d'espérance pour la victoire. 174.

» Quand j'eus ouï dire que Vâsoudéva s'était avancé vers Prithâ et qu'il avait consolé, lui, Kéçava ! cette femme, qui se tenait désolée, sans cortège devant son char ; alors, Sandjaya, je n'ai plus conservé d'espérance pour la victoire. 175.

» Quand j'eus oui dire que Vâsoudéva était le conseiller des Pândouides, Bhîshma, le fils de Çântanou, celui des Kourouides, et que Bhâradwâdja même avait prononcé les bénédictions ; alors, Sandjaya, je n'ai plus conservé d'espérance pour la victoire. 176.

» Quand Karna eut dit à Bhîshma ces paroles : « Je ne joindrai plus mes efforts aux tiens dans les combats ! » et qu'abandonnant l'armée, il se fut retiré ; alors, Sandjaya, je n'ai plus conservé d'espérance pour la victoire. 177.

» Quand j'eus oui dire qu'Arjouna et Krishna s'étaient réunis à Gândiva, l'arc sans mesure, afin de former avec lui un faisceau de trois épouvantables énergies ; alors, Sandjaya, je n'ai plus conservé d'espérance pour la victoire. 178.

» Quand j'eus ouï dire qu'Arjouna, saisi d'une faiblesse, s'était affaissé sur le siège du char et que Vâsoudéva lui avait offert dans son corps la vue des mondes ; alors, Sandjaya, je n'ai plus conservé d'espérance pour la victoire. 179.

» Quand j'eus oui dire que Bhîshma, terrible aux ennemis, avait brisé dans le combat dix mille chars et qu'il n'était pas mort un seul guerrier d'un nom illustre ; alors, Sandjaya, je n'ai plus conservé d'espérance pour la victoire. 180.

» Quand j'eus ouï dire que le vertueux Apagéya avait prédit lui-même sa mort dans la bataille et que les Pândouides triomphants avaient traîné son corps ; alors, Sandjaya, je n'ai plus conservé d'espérance pour la victoire. 181.

» Quand j'eus ouï dire qu'Arjouna, ayant placé devant lui Çikhandi, avait tué Bhîshma d'un héroïsme sans borne, guerrier insoutenable dans les combats ; alors, Sandjaya, je n'ai plus conservé d'espérance pour la victoire. 182.

» Quand j'eus ouï dire que Bhîshma, immolé sous des traits aux diverses empennures, était, ce vieux héros, étendu sur un lit de flèches, après qu'il eut bien réduit le nombre des Somakas ; alors, Sandjaya, je n'ai plus conservé d'espérance pour la victoire. 183.

» Quand j'eus ouï dire que le fils de Çântanou, *ainsi couché sur le champ de bataille* et consumé par la soif, avait sollicité d'Arjouna un peu d'eau, que celui-ci au même instant avait fendu la terre et désaltéré Bhîshma ; alors, Sandjaya, je n'ai plus conservé d'espérance pour la victoire.

» Quand le vent, Indra et le soleil se furent alliés dans un même esprit, afin d'assurer la victoire aux enfants de

Kountî, et que ceux-ci, pareils à des bêtes féroces, eurent semé l'épouvante sans relâche au milieu de nous ; alors, Sandjaya, je n'ai plus conservé d'espérance pour la victoire. 184-186.

» Quand Drona, qui enseignait dans les batailles différents chemins par les armes, n'eut pas réussi à tuer, malgré ses diverses manières de combattre, les plus vaillants des Pândouides ; alors, Sandjaya, je n'ai plus conservé d'espérance pour la victoire. 186.

» Quand j'eus ouï dire qu'Arjouna avait tué nos héros déterminés, qui avaient juré de lui ôter la vie ; alors, Sandjaya, je n'ai plus conservé d'espérance pour la victoire. 187.

» Quand j'eus ouï dire que le héros, fils de Soubhadrâ, avait pénétré dans *notre* armée impénétrable à d'autres et qu'il y était entré, toute gardée qu'elle fût par Bhâradwâdja même, revêtu de ses armes ; alors, Sandjaya, je n'ai plus conservé d'espérance pour la victoire. 188.

» Quand nos vaillants guerriers, qui avaient environné et tué le jeune Abhimanyou, firent tous éclater la joie dans leurs gestes, quoiqu'ils fussent incapables de résister à *son père*, le fils de Prithâ ; alors, Sandjaya, je n'ai plus conservé d'espérance pour la victoire. 189.

» Quand j'eus ouï dire et les cris, que les Dhritarâshtrides avaient poussés, ivres de joie, quand ils eurent immolé Abhimanyou, et le mot, que, dans sa colère, Arjouna avait jeté à Saîndhava ; alors, Sandjaya, je n'ai plus conservé d'espérance pour la victoire. 190.

» Quand j'eus ouï dire qu'au milieu des ennemis Arjouna avait accompli cette promesse, qu'il avait faite à Saîndhava, de lui donner la mort ; alors, Sandjaya, je n'ai plus conservé d'espérance pour la victoire. 191.

» Quand j'eus ouï dire que Vâsoudéva était venu trouver Arjouna, qui avait dételé ses chevaux fatigués, les avait menés boire, et, les ayant attelés de nouveau, avait ramené ses coursiers ; alors, Sandjaya, je n'ai plus conservé d'espérance pour la victoire. 192.

» Quand j'eus ouï dire que, ses chevaux épuisés de fatigue, le fils de Pândou, Arjouna, debout sur le siège du cocher, avait arrêté seul tous les guerriers ; alors, Sandjaya, je n'ai plus conservé d'espérance pour la victoire.

» Quand j'eus ouï dire qu'Youyoudhâna, le Vrishnide, ayant broyé l'armée de Drona, à laquelle des armées d'éléphants eussent bien difficilement résisté, s'était rendu là où étaient Krishna et le fils de Prithâ ; alors, Sandjaya, je n'ai plus conservé d'espérance pour la victoire. 193-194.

» Quand j'eus ouï dire qu'insulté en paroles et frappé avec un bout de l'arc, le vaillant Bhîma, ayant affronté Karna, avait échappé à la mort ; alors, Sandjaya, je n'ai plus conservé d'espérance pour la victoire. 195.

» Quand j'eus ouï dire : « Drona, Kritavarman, Kripa, Karna, le fils de Drona et l'héroïque Bhadrarâdja ont souffert que Saindhava fût tué *devant eux* ! » alors,

Sandjaya, je n'ai plus conservé d'espérance pour la victoire. 196.

» Quand j'eus ouï dire que Mâghava avait habilement détourné sur Ghatotkatçha, le Rakshasa à la forme épouvantable, une lance divine en fer, présent du roi des Dieux ; alors, Sandjaya, je n'ai plus conservé d'espérance pour la victoire. 197.

» Quand j'eus oui dire : « Dans le combat, que se livraient Karna et Ghatotkatçha, le fils de Soûta lança contre le Rakshasa un javelot de fer, qui devait arracher la vie dans la bataille à Savyasâtchî ; alors, Sandjaya, je n'ai plus conservé d'espérance pour la victoire. 198.

» Quand j'eus ouï dire que Dhrishtadyoumna, foulant aux pieds le devoir, avait abandonné seul, sans armes et près de mourir sur le siège de son char Drona, un maître spirituel ! alors, Sandjaya, je n'ai plus conservé d'espérance pour la victoire. 199.

» Quand j'eus ouï dire que le fils de Mâdri, Nakoula, engagé dans un duel au char avec le fils de Drona, au milieu des armées, s'était montré son égal dans ce combat par les cercles, qu'il faisait décrire à son char ; alors, Sandjaya, je n'ai plus conservé d'espérance pour la victoire. 200.

» Quand, Drona tué, on ne vit pas son fils, qui maniait l'arme céleste, appelée Nârâyana, courir à l'extermination de ces Pândouides ; alors, Sandjaya, je n'ai plus conservé d'espérance pour la victoire. 201.

« Quand j'eus ouï dire que Bhîmaséna dans la bataille avait bu le sang de Douçâsana, son frère et que pas un de nos guerriers ne l'avait empêché ; alors, Sandjaya, je n'ai plus conservé d'espérance pour la victoire. 202.

» Quand j'eus ouï dire que le fils de Prithâ avait tué dans cette fratricide bataille, mystère *impénétrable* des Dieux, le héros Karna, dont le courage sans borne était insoutenable dans les combats ; alors, Sandjaya, je n'ai plus conservé d'espérance pour la victoire. 203.

» Quand j'eus ouï dire qu'Youdhishthira, qui est Yama sur la terre, avait triomphé du terrible Kritavarman, du héros Douçâsana et du fils de Drona ; alors, Sandjaya, je n'ai plus conservé d'espérance pour la victoire. 204.

» Quand j'eus ouï dire, petit-fils de Soûta, que Dharmarâdja avait tué dans le combat cet héroïque monarque de Hadra, toujours le rival de Krishna dans les batailles ; alors, Sandjaya, je n'ai plus conservé d'espérance pour la victoire. 205.

» Quand j'eus ouï dire que Sahadéva, un des fils de Pândou, avait immolé dans la bataille Sâaubala, puissant par la magie, ce méchant, la source des tricheries au jeu et des querelles ; alors, Sandjaya, je n'ai plus conservé d'espérance pour la victoire. 206.

» Quand j'eus ouï dire que Douryodhana harassé de fatigue, abandonné, sans char, sa lance rompue, était entré dans un lac où il s'était couché, après qu'il en eut solidifié les eaux ; alors, Sandjaya, je n'ai plus conservé d'espérance pour la victoire. 207.

» Quand j'eus ouï dire que les Pândouides venus là et se tenant près du lac, accompagnés du Vasoudévide, avaient blessé de paroles mon fils, bouillant de colère ; alors, Sandjaya, je n'ai plus conservé d'espérance pour la victoire. 208.

» Quand j'eus ouï dire : « Ce héros, qui, décrivant des cercles dans le combat à la massue, explorait des routes admirables et variées, fut tué déloyalement, Vâsoudéva en étant le témoin ; » alors, Sandjaya, je n'ai plus conservé d'espérance pour la victoire. 209.

» Quand j'eus ouï dire que le fils de Drona avait tué les Pântchâlains et les Drâaupadéyas endormis : exploit barbare et déshonorant ! alors, Sandjaya, je n'ai plus conservé d'espérance pour la victoire. 210.

» Quand j'eus ouï dire qu'Açvatthâman, poursuivi par Bhîmaséna, avait lancé dans sa colère un trait excellent, qui était allé blesser Aîshika dans le sein même de sa mère ; alors, Sandjaya, je n'ai plus conservé d'espérance pour la victoire. 211.

» Quand j'eus ouï dire qu'opposant un enchantement à un autre enchantement, Arjouna avait neutralisé l'arme Brahmaçiras avec le seul mot : *swasti !* et qu'Açvatthâman avait donné les pierreries et les perles ; alors, Sandjaya, je n'ai plus conservé d'espérance pour la victoire. 212.

» Quand j'eus ouï dire que le fils de Drona avait par le moyen de grandes armes fait tomber l'embryon de la Virâtide et que Dwaîpâyana et Kéçava, tour à tour, avaient chargé ce héros de leurs imprécations ; alors, Sandjaya, je n'ai plus conserve d'espérance pour la victoire. 213.

» Gândhârî est à plaindre, elle, qui a perdu ses fils, ses petit-fils, ses alliés, ses parents et ses frères ! Les fils de Pândou ont accompli une entreprise bien difficile et le royaume est revenu sans ennemis dans leurs mains. 214.

» On m'a dit, hélas ! que dix guerriers seulement ont survécu à cette bataille : trois des miens et sept des Pândouides ; dix-huit armées complètes ont péri dans cette guerre épouvantable de kshatryas ! 216.

» Une profonde obscurité s'étend sur moi ;… l'évanouissement, pour ainsi dire, m'a déjà saisi ;… je perds, petit-fils de Soûta, le discernement ;…. mon âme est dans un trouble infini. » 216.

Le rejeton de Soûta dit : « À ces mots, profondément affligé, Dhritarâshtra de gémir. Il perdit connaissance et, quand il eut recouvré les sens, il tint à Sandjaya ce langage : 217.

« Sandjaya, dit-il, puisque les choses sont devenues telles, je désire quitter bientôt la vie : en effet, je ne vois pas le moindre bien pour moi à conserver l'existence. » 218.

Le rejeton de Soûta dit : « Au monarque infortuné, qui parlait ainsi, en sanglottant, qui soufflait comme un serpent et s'évanouissait à chaque instant, 219.

» Le docte fils de Gavalgana fit écouter ces paroles d'un grand sens : « Roi, tu as ouï dire à Dwaîpâyana et au sage Nârada que dans les grandes familles royales, douées de toutes les vertus, sont nés des princes, habiles à manier les armes célestes et d'un courage égal à celui d'Indra, qui, après avoir subjugué avec justice la terre, offert des sacrifices, où abondaient les présents, et gagné de la gloire dans ce monde, ont passé sous l'empire de la mort.» Tels furent Çaîvya, le vaillant Mahâratha et Sandjaya, le meilleur des conquérants, 220-223.

» Souhotra, Rantidéva, Kâkshîvat à la grande splendeur, Vâlhîka, Damana, Çaryâti, Adjita et Nala, 224.

« Viçvamitra, le meurtrier des ennemis, Ambharîsha à la grande vigueur, Marouta, Manou, Ikshwâkou, Gaya et Bharata lui-même, 225.

» Râma le Daçarathide, Çaçavindou, Bhagîratha, Kritavîrya à la haute fortune et Djanamédjaya, 226.

» Yayâti aux œuvres saintes, qui, victorieux par son alliance avec les Dieux, 227.

» Jalonna de colonnes pour les victimes cette terre, devenue *comme* une mine de sacrifices. Tels sont les vingt-quatre rois, que Nârada, le rishi des Dieux, 228.

» Rappela jadis à Çaîvya, consumé de chagrins par la mort de son fils. Avant eux avaient déjà passé sur la terre d'autres monarques, pleins de force, 229.

» Magnanimes, héroïques, doués de toutes les qualités : Pourou, Kourou, Yadou, Çoûra, Viçvagaçva à la grande splendeur, 230.

» Anouha, Youvanâçva, Kakoutstha, Vikrami, Raghou, Vidjaya, Vîtihotra, Anga, Bhava, Çwéta, Vrihadgourou, 231.

» Ouçînara, Çataratha, Kanka, Doulidouha, Drouma, Dambhodbhava, Para, Véna, Sagara, Sankriti, Nimi, 232.

» Adjéya, Paraçou, Poundia, Çambhou, Dévâvridha, exempt de péché, Dévâhvaya, Soupratima, Soupratika, Vrihadratha, 233.

» Mahotsâha, Vinîtâtman, Soukratou, Nêshadha, Naîa, Satyavrata, Çântabhaya, Soumitra, l'auguste Souvala,

» Djânoudjangha, Anaranya, Arka, Priyabhritya, Çoutchivrata, Valavandhou, Nirâmarda, Kétouçringa à la grande vigueur, 234-235.

» Dhrishtakétou, Vrihatkétou, Dîptakétou, affranchi des maladies, Avikshit, Tchapala, Dhoûrtta, Kritavandhou, Drithéshoudhi, 236.

» Sambhâvya des temps les plus anciens, Pratyanga, Parahan et Çrouti. Ces rois et d'autres par centaines et par milliers 237.

» Ont laissé leurs noms avec d'autres encore, que l'on peut compter par centaines et par myriades de millions. Tout remplis qu'ils fussent d'intelligence, tout puissants qu'ils étaient par la force, abandonnant *ici-bas* leur éminente fortune, 238.

» Ces rois n'en sont *pas moins* tombés, comme tes fils, seigneur, sous la main de la mort. Les sages, qui sont les plus grands des poètes, ont raconté dans l'antique monde les célestes actions, le courage, la munificence, la magnanimité, la foi, la vérité, l'innocence, l'humanité et la droiture de ces princes. 239-240.

» Ils sont morts, ces hommes, riches de toutes les prospérités et doués de toutes les vertus ; mais tes fils ont l'âme cruelle ; ils se laissent consumer par la colère ; 241.

» Ils sont avides et noyés dans l'inconduite : ne veuille donc pas les plaindre. Tu sais, toi, qui es intelligent, sage, réputé un pandit, 242.

» Ô rejeton de Bharata, que ceux, dont l'esprit s'est modelé sur les Çâstras, ne se laissent pas abattre. Ta fermeté, roi des hommes, n'est pas moins renommée que ta bienveillance : 243.

» Il ne faut donc pas accompagner d'une plainte excessive la mort de tes fils. Ne veuille pas gémir de ce qui doit nécessairement arriver. 244.

» Qui peut arrêter le Destin par la supériorité de sa prescience ? Aucun homme ne peut sortir de la voie, que lui a fixée le Créateur. Être ou ne pas être, jouir ou souffrir : c'est le temps, qui est la racine de tout cela ! 245.

» Le temps crée les êtres, le temps détruit les créatures ; c'est le temps, qui allume le feu de la vie ; c'est le temps, qui ensuite l'éteint. 246.

» Le temps met au jour les êtres purs et Impurs dans l'univers entier ; c'est le temps, qui extermine tous les êtres ; c'est le temps, qui les fait naître de nouveau. 247.

» Le temps veille dans leur sommeil, car le temps est insurmontable ; le temps pénètre égal et sans obstacle en tous les êtres. 248.

» Puisque les êtres, qui ne sont plus, ou qui ne sont pas encore, ou qui existent à cette heure, sont tous, comme tu l'as appris, les créations du temps, ne laisse pas s'égarer ta raison. » 249.

» C'est par de telles consolations, dit le Soûtide, que l'âme du roi Dhritarâshtra, affligé du chagrin de perdre *bientôt* ses fils, fut remise alors dans une ferme assiette par Soûta le Gavalganide. 250.

» Krishna-Dwaîpâyana dit en cette conjoncture une sainte Oupanishad. Les sages, qui sont les plus excellents des poètes, l'ont récitée dans l'antique monde. 251.

Le croyant, s'il fait une lecture du Bhârata, en lût-il seulement un saint distique, est complètement lavé de tous ses péchés. 252.

En effet, on y parle des Immortels, des Dévarshis, des Brahmarshis à l'âme pure, aux œuvres saintes, des Yakshas et des grands Ouragas. 253.

On y parle de l'impérissable et bienheureux Vâsoudéva, qui est, assurément ! la vérité, l'immortalité, la purification et la sainteté même, 254.

L'éternel Brahman, la certitude suprême, la lumière sans fin, de qui les sages ont raconté les œuvres divines ; 255.

Lui, ce qui n'est pas, ou plutôt ce qui à la fois est et n'est pas, de qui l'univers tire son origine, qui est le commencement et le développement, qui est la naissance, la mort et la résurrection des êtres, 256.

Lui, qu'on appelle l'âme-suprême et l'essence des qualités constituantes des cinq éléments ; lui, qu'on célèbre à la ronde comme le premier et le suprême indistinct ! 257.

Ce que les plus grands des yatis, libres des passions et doués du pouvoir de s'identifier avec Dieu par la méditation, voient placé dans leur âme, comme une image réfléchie dans un miroir ! 258.

L'homme croyant, toujours l'esprit appliqué, toujours adonné à l'exercice de la vertu, s'il cultive cette lecture, est lavé de ses péchés. 259.

Le fidèle, qui écoute assidûment ce chapitre de la table des matières du Mahâ-Bhârata depuis le commencement, ne succombe jamais au milieu des infortunes. 260.

Quiconque aux deux crépuscules en récite à voix basse quelque chose est délivré à l'instant de toutes les impuretés, qu'il a contractées par la succession du jour et de la nuit. 261.

Ce corps du Bhârata est la vérité même ; il est immortel. De même que le beurre nouveau l'emporte sur le lait coagulé et le brahmane sur les autres hommes ; 262.

Comme l'Aranyaka vaut mieux que les Védas, et l'ambroisie que les plantes médicinales ; tel que la mer est plus excellente que les lacs et la vache que les quadrupèdes ; 263.

Tel il en est du Bhârata comme de ceux-ci : il excelle, dit-on, par-dessus tous les itihâsas. Quiconque, dans un çrâddha, ferait écouter aux brahmes ce chapitre jusqu'à la fin, ne pourrait manquer d'assurer à ses ancêtres une provision éternelle d'aliments et de breuvage. 264.

Qu'il ajoute à la science des itihâsas et des pourânas ! La science redoute l'homme, qui a peu d'instruction : « Il me fera la guerre ! » *se dit-elle*. 265.

À peine le savant a-t-il fait écouter ce Véda de Vyâsa, il en goûte aussitôt le fruit. Cette *lecture* peut, sans nul doute, effacer un crime plus grand même que la mort donnée à l'enfant non encore né. 266.

Le mérite de l'homme, qui lira pur ce chapitre à chacune des phases de la lune, équivaut à celui d'avoir lu, en entier, le Bhârata : c'est là mon sentiment. 267.

L'homme, qui, rempli de foi, écoutera sans relâche cette œuvre sainte, obtiendra une longue vie, la gloire et le chemin du ciel. 268.

Alors que jadis, c'est un fait certain, tous les Dieux rassemblés eurent mis dans les plateaux d'une balance les quatre Védas d'une part et le Bhârata seul de l'autre côté, ce poème l'emporta sur les quatre Védas avec leurs mystères ;

et désormais il fut appelé dans ce monde le Mahâ-Bhârata. 269-270.

Sa grandeur et son poids l'ont fait nommer le Mahâ-Bhârata, parce qu'il fut trouvé supérieur, étant pesé dans sa grandeur et son poids. Quiconque sait l'explication du mot est délivré de ses péchés, 271.

L'exercice de la pénitence n'est pas une faute, la lecture n'est pas une faute, la règle naturelle des Védas n'est pas une faute, l'acquisition des richesses à force de travail n'est pas une faute ; mais ces choses elles-mêmes deviennent une faute, si l'on en confond le caractère. 272-273.

Ici, dans le saint Mahâ-Bhârata, œuvre de Vyâsa, composée de cent mille distiques, finit dans l'Adi-parva le premier chapitre *ou* la table des matières. 274.

« Nous désirons entendre exactement, fils de Soûta, lui dirent les rishis, tout ce qui est relatif à ce qu'on appelle le Samanta-pantchaka. » 275.

« Ô brahmes, écoutez de ma bouche, répondit le Soûtide, ces narrations saintes. Vous êtes dignes, ô vénérables, d'entendre ce qui est nommé le Samanta-pantchaka. 276.

Dans le passage du second au troisième âge, Râma, le plus grand de ceux, qui ont jamais porté les armes, frappa maintes fois, poussé de la colère, les kshatryas, ces maîtres de la terre. 277.

Après qu'il eut exterminé, grâce à sa vigueur seule, tous les hommes de la caste militaire, ce héros, qui avait la splendeur du feu, creusa cinq lacs de sang dans le Samanta-pantchaka. 278.

Insensé de colère, il abreuva de sang les mânes de ses ancêtres dans ces lacs aux ondes de sang, ainsi que nous l'avons appris de la tradition. 279.

Dans ce moment, Rishîka et ses autres aïeux, s'étant présentés devant lui : « Râma, lui dirent-ils, fortuné Râma, nous sommes contents et de cet acte de piété filiale envers nous, et de ta bravoure : que sur toi descende la félicité, auguste rejeton de Bhrigou ! Choisis une grâce, que tu sois heureux d'obtenir, homme à la grande splendeur. » 280-281.

« Si j'ai satisfait aux mânes de mes ancêtres, répondit Râma, s'ils veulent répandre une faveur sur moi, que je sois lavé par eux du péché commis, alors qu'enflammé de colère j'ai immolé tous les kshatriyas : je leur demande cette grâce, et que mes lacs, changés en tîrthas, soient fameux dans le monde. » 282-283.

« Il en sera ainsi ! » répartirent les Mânes ; puis, ils dirent : « Pardonne ! » et, l'ayant arrêté avec ce mot, le Djamadagnide cessa la guerre. 284.

La contrée adjacente à ces lacs aux ondes de sang est ce lieu saint, connu à la ronde sous le nom du Samanta-pantchaka. 285.

Quand un lieu, ont dit les sages, est distingué aux yeux par un signe, il faut lui donner un nom, qui rappelle ce caractère. 286.

Arrivé l'intervalle du troisième au quatrième âge, eut lieu cette bataille entre les armées des Pândouides et des Kouravas dans le Samanta-pantchaka. 287.

Dans ce lieu éminemment saint, exempt des fautes de la terre, la soif des combats mit aux prises dix-huit armées complètes. 288.

Les kshatryas, que la guerre avait rassemblés sur ce champ de bataille, y ont tous reçu la mort. C'est de cette catastrophe, ô deux fois nés, que la contrée a tiré son nom. 284.

On vous a décrit, ô les plus excellents des brahmes, ce lieu charmant et pur ; je vous ai raconté, fidèles anachorètes, tout ce qui a rendu ce lieu célèbre dans les trois mondes. »

« Tu viens de prononcer le mot 'akshâauhinî, *répondirent les rishis : nous désirons apprendre de toi, rejeton de Soûta, quelle est sa vraie signification. 285-286.*

Dis-nous complètement quelle est la force d'une akshâauhinî en hommes, chars, éléphants et chevaux ; car rien n'est ignoré de toi. » 287.

« Un char, un éléphant, cinq hommes de pied et trois chevaux, c'est là, reprit le Soûtide, ce que les savants appellent une patti. 288.

Une patti, multipliée par trois, est ce que les habiles nomment un sénamoukha, et trois sénamoukhas forment un goulma. 289[4].

Trois goulmas s'appellent un gana et trois ganas une vâhinî. Les experts disent qu'il faut trois vâhinîs pour composer une pritanâ. 291.

Trois pritanâs sont une tchamoû et trois tchamoûs une anîkinî. Les gens instruits distinguent un nombre dix fois plus grand d'anîkinîs sous le nom d'une akshâauhinî. 292.

Les hommes versés dans la justesse des nombres estiment la force en chars d'une akshâauhinî à vingt-et-un mille, plus huit cents, accrus de soixante. Il faut en conclure, ô les plus saints des brahmes, que c'est aussi le nombre de ses éléphants. 293-294.

Vous saurez, hermites sans péché, qu'elle renferme cent neuf mille trois cent cinquante hommes. 295.

On dit avec justesse que le nombre des chevaux monte en elle à soixante-cinq mille, plus six cent dix. 296.

Les gens instruits de la vérité des choses affirment que l'évaluation d'une akshâauhini est telle que je viens de l'exposer avec étendue, hommes riches de pénitences. 296.

C'est le nombre compté dans chacune de ces dix-huit akshâauhinîs, que renfermaient, ô les plus excellents des brahmes, les deux armées des Pândouides et des Kouravas.

S'étant affrontées dans cette région, elles y ont trouvé la mort par le fait admirable du temps, qui avait choisi pour ses instruments les enfants de Kourou. 297-298.

Bhîshma, qui savait manier les plus terribles armes, soutint dix jours de combat ; et Drona, cinq jours, défendit l'armée des Kourouides. 299.

Karna, le fléau des armées ennemies, combattit deux jours entiers, Çalya une demi-journée ; mais Bhîma et Douryodhana se livrèrent un combat à la massue, qui dura un jour et demi. 300.

À la fin de ce jour même, Açwatthâman, Hârdikya et le Gautamide pénètrent la nuit dans le camp d'Youddhishthira, endormi sans défiance. 301.

Cette légende supérieure du Bhârata, aux grands épisodes, consacrée à la bravoure et à la gloire des souverains, qui te fut racontée dans le sacrifice de Çâaunaka, fut aussi récitée dans le sacrifice de Djanamédjaya par un sage, le disciple de Vyâça ; ce livre, qui inscrit à sa tête le Pâaushya, le Pâauloma, l'Astîka ; 302-303.

Ce livre, soumis à plus d'une règle, orné de stances variées, enrichi de sujets divers, que les hommes doctes, aspirants à la délivrance de l'âme, recherchent à l'égal de l'affranchissement des passions ! 304.

De même que, dans les choses à apprendre, l'âme est ce qu'il y a de mieux, de même que la vie est la plus aimable entre les choses aimables ; de même cette histoire d'une utilité supérieure est ce qu'il y a de plus excellent au milieu des livres inspirés. 305.

Il n'existe pas sur la terre une seule narration, qui n'ait pris cette légende pour sa base : tel, si l'on n'a recours aux aliments, on ne peut soutenir le corps. 306.

La foule des poètes courtise, en vérité ! ce grand Bhârata, comme les *pieux* serviteurs, qui aspirent à ses faveurs, font la cour au vénérable Içwara. 307.

Telles que la voyelle et la consonne ouvrent seules à toute parole le trésor des sciences, qui sont dans le monde, telle cette histoire sublime procure une sublime intelligence. 308.

Écoutez maintenant que vous avez entendu la table des matières contenues dans les chants, écoutez le recueil des chapitres de cette histoire des enfants issus de Bharata. Elle possède la science, elle est ornée du sens des Védas, accompagnée d'une logique aux idées subtiles et renfermée en des chapitres de mètres variés.

SECOND RECUEIL DES CHAPITRES. 309-310.

On raconte d'abord le Pâaushya, le Pâauloma, l'Astîka et le reste ; ensuite, la descente des portions divines sur la terre ; puis, le ravissant et merveilleux chapitre des naissances ; 311.

L'incendie de la maison de laque, le chapitre de Hidimba, ensuite la mort de Vaka et le chapitre du Tchaîtraratha. 312.

Après cela, on décrit le swayamvara de la céleste Pântchâlî et le mariage de cette royale fille après qu'Arjouna l'eut conquise par sa vertu guerrière ; 313.

L'arrivée de Vidoura, l'acquisition du royaume, l'habitation d'Arjouna dans un bois et le rapt de Soubhadrâ.

Ce qui se présente à connaître subséquemment au rapt de Soubhadrâ, ce sont les présents de nôces donnés et reçus ;

puis, le chapitre intitulé : Incendie du Khândava, où apparaît Maya, 314-315.

Ensuite vient le chapitre de la Sabhâ, le chapitre du Mantra, le chapitre de la mort de Djarâsandha et le chapitre de la conquête du monde. 316.

Immédiatement après lui se rangent l'arghya offert *à Krishna* et la mort de Çiçoupâla. 317.

À ceux-là succèdent le chapitre du jeu et le chapitre de ses conséquences ; puis, le chapitre des forêts et la mort de Kirmîra lui-même. 318.

Ce qu'il faut savoir ensuite, c'est l'arrivée d'Arjouna ; c'est le combat de ce héros avec Içwara, qu'on appelle le chapitre du chasseur montagnard. 319.

Ceux-ci lus, nous avons à lire la visite d'Arjouna au monde d'Indra, l'épisode vertueux et touchant de Nala, 320.

Le pèlerinage du sage roi des Kourouides aux tîrthas, la mort de Djatâsoura, et la bataille des Yakshas, Et le combat avec les Nivâtakavatchas, et le chapitre du boa, et le chapitre des entretiens avec Mârkandéya. 321-322.

Ensuite l'entretien mutuel de Drâaupadî et Satyabhamâ ; puis, le Ghoshayâtrâ-parva et l'apparition du songe des gazelles ; 323.

Ce que Moungala obtint pour l'aumône d'un boisseau de riz, l'épisode d'Indradyoumna, Drâaupadî enlevée et sauvée des mains de Jayatratha. 324.

Après quoi, le chapitre, qui nous reste à connaître, c'est l'épisode de Râma. Puis, la prodigieuse magnanimité de la chaste Satyavatî. 325.

Ultérieurement, on raconte le présent des boucles-d'oreille ; ensuite le chapitre nommé l'Aranéya ; aussitôt après celui-ci, le Vaîrâta, l'entrée des Pândouides *dans Matsya* et l'observation du pacte convenu. 326.

On expose la mort des Kîtchakas, les troupeaux enlevés, le mariage d'Abhimanyou et de la Vîrâtî. 327.

À la suite vient le chapitre bien merveilleux de l'Oudyoga ; à la suite encore vient l'épisode de Sandjaya, envoyé vers les Pândouides. 328.

Puis, l'insomnie, que les soucis causent à Dhritarâshtra ; puis, l'entrevue avec Sânatsoudjâta, et l'intuition merveilleuse de l'Âme universelle ; 329.

Les circonstances rapportées du voyage de Sandjaya vers les Pândouides ; Bhagavat, qui se rend pour eux chez les Kourouides ; l'épisode de Mâtali et l'histoire de Gâlava,

Les épisodes de Sâvitra, de Vâmadéva et de Vaînya, l'épisode de Djamadagni et celui des seize rois ; 330-331.

L'entrée de Krishna dans l'assemblée, une leçon donnée au fils de Vidoulâ, la colère, la sortie des guerriers et l'épisode de Çwéla. 332.

Maintenant, c'est la discussion avec le magnanime Karna ; puis, sortent les armées des Pândouides et des Kouravas.

Ici vient le dénombrement des chars et des guerriers, qu'ils portent ; ensuite l'arrivée du hérault Ouloûka, message, qui redouble la colère. 333-334.

Vous avez de plus à lire l'épisode d'Ambâ et le chapitre merveilleux du sacre de Bhîshma. 335.

Immédiatement après, on expose la création de cette partie du monde appelée Djambou, la description de la terre et la grandeur de l'Inde connue. 336.

On raconte d'abord la Bhagavadgîtâ, ensuite la mort de Bhîshma, puis le sacre de Drona, enfin la mort des princes liés par le serment *de tuer Arjouna*. 337.

La mort d'Abhimanyou amène le chapitre de la promesse menaçante. Après lui, viennent la mort de Jayatratha et celle de Ghatotkatçha. 339.

Drona meurt, chapitre plein d'intérêt ! après lequel on expose la délivrance de *l'arme enchantée* Nârâyanâstra.

Lisez ensuite le chapitre de Karna, celui de Çalya, l'entrée de Souyodhana dans un lac et le combat à la massue. 345-[5]-346-347.

Le chapitre du tîrtha Saptasârasvata, où l'on parle de plusieurs tîrthas ; puis le combat de nuit tout à fait sans pitié. 348.

Après lui, ou met sous les yeux le chapitre bien épouvantable, qu'on appelle Aîshîka, le don funèbre de l'eau et les doléances des femmes. 349.

Ici, vient le çraddha, les obsèques des Kourouides et la mort de Tchârvâka, le Rakshasa, qui avait pris la forme d'un brahme. 350.

Après celui du sacre donné au sage Dharmarâdja, suit le chapitre, qui a pour nom le partage des palais. 351.

Arrive ensuite le Çânti-Parva, où sont enseignés les devoirs des rois ; puis, les métiers inférieurs à la caste, mais autorisés dans le besoin : paraît enfin le chapitre de la délivrance, 352.

Les réponses aux questions de Çouka, les discours sur les questions concernant Brahma, la manifestation de Dourvâsas par la magie et l'entretien avec lui. 353.

Après cela, mérite d'être lu complètement le chapitre des préceptes ; en outre, l'ascension du sage Bhîshma au ciel d'Indra. 354.

Postérieurement à celui-ci, le chapitre de l'Açva-médha, qui lave de tous les péchés ; ensuite, l'Anougîta, c'est-à-dire, le chant subséquent, où se trouve exposé l'Adhyâtma. 355.

Ultérieurement au chapitre, qui renferme l'épisode de l'habitation dans l'hermitage et la vue de ses *fils donnée après leur mort au monarque aveugle,* on raconte l'arrivée de Nârada. 356.

Maintenant, c'est l'horrible et très épouvantable combat à la massue ; puis, le chapitre du grand voyage et l'ascension dans le Paradis. 357.

Après ces choses, vient le Harivança, qu'on appelle un Pourâna en abrégé ; ensuite, le chapitre de Vishnou, la conduite de Vishnou enfant et la mort de Kansa. 358.

On finit par le chapitre succinct, qui a pour titre l'Avenir. Tels sont les cent chapitres complets, qui furent dits par le magnanime Vyâsa ; après lui, dix-huit chapitres furent exactement récités par le Lomaharshanide, fils de Soûta, dans la forêt Nêmisha. 359-360.

Nous venons d'exposer ici le recueil entier des chapitres du Bhârata : le Pâaushya, le Pâauloma, l'Astîka et les autres, la descente des portions divines sur la terre ; 361.

Les naissances, ce qui a pour titre la maison de laque, la mort de Hidimba et de Kava, le Tchaitraratha et le swayamvara de la céleste Pântchâli. 362.

Ensuite, conquise par la vigueur du kshatrya, on décrit ses nôces, l'arrivée de Vidoura et l'acquisition du royaume ;

L'habitation d'Arjouna dans les bois, le rapt de Soubhadrâ, les présents de nôces donnés et reçus, et l'incendie du Khândava. 363-364.

On raconte dans l'Adi-Parva la vue de Maya ; on décrit dans le Pâaushya la magnanimité d'Outanka.

On célèbre dans le Pâauloma l'étendue de la race de Bhrigou. On narre dans l'Astîka la naissance de Garouda et de tous les serpents, 365-366.

Le barattement de la mer-de-lait et la génération d'Outchtchaîççravas. Le sacrifice des serpents, offert par le roi fils de Parikshit 367.

Clôt cette narration des magnanimes Bharatides. Dans le chapitre du Sambhava, on dit les différentes naissances des rois, 368.

Du rishi Dwaîpâyana et des autres héros, les incarnations des portions divines ; 369.

La naissance des Daîtyas, des Dânavas, des Yakshas à la grande vigueur, des Nâgas, des Serpents, des Gandharvas, des oiseaux et des autres différents êtres. Dans l'hermitage de l'ascète Kanva, le maharshi, 370-371.

Doushmanta engendre au sein de Çakountalâ ce Bharata, de qui le nom a rendu célèbre dans les mondes cette race des Bharatides. 372.

Après cela, vient la naissance des magnanimes Vasous au sein de la Gangà dans l'habitation de Çântanou, et leur réintégration dans le ciel. 373.

On dit la naissance de Bhîshma là, où se trouve l'avatar de ces portions de la splendeur ; et, quand il eut renoncé au royaume, sa fermeté dans le vœu de continence, 374.

L'observation de sa promesse, la protection, dont *Bhîshma* entoure Tchitrângada ; ensuite, après que celui-ci fut tué, la même protection, dont il environne son frère puîné ; 375.

Et le trône vacant, qu'il donne à Vitchitravîrya ; et la naissance d'Yama dans la condition humaine, suite de la malédiction jetée sur lui par Animândavya ; 376.

Les enfants nés de Krishna-Dwaîpâyana, grâce à une faveur obtenue ; la naissance de Dhritarâshtra, de Pândou et des Pândouides ; 377.

La délibération secrète de Douryodhana pendant le voyage à Vâranâvata, et l'envoi d'un traître devant les Pândouides par ce fils de Dhritarâshtra ; 378.

Le bon avis, que Vidoura, chemin faisant, donne en langue barbare au sage Dharmarâdja pour son bien ; 379.

Et la construction d'une voie souterraine, ménagée pour la fuite, suivant les paroles de Vidoura. On raconte à Dhritarâshtra que Pourotchana fut brûlé dans la maison de laque avec la femme Nishadî endormie et ses fils. Hidimbâ se présente dans le bois épouvantable aux yeux des Pândouides. 380-381.

Ici, vient la mort de *son frère* Hidimba sous la force invincible de Bhîma : puis, on dit la naissance de Ghatotkatçha.

Maintenant, il vous faut apprendre l'apparition de Vyâsa, le maharshi à la splendeur infinie, dans Ékatchakrâ et dans l'habitation du brahmane. 382-383.

Là, on raconte le séjour des *frères* sous des professions, qui les déguisent, l'étonnement des citadins sur la mort de Vaka, 384.

La naissance de Krishnâ et de Drishtadyoumna. Excités par les discours de Vyâsa, qui tient ces nouvelles du brahme, les Pândouides alors, pleins de curiosité, brûlants de voir le swayamvara et stimulés par l'envie d'obtenir la jeune princesse, vont chez les Pântchâlains. 385.

Victorieux d'Angârapama sur les bords du Gange, Arjouna se lie d'amitié avec lui et l'écoute raconter le superbe épisode de Tapatî et celui d'Aaûrwa, où parle Vaçishtha. Il se rend, accompagné de tous ses frères, chez les Pântchâlains. 386-387.

Dhanandjaya perce le but d'une flèche dans la ville de ces Pântchâlains et obtient là au milieu de tous les rois du monde *la belle* Drâaupadî. 388.

Là, Arjouna et Bhîma triomphent des monarques en courroux ; là, Karna et Çalya sont vaincus dans un grand combat sous la force de ces deux frères. 389.

Balarâma et Krishna à la haute sagesse, témoins de leur vigueur incomparable et plus qu'humaine, soupçonnent qu'ils sont des Pândouides 390.

Et se rendent à leur maison chez le rejeton de Bhrigou. Indignation de Droupada en voyant que sa fille est l'épouse de cinq maris. 391.

Ici, l'on raconte l'épisode merveilleux des cinq Indras, *d'où il suit que* le mariage extra-humain de Drâaupadî est l'œuvre des Immortels. 392.

Le fils de Dhritarâshtra envoie Kshattri aux fils de Pândou. Arrivée de Vidoura chez eux : Kéçava se montre à leurs yeux. 393.

Habitation sous les ombrages du Khândava ; empire donné sur la moitié du royaume ; obéissance aux paroles mêmes de Drâaupadî suivant le conseil de Nârada. 394.

On dit également l'épisode de Sanda et d'Oupasanda. Immédiatement après, on voit Youddhishthira assis avec Drâaupadî. 395.

Entré derrière *lui* pour le service du brahmane, Phâlgouna, ayant saisi son arme et repris les vaches aux voleurs, retourne au logis, sa résolution bien arrêtée. 396.

C'est là qu'on voit le héros, observant le pacte fait avec soi-même, s'exiler dans les bois. Tandis qu'il habite les forêts, le fils de Prithâ fait la rencontre d'Ouloûpî dans sa route. 397.

Puis, vient son pèlerinage aux saints tîrthas, et la naissance de Babhrouvâhana. Il délivre cinq belles Apsaras, précipitées dans la condition de crocodiles par la malédiction d'un brahme pénitent. Entrevue de Krishna avec ce fils de Prithâ au Tîrtha-Prabhâsa. 398-399.

Kirîti obtient, par la faveur de l'amour, Soubhadrâ pour son épouse à Dwârakâ, avec l'approbation de Vâsoudéva.

Krishna, fils de Dévaki, arrivé, Soubhadrâ, dont Arjouna a fécondé le sein, met au monde Abhimanyou à la splendeur sans pareille. 400-401.

On raconte ensuite la naissance des fils de Drâaupadî. Les deux Krishnas, suivant les rives de l'Yamounâ pour se promener, reçoivent un arc et un disque de guerre. Maya est sauvé du feu ; le serpent *Takshaka* échappe à l'incendie. 402-403.

Le maharshi Mandapâla engendre *quatre* fils au sein de Çârngî. 404.

Ici finit l'Adi-Parva, chant premier à la vaste étendue, où le grand anachorète à la très-haute splendeur, Vyâsa, a récité deux cent vingt-sept chapitres. 405.

Le magnanime solitaire a chanté là huit milliers et huit centaines de çlokas, joints à quatre-vingt-quatre distiques.

On dit maintenant le Sabhâ-Parva, ou le deuxième chant aux nombreuses histoires. Construction d'un palais merveilleux pour les Pândouides, et vue de leurs officiers ou serviteurs ; palais des gardiens du monde, décrits par le messager des Dieux, Nârada ; commencement du râdjasoûya et mort de Djarâsandha. 406-407-408.

Le Prithide Krishna délivre les rois prisonniers dans le Parc-aux-vaches de la montagne. On raconte ensuite la conquête du monde par les Pândouides, 409-410.

L'arrivée des rois augustes dans le grand sacrifice, la querelle au sujet de l'arghya et la mort de Çiçoupâla. 411.

L'envie, que la vue des richesses inspire dans le sacrifice à l'irascible Douryodhana, et le rire, que Bhîma lui jette pour *ses erreurs sur* les différents sols du palais. 412.

Sa colère s'allume, elle est cause du jeu. Ici, le trompeur Çakouni gagne aux dés le fils d'Yama. 413.

Tel qu'un navire fait traverser la mer, tel Dhritarâshtra à la grande science arrache au naufrage, où le jeu de son époux l'avait plongée, Drâaupadî, noyée dans la douleur. Le roi Douryodhana, ayant vu sa cousine affranchie, provoque une seconde fois les Pândouides au jeu.

Ensuite, quand il eut triomphé d'eux aux dés, il envoya les *cinq frères* habiter la forêt. C'est là tout le Sabhâ-Parva, qui fut dit parle magnanime. 414-415-416.

Il est à savoir que ce brahme éminent raconta dans ce chant soixante-dix-huit chapitres et deux mille cinq cent onze çlokas. Après cela vient le troisième chant, c'est-à-dire, le grand Aranyaka-Parva. 417-418.

Les magnanimes Pândouides s'en étant allés habiter les bois, le sage fils d'Yama y fut suivi par tous les citadins. 419.

Là, afin d'en obtenir des plantes annuelles pour la nourriture des brahmes, le Pândouide à la grande âme se rend agréable au soleil. 420.

Par les conseils de Dhâaumya, naissance des fruits grâce à la faveur de l'astre aux rayons chauds. Rétif aux bons avis de Kshattri, le fils d'Ambikâ s'éloigne de sa présence. 421.

Le délaissé vient trouver les fils de Pândou. Il retourne à l'invitation de Dhritarâshtra. 422.

Karna excite Douryodhana à l'esprit aveugle : celui-ci tient conseil pour tuer les Pândouides, hermites des bois. 423.

Aussitôt connu ce dessein criminel, Vyâsa d'accourir ; il s'oppose à la sortie *des traîtres*. Épisode de Sourabhî.

Puis, viennent ici l'arrivée de Maîtréya, et les conseils, qu'il donne au roi, et la malédiction, que l'anachorète fulmine sur le prince Douryodhana, 424-426.

Et la mort de Kirmîra dans un combat avec Bhîmaséna, et l'arrivée des Vrishnides et des Pântchâlains complètement. 426.

Hari apprend que les tricheries de Çakouni ont vaincu au jeu les Pândouides : — sa colère ; — Kirîti l'apaise.

On raconte les plaintes de Pântchâli en présence de Krishna et les consolations, que Vâsoudéva lui donne dans sa vive douleur. 427-428.

Ensuite, le maharshi raconte l'épisode de la mort de Sâaubha, le voyage de Soubadhrâ et de son fils avec Krishna à la ville de Dwârakâ, et celui des enfants de Drâaupadî avec Dhritadyoumna ; puis, l'entrée des Pândouides dans la forêt charmante de Dwaîta. 429-430.

Après, on dit le colloque d'Youddhishthira avec Krishna, l'entretien de Bhîma avec le roi, *son frère* ; 431.

L'arrivée de Vyâsa chez les fils de Pândou, et le présent de la science, nommée la réminiscence, dont le grand anachorète gratifie le roi ; 432.

Le voyage au Kâmyaka, lorsque Vyâsa s'en fut retourné, et le départ du fils de Prithâ à la splendeur infinie pour obtenir des armes ; 433.

Le duel avec Mahâdéva sous les apparences d'un chasseur montagnard, la vue des gardiens du monde, l'acquisition du trait nommé Pàçoupata, 434.

Et le voyage de Kirîti au monde de Mahéndra pour avoir des armes, et Dhritarâshtra concevant de plus hautes pensées ; 435.

La vue de Vrihadaçwa, le maharshi contemplatif, le malheur et la plainte d'Youddhishthira désolé par *l'absence d'Arjouna*. 436.

Le vertueux et touchant épisode de Nala, la constance de Damayanti et la conduite de Nala. 437.

Ensuite Lomaça vient du ciel vers les Pândouides ; ils reçoivent de ce grand rishi la joie, que donne la possession de la science sacrée. 438.

Lomaça raconte à ces magnanimes héros, établis dans les bois, la vie, qu'Arjourna coule dans le Swarga. 439.

Alors, suivant les avis d'Arjouna, ils font un pèlerinage aux tîrthas : on en dit la pureté et les mérites acquis dans ces pieuses excursions. 440.

Le maharshi Nârada visite le tîrtha de Poulastya, et les magnanimes Pândouides viennent eux-mêmes à ce lieu saint. 441.

Karna se débarrasse de Pourandara en lui donnant ses boucles-d'oreille. L'excellence du sacrifice offert par Gaya est racontée là, 442.

Où se trouve l'épisode d'Agastya, qui mange Vâtâpi, et la venue de Lopamoudrâ, pour obtenir un enfant du rishi. 443.

Histoire de Rishyaçringa, le jeune brahmatchâri ; histoire de Râma le Djamadagnide à la vaste splendeur.

C'est là qu'est narrée la mort de Karttavîrya et des Haîhayains, ainsi que la rencontre des Pândouides et des

Vrishnides au bain sacré de Prabhâsa. 444-445.

On raconte ici l'épisode de Soukanyâ, et Tchyavana, fils de Bhrigou, et le bien grand sacrifice de nuit, où l'anachorète fait boire le soma aux deux Açwins, qui l'en récompensent avec le don de la jeunesse. On y trouve même l'épisode du roi Mândhâtri. 446-447.

C'est là qu'est la narration de Djantou, faite par son fils. Le roi Somaka, pour avoir des fils, sacrifia son fils unique : il en obtint cent ! 448.

Là est encore la remarquable légende du milan et du pigeon, dans laquelle Indra, Agni et le monarque *infernal* Yama se liguent afin d'éprouver Çivi. 449.

Voici maintenant l'épisode d'Ashtâvakra et le combat poétique de ce bramarshi avec un barde dans le sacrifice de Djanaka. 450.

C'est là que le poète, fils de Varouna, le plus subtil des logiciens, fut vaincu dans une lutte magnanime par le brahme *enfant*, qui obtint pour sa victoire le retour de son père, noyé dans l'Océan. Ici viennent *à leur tour* l'épisode d'Yavakrîta et du noble Raîbhya ; le voyage au Gandhamâdana, et l'habitation dans l'hermitage de Nârâyana. 451-452.

Tandis que Bhîmaséna chemine dans le Gandhamâdana pour accomplir un ordre de Drâaupadî, ce héros aux longs bras voit dans sa route le fils du Vent, Hanoumanâ la grande vigueur, debout au milieu d'un massif de bananiers.

C'est là que, pour avoir un lotus blanc, *qu'elle désirait*, il conquit le lac *de Kouvéra*. 453-454.

Alors il engage des combats avec les plus grands des Rakshasas, avec les Yakshas à l'éminente vigueur, avec les chefs des préposés à la garde des joyaux *de Kouvéra*. 451.

Le démon Djatâsoura succombe sous les coups du guerrier-au-ventre-de-loup. Ensuite, on raconte l'arrivée du râdjarshi Vrishaparvan. 452.

Puis, c'est là venue et le séjour des Pândouides en l'hermitage du fils de Rishtishéna ; après, sont les paroles de Pântchâlî pour exciter le magnanime Bhîmaséna. 453.

Ici, on parle de leur ascension sur le mont Kaîlâsa, où fut livré un combat d'une profonde épouvante avec les Yakshas aux vastes forces et les chefs des préposés à la garde des joyaux *de Kouvéra*. 454.

Après, vient l'entrevue des Pândouides avec le fils de Viçravana, la rencontre en ce lieu d'Arjouna avec ses frères ; 455.

Et la bataille avec les habitants de la ville-d'or, aux solides cuirasses, quand Savyasâtchi eut obtenu des armes célestes, grâce à son gourou. 456.

Là, se déroule une grande lutte de ce Kirîti avec les terribles Dânavas aux fortes cuirasses, avec les Kâlakéyains et les Pâaulomas, ennemis des Dieux. 457.

On dit leur mort. Ensuite le sage héros affronte de voir les armes, qui se tiennent en personne devant le monarque Youddhishthira. 458.

Le rishi des Dieux, Nârada, arrête le fils de Prithâ. Ensuite les Pândouides *magnanimes* descendent du Gandhamâdana. 459.

Prise de Bhîma dans un bois inextricable entre les replis du vigoureux Parvatâbhojavarçman, le roi des serpents. 460.

Youddhishthira le sauve par ses réponses à des énigmes, et les nobles frères de s'en revenir au Kâmyaka. 461.

Tandis que les Pândouides se tenaient en ce lieu, on raconte ensuite que Vâsoudéva s'y rendit pour voir ces hommes éminents. 465.

Puis, se déroulent entièrement les récits, qui naissent dans la conversation de Mârkandéya, ainsi que l'épisode du riche Vaînya, dit par le paramarshi ; 466.

L'entretien de Sarasvatî avec le très-magnanime rishi Târkshya, immédiatement après lequel vient la légende du poisson. 467.

La conversation de Mârkandéya remémore son Pourâna, l'histoire d'Indradyoumna et l'épisode de Dhoundhoumara ; 468.

Celui de Pativratâ, l'histoire d'Angiras, et l'entretien de Drâaupadî avec Satyabhamâ. 469.

Ensuite les Pândouides vont de compagnie au Dwétavana ; Souyodhana fait une excursion à Ghoshayâtrâ, où il est enchaîné par les Gandharvas. 470.

Prisonnier, l'esprit abattu, il est sauvé par Kirîti. Le songe des gazelles apparaît maintenant à Dharmarâdja.

On dit le retour au Kâmyaka, le plus charmant des bois ; puis, avec un grand développement, *quelle récompense Moungala obtint pour une* aumône faite avec un boisseau de riz. 471-472.

On raconte aussi la légende de Dounâsas et le rapt de Drâaupadî, que Djayatratha enlève du milieu de l'hermitage. 473.

Ici, égal en vitesse à la rapidité du vent, Bhîma le poursuit ; ici, Bhîma à la grande vigueur lui imprime le sceau de l'esclavage. 474.

C'est là que se présente avec une riche étendue le récit du Râmâyana, où Râma victorieux immole Râvana dans un combat. 475.

Voici maintenant l'épisode de Savitrî, celui des boucles-d'oreille *naturelles*, que Karna se coupe afin d'en gratifier Indra. Le Dieu satisfait lui accorde une lance de fer, qui ne peut faillir à tuer un seul être. Ici, vient la narration appelée Aranéya, où le Dieu des morts instruit son fils. 476-477.

C'est là qu'après avoir obtenu des grâces, les Pândouides se dirigent vers la contrée occidentale. Ici finit l'Aranyaka ou le troisième chant. 478.

Le nombre des chapitres, que l'on a racontés jusqu'ici s'élève à deux cent soixante-dix, moins un. 479.

Onze mille, plus six cent, auxquels sont ajoutés soixante-quatre çlokas, ont roulé dans ce chant. 480.

Après cela, écoutez ce large chant, qui a pour titre le Vatrâta. Les Pândouides, arrivés sous la ville de Virâta, voient dans le cimetière un grand acacia ; ils y déposent leurs armes, et, entrés dans la cité, y demeurent sous un déguisement. 481-482.

Là, brûlant pour Drâaupaudî et l'âme toute en proie à l'amour, le vicieux Kitchaka tombe sous les coups du guerrier au ventre de loup. 483.

Le roi Douryodhana envoie de tous les côtés dans le monde des émissaires habiles à la recherche des Pândouides. 484.

Mais ils ne recueillent aucune nouvelle des magnanimes fils de Pândou. La première action est celle des Trigartains, qui ravissent les bestiaux de Virâta. 485.

Celui-ci engage contre ces hommes un horrible et bien grand combat : il est fait prisonnier et Bhîmaséna le délivre. 486.

Les Pândouides reprennent les troupeaux de Virâta. Immédiatement après, ce sont les Kourouides *à leur tour*, qui enlèvent des bestiaux. 487.

Le fils de Prithâ est vainqueur de tous les Kouravas dans un combat, et Kirîti par sa vaillance reprend le bétail aux ravisseurs. 488.

Alors Virâta donne Outtarâ, sa bru, à Kirîti pour qu'elle soit l'épouse d'Abhimanyou, le meurtrier des ennemis et le fils de Soubhadrâ. 489.

Ceci termine le grand quatrième chant, que le sublime anachorète évalue ici, croyez-moi ! à soixante-sept chapitres bien comptés et deux mille cinquante-sept çlokas. 490-491.

C'est en tel nombre que le Maharshi les a récités dans ce chant. Après lui, écoutez le cinquième, nommé l'Oudyoga-parva et qui mérite bien d'être connu. 492.

Tandis que les Pândouides habitaient Oupaplavya, le désir de la victoire conduisit Arjouna et Douryodhana auprès de Vâsoudéva. 493.

« Que ta majesté daigne, lui dirent-ils, faire alliance avec nous dans cette guerre ! » À ce langage, Krishna à la haute sagesse répondit : 494.

« Taureaux *du troupeau* des hommes, à quel guerrier donnerai-je ici, ou moi seul pour conseiller sans que je prenne aucune part au combat, ou une armée au grand complet ? » 495.

Le pauvre Douryodhana à l'intelligence étroite préféra une armée ; Dhanandjaya choisit d'avoir pour conseiller Krishna, quoiqu'il ne dût pas combattre. 406.

Tandis que le roi Madrarâdja se rend vers les Pândouides, Souyodhana le gagne dans sa route avec des présents. 497.

« Arjouna, *lui dit-il*, a choisi pour sa grâce les conseils de Krishna ; fais alliance avec moi ! » Çalya promit et marcha contre les Pândouides. 498.

Puis, viennent le chapitre nommé Çanti, où le monarque raconte la victoire d'Indra ; et la mission du pourohita, que les Pândouides envoient chez les Kouravas. 499.

C'est alors que Dhritarâshtra, l'auguste et puissant monarque, le fils *putatif* de Vitchitravirya, ayant ouï et les paroles du pourohita, et la victoire d'Indra, et le retour de l'archi-brahme, envoie, poussé par le désir de la paix, Sandjaya en ambassade chez les Pândouides. 500-501.

Ici, diverses paroles utiles sont adressées par Vidoura au sage roi Dhritarâshtra. 502.

Ici encore Sanatsoudjâta parle de l'adhyâtma suprême au monarque accablé de chagrin et ne trouvant de plaisir que dans la douleur. 503.

Sandjaya, au point du jour, dans une conférence avec le roi, expose de quelle étroite amitié sont unis Arjouna et l'auguste Vâsoudéva. 504.

Ici, désirant la paix et touché de compassion, Krishna va de lui-même essayer de rétablir la concorde dans la ville appelée Nâgasa. 505.

Le prince Douryodhana repousse les paroles de Krishna, qui demande pour la paix ce qui est à l'avantage de l'un et de l'autre parti. 506.

On raconte ici l'épisode de Dambhodbhava, et celui du magnanime Mâtali, cherchant un fiancé pour sa fille.

Ensuite vient l'histoire du maharshi Gâlava ; puis, on dit l'enseignement donné au fils de Vidoulâ ; 507-508.

La délibération de Karna, de Douryodhana et des autres, qui ont la science du mal ; la puissance de s'identifier à

Dieu par la méditation, que Krishna enseigne aux monarques. 509.

Ici, monté dans le char de Krishna, qui, mettant un des oupâyas en avant, cherche à le détourner de la guerre, Karna l'embrasse et lui dit adieu. 510.

Étant allé d'Hastinapoura à Oupaplavya, l'invincible Hari dévoile tout exactement aux Pândouides. 511.

Aussitôt ses paroles entendues, les cinq héros, ayant délibéré sur ce qu'il était opportun de faire, se mettent à préparer tout pour la guerre. 512.

Puis, sortis d'Hastinapoura, s'avancent pour les combats hommes, chevaux, chars, éléphants : ici vient le dénombrement des armées. 513.

C'est là que le roi *Souyodhana* envoie aux Pândouides Ouloûka, chargé de leur dire : « Mon auguste maître a fait le dénombrement de ses armées pour une grande bataille, qui aura lieu demain. » Après l'ambassade, vient l'épisode d'Ambâ. Ici, dans le Bâratha, finit le cinquième chant à la riche matière, 514-515.

Où la guerre se mêle avec la paix, qui a pour titre Oudyoga-parva et dans lequel le maharshi récita cent quatre-vingt-six chapitres *ou lectures*. 516.

Le magnanime Vyâsa à l'opulente sagesse fit écouter dans ce chant, ô vous, qui avez thésaurisé la pénitence, six milliers de çlokas, plus six centaines, augmentés de quatre-vingt-dix-huit distiques. Après cela, on dit le Bhîshma-parva aux sujets divers. 517-518.

C'est là que Sandjaya fait la description du Djamboudwîpa, que l'armée d'Youdhishthira tombe dans un profond accablement, que fut livrée une épouvantable et très-horrible bataille, durant dix jours entiers. C'est là que Vâsoudéva à la grande sagesse, cet Adokshadja, qui trouve son plaisir à faire le bien d'Youddhishthira, ayant vu Arjouna tombé dans un désespoir, qui lui avait comme ravi le sens, dissipe aussitôt ces nuages par des raisons, qui mettent devant ses yeux l'affranchissement de l'âme.

C'est là qu'Arjouna à la haute intelligence, ayant sauté rapidement de son char, courut, sans peur, l'aiguillon à la main, pour tuer Bhîshma. 519-520-521-522.

C'est là que, blessé par l'aiguillon des paroles de Krishna, le Pândouide à l'arc Gândiva, le plus vaillant de tous les hommes, qui portent les armes dans la guerre, 523.

Ce fils de Prithâ au grand arc plaça devant lui Çikhandhi et, frappant Bhîsma, le renversa de son char avec des flèches acérées. 524.

C'est là enfin qu'on voit Bhîshma couché sur un lit de flèches. Ici est raconté dans son étendue le sixième chant. 525.

On a dit là cent chapitres et dix-sept autres comprenant cinq milliers et huit centaines de çlokas, plus quatre-vingt sept. Vyâsa, savant dans les Védas, les a comptés lui-même dans ce chant nommé le Bhîshma-parva. 526-527.

On raconte ensuite le Drona-parva aux histoires nombreuses et variées, où d'abord l'auguste Atchârya est sacré dans le commandement des armées. 528.

Habile à manier les grandes armes, il promet par amitié pour Douryodhana qu'il fera prisonnier Dharmarâdja, le sage fils de Pândou ; et les héros, liés par le serment, s'efforcent d'écarter du champ de bataille le fils de Prithâ.

On peint la mort de Bhagadatta, le grand roi, égal à Çakra dans les combats, sous les coups d'Arjouna, *tel qu'*un furieux éléphant. 529-630.

Ensuite de nombreux guerriers, Djayatratha à leur tête, immolent Abhimanyou, cet héroïque enfant, qui n'avait pas encore atteint l'adolescence. 531.

Pour venger la mort d'Abhimanyou, Arjouna en courroux détruit sept armées complètes et tue Djayatratha même. 532.

Ici, Bhîma aux longs bras et le héros Sâtyaki, envoyés par les ordres d'Youddhishthira à la recherche du fils de Prithâ, s'enfoncent dans l'armée des Kourouides invincibles aux Dieux mêmes. 533.

Ce qui reste des héros, ligués par le serment, est tué jusqu'au dernier dans le combat. Alambousha, Çroutâyous, le vaillant Djalasandha, Somadatti, Virâta, le héros Droupada, Ghatotkatçha et les autres succombent dans le Drona-parva. 534-535.

Atchârya tombé dans la bataille, Açvatthâman déchaîne l'arme épouvantable de feu appelée Nârâyana. Ici, on raconte la magnanimité sublime de Çiva, l'arrivée de Vyâsa, la magnanimité de Krishna et d'Arjouna. 536-537.

C'est là que finit le grand septième chant, où ces taureaux *du troupeau* des hommes, héros ou rois, signalés dans le Drona-parva, tombent, pour la plupart, sous les coups de la mort. On a exposé là cent soixante-dix chapitres *ou lectures*. 538-539.

Huit mille neuf cent neuf çlokas ont été recueillis dans le Drona-parva et comptés par l'anachorète fils de Paraçara, qui voyait *des yeux de son âme* l'essence universelle.

Immédiatement après, on dit le Karna-parva, merveilleux au plus haut point, et l'abandon du sage roi de Madra dans son char. 540-541.

On y raconte la chute de Tripoura, narration digne des Pourânas, la querelle amère de Karna et de Çalya en marchant aux combats, l'épisode du corbeau et du cygne dans toute son étendue, 542.

La mort de Pândya sous les coups du magnanime Açvatthâman, la mort de Dandaséna et celle de Danda. 643.

Ici, dans un duel aux chars, Karna met en péril, malgré tous les archers, le fils d'Yama, Youddhishthira. 544.

Colère mutuelle d'Youddhishthira et d'Arjouna. Puis, on dit les déférences de ces deux héros l'un pour l'autre.

Après qu'il a percé la poitrine de Douçasâna, le guerrier au ventre de loup en boit le sang, suivant la promesse, qu'il en avait faite avant. 545-540.

Le héros Karna est tué, dans un combat aux chars, par le fils de Prithâ ; et c'est ici que finit le huitième chant pour ceux, qui savent le Bhârata. 547.

On a dit soixante-dix chapitres moins un dans le Karna-parva, et l'on a récité dans ce chant quatre milliers et neuf centaines de çlokas, auxquels encore il faut ajouter soixante-quatre. Aussitôt après commence le Çalya-parva aux sujets variés. 548-549.

Karna, cet héroïque guerrier, n'étant plus, on choisit Madrarâdja pour le généralissime des armées. On décrit maintenant les combats aux chars, qui s'engagèrent tour à tour. 550.

On raconte dans le Çalya-parva la mort des principaux Kourouides, et celle du magnanime Çalya tué par Dharmarâdja ; 551.

Et la mort de Çakouni dans sa lutte contre Sahadéva. Quand il a perdu une immense armée, les yeux de Souyodhana commencent à s'ouvrir. 552.

Il entre dans un lac, et s'y tient sous les ondes, qu'il a solidifiées *en voûte*. Des chasseurs apportent de ses nouvelles à Bhîmaséna. 553.

Le fils du roi Dhritarâshtra, bouillant de colère, se lève du lac aux paroles moqueuses d'Youddhishthira. 554.

Il soutient un combat à la massue contre Bhîma, et l'on raconte l'arrivée de Balarâma au milieu de cette lutte engagée. 555.

Ici, l'on expose la pureté des tîrthas de Sarasvatî et l'on décrit ce bruyant combat à la massue. 556.

Ici, dans ce duel avec Bhîma, la massue du héros, s'abattant d'une vitesse épouvantable, rompt violemment les deux cuisses du roi Douryodhana. 557.

C'est là que finit le neuvième chant, riche, admirable, où se développent soixante-dix chapitres, moins un. 558.

On y raconte plusieurs histoires, chacune dans un certain nombre de çlokas : le glorieux anachorète des Kourouides en a compté dans ce chant trois milliers et deux cent vingt. Immédiatement après lui, je vais dire l'épouvantable Sâauptika-parva. 559-560.

Le soir venu et les fils de Prithâ s'étant retirés, trois chars, dans lesquels étaient montés Kritavarman, Kripa et le fils de Drona, arrivent près du roi Douryodhana, les cuisses brisées, baigné dans le sang et plein de colère.

Parvenus là, ils le voient tombé sur la terre, au front de la bataille, et le vaillant Dronide fait entendre cette promesse : 561-562.

« Je ne délierai pas ma cuirasse que je n'aie tué tous les Pântchâlains, Dhrishtadyoumna à leur tête, et les Pândouides avec leurs conseillers ! » 563.

Les trois chars quittent le roi expirant et s'en vont. Ils atteignent à l'heure, où le soleil se couche, une vaste forêt, où ils campent au pied d'un grand nyagrodha. Ici, à la vue d'une foule de corbeaux, *surpris dans le sommeil*, qu'un hibou tuait au milieu de la nuit, 564-565.

Le fils de Drona, saisi de colère au souvenir de la mort de son père, forme la résolution de massacrer les Pântchâlains endormis. 566.

Il arrive, et voit là debout à la porte du camp un épouvantable Rakshasa aux formes effroyables et d'une taille, qui dérobait le ciel à la vue. 567.

Le Dronide sent que c'est un obstacle apporté à ses armes et il se hâte de gagner la faveur de Çiva, le Dieu aux trois yeux. 568.

Secondé par Kritavarman et Kripa, il immole tous les Pântchâlains, Dhrishtadyoumna à leur tête, et les Drâaupadéyains entièrement, leur suite avec eux. 569.

Les cinq fils de Prithâ furent sauvés, grâce à la puissance de Krishna ; mais le héros Sâtyaki et les autres furent plongés dans la mort. 570.

Ici, le fils de Dhrishtadyoumna annonce aux Pândouides la mort des Pântchâlains dans le sommeil par le fils de Drona. 571.

Maintenant, affligée par la mort de ses fils, peinée de la mort de ses frères consanguins, Drâaupadî fait vœu de jeûner et subjugue l'esprit de ses époux. 572.

Stimulé par ses discours et voulant faire une chose, qui lui soit agréable, le vaillant Bhîma d'une épouvantable audace prend sa massue et, bouillant de colère, s'élance contre le fils du guerrier, de qui Bharadwâdja fut le père. 573.

Alors, poussé par son destin et la peur de Bhîmaséna, le Dronide lance une flèche : « À l'extermination des Pândouides ! » s'écrie-t-il avec colère. 574.

Et, neutralisant cette parole de lui : « Qu'il n'en soit pas ainsi ! » dit Krishna. Ici, voyant le cruel dessein du Dronide à l'âme méchante, Phâlgouna d'éteindre la vertu de cette arme par le moyen d'une autre arme. Alors ce fils de Drona, Dwaîpâyana et les autres d'échanger leurs mutuelles imprécations les uns contre les autres. 575-576.

Les Pândouides victorieux reçoivent donc l'*aigrette de* pierreries du héros, fils de Drona, et, joyeux, ils la donnent à Drâaupadî. 577.

Voilà ce qui est contenu dans le dixième chant, nommé le Sâauptika-parva. Le magnanime anachorète de la plus haute splendeur, le brahme, qui voit Brahman des yeux de l'âme, a récité dix-huit chapitres et mille huit cent soixante-dix çlokas dans ce chant, qui est lié à l'épisode d'Aîshîka. Immédiatement après lui, vient le touchant Stri-parva. 578-579.

Ici, l'*aveugle* éclairé avec les yeux de la science, Dhritarâshtra, que la mort de son fils consume de chagrins, voulant étouffer Bhîmaséna, rompt *dans ses bras* une massive statue de fer, que lui présente Krishna *à la place du Pândouide*. 580.

Ici, l'intelligence adoucit au cœur du sage Dhritarâshtra, consumé de tristesse, la douleur des affections mondaines par des raisons, qui touchent à la délivrance finale. 581.

Ici, on remémore les plaintes bien touchantes des épouses du héros, la colère, qui saisit, et l'évanouissement, où tombent Gândhârî et Dhritarâshtra. 582.

Ils voient gisants là sur le champ de bataille ces héros kshatryas, qui n'avaient tourné jamais la face dans les combats, leurs frères, leurs époux et leurs pères. 583.

Ici, on raconte les efforts de Krishna pour apaiser la colère de Gândhârî, consternée de la mort de ses fils et petit-fils. 584.

Le monarque à la grande science, le plus excellent de tous ceux, qui possèdent la vertu, fait brûler d'une manière conforme aux Çâstras les corps des rois *expirés*. 585.

Le paramarshi Vyâsa raconte ici, dans la cérémonie de l'eau, dans le commencement des libations offertes aux mânes des rois, l'épisode de Karna, enfant de Prithâ même, dont la mère avait caché la naissance. Tel est ce onzième chant, qui fait naître l'émotion du chagrin, qui donne une âme généreuse, qui fait couler des larmes de pitié. On y a raconté vingt-sept chapitres. 586-587-588.

Un nombre de sept cents joints à soixante-quinze çlokas fut dit par Vyâsa dans cette portion du Bhârata. 589.

Aussitôt après, vient le Çanti-parva, douzième chapitre, qui augmente l'intelligence. C'est là qu'Youddhishthira, le roi de la justice, tombe dans l'abattement parce qu'il a causé la mort de ses oncles paternels, de ses frères *ou cousins*, de ses fils, de ses alliés, de ses oncles maternels. 590.

Dans le Çanti-parva, on expose les devoirs à propos du lit de flèches, *où Bhîshma reste couché*. Les rois, qui veulent acquérir de la science, doivent les étudier complètement. 591.

Ensuite viennent les métiers inférieurs aux professions de la caste, mais dont l'exercice est licite en prévision de la nécessité des temps. L'homme, qui les connaîtra bien, possédera en eux la science de tout. 592.

Après quoi, on raconte avec un grand développement les règles variées de la délivrance. Ceci termine le douzième chant, aimé des hommes savants. 593.

Sachez, ô vous, qui thésaurisez la pénitence, que ce parva renferme ici trois centaines de chapitres, plus trente-neuf autres lectures. 594.

Il contient quatorze mille sept cents çlokas, et neuf en sus de vingt-cinq. 595.

À la suite de ces choses, vous aurez à connaître le sublime Anouçâsana-parva, où le roi de Kourou, Bhîshma, fils du Gange, rappelle la vérité du devoir à Youddhishthira, qui rentre dans son assiette naturelle. 596.

Ici, sont exposées entièrement les occupations, qui ont pour objet l'intérêt ou le devoir, l'acquisition de la récompense attribuée aux divers genres de dons, 597.

Les différentes capacités des personnes, la plus haute règle touchant les dons, l'acquisition des règles de la bonne conduite, et la voie suprême de la vérité, 598.

Et l'excellence des paroles, et les discours des brahmes, et ce qui touche aux mystères, et le recueil abrégé des temps et des lieux pour les devoirs. 599.

Tel est ce magnifique Anouçâsana-parva aux récits nombreux, où est racontée l'apothéose de Bhîshma dans le ciel. 600.

Ce treizième chant, qui donne un appui sûr à la vertu, contient cent quarante-six chapitres *ou lectures*. 601.

Il renferme un nombre de huit mille çlokas. Ensuite de quoi, vient le chant quatorzième, nommé l'Açva-médhika.

On y raconte l'épisode supérieur de Sambartta et de Marout, l'acquisition de trésors comblés d'or, la naissance de Pârîkshit et sa résurrection par Krishna, après qu'il eut péri, consumé par le feu du trait ; 602-603.

La marche du Pândouide *Arjouna* à la suite du cheval, mis en pleine liberté dans l'observance des rites ; les combats, qu'il soutient çà et là contre les fils irrités des rois ; 604.

*La rencontre d'*Arjouna avec le fils de Tchitrângadâ la poutrikâ *et son fils à lui-même* ; le danger, au milieu du quel Vabhrouvâhana le jette dans un combat ; 605.

Et l'épisode de Nakoula dans le grand sacrifice de l'Açvamédha. C'est ici que finit cet Açwa-médhika aux grandes merveilles. 606.

L'ascète, contemplateur de la vérité absolue, a récité là cent trois chapitres, contenant un nombre de trois mille trois cent vingt çlokas. 607.

Ensuite vient le quinzième chant, nommé l'Açramavâsa-parva, *c'est-à-dire, le chapitre de l'habitation dans un hermitage*, où le roi Dhritarâshtra quitte son royaume et se retire, accompagné de Gândhârî et de Vidoura, dans un lieu d'hermitage. 608.

L'ayant vu partir, la vertueuse Prithâ le suivit alors, abandonnant le royaume de son fils, elle, qui mettait son plaisir dans l'obéissance à son guide spirituel. 609.

Là, ce roi vit les héros, ses fils et petit-fils, et les autres princes, qui avaient succombé *sur les champs de bataille*, revenus dans ce monde, d'où ils avaient disparu. 610.

Quand il eut vu, grâce à Krishna-Vyâsa, le rishi, cette merveille sublime, il déposa le chagrin et parvint avec son épouse à la plus haute perfection. 611.

Là, Vidoura, appuyé sur le devoir, et le savant Gavalganide, Sandjaya, affranchi de ses passions, suivent avec les ministres une excellente voie. 612.

Là, Youddhishthira, Yama *sur la terre*, voit Nârada et apprend de sa bouche le grand carnage des Vrishnides.

Cela termine le chant merveilleux et sublime, qui a pour titre *l'habitation dans un hermitage*, et qui renferme un nombre de quarante-deux chapitres. 618-614.

Un millier et cinq centaines de çlokas, auxquels s'adjoignent sept autres, furent ici récités par l'ascète, contemplateur de la vérité absolue. 616.

Maintenant écoutez cet épouvantable Mâausala-parva, où ces héros des hommes, capables de supporter les atteintes des armes dans la guerre, sont écrasés près des ondes salées par la massue de l'anathème. 616.

Invités à boire dans une taverne et poussés par le Destin, ils se tuent l'un l'autre avec des foudres sous la forme d'érakâs. 617.

Là, quand ils eurent *vu se* consommer l'extermination de tous, ces deux héros, Balarâma et Kéçava, ne purent échapper eux-mêmes à l'arrivée du temps, ce grand destructeur de tout. 618.

Là, étant venu à Dwâravatî, qu'il voit privée de ses Vrishnides, l'héroïque Arjouna tombe dans la consternation et dans une affliction profonde. 619.

Là, après qu'il a rendu les derniers honneurs au héros, son oncle maternel, le plus vertueux des hommes, il voit dans la taverne ce grand carnage des braves enfants d'Yadou. 620.

Il acquitte les funèbres devoirs, dûs aux restes de Vâsoudeva, du magnanime Balarâma et des Vrishnides, suivant leurs dignités. 621.

Il mène *à Indraprastha* depuis les enfants jusqu'aux vieillards le peuple entier de Dwâravatî, et voit le triste changement de Gândîva, tombé dans une pitoyable infortune.

Il voit qu'il n'y a point d'armes célestes, qui ne fassent défaut, que les épouses des Vrishnides ont subi la mort et que les familles sont elles-mêmes passagères ; il tombe alors dans un découragement, d'où les paroles de Vyâsa le retirent ; il va trouver Youddhishthira et lui annonce la mort des Vrishnyandhakas. 622-623-624.

Là, finit ce Mâausala-parva, seizième chant, dans lequel huit chapitres, contenant trois cent vingt çlokas furent dits par l'ascète, contemplateur de la vérité absolue.

Aussitôt ce chant terminé, le dix-septième, qui a pour titre le Mahâprâsthanika-parva, est confié à la mémoire. C'est ici que les héroïques Pândouides, abandonnant le royaume, commencent leur grand voyage, accompagnés de la céleste Drâaupadî. Arrivés sur les bords de la mer rouge, ils y voient le Feu *sous une forme humaine.* 625-626-627.

Ici, aux instances du Feu, *Arjouna*, le fils de Prithâ, donne à ce magnanime avec de grands hommages l'arc Gândiva, *arme céleste* et le plus excellent des arcs. 628.

Ici, Youddhishthira voit succomber à la fatigue Drâaupadî et tous ses frères, les abandonne et continue sa marche, sans tourner les yeux derrière soi. 629.

Ceci clôt le Mahâprâsthanika-parva, dix-septième chant, où l'ascète contemplateur de la vérité absolue a récité trois chapitres, contenant un nombre de trois cent vingt çlokas. 630.

Maintenant, il vous reste à connaître le Swarga-parva, chant céleste et plus qu'humain : c'est là qu'Youdhishthira à la grande science refusa par bonté de monter, sans son chien, dans le char des Dieux, envoyé du ciel.

Ayant donc éprouvé que la constance du magnanime est inébranlable dans le devoir, Yama quitte ces formes de chien, dont il s'était revêtu. 631-632.

Youdhishthira arrive au ciel et tombe profondément au milieu d'une immense douleur. Le messager des Dieux lui montre le Naraka, en dissimulant *son dessein de l'éprouver*.

Ici, le prince à l'âme juste entend les voix lamentables de ses frères, qui habitaient dans cet endroit là des limbes réservés aux morts. 633-634.

Yama et le roi des Dieux exaucent la prière du Pândouide, il se plonge dans le Gange céleste, où il perd son corps humain, et, possesseur dans le ciel de la place conquise par sa vertu, Dharmarâdja, comblé d'honneurs, y savoure la félicité avec Indra et tous les chœurs des Immortels. 635-636.

C'est ainsi que finit le dix-huitième chant, tel qu'il fut dit par le magnanime et sage Vyâsa, qui récita dans ce chant cinq chapitres. 637.

L'éminent saint y fit couler, pieux anachorètes, deux cents çlokas, auxquels se rattachent neuf autres distiques. 638.

Ainsi, nous avons complètement analysé les dix-huit chants. Le Hari-vança et les événements postérieurs sont racontés dans les appendices. 639.

Le Maharshi a fait écouter dix milliers et vingt centaines de çlokas dans les appendices et le Hari-vança. 640.

Nous venons d'achever tout le recueil abrégé des chapitres contenus dans le Bhârata, où la soif des combats mit aux prises dix-huit armées complètes, qui se livrèrent une bien affreuse bataille durant dix jours entiers. 641.

Un brahmane a beau savoir les quatre Védas, accompagnés des Védântas ou des Oupanishads, il n'est pas encore un savant, s'il ne connaît pas cette épopée, 642.

Où *l'anachorète* au génie sans mesure, Vyâsa expose à la fois et le Traité des richesses, et le haut Traité du devoir, et le Traité même de l'amour. 643.

De même que le cri de la corneille déchire l'oreille après le chant du kokila : ainsi, quiconque a entendu ce récit, ne trouve plus de charme dans aucun autre. 644.

Les pensées des poètes sont nées de cette histoire sublime, comme les corps de la triade des mondes sont formés des cinq éléments. 645.

Brahmes, tels que les créatures des quatre espèces vivent dans le corps de l'atmosphère, tels les Pourânas existent dans le corps de cette épopée. 646.

De même que l'action variée de tous les sens dérive de l'âme, ainsi toutes les qualités du sacrifice remontent elles-mêmes à cette vaste narration. 647.

Il n'existe pas une légende sur la terre, qui n'ait point sa base dans ce récit, comme on ne trouve pas de soutien, pour le corps, si on ne le cherche dans la nourriture. 648.

Tels que les serviteurs, qui aspirent à ses grâces, font assidûment la cour au vénérable Çiva, ainsi les plus distingués entre les poètes suivent fidèlement cette épopée.

Tous les poètes sont incapables d'égaler ce qui distingue ce poème, comme les trois autres ordres ne sont pas capables de faire ce qui distingue celui du vertueux maître de maison. 649-650.

Que votre âme soit, dès le moment du réveil, toujours fixée dans le devoir ; car c'est le *bon* parent des hommes passés dans l'autre monde. Quelque habiles soient-ils, ceux qui poursuivent les richesses et les femmes, n'obtiennent jamais la vertu, n'obtiennent jamais la constance. 651.

Quel besoin a-t-il de se laver dans les eaux d'un lac celui, qui a pu mener jusqu'à sa fin cette lecture du poème, versé par la coupe des lèvres du *pieux* Dwaîpâyana ; ce Bhârata, incomparable, saint, fortuné, purificateur, et qui efface tous les péchés ? 652.

La faute, que le brahmane a commise le jour en suivant l'impulsion des sens, est purgée au crépuscule du soir, en récitant le Mahâ-Bhârata. 653.

La faute, dont le brahmane s'est souillé pendant la nuit par action, parole ou pensée, est effacée au crépuscule du matin, s'il récite le Mâha-Bhârata. 654.

Donner à un brahme, versé dans les Védas et d'une vaste renommée, cent vaches aux cornes dorées, ou prêter l'oreille à une lecture du grand Bhârata, le mérite en est toujours égal de l'un ou de l'autre côté. 655.

Cette grande épopée aux grandes choses et digne qu'on l'étudie, lue ici dans l'Adi-parva, grâce à la table des matières, fait naviguer les hommes sur le bonheur comme une nacelle sur la vaste étendue des ondes salées. 656.

FIN DE LA TABLE DES CHAPITRES.

LE PAAUSHYA-PARVA.

Le rejeton de Soûta dit :

« Djanamédjaya, fils de Parikshit, célébrait avec ses frères le grand sacrifice dans le Kouroukshétra. 657.

Ces trois frères étaient Çroutaséna, Ougraséna et Bhîmaséna. Tandis qu'ils accomplissaient là cette pieuse cérémonie, Sâraméya vint au sacrifice. 658.

Il fut maltraité par les frères de Djanamédjaya et courut vers sa mère en poussant les hauts cris. 659.

La mère dit à son fils, criant ainsi : « Pourquoi pleures-tu ? Qui t'a frappé ? » 660.

A ces paroles de sa mère : « Ce sont les frères de Djanamédjaya, qui m'ont battu ! » répondit-il. 661.

« Sans aucun doute, reprit sa mère, tu as commis là quelque faute, et c'est pour cela qu'on t'a battu ? » 662.

« Je n'ai fait de mal en rien, repartit l'enfant ; je n'ai pas touché les oblations de ma langue ; je ne les ai pas même regardées. » 663.

À ces mots, peinée du chagrin de son fils, Saramâ de s'en aller au sacrifice, où Djanamédjaya célébrait avec ses frères le long sacrifice. 664.

« Mon fils, lui dit-elle avec colère, n'avait commis nulle offense : il n'a touché vos oblations ni de sa langue, ni de ses regards. Pourquoi l'avez-vous donc frappé ? » 665.

Ils ne répondirent pas un mot. « Puisqu'ils ont maltraité mon fils, reprit-elle, qui ne l'avait pas mérité, un danger invisible fondra sur toi ! » 666.

Profondément troublé à ces paroles de Saramâ, la chienne des Dieux, Djanamédjaya fut saisi d'effroi. 667.

Le sacrifice terminé, il revint à Hastinapoura et s'appliqua avec les plus grands soins à chercher un digne pourohita : » C'est afin qu'il me lave, pensait-il, de cette tache du péché. » 668.

Un jour qu'il s'en était allé à la chasse, Djanamédjaya, le fils de Parikshit, aperçut un hermitage dans un certain lieu de ses domaines. 669.

Là, habitait un saint anachorète, nommé Çroutaçravas, avec un fils, qui trouvait sa joie dans la pénitence et qui avait pour nom Somaçravas. 670.

Djanamédjaya, le Parîkshitide, s'approcha du fils et le choisit pour lui confier l'office de son archi-brahme domestique. 671.

Il rendit ses hommages au brahme et lui dit : « Vénérable, que ce fils de ta sainteté soit mon pourohita ! »

À ces mots : « Écoute, Djanamédjaya, lui répondit l'interpellé ; ce fils de moi, que tu choisis pour ton archi-brahme domestique, doit sa naissance à la vigueur de ma pénitence. Il fut conçu au sein d'une serpente, qui s'est imprégnée de ma semence. 672-673.

» Il est capable d'effacer tous les péchés de toi, excepté le péché contre Mahâdéva. 674.

» Mais il est un vœu, qu'il a formé dans le secret de sa prière, c'est que le grand Dieu lui accorde toute chose, que tout brahme lui demandera. Si tu peux accepter cette condition, emmène-le. » 675.

A ces paroles, Djanamédjaya fit cette réponse : « Vénérable, il en sera ainsi ! » 676.

Quand il a reçu le pourohita, il s'en revient et dit à ses frères : « Voici l'archi-brahme domestique, que j'ai choisi ! Faites, sans balancer, tout ce qu'il dira. » 677.

Ses frères de répondre à ces mots : « Oui ! » Ensuite, il se rendit avec eux à Takshaçila. 678.

À peine arrivé, il rangea le pays sous sa puissance.

Dans ce temps vivait un saint hermite, appelé Dhâaumya-Ayauda. Il avait trois disciples, nommés Oupamanyou, Arouni et Véda. 679-680.

Il envoya un d'eux, Arouni de Pântchâli, avec cet ordre : « Va ! et bouche la digue de l'étang ! » 681.

Ainsi commandé par son maître spirituel, Arouni le Pântchâlien s'en alla ; mais il ne put fermer cette digue de l'étang. 682.

Après beaucoup de peines inutiles, une idée lui vint : « Soit ! dit-il ; je ferai de cette manière ! » 683.

Il entra dans la digue, il s'y coucha, et cette bonde nouvelle força l'eau de s'arrêter. 684.

Par la suite, le maître Ayauda-Dhâaumya dit un jour à ses disciples : « Où donc est allé Arouni de Pântchâli ? » 685.

A sa demande, ceux-ci de répondre : « Vénérable, tu l'as envoyé avec cet ordre ; « Va ! et bouche la digue de l'étang ! » Il reprit à ces mots de ses disciples : « Allons donc tous là, où il est allé. » 686.

Arrivé là, il se mit à crier pour le faire venir ; « Oh ! Arouni de Pântchâli, où es-tu ? Viens, mon fils ! » 687.

Aussitôt qu'il eut ouï ces paroles de son maître spirituel, Arouni de se lever avec empressement du bord de l'étang, *où il jouait l'office de bonde*, et, s'approchant du vénérable : 688.

« Me voici, lui dit-il ! J'étais entré dans la bonde de l'étang pour empêcher l'écoulement de cette eau, que rien ne pouvait arrêter ; *mais*, aussitôt entendue la voix de ta sainteté, rouvrant cette vanne, *que mon corps tenait fermée*, je suis accouru vite auprès d'elle. 689.

« Je salue donc ta sainteté ; que ta sainteté me commande la chose, que je dois faire. » 690.

A ces mots : « Parce qu'en te levant tu as rouvert la bonde de l'étang, lui répondit son maître avec bienveillance, tu seras nommé à l'avenir Ouddâlaka. 601.

» Et, parce que tu as obéi à ma parole, tu obtiendras le bien suprême : tous les Védas et tous les Traités de morale éclateront de lumière à tes yeux. » 692.

Après que le maître eut achevé de parler, le disciple s'en alla où il voulut. Ayauda-Dhâaumya avait un autre élève, nommé Oupamanyou. 693.

Le vénérable instituteur l'envoya avec cet ordre : « Mon fils Oupamanyou, va garder mes vaches. » 694.

Suivant la parole du maître, celui-ci garda les vaches tout le jour ; il revint sur la fin du jour à la chaumière de son gourou, et, debout devant lui, rendit ses hommages au maître. 695.

Son gourou, le voyant gras : « Mon fils Oupamanyou, de quoi fais-tu ta nourriture ? lui dit-il ; car te voici bien gras. » 696.

« Oh ! répondit le disciple, je vis des aliments, que me procure l'aumône. » Et son maître lui fit cette réponse : 697.

« Tu ne dois pas manger une aumône, que tu ne m'as pas remise. » — « C'est vrai ! » dit l'autre ; et, continuant à mendier, il rapportait la nourriture à son maître. 698.

Celui-ci recevait donc toute la nourriture obtenue par l'aumône, et le disciple, obéissant à sa voix, gardait les vaches tout le jour : il revenait vers le commencement de la nuit à la chaumière de son gourou et, debout devant lui, rendait son hommage au maître. 699.

Dans cet état même des choses, son guide le voyant gras encore : « Mon fils Oupamanyou, lui dit-il, je reçois toute la nourriture mendiée, sans aucune réserve : de quoi fais-tu la tienne ? » 700.

A ces mots : « Vénérable, après que je t'ai donné la première aumône, répondit le disciple, j'en vais mendier une seconde et je fais d'elle ma nourriture. » Le maître dit à son tour : 701.

« C'est une vie de gourou, qui ne te sied pas. En agissant ainsi, tu nuis à l'existence des autres, qui se nourrissent d'aumône, et tu fais acte de gourmandise. » 702.

« C'est vrai ! » lui répondit son disciple. Il gardait toujours les vaches ; il revenait, sa garde faite, à la chaumière de son gourou, et, debout devant lui, rendait son hommage au maître. 703.

Dans cet état même des choses, le voyant gras encore : « Mon fils Oupamanyou, dit celui-ci, tu me donnes toute la nourriture, que tu obtiens pour aumône : tu n'en vas pas mendier une seconde, et tu es encore bien gras ! De quoi fais-tu donc ta nourriture ? » 704.

« Oh ! répondit le disciple, je fais ma nourriture du lait de ces vaches. » — « Il ne te sied pas, reprit le maître de manger ce lait ; je ne t'en ai pas donné la permission. »

« C'est vrai ! » dit son disciple soumis. *Il gardait toujours les vaches*, et, revenant, sa garde faite, à la chaumière de son gourou, il restait debout devant lui et rendait son hommage au maître. 705-706.

Le voyant gras encore : « Mon fils Oupamanyou, lui dit son gourou, tu ne manges pas de la première aumône, tu n'en vas pas mendier une seconde, tu ne bois pas du lait des vaches : de quoi fais-tu maintenant ta nourriture ? »

« Oh ! répondit à ces mots son disciple, je lèche cette écume, que bavent les veaux, quand ils tettent au pis de leurs mères. » 707-708.

« Ces honnêtes veaux rejettent par compassion une écume plus abondante, lui répondit son maître. En agissant ainsi, tu nuis donc à l'accroissement de ces veaux : par conséquent ta sainteté ne doit pas même boire ce lait. » — « C'est vrai ! » lui répondit son disciple ; et il continua de garder les vaches. 709-710.

Arrêté ainsi de tous les côtés, il ne mange plus de la première aumône, il n'en va plus mendier une seconde, il ne boit plus du lait, il ne goûte plus même à l'écume bavée ; et, tourmenté de la faim, il arriva qu'un jour, il mangea des feuilles de la calotropis. 711.

Le suc d'un goût amer, acre, corrosif, piquant comme le verre, de ces feuilles mangées attaqua ses yeux ; il perdit la vue, et, tandis qu'il errait aveugle çà et là, il tomba dans un puits. 712.

Ensuite, comme il ne revenait pas, quoique le soleil fût déjà descendu sur la montagne du couchant, le gourou dit à ses disciples : « Oupamanyou ne revient pas ! » — « Il est allé garder les vaches, » répondirent ceux-ci, à qui le maître dit ; 713.

« J'ai mis des empêchements à Oupamanyou de tous les côtés : irrité de cela nécessairement, il s'en est allé. » Après qu'il eut parlé de cette manière et l'eut cherché long-temps, il se rendit au bois avec ses disciples, et poussant un cri pour le faire venir : « Oh ! Oupamanyou, dit-il, où es-tu ? Arrive ici, mon fils. » 714.

Lui, ayant ouï la voix de son gourou : « Me voici ! répondit-il à haute voix ; je suis tombé dans ce puits. » — « Comment, reprit le maître, as-tu fait une chute dans ce puits ? » 715.

« J'ai mangé des feuilles de la calotropis, répondit l'autre à son gourou ; j'en suis devenu aveugle ; ce qui a causé ma chute dans un puits. » 716.

Le saint anachorète lui fit cette réponse : « Chante les deux Açwins, qui sont les médecins des Dieux ; ils te rendront la vue. » A ces mots de son maître, Oupamanyou se mit à célébrer les frères jumeaux Açwins dans ces paroles, que le Rig-Véda adresse aux Dieux Açwins : 717.

« Ô vous, qui vous avancez de l'orient, qui êtes nés de l'orient, qui brillez de rayons admirables, je vous loue de ma voix, je vous honore de ma pénitence ; car vous êtes sans fin, vous êtes Dieux, sans passion, sans orgueil, vous êtes soutenus sur de charmantes ailes et vous planez au-dessus de tous les êtres ! 718.

» Açwins, qui êtes faits d'or, *qui habitez l'air, comme des oiseaux*, à deux points opposés, êtres victorieux, véridiques, aux traits charmants, vous ourdissez, agiles tisserands au riche métier, le blanc *du jour*, et vous tissez le noir *de la nuit*, que vous étendez comme un voile au-dessus du soleil ! 719.

» Vous avez sauvé pour le bonheur, Açwins, la caille[6], que dévorait la puissance de Souparna[6] ; maintenant les nuées, ces vaches rouges, s'inclinent devant ces Dieux bienfaisants, et, pleines de compassion, elles voiturent les eaux ! 720.

» Il est trois cent soixante vaches[7], mères d'un seul veau[7], comme si elles n'étaient qu'une vache ; elles allaitent chacune ce fils de toutes. Distribuées en différentes étables, elles n'ont qu'un seul vase à traire, où les deux Açwins matin et soir traient l'hymne chaud. 721.

Sept cents rais[8] sont attachées à une seule roue, vingt autres[8] sont placées entre les deux orbes. La roue tourne sans fin dans l'espace, que n'enferme aucune circonférence ; et sa magique révolution manifeste tour à tour les Açvins, ces êtres virils. 722.

» Il est une roue, qui se meut avec douze rais[9], six moyeux[9], un seul œil[9], apportant les cérémonies des saisons. Les Dieux, qu'on appelle Viçvas sont suspendus à cette roue, que les Açwins font rouler : puissent-ils ne jamais se lasser ! 723.

» Les Açwins, qui ont maintes façons d'agir, cachent eux-mêmes la lune et son ambroisie ; les Açwins sont comme les épouses des serviteurs. Abandonnant le mont *Oudaya,* ils conduisent avec joie le troupeau des nuées, et, partis avec le jour, ils répandent la pluie, *mère* de la fécondité.

» Vous faites reconnaître de nos yeux les dix points de l'espace éclairés devant vous ! Les rishis parcourent cette route unie, que vos chars foulent sur nos têtes ; ils y sont suivis par les Dieux ; mais les hommes ne marchent que sur la terre ! 724-725.

» Vous rendez la variété aux couleurs ; vous faites reprendre aux choses leurs diverses formes. Les Açwins excellent par-dessus tous les différents êtres ; ils sont eux-mêmes des soleils ; ils s'avancent avec les Dieux pour cortège ; mais les hommes ne marchent que sur la terre !

» Les Açwins n'ont pas une bouche menteuse. Açwins, je vous honore, vous et la guirlande de lotus, que vous portez. Les Açwins sont véridiques, ils sont immortels, ils sont droits ; ils viennent, ces Dieux, vers le soma, ruisselant *sur l'autel* comme sur une colline. 726-727.

» Qu'ils goûtent de leur bouche, ces Dieux brillants de jeunesse, le premier fruit *du jour*, maintenant que, la nuit étant expirée, le soma ruisselle *sur l'autel* comme sur une colline. À peine éclos, le jour nouveau-né dévore *la nuit* sa mère ; tandis que les Açwins conduisent le troupeau des nuages dans *les routes* de la vie ! » 728.

Les deux Açwins, ainsi loués par lui, se manifestent et lui disent : » Nous sommes contents ; ce gâteau est pour toi ; mange-le ! » 729.

À ce langage, il répondit : « Vos Déités ne m'ont jamais trompé ; mais je ne puis manger ce gâteau, que je n'ai pas donné à mon gourou. » 730.

« Ton maître nous a loués de cette manière avant toi, reprirent les Açwins, et nous lui avons donné un gâteau : mange donc celui-ci et ne le donne pas à ton maître ; fais toi-même comme a fait ton gourou. » 731.

Il répondit encore à ces mots : « Je ne saurais l'accepter, vénérables Açwins ; je ne puis manger un gâteau, que je n'ai pas donné à mon gourou. » 732.

« Nous sommes contents, reprirent les Açwins, de cette généreuse piété envers ton gourou. Les dents de ton maître sont de fer, mais les tiennes seront d'or. La vue te sera rendue, et tu obtiendras le bien suprême. » 733.

A ces paroles des Açwins, le disciple, ayant recouvré la vue, se rendit vers son maître, qu'il salua. Celui-ci demanda *ce qui s'était passé*, il en fut satisfait et lui tint ce langage : « Comme les Açwins te l'ont dit, tu obtiendras le bien suprême. 734.

» Tous les Védas et tous les Traités de morale éclateront de lumière à tes yeux. » Telle fut l'épreuve d'Oupamanyou. 735.

Cet Ayauda-Dhâaumya avait un autre disciple, nommé Véda. Son maître lui imposa ces conditions : « Mon fils Véda, reste ici maintenant seul dans mon hermitage ; et, quand un certain laps de temps aura coulé pour toi dans l'obéissance, tu obtiendras le bien suprême. » 736.

« Je le veux bien ! » dit celui-ci. Il habita donc chez lui un long temps, dévoué au service de son maître, supportant les misères de la faim et de la soif, du chaud et du froid, tenu par son gourou continuellement attelé comme un bœuf au chariot des fatigues. Son obéissance à toutes heures et en tous lieux obtint après un long temps la satisfaction du maître. 737.

Il dut à ce contentement le bien suprême et la science de tout. Ce fut là toute l'épreuve de Véda. 738.

Ayant donc achevé son noviciat, il reçut congé du maître et passa de chez lui dans un hermitage, son domaine personnel. 739.

Il habitait ce logis avec trois disciples ; mais il ne leur disait jamais rien : ou cette chose est à faire, ou ceci tient à l'obéissance, que l'on doit au maître. 740.

Car, ayant connu les souffrances d'habiter la maison d'un maître, il n'avait pas envie d'enchaîner ses disciples aux mêmes peines. 741.

Un certain jour Djanamédjaya et Pâaushya, deux kshatryas, vinrent chez le brahme Véda ; et, choisi par eux, il reçut l'archi-brahmanat de leur palais. 742.

Invité une fois pour vaquer aux fonctions de sacrificateur, il donna cette commission en partant à l'un de ses disciples, nommé Outanka : 743.

« Écoute ! Toute chose, que je laisse en train de se faire dans mon hermitage, je désire qu'elle ne soit point abandonnée par ta sainteté. » Véda, ces mots dits à Outanka, de porter ses pas vers le pays étranger. 744.

Outanka demeura donc en la maison du maître, exécutant son ordre avec docilité. Tandis qu'il habitait là, les femmes du maître l'appellent et lui disent, chacune à part : 745.

« La femme de ton gourou est dans les jours de son mois et le gourou est absent : fais en sorte que ce moment favorable ne soit pas stérile ; elle se meurt d'amour. » 746.

À ces mots, il répondit aux femmes : « C'est une chose, qui n'est point à faire, et je ne dois pas la faire sur la parole de ses épouses ; car le maître ne m'a pas donné son ordre ainsi : « Tu feras même ce qu'on ne doit pas faire. »

Sur ces entrefaites, le maître, revenu du pays étranger, rentra dans son hermitage ; il apprit toute la conduite de son disciple ; il en fut satisfait. 747-748.

« Mon fils Outanka, lui dit-il, que ferai-je d'agréable pour toi ? En effet, tu m'as servi loyalement ; notre amitié l'un pour l'autre en est augmentée. Ainsi, je te donne congé ; tu verras tes vœux se réaliser tous. Va-t-en ! » 749.

« Que ferai-je moi-même, lui répondit Outanka, d'agréable pour toi ? car, disent les sages : 750.

» L'homme, qui donne, et l'homme, qui reçoit d'une manière opposée à la loi, encourrent, le premier la haine, le second la mort. 751.

» Aussi, en ce moment, où je reçois le congé de ta sainteté, voudrais-je lui offrir la chose, qu'elle désire, en reconnaissance de ses leçons. » — « Alors, mon fils

Outanka, répondit le maître à ces mots, habite encore aussi long-temps chez moi. » 752.

Un jour, Outanka dit à son maître *de nouveau* : « Que ta sainteté commande ! Que lui offrirai-je en récompense de ses leçons ? » 753.

« Mon fils Outanka, lui répondit son gourou : « Voilà plusieurs fois que tu me presses de cette demande : « Que t'offrirai-je en récompense de tes leçons ? » Va donc trouver la maîtresse, demande-lui : « Qu'offrirai-je ? » et donne-moi le présent, qu'elle te dira. » À ces mots de son maître : « Ma dame, dit-il à sa maîtresse, le maître m'a donné permission de m'en aller habiter un chez moi : « J'irai, lui ai-je répondu, mais libre de ma dette, quand je t'aurai offert en récompense de tes leçons la chose, que tu désires. » 764.

» Que ta grâce donc me commande ce que je dois lui offrir. » A ces paroles d'Outanka : « Va, lui dit sa maîtresse, chez le roi Pâaushya, et demande-lui pour aumône les boucles-d'oreille, que porte la kshatryâ, son épouse. 755.

» Apporte-les-moi dans quatre jours ; il y aura fête, et je désire, embellie de cette parure, y servir les brahmanes. Fais ce présent au maître ! Si tu agis de cette manière, tu obtiendras le bien suprême : autrement, d'où veux-tu qu'il te vienne ? » 756.

Cela dit, il se mit en route. Il vit, chemin faisant, un taureau colossal, sur lequel était monté un homme à la taille de géant. Celui-ci dit à Outanka : 757.

« Oh ! Outanka, mange cette fiente de mon taureau ! » L'anachorète, auquel on parlait ainsi, n'en eut aucune envie. 758.

« Mange, Outanka, lui répéta cet homme ; et n'hésite pas : ton maître en a mangé déjà. » 759.

« Bien ! » répondit à ces mots Outanka. Ensuite, après qu'il eut mangé la fiente et bu l'urine du taureau, il se leva à la hâte, lava sa bouche et reprit son voyage. 760.

Il arrive. Le kshatrya Pâaushya se présente ; il voit l'anachorète assis. Outtanka s'approche, le comble de ses bénédictions et lui dit : 761.

« Une chose, dont j'ai besoin, m'a conduit vers ta majesté. » — C'est moi en effet, qui suis Pâaushya, répondit celui-ci, après l'avoir salué. Révérend, que dois-je faire ? »

« Je suis venu pour des pendeloques, qu'il me faut donner à mon gourou en reconnaissance de ses leçons, reprit Outanka. Que ta majesté veuille donc bien me donner les pendants-d'oreille, que porte la kshatryâ, *son épouse.* » 762-763.

Pâaushya lui répondit : « Entre dans le gynœcée et demande-les à la reine. » À ces mots du roi, il entre dans le gynœcée, mais il n'y voit pas la kshatryâ. 764.

Outanka lui dit ensuite : « Il ne sied pas que ta majesté se joue de moi avec de fausses paroles ; en effet, la kshatryâ ne se trouve pas dans ton gynœcée et je ne l'ai pas vue. » 765.

Pâaushya lui répondit après un instant de réflexion :

« Tu portes indubitablement sur toi, rappelle-toi un peu, quelque reste *de viande* ; en effet, un homme, que rend impur un reste de chair mangé, ne peut voir la kshatryâ : sa pureté conjugale lui interdit la Vue d'un homme impur. »

À ces mots, Outanka s'étant rappelé dit : « Il est vrai que j'étais debout et que je marchais vite, quand je me suis rincé la bouche. » — « Voilà précisément la faute ! répartit Pâaushya. On ne doit pas se rincer la bouche, étant levé, dit la règle ; ni quand on marche vite, ajoute une autre. » 766—767.

« C'est juste ! » répondit Outanka. Il s'assit donc, la face tournée à l'orient, et lava bien sa bouche, ses pieds, ses mains ; il but trois fois en des eaux délicieuses, fraîches, sans écume, sans murmure ; il purifia deux fois ses organes creux, il toucha l'eau *une dernière fois* de sa bouche, et entra dans le gynœcée. 768.

Alors, il vit la reine. Celle-ci, à la vue d'Outanka, se lève et le salue : « Sois le bien venu, dit-elle. Commande, révérend ! Que dois-je faire ? » 769.

« Veuille bien, reprit-il, me donner tes pendeloques, dont je veux faire un cadeau à mon gourou. » Elle, enchantée de sa bonne nature : « C'est une personne digne, pensa-t-elle ; il ne faut pas le désobliger. » Elle ôta donc elle-même ses pendeloques, les remit au solitaire et lui dit : « Takshaka, le roi des serpents, a la plus grande envie d'avoir ces girandoles ; veuille donc les porter avec une grande attention. » 770.

Il répondit à ce langage de la kshatryâ : « Reine, sois bien tranquille ! Takshaka, le roi des serpents, ne peut triompher de moi ! » 771.

Cela dit, il salua la reine et vint se présenter devant son époux : « Oh ! lui dit-il, Pâaushya, je suis content ! » Et Pâaushya de répondre à Outanka : 772.

« Vénérable, maintenant que j'ai trouvé en toi la personne digne, que j'ai cherchée long-temps (car tu es un hôte rempli de vertus), j'ai envie de faire un çrâddha ; célèbre-le et reste un instant. » 773.

« J'ai encore un instant à moi, reprit Outanka : je désire que ta majesté fasse préparer vite les mets d'une manière conforme aux rites. » — « Bien ! » répondit le roi, qui fit servir à l'anachorète des aliments préparés suivant les règles. 774.

Ensuite Outanka, voyant un aliment froid, où se trouvait un cheveu : « C'est impur ! » pensa-t-il. « À cause que tu m'as donné un mets impur, dit-il au roi, tu deviendras aveugle ! » 775.

« Et toi, parce que tu incrimines cet aliment, qui est sans défaut, reprit alors Pâaushya, tu seras sans postérité ! » Et Outanka de lui répondre ; 776.

« Il ne te convient pas, quand tu m'as donné un aliment impur, d'opposer une imprécation à la mienne : fais donc apporter cet aliment sous tes yeux ! » Et le monarque, ayant vu que le mets était impur, en fit disparaître ce qui causait l'impureté. 777.

Ensuite, lui étant venue cette pensée : « Une femme l'a préparé sans doute, ayant ses cheveux déliés ; c'est pour cela qu'un cheveu *tombé* rendit impur cet aliment froid ; » il se mit à supplier l'anachorète Outanka. 778.

« Révérend, c'est par ignorance que ce mets te fut présenté froid avec un cheveu ; agrées-en mes excuses : fais que je ne devienne pas aveugle. » Outanka lui répondit : « Ma parole n'est jamais vaine : tu seras aveugle ; mais, peu de temps après, tu recouvreras la vue. Révoque aussi la malédiction, que ta majesté a lancée contre moi.» 779-780.

« Et moi, non plus, reprit Pâaushya, je ne puis révoquer mon imprécation. Ma colère n'est pas encore éteinte à cet instant même. Est-ce que ta sainteté ignore cet adage : « Le cœur du brahme est *tendre comme le* beurre frais ; et, dans sa parole, est un poignard aigu au tranchant acéré ; mais, dans le kshatrya, ces deux choses sont à l'inverse ; sa parole est comme le beurre frais et son cœur est une lame acérée. » 781-782.

» Puisque les caractères sont ainsi, je ne puis changer mon imprécation ; va-t-en ! » Outanka lui répondit : « Quand j'eus remarqué la condition impure du mets, tu m'as jeté un démenti, et tu m'as dit : 783.

« Parce que tu incrimines ce mets, qui est sans défaut, tu deviendras aveugle ! » Cependant il était impur, ce mets : donc, ta malédiction contre moi n'obtiendra pas son effet. 784.

« Restons-en là ! » Ces mots dits, Outanka partit, emportant les girandoles. Chemin faisant, il vit s'approcher un mendiant nu, qui tantôt se montrait et tantôt disparaissait à la vue. 785.

Un moment Outanka déposa les pendeloques sur la terre et s'avança *vers un lac* pour y faire ses ablutions. Aussitôt le mendiant se glissa lestement vers les joyaux, mit la main dessus et prit la fuite. 786.

La cérémonie de l'eau terminée, quand il eut offert dévotement et pur son adoration aux Dieux et son hommage à ses ancêtres, Outanka de s'en aller vers le ravisseur et de le poursuivre avec une grande vitesse. 787.

Déjà il était arrivé tout près de Takshaka, il mettait la main sur lui ; mais, à peine saisi, celui-ci de quitter son apparence empruntée, de reprendre ses formes de serpent et vite de s'élancer dans une grande fente ouverte au sein de la terre. 788.

Entré dans le monde des serpents, il se réfugia dans son palais. Alors Outanka se souvint de ce que lui avait dit la reine et voulut suivre Takshaka. 789.

Il se mit donc à fouiller ce trou avec le bout de son bâton, mais sans aucun succès. Indra, qui le vit accablé de chagrin, lui envoya son tonnerre. 790.

« Va, dit-il, et prête ton secours à ce brahmane ! » Le tonnerre *descendit* ; il entra dans cette fente, en suivant le bois du bâton, et fit éclater le trou. 791.

Outanka y pénétra sur ses traces. Entré par ce trou dans le monde sans limite des serpents, il le trouva plein d'établissements admirables, grands et petits, consacrés aux jeux, et comme encombré même par des centaines de portiques, de tourelles, de palais et de temples, variés dans leur architecture. 792.

Là, il déclama ces vers à la louange des Nâgas :

« Les serpents, brillants dans les combats, les serpents, de qui Aîrâvaia est le roi, se répandent comme des nuages envoyés avec les vents et les éclairs. 793.

« Beaux et variés dans les formes, semblables à des colliers de mainte couleur, ces fils d'Aîrâvata resplendissent comme des Adityas sur le sein du ciel. 794.

» Il est plusieurs habitations des serpents sur la rive septentrionale du Gange : j'adresse également cet hommage aux puissants reptiles, qui ont mis leur demeure en ces lieux. 795.

» Qui voudrait marcher, si ce n'est Aîrâvata dans l'armée des rayons du soleil ? Quatre-vingts centaines, plus huit milliers et une vingtaine de serpents s'avancent devant lui comme les rênes *de son char*. Voyez resplendir à ses côtés Dhritarâshtra ! 796.

» J'ai coutume de rendre mes hommages aux frères aînés d'Aîrâvata, et à ceux, qui rampent auprès de lui, et à ceux, qui vont dans les routes éloignées. 797.

» J'ai adressé à Takshaka cet éloge afin qu'il me rende les pendeloques ; à Takshaka, le roi des serpents, qui jadis eut sa demeure au pays des Kourous et dans le Khândava. 798.

» Takshaka et Açvaséna vont toujours de compagnie : tous deux ils habitent *un palais* dans le Kouroukshétra, sur les bords de la rivière Ikshoumatî. 799.

» Takshaka est l'ainé de ses frères ; il a un fils, qui porte le nom de Çroutaséna ; il est immortel ; il est d'une éclatante splendeur. À chaque fois que j'invoque la puissance des Nâgas, je ne dois jamais oublier d'adresser mon culte à ce magnanime ! » 800.

Mais, quoiqu'il eût comblé de tels éloges les plus grands des serpents, il n'en avait pas reçu davantage les riches pendeloques. Ensuite, il se plongea dans ses pensées.

Alors que, louant ainsi les Nâgas, il n'obtenait pas ses boucles-d'oreille, il vit deux femmes, qui, ayant placé un voile fin sur un beau métier, entrelaçaient dans une trame des fils blancs et des fils noirs. Il vit aussi une roue à douze rayons, que six jouvenceaux faisaient tourner ; il vit encore là un homme et un cheval admirable à voir. 801-802.

Outanka les célébra tous en ces distiques, dont le langage respire un chant sacré : 803.

« Trois cent soixante rayons tiennent au moyeu de cette roue éternelle, qui tourne sans cesse, à laquelle sont joints les vingt-quatre parvas ou quinzaines lunaires, et dont six jouvenceaux conduisent l'universel mouvement. 804.

» Cette trame, elle est ourdie par deux femmes, qui ont les formes de l'univers : elles tissent sans fin des fils noirs et blancs, et font rouler perpétuellement le cercle des êtres et des mondes. 805.

» Au Dieu, qui tient la foudre, à l'immolateur de Vritra, au meurtrier de Namoutchi, au protecteur du monde, à celui, que revêt une robe bleue, au magnanime, qui sépare dans le monde la vérité du mensonge, 806.

» Qui monte le cheval, enfant des eaux *lactées*, qui se fait d'Agni un coursier, au maître de l'univers, au seigneur des trois mondes, à Pourandara soit mon adoration ! » 807.

L'homme dit à Outanka : « Je suis content de cet éloge, tombé de ta *bouche*. Que puis-je faire qui te soit agréable ? » Outanka lui répondit : 808.

« Fais passer les serpents sous ma puissance. » — « Souffle, reprit l'homme, au derrière de mon cheval. » 809.

Il souffla donc à la croupe du cheval ; et soudain le souffle fit sortir des flammes de feu, accompagnées de fumée, par tous les canaux du coursier. 810.

Le monde des serpents fut englouti dans cette fumée ; et, sur le champ, ému, troublé d'épouvante aux lueurs du feu, Takshaka prit à la hâte les pendeloques, sortit de son palais et dit à Outanka : 811.

« Que ta révérence prenne ces boucles-d'oreille ! » Outanka les reçut et, comme il tenait ces joyaux dans sa main, il réfléchit : 812.

« C'est aujourd'hui cette fête, dont la maîtresse m'a parlé, et je me trouve dans un pays bien loin d'elle : comment pourrai-je lui remettre à temps ces parures ? »

Tandis qu'il retournait cette pensée en lui-même, l'homme dit à *anachorète* : 813.

« Monte ce coursier, Outanka ; et, dans un instant, il te portera chez ton maître. » 814.

« Oui ! » répondit l'autre ; il enjamba le cheval et revint à la maison du gourou. Déjà la maîtresse était sortie du bain, elle avait coupé ses cheveux, elle s'était assise : « Outanka ne revient pas ! » disait-elle ; et son esprit inclinait vers la pensée de jeter sur lui une imprécation.

Dans ce même instant, il entrait à l'hermitage de son gourou ; il salua sa maîtresse et lui présenta les pendeloques. Celle-ci dit : 815-816.

« Outanka, tu reviens juste à l'heure et au lieu. Sois le bien venu, mon fils ! Je ne t'ai pas maudit, car tu es pur de faute. Le bien suprême est *déjà* sous ta main : obtiens la perfection ! » 817.

Ensuite il fut s'incliner devant son gourou : « Mon fils Outanka, lui répondit le maître, sois le bien venu ! Pourquoi as-tu tardé si long-temps ? » 818.

« Oh ! reprit Outanka ; le roi des serpents, Takshaka, m'a jeté un obstacle dans cette affaire ; ce qui m'a forcé à descendre au monde des serpents. 810.

» Là, j'ai vu deux femmes, qui tissaient des fils noirs et des fils blancs dans un voile fin, mis sur leur métier : qu'est-ce que cela signifie ? 820.

» Là, j'ai vu une roue à douze rayons et six jouvenceaux, qui la faisaient tourner : qu'est-ce que cela veut dire ? J'ai vu aussi un homme : qui était-ce ? J'ai vu encore un cheval à la taille démesurée : qu'est-ce donc ? 821.

» Et j'ai vu, chemin faisant, un taureau, sur lequel était monté un homme, qui, d'une voix obligeante, m'a dit cette parole : « Mange la fiente de ce taureau ; ton maître en a mangé. » 822,

» Alors, j'ai mangé la fiente du taureau, comme il m'y invitait. Qu'était-ce que cela ? J'aurais une grande envie d'ouïr ta sainteté m'apprendre ce que tout cela voulait dire. » 823.

Le maître à ces mots répondit : « Ces deux femmes sont Dhatâ et Vidhatâ ; les fils noirs et blancs sont les nuits et les jours ; cette roue à douze rayons, c'est l'année ; et les six jouvenceaux, qui la font tourner, sont les six saisons. 824.

» Cet homme était Indra lui-même ; son cheval, c'était Agni ; et le taureau, que tu as rencontré, chemin faisant, c'était Aîrâvata, le roi des éléphants. 825.

» L'homme, son cavalier, c'était encore Indra ; la fiente du taureau, que tu as mangée, c'était l'ambroisie ; et ce fut grâce à elle sans doute qu'on ne t'a pas ôté la vie dans le monde des serpents. 826.

» En effet, touché de compassion pour toi, l'auguste Indra, mon ami, t'accorda ces faveurs : aussi, as-tu pu revenir de là avec les pendeloques dans tes mains. 827.

» Ta révérence peut s'en aller maintenant où *elle voudra* ; je lui donne congé. Tu obtiendras, mon ami, le bien suprême. » Ainsi congédié par son gourou, le vénérable

Outanka, qui voulait dans sa colère se venger de Takshaka, se rendit à Hastinapoura. 828.

Aussitôt son arrivée dans Hastinapoura, dont il eut bientôt franchi la distance, Outanka, le plus vertueux des brahmes, vint trouver le roi Djanamédjaya. 820.

Il vit, environné de tous les côtés par ses conseillers, ce prince, qui jadis avait habité Takshaçila, ce monarque victorieux partout, jamais vaincu et les yeux toujours appliqués sur lui-même. 830.

Il verse d'abord sur lui ses vœux de victoire suivant l'étiquette et lui tient ce langage d'une voix, dont le timbre s'harmonisait avec la circonstance : 831.

« Ô le plus vertueux des princes, dit l'anachorète, quand une chose est à faire, c'en est une autre, que tu fais par légèreté, ô le plus vertueux des souverains. » 832.

A ces paroles du brahmane, dit le rejeton de Soûta, le roi Djanamédjaya, l'ayant respectueusement salué, répondit au plus grand des brahmes : 833.

« Je protège les créatures et par là je remplis mon devoir de kshatrya, lui dit Djanamédjaya. Mais dis-moi : que dois-je faire pour la chose, qui t'amène en ces lieux ? 834.

«[10] Que ta majesté fasse donc une chose, qui est la sienne ! » répartit d'une âme résolue à ces mots du plus grand des rois le plus grand des brahmes, le premier des hommes, qui portent en eux la vertu. 835.

» Roi des rois, continue Outanka, venge-toi de Takshaka, le serpent à l'âme cruelle, qui a blessé ton père !

» Voici le moment propice, à mon avis, pour le sacrifice enseigné par les canons. Témoigne *ainsi* ton respect, sire, à la mémoire du prince magnanime, qui fut ton père. 836-837.

» Il fut mordu par le serpent à l'âme impure, sans qu'une offense eût provoqué sa colère, et le roi tomba dans la mort, comme un arbre sous un coup de la foudre ! 838.

» Le coupable du crime, le scélérat, qui a mordu ton père, c'est Takshaka, le plus vil des serpents, tout enivré de l'orgueil, que sa force lui inspire. 830.

» Le malfaiteur a détourné même Kaçyapa, qui voulait porter secours à ce monarque, semblable aux Immortels, en qui les familles des radjarshis avait un protecteur.

» Veuille donc, ô grand roi, immoler ce pervers dans le feu allumé pour le sacrifice des serpents. Il te faut prendre la plus prompte résolution. 840-841.

» Agir de cette façon, c'est honorer, sire, la mémoire de ton père, c'est faire une action bien grande et qui me sera agréable à moi-même. 842.

» En effet, protecteur de la terre, puissant roi, cœur sans péché, cette âme cruelle s'est jetée comme un obstacle devant moi, dans le chemin, où je marchais pour obéir à mon gourou. » 843.

Ce discours entendu, ajouta le rejeton de Soûta, excite la colère du roi contre ce Takshaka, et les paroles d'Outanka, versées dans son âme brûlante, y produisent l'effet du beurre liquide, versé dans le feu du sacrifice. 844.

Rempli de tristesse, le monarque alors d'interroger ses ministres en présence d'Outanka sur l'événement, qui avait envoyé son père dans les palais du Swarga. 845.

Quand il entendit Outanka dire que son père était mort, ce mot seul avait déjà plongé le puissant monarque dans la douleur et le chagrin. 846.

LE PAAULOMA.

Le fils de Lomaharshana, Ougraçravas, petit-fils de Soûta et versé dans les Pourânas, vint trouver les saints anachorètes assistants au sacrifice de douze années, que Çâaunaka, le chef de famille, célébrait dans la forêt Naîmisha.

Ce brahmane, instruit dans les Pourânas et qui s'était fatigué dans l'étude des vieilles histoires, joignit ses deux mains en coupe et leur dit : « Que désirent entendre vos révérences ? Que raconterai-je ? » 847-848.

« D'abord, fils de Lomaharshana, reprirent les saints anachorètes, nous te demandons une suite de récits ; puis, tu nous répondras, à nous, qui avons envie d'entendre ta voix, dans une suite de narrations. 849.

» Là est assis dans le sanctuaire du Feu le vénérable Çâaunaka, le chef de famille, 850.

» Qui sait de célestes légendes touchant les Asouras et les Dieux, qui sait complètement toutes les histoires, concernant les Gandharvas, les serpents et les hommes. 851. » Ce vénérable brahme, chef de famille, possède la science nécessaire à ce sacrifice ; il est habile, fils de Soûta, ferme dans ses vœux et versé dans le Çâstra des forêts. 852.

» Il est véridique, adonné à la quiétude, voué à la pénitence, inébranlable dans ses observances ; nous devons tous le respecter : il faut l'attendre un moment. 853.

» Il est assis dans cet auguste sacrifice sur le siège le plus haut et le plus honoré. Ensuite, tu répondras aux demandes, que t'adressera ce brahme, le plus vertueux de tous. » 854.

« Qu'il en soit ainsi ! répondit le petit-fils de Soûta. Quand le gourou sera assis parmi vous, je raconterai des légendes pures, substance de qualités diverses. » 855.

Ensuite le plus grand des brahmes, ayant accompli suivant les rites toutes les cérémonies, rassasié les Dieux de ses prières et les mânes de ses libations, revint là, 856.

Où ces brahmes excellents, parfaits, inébranlables dans leurs vœux, entouraient, doucement assis, et le petit-fils de Soûta à leur tête, l'autel du sacrifice. 857.

Alors Çâaunaka, le chef de famille, tint ce langage, après qu'il se fut assis au milieu des assistants et des prêtres assis eux-mêmes : 858.

« Ton père a lu jadis entièrement le Pourâna, dit Çâaunaka. Est-ce que tu l'as, mon fils, lu toi-même dans son entier ? 859.

» On raconte dans le Pourâna les histoires célèbres et les plus anciennes familles des sages : nous avons entendu jadis ton père nous-mêmes raconter ces premières légendes. 860.

» Je désire entendre ici d'abord exposer la famille de Bhrigou : raconte-nous cette histoire ; nous sommes disposés à te prêter l'oreille. » 861.

« Ce qui a été lu jadis par le plus vertueux des brahmes, reprit le rejeton de Soûta, suivant la manière, dont Vaîçampâyana et les plus grands des brahmanes l'ont raconté ;

» Ce qui a été lu par mon père complètement, et par moi ensuite, écoutez-le maintenant. Indra et ses Dieux, les chœurs des Maroutes et les rishis 862-863.

» Ont honoré la noble race de ton ascendant, rejeton de Bhrigou. Je vais raconter à ta magnanimité l'histoire de cette primitive famille Bhargavaine, qui porte en soi les qualités d'un Pourâna. L'auguste maharshi Bhrigou, dit la tradition, est né du Feu dans le sacrifice de Varouna par

Brahma ou l'Être-existant-de-lui-même. Le Bhargavain, qui porta le nom de Tchyavana, était le fils bien-aimé de Bhrigou. 864-865-866.

» Tchyavana eut un fils vertueux, nommé Pramati, et ce Pramati engendra lui-même au sein de Ghritâtchî un fils, appelé Rourou. 867.

» Pramadvarâ mit au monde un fils de Rourou : c'est le juste Çounaka, ton bisaïeul, qui aborda à la rive ultérieure des Védas ; 868.

« Prince illustre, docte, le plus instruit dans les Védas, honnête, véridique, humble, adonné à la pénitence et de qui la vie fut un jeûne continuel. » 869.

« Fils de Soûta, interrompit Çâaunaka, réponds à ma demande. D'où est venu au magnanime Bhargavain, son *aïeul*, cet illustre nom de Tchyavana ? » 870.

Bhrigou avait une épouse bien-aimée, lui répondit le petit-fils de Soûta ; elle se nommait Poulomâ. Un germe, né de la semence Bhargavaine, fut conçu dans son sein.

Dans le temps que ce fruit était renfermé encore, petit-fils de l'illustre Bhrigou, dans la chaste Poulomâ, épouse d'une naissance égale à celle de son époux, 871-872.

Bhrigou, le plus solide appui du devoir, étant sorti pour ses ablutions, le Rakshasa Pouloman arriva *presque aussitôt* à la porte de son hermitage. 873.

Il entra, il vit la ravissante épouse de Bhrigou et, tout enflammé d'amour, il en devint comme insensé. 874.

Poulomâ, le charme des yeux, invita le Rakshasa dès son arrivée à manger des fruits, des racines et d'autres productions des forêts. 875.

Une horripilation de plaisir à sa vue, ô maître, ô brahme, s'était répandue sur le corps du Rakshasa, consumé d'amour, et il eut envie de ravir cette femme charmante.

« C'est une chose, qui m'appartient ! » se dit-il, plein de joie dans son désir d'enlever la séduisante épouse. En effet, Pouloman avait choisi *et demandé* avant Bhrigou cette femme au chaste sourire. 876-877.

Mais son père l'avait donnée ensuite à Bhrigou, en se conformant aux règles des Çâstras ; et cette offense, rejeton de Bhrigou, était restée ineffaçable dans le cœur du Rakshasa. 878.

« Voici l'occasion ! » Lui, à ces mots, de tourner son esprit vers la pensée du rapt. En ce moment, il vit Agni tout flamboyant dans le sanctuaire du feu. 879.

Le démon alors se mit à interroger le feu allumé : « Réponds avec sincérité à ma question, Agni : de qui cette femme est-elle l'épouse ? 880.

« Tu es la bouche des Dieux : parle. Feu ; je te le demande. N'est-ce pas cette femme de noble condition, que j'avais choisie avant Bhrigou pour mon épouse ? 881.

» Son père ensuite l'a donnée à Bhrigou, et c'est une fraude, que celui-ci a commise ! Si cette femme gracieuse est devenue l'épouse de Bhrigou, ce fut subrepticement.

» Parle-moi donc avec sincérité, car je veux enlever cette femme de l'hermitage. Ici, la colère bouillonne et brûle mon cœur à la pensée que Bhrigou obtint cette femme à la jolie taille, qui fut mon épouse avant *d'être la sienne !* » 882-883.

À ces mots, ajouta le rejeton de Soûta, le Rakshasa de saluer le feu allumé. Mais Djâtavédasa hésitait à répondre, et mainte fois l'autre de répéter sa demande sur l'épouse de Bhrigou. 884.

« Agni, tu es la fin de tous les êtres ; mais ta marche est éternelle. Dis-moi donc, ô toi, qui sais tout, une parole de vérité, comme le fidèle témoin des vices et des vertus. 885.

» Cette femme est-elle celle qui fut la mienne, avant que Bhrigou ne me la ravît pour en faire son épouse ? S'il en est ainsi, veuille bien me le dire avec sincérité. 886.

» Quand je l'aurai ouï de ta bouche, j'enlèverai de cet hermitage mon épouse à Bhrigou. Djâtavédasa, fais-moi entendre ta parole vraie, à moi, qui tiens mes yeux fixés sur toi. » 887.

À ces mots, le Feu, continua le petit-fils de Soûta, fut bien embarrassé : il craignait de faire un mensonge, il ne craignait *pas moins* la malédiction de Bhrigou ; il dit lentement ces paroles : 888.

« C'est en effet la Poulomâ, fils d'un Dânava, que tu as choisie avant *Bhrigou,* lui répondit le Feu ; mais pourquoi ne l'as-tu pas choisie d'abord suivant les rites avec les formules des prières ? 889.

» Le père a donné son illustre fille à Bhrigou ; il ne te l'a point donnée, Démon à la vaste renommée, par cupidité et pour s'enrichir d'un présent de noces. 890.

» Ensuite, Dânava, l'anachorète Bhrigou la reçut devant mon brasier allumé, en suivant les prescriptions et conformément aux règles enseignées par les Védas. 891.

» C'est elle-même ! je le sais ; je ne puis dire une chose, qui n'est pas vraie, car la vérité est toujours honorée dans le monde, ô le plus grand des Dânavas. » 892.

À ces mots d'Agni, le Démon, prenant la forme d'un sanglier, emporta cette femme, ô Brahmane, avec la rapidité du vent ou de la pensée. 893.

Alors, l'indignation de la mère fit tomber le fruit, qui habitait encore dans son sein ; et l'enfant reçut de ce fait, rejeton de Bhrigou, le nom de Tchyavana, *c'est-à-dire, le tombé*. 894.

À l'aspect de cet embryon, échappé au giron de sa mère, le Rakshasa, abandonnant sa proie, tomba lui-même réduit en cendres. 895.

La charmante Poulomâ, noble Bhargavain, prit ce Tchyavana, fils de Bhrigou et s'en revint, délirante de chagrin. 896.

Brahma lui-même, l'aïeul de tous les mondes, vit la vertueuse épouse de Bhrigou éplorée et ses yeux noyés de larmes. 897.

Brahma, le vénérable ancêtre de toutes les créatures, lui fit entendre ses consolations. L'épouse du pénitent Bhrigou avait donné, par les gouttes mêmes de ses pleurs, naissance à un grand fleuve, coulant tout le long de sa route. Quand il vit ce courant d'eau suivre son chemin vers l'hermitage de son époux, l'auguste aïeul des mondes lui donna un nom et l'appela Badhoû-vara, *la rivière de l'épouse*. 898-899-900.

C'est ainsi que naquit Tchyavana, cet illustre fils de Bhrigou. À la vue de cet enfant, à la vue de sa dame, celui-ci, ému de colère, interrogea Poulomâ, son épouse.

« Qui l'a révélée à ce Démon, qui voulait t'enlever ? demanda Bhrigou ; car ce Rakshasa ne savait pas, femme au charmant sourire, que tu étais mon épouse. 901—902.

» Dis-le moi dans la vérité, car je veux le maudire dans ma colère ! Qui brave ainsi mes imprécations ? Qui donc fut coupable de cette faute ? 903.

« Révérend, lui répondit Poulomâ, c'est le Feu, qui m'a révélée au Rakshasa. Celui-ci alors de m'enlever, malgré les cris, que je poussais, comme une aigle de mer. 904.

» C'est la splendeur de cet enfant, ton fils, qui m'a sauvée. Le Démon réduit en cendres, m'a lâché et il est tombé, » 905.

À ces paroles de Poulomâ, Bhrigou, reprit le Soûtide, saisi de la plus ardente fureur, maudit le Feu dans sa colère et s'écria : « Tu seras celui, qui dévore tout ! » 906.

Maudit par Bhrigou, le Feu irrité, continua le Soûtide, lui tint ce langage : « Pourquoi m'as-tu, brahme, infligé ce châtiment ? « 907.

» Si, interrogé, j'ai dit la vérité, quelle faute ai-je commise en cela, moi, de qui l'âme est également véridique et soumise au devoir ? 908.

» Le témoin, qui, interrogé sur la vérité d'un fait, qu'il sait bien, répond un mensonge, frappe à mort, dans sa famille, sept de ses ascendants avec un égal nombre de ses descendants. 909.

» L'homme, qui ne dit pas la vérité sur une chose, qui est à sa connaissance, s'imprime une souillure de péché : il n'y a là-dessus aucun doute. 910.

» J'ai aussi, moi ! la puissance de jeter une imprécation sur toi ; mais tous les brahmes sont vénérables à mes yeux. Écoute donc une chose, que je vais te dire, bien que tu ne l'ignores pas. 911.

» Je multiplie mon être par l'énergie de mon abstraction et je réside en tous les corps, dans les feux perpétuels, dans les oblations, dans les offrandes aux morts et dans les sacrifices, 912.

» Les Dieux et les Mânes se rassasient du beurre clarifié, que l'on verse en moi suivant les rites et les paroles du Véda. 913.

» Tous les groupes des Dieux et tous les groupes des Mânes, les nouvelles-lunes des Pitris et les pleines-lunes des Dieux jouissent de cette nourriture. 914.

» À cause d'elle. Dieux et Mânes, Mânes et Dieux, tous individuellement semblent ne plus faire qu'un aux fêtes des parvans. 915.

» Les Dieux et les Pitris mangent l'offrande, qui est versée en moi ; c'est pour cela que je suis nommé la bouche des Dieux et des Mânes. 916.

» C'est par ma bouche que l'on sacrifie dans les néoménies aux Mânes, dans les pléoménies aux Dieux, et c'est par ma bouche, qu'ils mangent le beurre clarifié, qu'on y verse ; mais, si je dévore tout, *sans distinction*, comment puis-je rester leur bouche ? » 917.

Ensuite, ajouta le Soûtide, Agni se mit à réfléchir ; puis, il se retira en lui-même, abandonnant les feux perpétuels, les oblations, les offrandes aux morts et les sacrifices.

Privés des sacrifices, où l'on dit AUM et VASHAT, dépouillés de ceux, où l'on prononce SWADHA et SWAHA, tous les êtres de tomber par l'absence du feu dans une profonde affliction. 918-919.

Ensuite les rishis, pleins de trouble, s'en viennent trouver les Dieux et leur tiennent ce langage : « Êtres sans souillures, la perte du feu a plongé les trois mondes dans la consternation par la chute des sacrifices. 920.

» Vous savez ce que nous avons à faire ici sans perdre un moment. » Puis, de compagnie avec les Dieux, ils se rendent vers Brahma. 921.

Ils l'instruisent de l'imprécation fulminée contre Agni et de la perte des sacrifices : « Dieu sublime, Bhrigou a maudit le feu au milieu de son action. 922.

» Comment peut-il devenir assez vil pour dévorer tout, lui, qui est la bouche des Dieux ; lui, qui savoure les premières portions du sacrifice ; lui, qui mange le beurre clarifié dans tous les mondes ? » 923.

Dès qu'il eut ouï ces mots, le Créateur fût appeler Agni et lui adresse sa parole douce, éternelle, qui donne l'existence à tous les êtres : 924.

« C'est toi, qui es l'auteur et la fin de toutes les vies d'ici-bas, tu soutiens les trois mondes, tu es le mobile des sacrifices. 026.

» Agis de manière, seigneur du monde, que les sacrifices ne soient pas interrompus. D'où, mangeur de l'offrande, d'où te vient ce découragement, quand tu es si puissant ? 926.

» Tu seras toujours le purificateur dans le monde et la voie de tous les êtres : ton corps ne sera pas en entier réduit à la condition de manger tout. 927.

» Les flammes, qui sont dans ta croupe, mangeront tout ; ton corps, qui est carnivore, mangera tout ; mais telles que toutes les choses touchées par les rayons du soleil deviennent pures, 928.

» Tel deviendra pur tout ce qu'auront consumé les flammes de ton essence. Tu es, Agni, une suprême splendeur, issue de ta propre puissance. 929.

» Donne ainsi de la vérité, seigneur, à cette parole du rishi parta propre *et ta seule* énergie. Continue à recevoir dans ta bouche l'oblation aux Dieux, où tu as une part toi-même. » 930.

Le Feu, ajouta le Soûtide, répondit à ces mots du grand aïeul des mondes : « Qu'il en soit ainsi ! » et s'en alla exécuter l'ordre du Dieu Parameshthi. 931.

Les Dieux et les rishis joyeux de s'en retourner comme ils s'en étaient venus ; et les saints anachorètes d'accomplir, comme avant, toutes les cérémonies du sacrifice.

Les Immortels dans le ciel et toutes les troupes des êtres dans le monde se réjouirent : Agni lui-même, affranchi de son péché, goûta une joie des plus douces. 932-933.

C'est ainsi qu'Agni jadis encourut la malédiction de Bhrigou : c'est ainsi que l'itihâsa de cette antique légende, née de la malédiction d'Agni, renferme en soi et la mort de Pouloman et la naissance de Tchyavana, 934.

Brahme, continua le rejeton de Soûta, ce fils de Bhrigou, Tchyavana engendra lui-même au sein de Soukanyâ un fils magnanime, à la splendeur enflammée, Pramati.

Ghritâtchî conçut de celui-ci un enfant appelé Rourou, et Çounaka, fils de Rourou, naquit de Pramadvarâ. 935-936.

Je vais narrer maintenant avec étendue toute l'histoire de Rourou à la grande splendeur : brahme, écoute cela complètement. 937.

Il fut jadis un éminent rishi, plein de savoir et de pénitences, qui mettait son plaisir dans le bien de tous les êtres ; on l'appelait Sthoûlakéça. 938.

Or, dans ce même temps, brahmarshi, le roi des Gandharvas, nommé Viçvâvasou engendra un fils au sein de Ménakâ. 939.

Cette Apsara, petit-neveu de Brighou, le temps de sa couche arrivé, abandonna son fruit auprès de l'hermitage, où vivait l'anachorète. 940.

La nymphe Ménakâ s'en alla, sans pudeur ni pitié, brahme, quand elle eut exposé son enfant sur le bord[11] d'une rivière. 941.

Le grand et brillant anachorète Sthoûlakéça vit abandonnée sur la rive, dans un lieu désert, sans parents, cette petite fille, éblouissante de beauté, qui avait la splendeur d'un enfant des Immortels. À son aspect, ce grand brahme, le plus vertueux des solitaires, ému de pitié, recueillit et fit élever ce nourrisson. L'enfant crut dans le saint hermitage et devint une femme à la taille charmante. 942-943-944.

L'éminent rishi, ce fortuné Sthoûlakéça, célébra successivement pour elle, en suivant les prescriptions des Védas, la cérémonie de l'horoscope et toutes les autres. Comme elle était la plus distinguée entre les femmes par les qualités de l'intelligence et de la beauté, dont elle était *richement* douée, le saint anachorète lui imposa le nom de Pramadvarâ, *c'est-à-dire la plus belle des belles*. 945-946.

Rourou, la vertu sans nul doute en personne, ayant vu Pramadvarâ dans l'hermitage du solitaire, fut alors blessé par l'Amour. 947.

Il fit informer son père de sa passion par ses amis, et Pramati, le fils de Bhrigou, demanda la jolie fille à l'illustre Sthoûlakéça. 948.

La jeune Pramadvarâ fut accordée à Rourou par son père adoptif, qui fixa le mariage au premier jour d'une constellation lunaire, favorable à l'hyménée. 949.

Il ne restait plus que peu de jours à s'écouler jusqu'au mariage, quand la noble jeune fille, jouant avec ses compagnes, ne vit pas un long serpent, qui dormait en travers sur sa route ; et, jetée sur lui par la mort, elle pressa de tout son pied le reptile, comme si elle avait envie de mourir. 950-951.

La bête, excitée par la mort, de plonger profondément ses dents imprégnées de poison dans le corps de la *belle* étourdie. *952.*

A peine eut-elle été mordue qu'elle tomba aussitôt sur la terre, sans couleur, son éclat effacé, l'âme telle qu'une parure échappée. 953.

Les cheveux épars, inanimée, inspirant la désolation à ses femmes, on ne pouvait la regarder maintenant, elle, qui tout à l'heure était la plus digne de fixer tous les yeux. 954.

Tuée par le venin du serpent, cette vierge à la taille fine semblait endormie sur la terre, et la mort elle-même lui prêtait de nouveaux charmes. 955.

Son père et les autres pénitents la virent étendue, sans mouvement, sur le sol de la terre, et belle dans sa pâleur comme un lis blanc. 956.

Ensuite les plus éminents des brahmes se rassemblent. touchés de compassion, autour d'elle : Swastyàtréya, Mahâdjânou, Kouçika, Çankhamékhala, Ouddâlaka, Katha même, Swéta à la vaste renommée, Bharadvâdja, Kâaunakoutsya, Arshtishéna, Gâautama, 957-958.

Pramati avec son fils et les autres habitants du bois. A la vue de cette jeune fille, tuée par le venin du serpent, ils se mirent à pleurer, saisis de compassion ; mais Rourou sortit en proie à sa douleur. 959.

Tandis que ces magnanimes brahmes étaient assis là, continua le Soûtide, Rourou, s'étant retiré dans l'épaisseur de la forêt, poussa les cris, que lui arrachait son immense affliction. 960.

Tourmenté par le chagrin, il gémissait de la plus touchante manière et jetait ces plaintes, sorties de sa tristesse, au souvenir que Pramadvarâ était sa fiancée ! « Elle gît sur la terre, cette femme gracieuse, mettant le comble à mon deuil ! 961.

» Est-il pour tous ses parents une douleur au-dessus de cette douleur ? Si j'ai donné l'aumône, si j'ai cultivé la pénitence, si j'ai pleinement satisfait tous mes gourous, qu'en récompense la vie soit rendue à ma fiancée ! Si, depuis le jour de ma naissance, j'ai comprimé mon âme et gardé strictement les observances, qu'en rémunération de ces mérites la noble Pramadvarâ ressuscite à la vie ! » Tandis qu'il se lamentait ainsi dans sa douleur à cause de sa fiancée, 962-963-964.

Un messager des Dieux vint le trouver dans ces bois et lui tint ce langage : « Ces paroles, que t'arrache le chagrin, dit l'envoyé des Immortels, sont dites en vain, Rourou. 965.

» Car la vie ne rentre plus dans un mortel, une fois qu'elle en est sortie ; et la vie a quitté entièrement cette déplorable fille d'une Apsara et d'un Gandharva. 966.

» Ne livre donc plus, mon fils, ton âme au chagrin d'aucune manière. Cependant il est un moyen créé jadis par les Dieux magnanimes. 967.

» Pramadvarâ, si tu veux l'employer, te sera bientôt rendue. » — « Quel est ce moyen ? interrompit Rourou. Dis-le avec sincérité, ô toi, qui fais route dans les airs.

» Aussitôt que tu l'auras dit, je l'emploierai. Que ton excellence daigne me sauver ! » — « Donne, fils de Bhrigou, répondit le messager des Dieux, une moitié de ta vie à la jeune fille. 968-969.

» A ce prix, elle ressuscitera pour devenir ton épouse. » — « Je donne une moitié de ma vie à la jeune Pramadvarâ ! ô le plus grand de ceux, qui ont des ailes, reprit aussitôt Rourou. 970.

» Que ma fiancée ressuscite, parée d'amour et de beauté ! » Ensuite, ajouta le petit-neveu de Soûta, le roi des Gandharvas et le messager des Immortels, ces deux éminences, 971.

Vont trouver le souverain des morts et lui tiennent ce langage : « Dharmarâdja, que, rachetée avec une moitié de sa vie, la noble Pramadvarâ, quoique descendue chez les morts, revienne au monde, si tu veux bien, pour être l'épouse de Rourou. » — « Si tu désires, messager des

Dieux, répondit Yama, que Pramadvarâ soit l'épouse de Rourou, 972-973.

» Je lui permets de ressusciter, grâce au don, que Rourou lui fait, d'une moitié de sa vie. » Aussitôt ces paroles dites, continua le Soûtide, la jeune Pramadvarâ de se lever. 974.

Cette noble fille, que Rourou avait rachetée avec une moitié de sa vie, sortit de la mort, comme du sommeil. On vit bien dans l'avenir que, sur la somme entière des années de cet anachorète à l'éminente splendeur, une moitié de sa vie même avait été retranchée au profit de son épouse. Après cela, dans un jour fortuné, les parents de célébrer, pleins de joie, 975-976-977.

Ce mariage ; et les *nouveaux époux* de savourer le bonheur, chacun désirant la félicité de l'autre. Quand il eut recouvré de cette façon miraculeuse sa fiancée, toute resplendissante *de blancheur*, comme les filaments du lotus.

Cet anachorète, fidèle observateur de ses vœux, fit le serment d'ôter la vie aux serpents. Toujours armé d'un bâton et saisi d'une impitoyable colère à la vue de tous les serpents, il courait les frapper de toutes ses forces. Un certain jour, le brahmane Rourou s'en alla dans une grande forêt. 978-979-980.

Il vit là endormi un amphisbène, à la fleur de son âge. Lui aussitôt de lever son bâton, pareil à celui de la mort.

Le brahme en colère désirait le tuer ; mais l'amphisbène lui dit : « Je ne t'ai fait de mal en rien jusqu'à ce jour, homme riche de pénitences. 981-982.

» Pourquoi, saisi de colère, me frappes-tu avec cette rage ? » 983.

« Mon épouse, que j'aime à l'égal de ma vie, fut mordue par un serpent, lui répondit Rourou. Je suis lié ici par un serment épouvantable, que j'ai prononcé moi-même contre les serpents. 984.

» Le voici : « Autant de serpents je verrai, autant de serpents je tuerai ! » partant, je veux te tuer : je vais à l'instant même te délivrer de la vie ! » 985.

« Les serpents, qui mordent les enfants de Manou, brahme, répondit l'amphisbène, sont autres que nous sommes. Tu ne dois pas tuer les amphisbènes pour cela seul qu'ils ont un air de serpents. 986.

» Ne veuille pas, toi, qui sais la justice, faire du mal aux amphisbènes, qui ont les plaisirs à part des serpents et les peines en commun avec eux ; à nous, qui avons une utilité particulière et que tu confonds avec eux dans une idée commune d'inutilité. » 987.

Alors qu'il eut ouï ces paroles du serpent, ajouta le Soûtide, Rourou cessa de le frapper ; et, comme il le vit tout effrayé, l'auguste anachorète dit à l'amphisbène ces mots pour le rassurer : « Bien, serpent ! Dis-moi qui tu étais avant de subir cette métamorphose. » 988-989.

« Naguère j'étais, Rourou, un rishi nommé Sahasrapâd, répondit l'amphisbène, et je suis devenu serpent par la malédiction d'un brahme. » 990.

« Pourquoi ce brahme en colère t'avait-il maudit, ô le meilleur des serpents, reprit l'anachorète ; et depuis quel temps es-tu renfermé dans ce corps ? » 991.

« Jadis, reprit l'amphisbène, j'avais pour ami un brahme, appelé Khagama : sa parole était sage ; il était d'une puissance, qu'il devait à ses mortifications. 992.

» Un jour de mon adolescence, qu'il était appliqué à nourrir le feu perpétuel, je lui causai une peur avec un serpent d'herbe, que je m'étais fais pour rire. Épouvanté à sa vue, Khagama s'évanouit. 993.

» Quand il eut recouvré sa connaissance, l'ascète, riche en pénitences, ferme dans ses vœux et de qui la parole était l'expression de la vérité, me dit, tout brûlant de colère : 994.

« De même que le serpent, ouvrage de tes mains, était sans puissance pour inspirer ma frayeur, de même tu vas devenir un serpent sans venin par la vertu de mon imprécation ! » 995.

» Moi, qui savais, homme riche de pénitences, le pouvoir de ses mortifications, je lui dis alors avec émotion, le cœur tout rempli de trouble, les mains réunies en coupe, le corps incliné et debout devant lui : « Ami, c'est une plaisanterie, que je t'ai faite pour badiner. 996-997.

» Veuille me la pardonner, brahme, et retire cette malédiction. » Ayant vu que mon âme était fortement agitée par le trouble, le grand ascète, poussant maints brûlants soupirs, me dit, vivement ému : « La parole, que j'ai prononcée, ne sera jamais un mensonge. 998-999.

» Écoute ces mots, que je vais te dire, ô toi, qui thésaurises la pénitence, et qu'ils descendent de tes oreilles dans ton cœur pour y demeurer sans cesse, ô brahme sans péché. 1000.

» Il naîtra de Pramati un fils vertueux, nommé Rourou : tu seras délivré de cette malédiction à sa vue, et tu ne la porteras pas long-temps. » 1001.

» On t'appelle Rourou et tu es en outre le fils de Pramati : je vais donc reprendre ma forme naturelle ; je te donnerai alors un salutaire avis. » 1002.

Aussitôt l'éminent brahmane à la vaste renommée abandonna son enveloppe d'amphisbène et rentra de nouveau dans sa forme resplendissante. 1003.

Il tint alors ce langage à Rourou d'un éclat incomparable : « Ô le plus vertueux de tous ceux, qui jouissent de la vie, ne pas faire de mal est le suprême devoir. 1004.

« Le brahme ne blessera jamais qui que ce soit de tous les êtres animés ; le brahme sera doux même ici-bas. » C'est la plus haute leçon de nos saintes écritures. 1005.

» L'homme, qui sait le Véda et les Védângas, n'attente certes ! point à la vie des êtres : la douceur, la véracité, la patience, il ne s'écarte jamais de ces lois. 1006.

» Le premier devoir du brahme, c'est l'observance des Védas ; n'envie donc pas au kshatrya l'exercice de son devoir. 1007.

» Porter le bâton, être redoutable, protéger les créatures *avec l'épée* : telles furent les fonctions assignées au kshatrya. Écoute-moi bien, Rourou. 1008.

» Jadis la mort des serpents fut l'objet du sacrifice, que célébrait Djanamédjaya ; mais, dans l'effroi des serpents, au milieu même du sacrifice, leur salut vint d'un brahme, qui avait abordé à la rive ultérieure du Véda et des Védàngas, que la pénitence avait doué de force et de puissance, Astîka, le plus grand des brahmes, ô le plus vertueux des régénérés. » 1009-1010.

« Comment le roi Djanamédjaya faisait-il du mal aux serpents ? demanda Rourou ; ou pour quelle raison, ô le plus grand des brahmes, les serpents étaient-ils frappés dans ce sacrifice ? 1011.

» Pourquoi les serpents furent-ils sauvés par le sage, Astîka, le plus vertueux des brahmes : j'ai le désir d'entendre complètement cette histoire. » 1012.

« Tu entendras ailleurs, Rourou, de la bouche des brahmanes, toute la grande histoire d'Astîka, » lui répondit le rishi, qui disparut à ces mots. 1013.

Rourou, continua le Soûtide, parcourut le bois entier de tous les côtés, cherchant le brahme éclipsé ; mais à *la fin* il s'affaissa sur la terre, épuisé de fatigue. 1014.

Il tomba dans un profond évanouissement : il semblait qu'il eût perdu la connaissance, et néanmoins il repassait mainte et mainte fois en lui-même ce langage vrai du saint anachorète. 1015.

Quand il eut recouvré l'usage des sens, Rourou s'en retourna ; il raconta son aventure à son père, et celui-ci, à sa demande, lui narra toute l'histoire d'Astîka. 1016.

L'ASTIKA.

Pourquoi, dit Çâaunaka, le roi Djanamédjaya, le plus grand des monarques, poursuivait-il dans le sacrifice des serpents la mort de ces reptiles ? Dis-moi cela 1017.

Entièrement, Soûtide, tout, complètement et d'une manière conforme à la vérité. Pourquoi Astîka, le plus vertueux des brahmes et le plus éminent des hommes, qui murmurent la prière, sauva-t-il les serpents du feu allumé ? 1018.

De qui était fils ce roi, qui célébra le sacrifice des serpents, et de qui était né ce brahme d'une si haute éminence ? Parle ! 1019.

Écoute-moi, brahme, le meilleur des mortels, qui sont doués de la parole, écoute-moi, répondit le Soûtide, te narrer toute cette gi-ande histoire d'Astîka, comme elle me lut racontée à moi-même. 1020.

Je désire entendre complètement, reprit Çâaunaka, cette légende ravissante d'Astika, ce brahme illustre, le rishi des Pourânas. 1021.

Les brahmes *en effet* ont nommé cette histoire un Pourâna, dit le rejeton de Soûta ; elle fut racontée par Krishna-Dwaîpâyâna au milieu des anachorètes, hôtes de la forêt Naîmisha. 1022.

Jadis le docte Lomaharshana, mon père, ce fils de Soûta, ce disciple de Vyâsa, l'a dite au milieu des brahmes, qui avaient sollicité de lui cette faveur. 1023.

Je puis donc exactement raconter, moi, qui l'ai entendue, à toi, qui me la demandes, Çâaunaka, toute cette légende d'Astîka. 1024.

Je vais narrer complètement cette histoire, qui peut effacer tous les péchés. Brahmatchâri éminent, pareil au maître des créatures, le père d'Astîka était nommé Djaratkârou. C'était un grand ascète, voué à la continence, qui se refusait la nourriture et mettait continuellement son plaisir dans une atroce pénitence. 1025-1026.

Versé dans la connaissance des devoirs, inébranlable dans son vœu, un jour cet éminent personnage, qui possédait la puissance acquise par les macérations, et le plus saint des religieux mendiants, parcourut toute la terre jusqu'au lieu où habitait le mouni Sâyangriha. L'anachorète allait de tous les côtés, faisant ses immersions dans tous les Tîrthas, cultivant des austérités impossibles aux âmes mondaines, vivant d'air, sevré de nourriture, exténué de jeûne, et ne clignant jamais sa paupière.1027-1028-1029.

Tandis qu'il errait çà et là, marchant avec une splendeur égale à celle du feu allumé, il vit un jour, *sans les connaître*, ses aïeux, suspendus, les pieds en haut, la tête en bas, dans une grande caverne. À cette vue, Djaratkârou dit à ses ancêtres : 1030-1031.

« Qui sont vos saintetés, ô vous, qui pendez, la tête en bas dans cette caverne, vous retenant à une touffe de virana, que ronge de tous les côtés un rat caché dans cet antre, son habitation perpétuelle ? » 1032.

« Nous sommes des anachorètes de la classe nommée les Yâyâvaras, lui répondirent ses aïeux. Nous avons été fermes dans nos observances ; mais nous descendons en bas maintenant vers la terre, parce que notre postérité va bientôt s'éteindre, 1033.

» Nous avons, infortunés, que nous sommes, un seul descendant, appelé Djaratkârou ; mais il s'occupe, le malheureux, uniquement de pénitences. 1034.

» Il ne veut pas se choisir une épouse pour engendrer des fils. Aussi nous voici, comme des malfaiteurs, sans protection de celui, qui doit nous protéger, pendus *et croulant* ici dans une caverne par l'extinction de notre postérité. Mais qui es-tu, homme sensible, qui compâtis à nos peines, comme un parent ? 1035-1036.

» Brahme, nous désirons apprendre qui est ta sainteté debout ici devant nous, et pourquoi tu nous plains, nous vraiment à plaindre, ô le meilleur des hommes ! » 1037.

« Vos révérences sont mes ascendants, reprit Djaratkârou, mes pères et mes aïeux. Dites ! Que dois-je faire en ce moment, moi, qui suis Djaratkârou même ? » 1038.

« Applique-toi de toutes tes forces, mon fils, lui répondirent ses pères, à propager notre famille pour ton intérêt et pour le nôtre. Révérend, c'est là ton devoir. 1039.

» Car, mon ami, ce n'est pas en accumulant beaucoup les macérations et les mérites des observances, que l'on entre dans cette voie, qui s'ouvre d'elle-même pour ceux qui ont des fils. 1040.

» Ainsi, efforce-toi, mon fils, d'appliquer suivant nos ordres ta pensée au mariage et à la propagation de ta famille : c'est le plus grand bien, que tu puisses nous faire. » 1041.

« Je ne veux pas, reprit Djaratkârou, acquérir une épouse ni des richesses pour l'agrément de ma vie ; c'est en vue de votre bien seul que j'épouserai une femme.

» Je le ferai à une condition, en suivant les règles données, si j'obtiens l'approbation de vos révérences : je n'agirai pas autrement. 1042-1043.

» J'épouserai, en me conformant aux rites, une jeune fille, que ses parents voudront bien me donner comme une aumône, et qui est appelée du même nom que moi.

» Pauvre comme je suis, qui voudra me donner personnellement une épouse ? Mais, si quelqu'un m'en donne une, je la recevrai comme une aumône. 1044-1045.

» Ces points établis relativement au mariage, j'épouserai, mes aïeux, à cette condition toujours ; autrement, je n'épouserai pas. 1046.

» Ainsi naîtra un fils pour le salut de vos révérences : puissent, arrivés dans les palais éternels, mes aïeux savourer la félicité ! » 1047.

Ensuite, pour se marier, le brahme, ferme dans ses vœux, continua le Soûtide, parcourut la terre, en mendiant une femme ; mais il ne trouva point d'épouse. 1048.

Un jour le deux fois né entra dans une forêt et, se rappelant les paroles de ses aïeux, il se mit à crier lentement ces dix mots : « Faites-moi l'aumône d'une jeune fille pour être mon épouse ! » 1049.

Vâsouki, *le roi des serpents*, l'entendit et lui offrit sa sœur ; mais le pénitent ne voulut point l'accepter ; car, « elle ne porte pas le même nom que moi, » pensa-t-il ;

» Et j'ai dit : « Je prendrai une femme, qui, non-seulement me sera offerte, mais qui portera aussi mon nom : » tant le magnanime solitaire mettait de scrupule dans son vœu ! 1050-1051.

Le grand ascète à la grande science, Djaratkârou, lui demanda : « De quel nom est appelée ta sœur ? Dis-le moi, serpent, avec sincérité. » 1052.

« Djaratkârou, lui répondit Vàsouki, ma sœur cadette, que voici, est nommée Djaratkârou. Accepte pour ton épouse cette vierge à la taille svelte. C'est pour cet hymen qu'elle fut réservée jusqu'ici. Reçois-la, ô le plus grand des brahmes. » 1053.

A ces mots, il donna au pénitent la noble jeune fille, et celui-ci la reçut, suivant les rites enseignés par les Védas. 1054.

Jadis, la mère des serpents, observa le Soûtide, avait maudit ses enfants. « Le *feu*, dont le char est conduit par le vent, avait-elle dit, vous brûlera dans le sacrifice du roi Djanamédjaya ! » 1055.

C'était pour détruire cette malédiction que le prince des serpents avait donné sa sœur en mariage à ce magnanime ascète, inébranlable dans ses vœux ; 1056.

Et que celui-ci l'avait acceptée pour femme en se conformant aux rites enseignés par les Védas. Elle conçut un fils à la grande âme, nommé Astika. 1057.

Il se voua à la pénitence, il fut magnanime, il aborda à la rive ultérieure des Védas et des Védângas : aimant tous les êtres d'un égal amour, il écartait la peur loin de son père et de sa mère. 1058.

Ensuite, après un long espace de temps écoulé, le monarque issu de Pândou célébra, disent nos saintes écritures, le sacrifice solennel des serpents. 1059.

Tandis que les prêtres vaquaient à cette grande cérémonie pour l'extermination des reptiles, Astîka aux bien terribles pénitences sauva ses frères, *ses cousins*, ses oncles maternels et tous les autres serpents. C'est ainsi que Djaratkârou assura le salut de ses aïeux grâce au fils, dont il fut père et par la vertu des mortifications, qu'il s'infligea soi-même. 1060-1061.

Il acquitta, ô brahme, toutes ses obligations par des prières mentales et par différentes observances ; il rassasia les Dieux de sacrifices, enrichis de présents variés. 1062.

Il charma les saints par sa continence et ses aïeux par la naissance de son fils ; puis, quand il eut soulagé ses ancêtres d'un accablant fardeau, Djaratkârou, l'anachorète aux vœux assurés, monta au ciel, accompagné de ses pères. Ayant obtenu Astîka pour fils et touché au plus haut degré de la vertu, Djaratkârou, quand *il eut joui* bien long-temps *de l'un et de l'autre*, s'éleva dans le Swarga. Telle est cette légende d'Astîka ; je te l'ai répétée exactement. Dis, ô le plus éminent des Bhargavains, quelle autre dois-je te raconter à la suite de celle-là ? 1063-1064-1065.

Dis une seconde fois avec étendue, petit-fils de Soûta, lui répondit Çâunaka, cette légende du vertueux Astîka, le poète inspiré, car nous avons de l'entendre le plus grand désir. 1066.

Tu récites, conteur aimable, des çlokas mélodieux aux douces syllabes. Nous avons eu beaucoup de plaisir, mon enfant : tu dis cela comme ton père. 1067.

Ton père se plaisait toujours à satisfaire notre envie de l'écouter : répète-nous cette légende, comme ton père la racontait. 1068.

Révérend, je vais te raconter cette légende d'Astika, reprit le Soûtide, de la manière que j'ai ouï mon père la conter en ma présence. 1069.

Autrefois, dans l'âge des Dieux, vécurent deux sœurs, filles de Brahma. Parfaites, merveilleuses, douées de beauté, elles furent les épouses de Kaçyapa : elles se nommaient Kadroû et Vinatâ. Joyeux, transporté au comble du plaisir, Kaçyapa, leur époux, égal à Brahma lui-même, accorda une grâce à ses deux femmes légitimes. À la nouvelle que le patriarche a fait sortir *de son énergie* une grâce éminente, surnaturelle, ces nobles dames ressentent un plaisir au-dessus de la joie. Kadroû choisit d'avoir pour fils un millier de serpents aux formes semblables. 1070-1071-1072-1073.

Vinatâ choisit d'avoir seulement deux fils supérieurs aux enfants de Kadroû pour la force, supérieurs également pour le courage, la splendeur et la beauté du corps. 1074.

Son époux de lui accorder la grâce, cette *double* progéniture infiniment désirée : « Qu'il en soit ainsi ! » dit alors Vinatâ au *vénérable* Kaçyapa. 1075.

Elle était heureuse de posséder l'objet de son vœu dans les mêmes termes, qu'elle en avait exprimé la demande. Les deux femmes voyaient ainsi leurs désirs comblés : Vinatâ, parce qu'elle avait conçu deux fils d'une vigueur sans égale ; 1076.

Kadroû, parce qu'elle était enceinte de mille serpents, tous semblables de forme. « Vous avez, dit le grand ascète, à veiller sur vos fruits avec une grande attention ! » 1077.

Ses deux épouses étaient ravies chacune de son lot, et Kaçyapa de s'enfoncer dans la forêt. 1078.

Après un long espace de temps, continua le Soûtide, Kadroû enfanta dix centaines d'œufs, et Vinatâ seulement deux œufs, ô le plus grand des brahmes. 1079.

Leurs suivantes joyeuses déposèrent ces œufs en des bassins, sous lesquels on tint durant cinq cents années le feu continuellement allumé. 1080.

Puis, cette moitié d'un millier d'années écoulé, les fils de Kadroû éclorent ; mais les deux jumeaux de Vinatâ ne sortirent pas encore de leurs coquilles. 1081.

Alors, honteuse, impatiente de se voir aussi des enfants, l'auguste pénitente Vinatâ rompit un œuf et vit l'un de ses fils. 1082.

La moitié supérieure du corps était formée déjà, mais toute l'autre moitié était encore à naître ; et, saisi de colère, dit la tradition, il maudit sa mère : 1083.

« Parce que je dois à ton impatiente curiosité, mère, un corps de cette manière inachevé, tu seras, durant cinq cents années, esclave de la femme, avec qui tu es en rivalité ? Mais le fils, qui te reste à naître, t'affranchira de cet esclavage, 1084-1085.

» Si tu ne le fais pas, mère, cet enfant destiné à la gloire, informe ou difforme, comme moi, en cassant trop tôt son œuf. 1086.

« Il te faut attendre au-delà de cinq cents autres années la naissance de ce fils avec constance et par le désir de lui faire obtenir une force incomparable. » 1087.

Cet enfant, qui maudit ainsi Vinatâ, brahme, c'est Arouna, qui chemine sur la voûte des deux, où, tous les jours, on le voit s'avancer au temps de l'aurore. 1088.

Il est assis sur le char du soleil, il exerce l'office de son cocher. Au temps révolu, naquit *enfin* lui-même Garouda, le *dévorateur* des serpents. 1089.

À peine né, délaissant Vinatâ, ce monarque des oiseaux s'élança dans les cieux, où, continuellement affamé, il emporte la nourriture, que le Créateur a destinée pour lui, ces reptiles, dont il doit se repaître, ô le plus illustre des Bhargavains. 1090.

Dans ce même temps les deux sœurs, ajouta le Soûtide, virent Outchtchaîççravas, *le cheval d'Indra*, s'avancer devant elles, *anachorète*, opulent de pénitences. 1091.

Toutes les troupes des Dieux honoraient dans sa marche ce coursier sans rival, aux belles formes, né au milieu de l'ambroisie barattée et la perle des chevaux, 1092.

Fortuné, céleste, immortel, doué d'une force toute-puissante, le plus grand des chevaux, le plus distingué des animaux et dans lequel on saluait tous les caractères de la beauté. 1093.

En quel pays et comment, dis-moi, interrompit Çâaunaka, les Dieux ont-ils baratté cette ambroisie, où naquit ce quadrupède à la grande vigueur, à la grande splendeur, le monarque des chevaux ? 1094.

Le Mérou est une montagne sublime, rayonnante, aux masses de splendeur, qui fait honte avec ses pics éblouissants d'or aux clartés mêmes du soleil, répondit le petit-fils de Soûta, 1095.

Varié, immesurable, paré d'or, insurmontable à la multitude des hommes vicieux, hanté par les Dieux et les Gandharvas ; 1090.

Grande montagne, qu'illuminent des simples divins, que parcourent d'épouvantables carnassiers et dont la hauteur dérobe les cieux à la vue, 1097.

Infranchissable à d'autres *qu'aux Dieux* en idée seulement, ornée de ruisseaux et d'arbres, toute résonnante par les troupes mélodieuses des oiseaux de mainte espèce. 1098.

Tous les Dieux à l'immense splendeur montèrent sur le sommet de cette montagne, cime pure et qui, pareille à l'infini, s'élance *au plus haut des cieux*. 1099.

Les habitants du ciel réunis, s'étant assis là, munis du jeûne et de la pénitence, se mirent à délibérer touchant l'ambroisie. 1100.

Le Dieu Nârâyana tint alors ce langage à Brahma au milieu des Immortels pensifs et délibérant ainsi, *qui l'environnaient* de tous les côtés : 1101.

« Que les troupes des Asouras et les Dieux barattent l'Océan *comme du lait* dans sa jarre. Ce mélange de tous les simples et de toutes les gemmes dans l'océan baratté produira l'ambroisie. Dieux, barattez donc la mer : c'est ainsi que vous trouverez l'amrita ! » 1102.

Ensuite, continua le Soûtide, *ayant essayé de soulever* le Mandara, le plus haut des monts, embarrassé par des masses de lianes, orné par des cimes de montagnes semblables à des cimes de nuages, 1103.

Récréé par des oiseaux de toutes les sortes, infesté par des carnassiers de tous les genres, hanté par les Apsaras, les Kinnaras et les Dieux eux-mêmes, 1104.

Élevé en hauteur de onze mille yodjanas et qui descend au-dessous de la terre dans une égale profondeur ; 1105.

Toutes les aimées des Dieux n'ayant pu, dis-je, le soulever, se rendent vers Brahma et Vishnou, assis dans la béatitude, et leur adressent ces paroles : 1106.

« Que vos divinités conçoivent une sublime pensée, qui peut nous affranchir de la mort. Qu'un effort soit fait grâce à vous pour notre salut et que ce Mandara soit enlevé ! »

Vishnou répondit avec Brahma : « Qu'il en soit ainsi ! » Le Dieu aux yeux de lotus, à l'âme infinie, ajouta le

Soûtide, exhorta lui-même, fils de Bhrigou, le monarque des serpents. 1107-1108.

Stimulé par Brahma, le vigoureux Ananta se lève aux paroles de Vishnou, qui l'invite à cet effort. 1109.

Ananta à la grande force enleva donc, ô brahme, ce roi des monts avec toutes ses forêts, avec tous les habitants de ses bois. 1110.

Ensuite les Dieux s'avancèrent avec lui vers la mer et dirent à l'Océan : « Nous allons baratter tes ondes pour en tirer l'ambroisie. » 1111.

« Qu'il y ait donc une part aussi pour moi, répondit le roi des eaux ; car les circonvolutions du Mandara vont me donner à souffrir *l'angoisse* d'un vaste broiement ! » 1112.

Cela fait : « Que ta majesté veuille bien être le soutien de cette montagne, » dirent les Démons et les Dieux à la reine des tortues dans la mer. 1113.

« Oui ! » répondit celle-ci, qui prêta son dos. Indra alors d'affirmer avec des engins la montagne debout sur la carapace du *monstrueux animal*. 1114.

Ainsi les Dieux, ayant fait du Mandara le bâton pour baratter et du serpent Vâsouki la corde, se mirent à baratter cette mer, le réceptacle des eaux. 1115.

C'est ainsi que jadis, pour obtenir l'ambroisie, les Dânavas et les Asouras d'un côté, les grands Dieux de l'autre part, embrassèrent chacun par un bout, ô brahme, le roi des serpents. 1116.

Tous les Dieux réunis se tenaient du côté où était la queue ; Nârâyana, le Dieu vénérable, du côté où était le chef d'Ananta : et, lui soulevant sa tête, eux de tirer et retirer mainte et mainte fois cette *corde vivante*. 1117.

De la gueule du serpent Vâsouki, tiré par les Dieux rapidement, sortirent à plusieurs fois des vents, accompagnés de flammes et de fumées. 1118.

Bientôt, condensées en masses de nuages, pleins d'éclairs, ces masses de fumées versèrent des torrents de pluie sur les troupes des Dieux accablés par les souffrances de la fatigue. 1119.

Tombant du plus haut sommet de la montagne, des pluies de fleurs inondaient en même temps de tous côtés les Démons et les Dieux. 1120.

Un vaste bruit, pareil au fracas des grands nuages, s'élevait alors de cette mer barattée par les Asouras et les Dieux au moyen du Mandara. 1121.

Lâ, broyés par la haute montagne, des poissons de toutes les sortes étaient envoyés par centaines à la mort au milieu des ondes salées. 1122.

Le mont sourcilleux jetait à la mort les différents êtres marins, qui habitaient sur la voûte des enfers. 1123.

Cette montagne en tournant arrachait des sommets les grands arbres aux cimes revêtues de fleurs ; et, de leur mutuel frottement, naissait un feu, d'où, jaillissant coup sur coup, de brillantes flammes enveloppaient le mont

Mandara, comme les sombres nuages sont enveloppés d'éclairs. 1124-1125.

Ce feu dévora les éléphants et les lions, sortis de leurs tanières, et les cadavres de tous les différents animaux expirés. 1126.

Indra, le plus sensible des Immortels, calma de tous côtés avec l'eau née des nuages ce feu, qui incendiait tout çà et là. 1127.

Ensuite, on vit ruisseler vers les eaux de cette mer toutes les sortes de résines des grands arbres et les sucs nombreux des simples. 1128.

De ces ruisseaux *de résines et* de sucs aux vertus d'ambroisie, mêlés aux ruisseaux de l'or en fusion, les Dieux obtinrent la formation de l'amrita. 1129.

L'eau naturelle de cette mer était du lait, et son mélange avec des sucs exquis changea ce lait en beurre clarifié. 1130.

Ensuite, les Dieux tinrent ce langage à celui, qui départ les grâces, à Brahma, assis *dans la quiétude* :« Nous sommes épuisés de fatigue, ô Brahma, et l'ambroisie n'existe pas encore ! 1131.

» Oui ! tous, Démons et Dieux, excepté le Dieu Nârâyana ; car il y a long-temps que nous avons commencé à baratter cette mer. » 1132.

Brahma donc adressa ces paroles au Dieu Nârâyana : « Fais, Vishnou, que la force d'eux soit égaie à celle, que possède ici ta majesté. » 1133.

« Je donne, répondit Vishnou cette force mienne à tous ceux, qui ont mis la main à cette œuvre. Remuez tous cette jatte *profonde* et faites rouler ce Mandara ! » 1134.

A ces mots de Nârâyana, ces vigoureux travailleurs, continua le Soûtide, se remirent de compagnie à troubler au plus haut point les eaux de cette vaste mer. 1135.

Ensuite émergea de l'Océan baratté l'astre à l'âme sereine, aux cent mille rayons, la lune toute brillante de ses rayons froids. » 1136.

Après elle, sortit des flots de ce beurre clarifié Lakshmî, revêtue d'une robe blanche ; puis, la nymphe Sourâ ; ensuite, le blanc coursier. 1137.

Après lui, s'élança, produit de la crème des eaux, le diamant céleste, fortuné, aux rayons épanouis, Kâaustoubha, qui alla se placer sur la poitrine de Nârâyana. 1138.

Lakshmî, la nymphe Sourâ, la lune et le cheval, rapide comme la pensée, abordant la route du soleil, passèrent du côté, où se tenaient les Dieux. 1139.

Puis, s'éleva des eaux, revêtu d'un corps, le *médecin* des Dieux, *Dhanvantari, portant une blanche aiguière, où* était l'ambroisie. 1140.

A la vue de cette chose, la plus étonnante des merveilles, une grande clameur éclata au milieu des Démons, qui s'écriaient tous par le désir de cette ambroisie : « À moi cela ! » 1141.

Le dernier apparut le grand éléphant à la taille démesurée, aux quatre blanches défenses, Airâvana, la monture de cet Immortel, qui tient la foudre. 1142.

Un barattement excessif fit naître un nouveau produit, le poison Kâlakoûta, qui, flamboyant comme le feu, enveloppa soudain le monde de ses *mortelles* vapeurs. 1143.

À peine la triade des mondes en eut-elle respiré l'odeur, qu'elle resta sans connaissance ; mais, à la parole de Brahma, aussitôt, pour sauver l'univers, Çiva d'avaler ce poison. 1144.

Le vénérable Içwara, qui est le corps de la prière mystique, garda ce venin dans son cou, et désormais il en fut appelé, disent nos saintes écritures, Nilakanta, *le Dieu au cou bleu*. 1145.

La vue de ce prodige enleva toute espérance aux Dânavas ; lesquels entreprirent une vaste guerre pour la possession de l'amrita et de Lakshmî. 1146.

Aussi Nârâyana recourut-il au stratagème d'une illusion fascinante : il créa une forme enchanteresse de femme et, revêtu de ce travestissement, il passa chez les Dânavas. 1147.

Alors, ayant perdu l'esprit, et l'âme folle d'amour, Daityas et Dânavas, tous à l'envi donnent l'ambroisie à cette femme. 1148.

Revêtus de leurs plus solides armures, continua le Soûtide, et prenant toutes sortes d'armes, les Daityas et les Dânavas de fondre à la fois sur les Dieux. 1149.

Quand il eut reçu l'aiguière, le Dieu puissant, l'auguste Nârâyana, accompagné de Nara, offrit l'ambroisie aux souverains des Dânavas. 1150.

Puis, ayant obtenu l'aiguière des mains de Vishnou, tous les chœurs des Dieux burent l'ambroisie au milieu d'une confusion tumultueuse. 1151.

Dans le temps que les Dieux savouraient ce trésor désiré, le Démon Râhou emprunta les formes d'un Dieu et but l'ambroisie à son tour. 1152.

Mais à peine quelques gouttes étaient-elles arrivées dans le cou de ce Dânava, que déjà, poussés de leur amour pour les Dieux, le soleil et la lune avaient dénoncé la ruse. 1153.

Aussitôt Vishnou de lancer son disque acéré, arme aussi grande qu'une roue, et de trancher la tête parée de ce Démon occupé à boire l'amrita. 1154.

Coupée avec le tchakra, la grande tête du faux Dieu, semblable à la cime d'une montagne, jeta un épouvantable cri et vola dans les airs. 1165.

Le tronc palpitant du monstre tomba sur le sol de la terre, ébranlant tout le globe avec ses îles, ses bois et ses montagnes. 1156.

De là une haine éternelle, acharnée, fut jurée au soleil et à la lune par la tête de Râhou, qui n'a point cessé de les dévorer jusqu'à nos temps mêmes. 1157.

Soudain renonçant à ses formes non pareilles de femme, l'adorable Vishnou fit trembler tous les Dânavas avec des armes variées, effroyables. 1158.

Alors s'éleva près des ondes salées entre les Dieux et les Asouras une grande bataille, plus terrible que toutes *les autres*. 1159.

On vit tomber *de toutes parts* les traits barbelés, grands, acérés, les leviers de fer à la pointe bien aiguisée et les divers projectiles. 1160.

Les Démons, fendus par les épées et les épieux de fer, mutilés par les tchakras, tombaient sur le sol de la terre, vomissant des ruisseaux de sang. 1161.

Les têtes, parées de joyaux d'or brûlé, volaient sans relâche, tranchées dans le combat par des haches épouvantables. 1162.

Les cadavres des grands Asouras gisaient, oints de sang, pareils à des sommets de montagne, rougis par les métaux. 1163.

Ce n'était çà et là que des voix confuses, par milliers, de guerriers s'entre-déchirant avec des nuées de flèches, qui obscurcissaient le soleil. 1164.

Le bruit des combattants, qui se donnaient mutuellement la mort dans le combat avec des massues aux pointes aiguës et de plus près à coups de poings, s'en allait ébranler, pour ainsi dire, le ciel. 1165.

» Coupe ! transperce ! cours ! abats ! poursuis ! » De tous les côtés, on n'entendait que ces cris, glaçant d'épouvante. 1166.

Tandis que la mêlée s'enflammait ainsi effroyable, pleine de tumulte, les deux puissantes Déités Nara et Nârâyana abordèrent le champ de bataille. 1167.

Là, quand il vit l'arc céleste de Nara, l'auguste Nârâyana de penser à son tchakra, immolateur des Dânavas. Soudain, à cette pensée, accourut, du ciel au milieu du combat Soudarçana, ce disque à l'aspect épouvantable, à l'abondante lumière, égal au soleil, cette roue infatigable, par qui l'ennemi est consumé. 1168-1169.

A peine arrivé, aussitôt Vishnou, à la terrible agilité, aux bras et aux mains tels que les jambes et les pieds d'un éléphant, le vigoureux Vishnou de lancer ce disque à l'éminente splendeur, brillant comme la flamme du feu et capable de briser les villes des ennemis. 1170.

Envoyé de sa main dans la bataille par le plus grand des hommes, ce tchakra d'une lumière égale au feu de la mort, courut mainte et mainte fois rapidement par les rangs des ennemis, brisant par milliers les Daityas et les Dânavas. 1171.

Tantôt brûlant comme la flamme, tantôt léchant *un membre,* il dépeçait violemment les bataillons des Asouras. Lancé du ciel mainte fois sur la terre, il s'abreuvait de sang, comme un Piçâtcha, sur le champ de bataille. En ce moment, les Asouras à la grande vigueur, aux âmes non abattues, accablent mainte et mainte fois l'armée des Dieux sous des masses de montagnes et, semblables à des nuages tombés, ils s'élancent par milliers contre le ciel. 1172-1178.

Alors, s'entrechoquant l'une l'autre avec fracas, de grandes montagnes, couvertes de forêts, leurs plateaux et leurs cimes bouleversés, tombent rapidement du ciel, comme des nuages de formes diverses, et jettent partout une vaste épouvante. 1174.

La terre, avec ses forêts, battue par la chute des grandes montagnes, chancelait sous ce champ de bataille, tout effroyablement couvert de combattants effroyablement déchaînés à l'envi les uns des autres en vociférations mille fois répétées. 1175.

Dans cet effroyable combat soutenu contre les Démons, Nara, brisant de ses dards les cimes des montagnes, couvrit les chemins du ciel avec ses grandes flèches ornées de pointes à l'or pur. 1176.

Alors, maltraités par les Dieux, les Asouras, voyant arrivé dans les cieux Soudarçana, plein de colère, cette arme d'une splendeur égale aux flammes du feu, se hâtent de se cacher dans la terre, dans les ondes salées et dans la mer. 1177.

Ensuite, honoré par les Immortels, qui avaient remporté la victoire, le Mandara fut remis à sa même place ; et les nuages, ayant fait résonner le ciel et les airs de tous côtés, s'en allèrent comme ils étaient venus. 1178.

Les Dieux au comble d'une joie suprême eurent soin de bien cacher l'amrita ; et le puissant Indra, de concert avec les Dieux, chargea Vishnou de garder le dépôt de l'ambroisie. 1179.

Voilà que je t'ai raconté complètement ici, poursuivit le Soûtide, la manière, dont l'ambroisie fut tirée de la mer barattée, où naquit le cheval fortuné, à la vigueur incomparable, 1189.

Dont l'aspect fit adresser à Vinatâ ces paroles de Kadroû : « Dame illustre, de quel pelage est Outchtchaîççravas ? Dis-le-moi sans tarder. » 1190.

« Ce roi des chevaux est blanc, répondit Vinatâ. Que te semble-t-il ? Dis-moi sa couleur, noble dame. Ensuite, nous mettrons là-dessus un pari. » 1191.

« Femme au candide sourire, il me semble, reprit Kadroû, que ce cheval a la queue noire. Allons, radieuse ! gage avec moi à qui l'une sera esclave de l'autre. » 1192.

Après que d'un commun accord, ajouta le Soûtide, elles eurent fait de l'esclavage cette clause du pari, elles s'en revinrent chacune à sa maison, disant : « Nous verrons demain ! » 1193.

Ensuite Kadroû, qui voulait tricher, donna cet ordre à ses mille fils : « Changez-vous en crins, prenez la couleur du *noir* collyre ; puis, entrez vite dans la queue du cheval, afin que je ne sois pas esclave. » Elle maudit les serpents, qui d'abord n'avaient pas approuvé ce langage. 1194-1195.

« Vous serez consumés par le feu dans le sacrifice des serpents, dit-elle, que doit célébrer un jour le râdjarshi Djanamédjaya, ce vertueux fils de Pândou ! » 1196.

Le suprême aïeul des créatures entendit lui-même cette malédiction fort cruelle, que prononçait Kadroû sous l'irrésistible impulsion du Destin. 1197.

Voyant le grand nombre des serpents, l'amour du bien de ses créatures lui fit agréer ces paroles, à lui et à tous les chœurs des Dieux. 1198.

« En effet, ces reptiles à la dent perfide, à la grande vigueur, occupés sans cesse de nuire aux autres êtres, ont un poison d'une subtile énergie ; cette mort, que leur mère appelle sur les serpents, est donc une chose convenable pour les créatures à cause de leur venin destructeur. 1199-1200.

» C'est le Destin lui-même, qui fait tomber sur eux ce châtiment, pour mettre une fin à leur existence, » Il dit, et le Dieu félicita Kadroû. 1201.

L'Immortel appela devant lui Kaçyapa et lui tint ce langage. « Si leur mère a jeté sa malédiction sur les grands serpents, tes fils, tout gorgés de poison, âme pure de péché, il ne faut pas, ô mon fils, en concevoir le plus léger ressentiment, anachorète invincible à tes ennemis ; 1202-1203.

» Car il fut réglé jadis qu'ils périraient ainsi dans un sacrifice. » Après que le Dieu, créateur suprême, eut apaisé avec ces mots le créateur secondaire, il donna à ce magnanime la science, qui détruit les poisons. 1204.

Ensuite, reprit le Soûtide, quand la nuit eut commencé à blanchir, vers le matin, au lever du soleil, les deux sœurs, qui avaient engagé leur liberté pour enjeu, Vinatâ et Kadroû, empressées, impatientes, de courir, homme riche de pénitences, voir de plus près ce cheval Outchtchaîçravas. 1205—1206.

Là, elles virent la mer, immense réceptacle des ondes, avec ses profondes eaux, agitées d'un vaste bruit, 1207.

Remplie de poissons et de baleines, peuplée de requins couverte d'êtres en milliers innombrables et de toutes les formes, 1208.

Impraticable par d'autres, horribles, effroyables, difformes, épouvantables, semée de tortues et de crocodiles,

La mine de toutes les pierreries, le palais de Varouna, le séjour délicieux et sublime des Nâgas, la souveraine des fleuves, 1209-1210.

L'habitation de la flamme des enfers, la prison des Asouras, la terreur des êtres, le récipient impérissable des eaux, 1211.

Pure, céleste, prodigieuse, immesurable, inconcevable, aux ondes très-limpides, laboratoire immense, où *fut préparée* l'ambroisie des Immortels, 1212.

Terrible, au bruit glaçant d'épouvante, infranchissable en ses profonds tournoiements, jetant la peur au sein de toutes les créatures, formidable aux cris de ses monstres aquatiques, 1213.

Se balançant sur ses rivages au vigoureux souffle du vent, se cabrant par la fougue de son agitation, et dansant, pour ainsi dire, çà et là, en remuant ses mains de vagues, 1214.

Toute pleine de flots, qui se gonflent, suivant que la lune croit ou décline, la plus riche mine des pierreries, la mère de Pântchadjanya, *conque de Krishna*, 1215,

Troublée jadis au fond d'elle-même par l'adorable Govinda à la force sans mesure, qui, sous la forme d'un sanglier, cherchait la terre dans son onde agitée ; 1216.

Cette mer, de laquelle Atri, le Brahmarshi, engagé par un vœu, n'a pas trouvé le fond en cent années ; elle, impérissablement fondée sur les voûtes du Pâtâla ; 1217.

Cette mer, la sombre couche de Vishnou à la splendeur infinie, au nombril de lotus, quand au commencement de la rénovation du monde, il savoure l'extase d'une absorption en l'Être absolu ; 1218.

Elle, qui rassure le mont Maînaka, effrayé par la chute de la foudre ; elle, l'asyle invoqué des Asouras, maltraités dans les batailles, 1219.

Cette mer, qui verse l'offrande de son onde à Agni, allumé dans la bouche de Vadavâ[12] ; elle incommensurable, aux profondes rives ultérieures, la reine des rivières.

Les deux sœurs voyaient ce grand Océan, qui semblait danser par ses vagues, et vers lequel, regorgeant d'eau outre mesure, se dirigeaient sans cesse, par milliers et comme à l'envi, une infinité de larges fleuves. 1220-1221.

Elles voyaient ces plaines humides sans fond, étendues comme le ciel, cet éternel et profond réceptacle des eaux, infesté de baleines, de requins, et menaçant par les cris des habitants de ses ondes. 1222.

Les serpents dirent, continua le Soûtide : « Puisque notre mère a fait ce pari, il faut obéir à sa voix ; car, si elle n'obtient pas l'objet de son désir, elle nous brûlera sans pitié. 1223.

» Mais, si elle gagne, la noble dame nous dégagera de cette malédiction : ainsi, rendons noire la queue du cheval, sans plus balancer. » 1224.

À ces mots, ils entrent dans la queue. On aurait dit : « Ce sont des crins ! » Sur ces entrefaites, les deux sœurs, épouses rivales, qui avaient engagé le pari et donné leurs enjeux, Kadroû et Vinatâ, les filles de Daksha, traversent l'Océan par la voie des airs et, pleines de la plus grande joie, elles arrivent sur le rivage ultérieur, ayant vu cette mer, le réceptacle des eaux, à la base inébranlable, 1225-1226-1227.

Au vaste fracas, toute remplie de timingilas, couverte de makaras et soulevée tempétueusement par un vent orageux ; 1228.

Cette mer profonde, insurmontable, horrible, au-dessus de l'effroyable, infestée d'épouvantables monstres de toutes les espèces en milliers innombrables, 1229.

La mine de toutes les pierreries, le palais de Varouna, le séjour bien agréable des Nâgas, la souveraine des rivières, 1230.

L'habitation de la flamme des enfers, la demeure des Asouras, la terreur des êtres, le récipient impérissable des eaux, 1231.

Pure, céleste, semblable au ruisseau du plus limpide miroir, immesurable, inconcevable, laboratoire immense, *où fut préparée* l'ambroisie des Immortels, 1232.

Remplie au-delà de toute mesure par de larges fleuves, qui s'y déchargeaient en grand nombre et par milliers. Elles étaient arrivées d'un vol rapide à la mer ainsi faite, profonde, mugissante, étendue comme l'expansion du ciel, et le corps enflammé par le feu tout flamboyant des enfers. 1233-1234.

Après qu'elle eut traversé la mer, continua le Soûtide, Kadroû au rapide essor, accompagnée de Vinatâ, ne fut pas long-temps sans arrêter son vol près du cheval. 1235.

Elles virent alors toutes deux que ce prince des chevaux, à la grande vitesse, semblable, *pour le reste du corps*, aux *blancs* rayons de la lune, avait la queue noire. 1236.

A la vue de ces mille crins noirs, qui déguisaient la queue, Kadroû jeta dans l'esclavage Vinatâ aux formes désolées. 1237.

Réduite à la condition d'esclave, Vinatâ, qui, en réalité, n'avait pas été vaincue dans ce pari, fut consumée par le chagrin. 1238.

Sur ces entrefaites, le temps étant venu, Garouda à l'éclatante lumière rompit sa coquille et naquit sans l'aide de sa mère. 1239.

Ce volatile, doué d'une grande force et d'une grande âme, pouvant revêtir à son gré toutes les formes, pénétrer à sa volonté en tous lieux, posséder toute la force, qu'il voulait, illumina toutes les régions de l'espace. 1240.

Épouvantable, enflammé, éclairant comme une masse de feu, son œil fauve dardant l'éclair, il avait une splendeur égale à celle d'Agni au temps de la fin du monde.

L'oiseau grandit en un instant, et le colosse ailé, effrayant, terrible, s'élança avec un épouvantable cri dans les airs comme un autre feu sous-marin. 1241-1242.

À sa vue, tous les Dieux courent se réfugier près d'Agni et, le corps respectueusement incliné devant le Dieu assis sur son trône, ils tiennent ce langage à l'être, qui existe dans toutes les formes : 1243.

« Ne t'accrois pas, Agni ! ou tu vas nous brûler ; car de toi provient cette masse énorme de feu allumé ! »

« Fléaux des Asouras, ce n'est pas ce que vous pensez, répondit Agni ; c'est le vigoureux Garouda, mon égal en splendeur. 1244-1245.

» C'est le fils de Vinatâ ; il vient de naître, doué d'un éclat suprême. À l'aspect de cette masse enflammée, la peur vous enivre de son délire. 1246.

» Rejeton de Kaçyapa, il possède une force immense ; il vient pour exterminer les Nâgas ; il est dévoué au Bien des Dieux ; mais il est ennemi des Démons et des Rakshasas. 1247.

» Vous ne devez avoir nulle crainte de lui ; pourquoi trembler ici ? Regardez-le avec moi ! » À ces mots, les Dieux et les chœurs des rishis s'avancent vers Garouda et lui adressent, mais de loin encore, ces paroles d'éloge : « Tu es un rishi, dirent les Immortels, tu es de haut parage, tu es un Dieu, tu es le souverain des oiseaux, tu es Hari, tu es Çiva, tu es le soleil, tu es le Très-haut, tu es le maître des créatures ! 1248-1249.

» Tu es Indra, tu es un Kinnara, tu es l'essence des êtres, tu es le roi du monde, tu es le Véda, tu es Brahma, né d'un lotus ; tu es Agni, tu es le Vent ! 1250.

» Tu es Dhâtâ et Vidhâtâ, tu es Vishnou, ô le plus vertueux des Souras, tu es grand, tu es victorieux, ta renommée est immense, tu es l'ambroisie éternelle ! 1251.

» Tu es les splendeurs, tu es ce que l'on désire, tu es notre suprême défense, tu es un océan de forces, tu es bon, victorieux, fortuné, insurmontable même ! Tout est venu de toi, être à la gloire éclatante. Tu es en effet ce qui a été et ce qui n'est pas encore ! 1252.

» Tu es sublime ! Tu éclaires de tes rayons, comme le soleil, tout cet univers, mobile et immobile ! Tu jettes mainte et mainte fois la lumière du soleil sur cet ensemble fixe et instable des êtres, dont tu es la mort ! 1253.

» Tel que le soleil brûle dans sa colère toutes les créatures, de même sont-elles brûlées par toi, qui brilles comme le feu du sacrifice ! Semblable au feu destructeur, qui s'élève à la fin du monde et met un terme à la révolution des âges, ainsi tu sèmes l'épouvante ! 1254.

» Venus aux pieds de Garouda à la grande clarté, à la grande vigueur, qui plane dans les airs et habite dans les nuages, nous sollicitons la protection du lumineux souverain des oiseaux, dont l'éclat est égal à celui des flammes, qui a la splendeur même de la foudre, 1255.

» Qui est le passé et le futur des êtres, qui répand à son gré les faveurs et de qui la force est invincible. Tout cet univers est consumé de ta splendeur ; sauve tous les Dieux magnanimes par ton éclat d'or passé au feu !

» Ceux, qui parcourent les airs sur des chars célestes, se jettent, méprisés du monde et frappés d'épouvante, en des sentiers impraticables ; et tu es, auguste roi des oiseaux, le fils de Kaçyapa, le saint à la grande âme, au cœur plein de compassion ! 1256-1257.

» N'allume pas ta colère, conçois pour ce monde la plus haute pitié et sauve-nous. Le bruit de tes *ailes*, semblable au fracas des plus grands tonnerres, fait trembler sans relâche les plages aériennes, le ciel, le Swarga, cette terre 1258.

Et les cœurs de nous, hôtes des plaines éthérées. Adoucis donc cette lumière de ton corps égale à celle du feu ; car notre âme agitée chancelle, en voyant ton flamboiement, pareil à celui de la mort en courroux. Souris à nos prières ; sois bon pour nous, auguste roi des volatiles ; apporte-nous le bonheur. » 1259.

Ainsi loué par les Dieux et les troupes des saints, le noble oiseau de retirer en soi-même une partie de sa lumière. 1260.

Quand il eut ouï ces paroles, le volatile aux belles ailes jeta un regard sur lui-même et se mit à diminuer ses proportions colossales. 1261.

« Que tous les êtres, dit Garouda, cessent de craindre à la vue de mon corps ! Puisque cette forme terrible vous fait peur, je vais amoindrir ma lumière. » 1262.

Ensuite le volatile, qui peut aller où il veut, l'oiseau, qui a toute la force, qu'il veut, continua le Soûtide, fit monter Arouna sur son dos, et, quittant l'hermitage de son père, se rendit vers sa mère sur la rive ultérieure du grand Océan. Il déposa là sur la plage orientale Arouna à l'éclatante splendeur au temps même que le soleil pensait à consumer les mondes avec ses plus ardents rayons. 1203-1264.

« Pourquoi l'adorable soleil, interrompit Rourou, voulait-il consumer les mondes ? Qu'est-ce que les Dieux lui avaient enlevé, pour qu'il fût alors saisi d'une telle colère ? » 1265.

« Le soleil et la lune, répondit Pramati, avaient dénoncé Ràhou au moment qu'il buvait l'ambroisie : depuis lors, ce Démon avait juré, anachorète sans péché, une haine éternelle au soleil et à la lune. 1266.

La colère s'alluma au cœur du soleil sous les blessures, qu'il avait reçues *du monstre* de l'éclipse : « C'est parce que j'ai rendu service aux Dieux, se dit-il, qu'est née la fureur de Râhou contre moi. 1267.

» Puisque personne ne vient à mon secours, ni dans mes travaux, ni dans mes souffrances, je veux commettre seul un méfait, d'où naîtra le malheur de beaucoup !

» Les habitants du ciel voient Râhou m'infliger ses morsures, et ce spectacle n'excite pas leur colère ! Puisqu'il en est ainsi, je vais, sans balancer, me mettre à consumer les mondes. » 1268—1269.

Après qu'il eut formé ce dessein, le soleil, armé de sa lumière, se rendit sur le mont Asta, où il déchaîna le feu de ses rayons pour anéantir les mondes. 1270.

Alors les Maharshis viennent trouver les Dieux et leur disent ; « En ce jour même, à l'heure de minuit, semant la terreur dans tout l'univers, s'allumera un grand incendie, destructeur des trois mondes. » 1271.

Ensuite, accompagnés par les troupes des rishis, les Dieux se rendent chez le suprême aïeul des créatures et lui disent ; « Nous voici déjà jetés, pour ainsi dire, au milieu du péril d'un vaste incendie ! 1272.

» Le soleil n'est pas encore levé, et déjà commence à poindre la catastrophe ; vénérable, que sera-ce donc, une fois levé le soleil ? » 1273.

« Le soleil hâte son lever pour l'anéantissement des mondes, répondit l'antique aïeul des créatures : un seul de ses regards peut faire d'eux un monceau de cendres !

» Maison a préparé jadis un remède pour ce fléau. Il est un fils de Kaçyapa ; c'est un sage au grand corps, à la grande vigueur : il est appelé Arouna. On lui donnera le char du soleil à conduire, et, placé devant lui, il amortira ses rayons. Que par lui vienne le salut aux mondes, aux Rishis, aux habitants du ciel ! » 1674-1675-1676.

Ensuite Arouna, dit Pramati, accomplit tout ce qu'avait prescrit l'antique aïeul des créatures ; et le soleil, s'étant levé, fut masqué par son cocher Arouna. » 1277.

Je t'ai raconté entièrement la cause, qui avait excité la colère du soleil, et pour quel motif l'auguste Arouna fut chargé de conduire son char : écoute maintenant, seigneur, ma réponse à une autre question, qui fut posée avant.

Ces choses faites, reprit le Soûtide, l'oiseau à la grande force, à la grande vaillance, qui pouvait aller en tous lieux, qu'il voulait, franchit le vaste Océan et vint trouver sa mère sur la rive ultérieure. 1278-1279.

Là, tombée dans la condition d'esclave, Vinatâ, qui, en réalité, n'avait pas été vaincue dans son pari, était consumée d'une violente douleur. 1280.

Un jour, ayant besoin d'elle, Kadroû l'appela, et, devant son fils, tint ce langage à Vinatâ, respectueusement inclinée : 1281.

« Noble dame, les Nâgas ont un palais délicieux, charmant à voir, dans le giron solitaire de l'Océan : porte-moi là, Vinatâ !» 1282.

Aussitôt la mère de Garouda mit sur ses épaules la mère des reptiles, et, commandé par sa mère, Garouda lui-même porta les Serpents. 1283.

Il prit sa route près du soleil et, brûlés par les rayons de l'astre chaud, les serpents s'évanouirent. 1284.

Quand elle vit ses fils tombés dans un tel état, Kadroû se mit à louer Indra : « Adoration à toi, souverain de tous les Dieux ! Adoration à toi, meurtrier de Bala ! 1285.

» Adoration te soit rendue, immolateur de Namoutchi ! Dieu aux mille yeux, époux de Çatchi, verse la pluie sur les serpents, consumée par le soleil. 1286.

» Tu es notre plus haute espérance, ô le plus grand des Immortels, car tu as la puissance de produire un déluge d'eau. 1287.

» Tu es le vent, tu es le nuage, tu es le feu de l'éclair allumé dans le ciel ; tu mets en fuite les armées des nuages ; on t'appelle même la grande nuée. 1288.

» Tu es la foudre sans égale, tu es la nue au mugissement effroyable, tu es le créateur et le destructeur invaincu des mondes : 1289.

» Tu es la lumière, tu es le soleil, substance de la lumière ; tu es un grand être, tu es une merveille, tu es le monarque le plus grand des Souras. 1290.

» Tu es Vishnou ; tu es celui, qui a mille yeux ; tu es un Dieu, tu es la voie suprême, tu es l'ambroisie universelle ; tu es, ô Dieu, la lune honorée du culte le plus élevé. 1291.

» Tu es l'heure, tu es le jour, tu es la minute, tu es la seconde, tu es la quinzaine lumineuse, tu es la quinzaine obscure, tu es la kalâ[13], la kâshthâ[14], l'instant, l'année, les saisons, les mois, les nuits et les jours. 1292.

» Tu es la noble terre, avec ses forêts et ses montagnes ; tu es le ciel sans obscurité avec son soleil ; tu es le grand Océan aux vastes flots, rempli de poissons, de nombreux makaras, de timingilas et de baleines. 1293.

» Tu es Mahâ-yaças, comme on dit, *le Dieu à la haute renommée* ; tu reçois de continuels hommages, l'âme réjouie par les sages rishis ; tu bois, au milieu de tes louanges, le soma sur l'autel et les oblations versées dans le feu avec le mot vashat pour obtenir le bonheur. 1294.

» C'est pour toi, que les brahmanes sacrifient sans cesse en vue de la récompense ; c'est toi, qui es chanté dans le Véda et les Védângas, Dieu aux torrents de forces non-pareilles ; c'est à cause de toi, que les plus éminents des brahmes, adonnés au sacrifice, lisent de toute leur puissance le Véda et les Védângas ! » 1295.

Ainsi loué par Kadroû, l'auguste Indra de voiler tout le ciel, dit le Soûtide, par des masses de sombres nuages. 1296.

Il commanda aux nues : « Versez la pluie de vos limpides eaux ! » et, flamboyantes d'éclairs, tonnant sans relâche d'un bruit effroyable et comme à l'envi au milieu des airs, les nuées de répandre l'eau à torrents. On aurait dit que le ciel se fût tout changé en nuages d'une merveilleuse grandeur, d'un fracas épouvantable avec des averses inouïes, qui tombaient sans interruption. L'atmosphère semblait danser avec mainte et mainte vague effrayante. 1297-1298-1299-1300.

Ces nuages aux horribles tonnerres, fendus par l'éclair, roulés par le vent, fondus en ondées continuelles, avaient dépouillé le ciel des rayons du soleil et de la lune ; mais ces pluies, *bienfait* d'Indra, inondaient les serpents d'une joie suprême. 1301-1302.

Cette eau remplit de tous côtés la terre ; cette eau limpide et fraîche pénétra même jusqu'aux enfers. 1303.

La terre fut toute couverte de ses eaux, répandues à torrents ; et, *grâce à elles*, les serpents alors de passer avec leur mère dans une situation d'être aimable et réjouissante. 1304.

Portés sur le dos de Garouda, continua le rejeton de Soûta, les serpents joyeux, baignés par les nuages d'Indra, ne tardent pas à débarquer sur les rives d'une île, ouvrage de Viçvakarma. Descendus là sur la plage orientale, ils virent l'épouvantable mer, habitation des requins. 1306-1306.

Les serpents, accompagnés de Souparna, *admiraient* cette île ravissante, environnée par les eaux de la mer et parée de forêts, auxquelles les essaims des oiseaux faisaient répéter leurs gazouillements. 1307.

Des allées d'arbres, chargés de fleurs et de fruits variés, la couvraient, pleine qu'elle était de charmants palais.

Revêtue par des massifs de lotus, 1308.

Ornée de lacs célestes aux ondes transparentes, elle était rafraîchie par les éventails de salubres vents, qui promenaient des senteurs divines. 1309.

Elle était parée d'arbres de sandal, *si hauts qu*'ils semblaient vouloir s'envoler dans les cieux et qui, secoués par la brise, versaient des pluies de fleurs. 1310.

D'autres arbres aux fleurs disséminées par le vent inondaient les serpents, déposés là, avec des averses, qui cette fois n'étaient plus d'eau, mais de fleurs. 1311.

Île céleste, née pour la joie du cœur, aimée des Apsaras et des Gandharvas, hantée par les essaims ivres des abeilles, riche de vues aux formes charmantes ; 1312.

Île délicieuse, amœne, fortunée, pure, gazouillante des ramages de toutes les espèces d'oiseaux et douée de tous les dons, qui enchantent le monde, elle inspirait la joie à ces enfants de Kadroû. 1313.

Arrivés dans ce bois, les serpents s'y amusent ; puis ils disent au monarque des oiseaux, à Souparna aux grandes forces : 1314.

« Porte-nous dans une autre lie, bien charmante, aux limpides ondes, car toi, qui voyages dans les airs, tu vois, chemin faisant, beaucoup de lieux enchanteurs. » 1315.

L'oiseau réfléchit et demande à Vinatâ, sa mère : « Faut-il que je fasse la chose, mère, que disent les serpents ? »

« *Sans doute,* lui répondit Vinatâ, *puisqu'*un moyen déloyal, m'a rendu l'esclave de ma rivale. Elle mit en jeu la tricherie dans une gageure, et les serpents ses fils ont servi à la fraude. » 1316-1317.

Quand il eut ouï de sa mère toute cette histoire, le grand volatile, vivement affligé de sa douleur, dit aux serpents : 1318.

« Quelle chose héroïque me faut-il apporter, savoir ou faire ici pour que je sois affranchi de votre esclavage ? Dites-le moi, reptiles, sans déguisement. » 1319.

À ces mots, dit le Soûtide, les serpents de répondre : « Apporte-nous l'ambroisie, conquise par ta vigueur ; et l'affranchissement de la servitude te sera donné en récompense, volatile ! » 1320.

À ces paroles des serpents, ajouta le Soûtide, Garouda tint ce langage à sa mère : « Je vais chercher l'ambroisie. Je voudrais savoir ce que je trouverai à manger *dans mon voyage.* » 1321.

« Dans le giron solitaire de l'Océan, reprit Vinatâ, est la principale habitation des Nishâdas ; il y a des Nishâdas par milliers : mange-les et apporte l'ambroisie. 1322.

« Mais tu ne dois jamais concevoir la pensée de tuer un brahme. La vie du brahme est sacrée pour tous les êtres. En effet, il ressemble au feu. 1323.

« Un brahme irrité, c'est Agni, c'est le soleil, c'est un poison, c'est un cimeterre ! Le brahme est proclamé en tous pays le maître spirituel de tous les êtres. Voilà sous quels traits et d'autres, mais toujours accompagnés de terreur, les gens de bien considèrent le brahmane. 1324.

« Tu dois respecter sa vie, mon enfant ! Garde-toi de faire du mal aux brahmes dans ta colère même, ni d'aucune manière, ni dans aucun temps, ou lieu. 1325.

« Car, dans son courroux, volatile sans péché, le brahme aux vœux parfaits vous réduit en cendres plus facilement que ne peut faire, ou le soleil, ou Agni même. 1326.

« Tu reconnaîtras donc à ces différents caractères le plus éminent des régénérés : le brahme est le but des êtres ; c'est le premier des ordres, c'est un père, c'est un gourou ! » 1327.

« Mère, dit Garouda, quel est l'extérieur du brahme ? quel est son caractère ? quelle est sa vigueur ? Brille-t-il, semblable au feu ? ou bien offre-t-il l'aspect de la placidité ? 1328.

» À quels signes certains puis-je reconnaître le brahme ? Veuille bien répondre à ma question, mère, exactement. »

« Celui, répondit Vinatâ, qui, arrivé dans ta gorge, tel qu'un hameçon avalé, te brûlera comme un charbon ardent, sache, mon fils, que c'est un taureau du troupeau des hommes, un brahme ! 1329-1330.

» Garde-toi de tuer jamais un brahme, fût-ce dans ta colère ! » Vinatâ dit encore à son fils dans sa sollicitude maternelle : 1331.

« Celui, que ne pourrait digérer ton estomac, sache que ce ne peut qu'être un homme de la plus excellente caste des régénérés ! » Et, quoiqu'elle n'ignorât pas la force incomparable de son fils, Vinatâ, dans sa tendresse maternelle, de lui dire à deux fois ces mots. Absorbée dans ses bénédictions et joyeuse, toute blessée qu'elle fût de la plus profonde douleur et tourmentée des serpents, la vertueuse 1332-1333.

Vinatâ répandit sur lui ces paroles : « Daigne le vent protéger tes ailes, le soleil et la lune ton dos, Agni ta tête ; et daignent les Vasous, protéger ton corps de tous les côtés ! 1334.

» Moi, durant ton voyage, livrée toujours à la prière et aux bénédictions, je resterai assise ici, mon fils, ne goûtant jamais d'autre plaisir que celui de faire des vœux pour toi. 1335.

» Qu'une route fortunée, mon fils, te mène au bon succès de ton entreprise ! » Ensuite, continua le Soûtide, à peine eut-il entendu ces paroles de sa mère, qu'il étendit ses ailes et prit son vol dans les cieux. Bientôt il arriva chez les Nishâdas, affamé comme un autre Yama, qui met fin à la vie des êtres. 1336.

Alors, il fit sortir les Nishâdas de leurs humides séjours en soulevant une masse énorme de poussière, qui s'en allait toucher au ciel, tarissait l'eau dans le sein de la mer, et forçait à s'écarter les êtres, nés dans les basses terres et ceux qui naissent dans les montagnes. 1337.

Ensuite, le roi des oiseaux ferma le chemin des Nishâdas et leur offrit son bec immense pour seule voie : puis, les

Nishâdas de s'avancer à pas hâtés du côté, où était embusquée la gueule du mangeur de serpents. 1338.

Aveuglés par la poussière et troublés par le vent, comme dans une forêt aux arbres secoués par l'ouragan, ils s'engagèrent tous ensemble et par milliers dans cette gueule ouverte aux dimensions outre mesure, tels que des oiseaux effarouchés dans le ciel. 1339.

Enfin le volatile aux grandes forces, destructeur de ses ennemis, ferma son bec, et le monarque affamé des oiseaux, secouant ses ailes, avala d'un seul coup ces pêcheurs de mainte espèce, *hommes et bêtes,* qui vivaient de poissons. 1340.

Mais, ajouta le Soûtide, il se sentit brûlé dans la gorge comme par un charbon allumé : c'était un brahmane arrivé avec son épouse au milieu du gosier : et l'hôte ailé des airs lui tint ce langage : 1341.

« Ô le plus grand des brahmes, ma bouche est ouverte, sors vite ! car je ne dois pas causer la mort d'un brahme, n'eût-il jamais d'autre plaisir que celui de satisfaire à ses vices ! » 1342

À ces mots de Garouda, le brahmane répondit ainsi : « Ma femme est une Nishâdî ; qu'elle sorte donc avec moi ! » 1343.

« Je t'accorde aussi la vie de cette Nishâdî, reprit Garouda ; mais sors vite avec elle. Sauve proprement ta personne avant que la chaleur de mon estomac ne l'ait digérée ! »

Ensuite, continua le Soûtide, le brahmane étant sorti, accompagné de la Nishâdî, combla de ses bénédictions Garouda et s'en alla oûson désir le conduisit. 1344-1345.

Débarrassé du brahmane et de son épouse, le roi des volatiles déploya ses ailes et prit, aussi rapide que la pensée, son essor vers le ciel. 1346.

Après ces choses, il vit son père, il lit à ses questions les réponses convenables ; et le grand saint à l'âme sans mesure lui adressa les mots suivants : 1347.

« En quel état sont vos santés ? dit Kaçyapa. Ne manquent-elles jamais de copieux aliments ? Trouves-tu, mon fils, dans le monde des hommes une abondante nourriture ? » 1348.

« Ma mère va bien, répondit Garouda, ainsi que mon frère et moi. Mais je n'ai pas toujours le bonheur, mon père, d'avoir une nourriture abondante. 1349.

» Les serpents m'ont envoyé chercher l'ambroisie nompareille, et je la rapporterai sans nul doute aujourd'hui pour faire cesser l'esclavage de ma mère. 1350.

» J'ai reçu de ma mère ce conseil : « Mange les Nishâdas ! » J'en ai mangé par milliers, et ma faim n'est pas encore assouvie. 1351.

» Indique-moi donc un nouveau repas, auguste et vénérable saint, afin que je trouve en lui une vigueur suffisante pour enlever l'ambroisie : que ta sainteté m'enseigne un aliment capable d'éteindre la faim et la soif. » 1352.

« Il est, répondit Kaçyapa, un lac très-pur, célèbre même dans le monde des Immortels, d'où un éléphant, la tête en bas, s'efforce d'arracher une tortue, son frère puiné.

» Je vais te raconter entièrement leur inimitié dans une précédente vie : elle eut deux causes ; écoute-les, exposées par moi suivant la vérité. 1353-1354.

» Jadis vécut un maharshi d'un caractère bien irascible, nommé Vibhâvasou ; il avait un frère puiné, grand ascète, appelé Soupratîka. 1355.

» L'éminent anachorète n'avait aucune envie de richesse, la sienne ne faisant qu'une avec celle de son frère ; mais Soupratîka parlait continuellement d'un partage.

» Enfin Vibhâvasou dit à son frère : « On voit beaucoup de frères, qui, par délire, convoitent sans cesse un partage. 1356-1357.

» Puis, une fois terminé le partage de leurs biens, aveuglés par l'intérêt, ils se font un mutuel obstacle. Ensuite, quand on les a vus attachés l'un à part de l'autre avec la chaîne de leurs richesses, l'esprit égaré et n'ayant pour but que leur seul intérêt particulier, des ennemis, revêtus des apparences de l'ami, achèvent de les aliéner. À peine d'autres ont-ils vu l'édifice se séparer, qu'ils se glissent dans les fentes, et la plus complète ruine des frères divisés ne tarde point à suivre. Aussi les sages ne donnent pas d'éloge au partage entre des frères, qui se méfient les uns des autres et ne sont pas attachés au précepte du respect à l'égard de leur aîné. Tu ne peux te contraindre ; et ce que tu veux, c'est moins la richesse que la désunion !

» En punition de quoi, Soupratîka, tu deviendras éléphant. » À cette malédiction, Soupratîka répondit à Vibhâvasou : 1358-1359-1360-1361-1362.

« Et toi aussi, tu deviendras une tortue, qui vit au milieu des eaux ! » Soupratîka et Vibhâvasou, ayant échangé de cette manière leurs mutuelles imprécations, 1363.

» L'âme frappée de folie à cause de leurs biens, sont tombés dans la condition d'éléphant et de tortue, ayant été conçus l'un et l'autre dans le sein des bêtes, conséquence obligée du vice de la colère. 1364.

» Orgueilleux de leur taille et de leur force, animant de grands corps, se complaisant à leur inimitié mutuelle, ils continuent dans ce lac la haine, qu'ils ont eue dans leur vie précédente. 1365.

» Que l'un des deux, le bel et gigantesque éléphant s'approche, aussitôt l'habitante des eaux, la tortue au grand corps, agitant ce lac entièrement, se lève au bruit de son barrit. À la vue de son ennemie, l'éléphant s'arrête, roulant sa trompe comme frappé de stupeur. 1366-1367.

» Puis, le vigoureux pachyderme de remuer avec la fougue de ses pieds, de sa queue, de ses défenses et du bout de sa trompe, ce lac, agité par ses colères redoublées. 1368.

» La puissante tortue, dressant la tête, s'avance elle-même pour le combat. La hauteur du premier est de six yodjanas ; sa longueur est double. 1369.

» La seconde a trois yodjanas en hauteur et dix en circonférence. On les voit alors tous deux s'enivrer de combats et brûlants de s'arracher la vie. 1370.

» Affronte cette affaire ; là est l'objet de tes désirs ; et mets-la promptement à fin ! Quand tu auras mangé la tortue, semblable à une masse de grands nuages, avec l'éléphant aux formes épouvantables et pareil à une haute montagne, apporte *aux serpents* l'ambroisie. » Cela dit, ajouta le Soûtide, Kaçyapa répandit ses bénédictions sur Garouda : 1371-1372.

« Que la bonne fortune t'accompagne dans cette lutte avec les Dieux ! Que la jarre d'or, que les brahmes, que les vaches, que tout ce qui existe d'éminent, de fortuné, de propice, t'assiste, volatile aux grandes forces, dans le combat engagé contre les Dieux ! 1373-1374.

» Que le Rig-Véda, l'Yadjour, le Sâma, les eaux, les oblations, tous les mystères et tous les Védas soient ta force ! » 1375.

Après ces paroles de son père, Garouda s'en alla vers le lac. Il vit ces limpides eaux, remplies d'oiseaux de toutes les espèces. 1376.

Là, au souvenir des paroles de son père, le volatile d'une terrifiante impétuosité saisit l'éléphant dans une serre et la tortue dans l'autre. 1377.

Puis, l'oiseau de s'envoler au plus haut des airs. Il arriva près d'un tîrtha peu étendu, et descendit vers des arbres célestes. 1378.

Ceux-ci épouvantés de trembler, secoués par le vent de ses ailes : « Pourvu qu'il ne nous brise pas ! » se disaient-ils. Alors qu'il eut vu ces arbres divins aux branches d'or, aux fruits excitant le désir, tous les rameaux et le tronc agités par la peur, le voyageur ailé s'en alla vers d'autres d'une beauté sans égale. 1379-1380.

C'étaient de grands arbres tout resplendissants, aux branches de lapis-lazuli, aux fruits d'or et d'argent. La mer les environnait de ses ondes. 1381.

Là, un arbre de sandal très-haut et de prodigieuses dimensions dit au prince des oiseaux, dont le vol était rapide comme la pensée : 1382.

« Descends sur ma grande branche, que tu vois longue de cent yodjanas, et mange sur elle ta tortue et ton éléphant ! » 1383.

À ces mots, l'impétueux roi des volatiles de voler vers cet arbre habité par des milliers d'oiseaux, et, brisant une multitude de ses feuilles touffues, d'ébranler sa tige semblable à une montagne. 1384.

À peine le bien robuste Garouda eut-il touché de ses deux pieds la branche de l'arbre, qu'elle se rompit *sous le poids* mais, ajouta Soûtide, la branche cassée tenait encore au tronc. 1385.

Quand il eut brisé l'énorme branche, il regarda tout étonné, et vit des Bâlikhilyas[15] suspendus à cette branche, la tête en bas. 1386.

« Ce sont des rishis ; je ne dois pas les tuer ! » se dit-il en voyant ces anachorètes, qui faisaient leur plaisir de la pénitence, ces brahmarshis, qui se retenaient à la branche. 1387.

« La branche en tombant les tuerait ! » pensa-t-il. Alors ce monarque héroïque des oiseaux, ayant ressaisi plus fortement l'éléphant et la tortue entre ses serres, et soutenant la branche dans son bec, reprit son vol avec elle par considération pour ces *petits brahmes* et dans la crainte de les détruire. 1388-1389.

À la vue de cette action plus que divine, les grands saints rendirent leurs hommages au grand oiseau d'un cœur palpitant de crainte et de surprise. 1890.

Ensuite le volatile, mangeur de serpents, le monarque des oiseaux, chargé du pesant fardeau de cette branche et portant son éléphant avec sa tortue, reprit son vol lentement et parcourut ainsi beaucoup de pays, ébranlant toutes les montagnes avec le bruit de ses ailes. 1891-1892.

Mais il ne trouvait pas un seul endroit, où il voulût s'arrêter par compassion pour ses Bâlikhilyas. Enfin *il aperçut* le Gandhamâdsma, la plus belle des montagnes, et dirigea vers elle son vol rapide. 1393.

Là, il revit son père adonné à la pénitence, et Kaçyapa revit son fils l'oiseau d'une beauté céleste, 1394.

Doué de force, de courage, de splendeur, d'une rapidité égale à celle du vent ou de la pensée, pareil au sommet d'une montagne et levé comme le sceptre de Brahma ; 1395.

Inimaginable, inconcevable, inspirant la frayeur à tous les êtres, armé d'une grande vigueur et dressé comme la flamme du feu sur l'autel ; 1396.

Insurmontable, invincible aux Rakshasas, aux Dânavas, aux Dieux mêmes, capable de briser les cimes des montagnes et de tarir les eaux de la mer ; 1897.

Terrible, jetant les mondes dans l'égarement d'un aspect semblable à celui de la mort. Aussitôt qu'il vit son fils, le vénérable Kaçyapa, qui n'ignorait pas son dessein, lui tint alors ce langage : 1398.

« Ne te presse pas, mon fils ! Garde-toi, lui dit Kaçyapa, d'attirer sur toi l'infortune aujourd'hui ! Prends garde que ces Bâlikhilyas, chefs des Martîchis, ne te consument dans leur colère ! » 1399.

Ensuite, reprit le Soûtide, Kaçyapa d'apaiser en faveur de son fils les vénérables Bâlikhilyas, dont la pénitence avait effacé les souillures. 1400.

« Ô vous, qui avez thésaurisé la pénitence, dit Kaçyapa, l'entreprise de Garouda est pour le bien des créatures : il veut accomplir un haut fait ; daignez l'approuver. » 1401.

À ces mots du solitaire, ajouta le Soûtide, les Bâlikhilyas, abandonnant la branche, s'en allèrent tous à l'Himâlaya, la sainte montagne, continuer leurs pénitences.

Après le départ des anachorètes, le fils de Vinatâ fit cette demande à Kaçyapa, son père, d'une voix étranglée par la branche, *qu'il tenait dans son bec* : 1402-1403.

« Révérend, où dois-je *maintenant* jeter cette branche ? Que ta sainteté m'indique un lieu, où n'habite aucun homme ? » 1404.

Alors Kaçyapa lui indiqua une montagne inhabitée, aux cavernes obstruées par les neiges, inaccessible à d'autres, fût-ce en idée seulement. 1405.

Et, chargé de la branche, de son éléphant et de sa tortue, Târkshya, le grand volatile, prit son essor et dirigea son vol rapide droit à la montagne au vaste sein.

Une courroie, faite de cent cuirs, n'aurait pu embrasser l'énorme tronc de l'arbre, dont le volatile avait emporté la maîtresse branche dans son voyage. 1406—1407.

Garouda, le souverain des oiseaux, ayant franchi en assez peu de temps l'intervalle de cent mille yodjanas, arriva au-dessus de la montagne, que lui avait indiquée son père, et laissa tomber aussitôt bruyamment sa vaste branche. 1408-1409.

Le mont sourcilleux fut ébranlé par le vent de ses ailes, et tous les arbres secoués versèrent une pluie de fleurs.

Les sommets croulèrent de tous les côtés, et la grande montagne fut parée d'un mélange de pierreries et d'or *mis à découvert*. 1410-1411.

Brisée par la chute de cette branche, une multitude d'arbres sema les lueurs de ses fleurs d'or, comme des nuages remplis d'éclairs. 1412.

Les arbres, mêlant sur la terre leur floraison d'or aux métaux de la montagne, brillaient en se teignant des rayons réfléchis du soleil. 1413.

Ensuite Garouda, le plus grand des volatiles, gagnant la cime du mont, ne fit qu'un repas de son éléphant et de sa tortue. 1414.

Quand il eut dévoré ces deux animaux, l'habitante des eaux et le proboscidien, Garouda reprit son essor du haut de la cime avec une grande vitesse. 1415.

Alors se manifestèrent des prodiges annonçant des périls aux Dieux, et la foudre aimée d'Indra s'enflamma de terreur elle-même. 1416.

On vit tomber du firmament les torches du ciel avec des flammes enveloppées de fumée ; et de tous côtés les armes des Vasous, des Roudras, des Adityas, des Sâdhyas, des Maroutes et de tous les autres, dont se compose l'armée des Dieux, coururent à l'envi les unes vers les autres. 1417-1418.

Ce que jadis on n'avait pas vu dans la guerre des Asouras et des Dieux apparut alors : les vents soufflèrent, accompagnés d'ouragans, et les étoiles filèrent dans le ciel par milliers. 1419.

Le tonnerre éclata avec fracas dans une atmosphère sereine, et le roi des Dieux lui-même au lieu d'eau fit pleuvoir du sang. 1420.

Les guirlandes des Immortels se fanèrent, leurs splendeurs s'éteignirent, la poussière élevée sur leurs diadèmes en ternit l'éclat, et des nuages de sinistre présage répandirent une averse de sang. Alors, tout ému de terreur, Indra avec les Dieux tint à Vrihaspati ce langage :

« Pourquoi, vénérable, a-t-on vu paraître soudain ces terribles augures ? lui dit Indra. Cependant je ne prévois pas qu'un ennemi puisse venir nous affronter dans une bataille ! » 1421-1422-1423.

« Cela vient d'une offense, que tu as commise, roi des Dieux, répondit Vrihaspati ; cela vient de ta négligence, Çatakratou, et de la pénitence des Bâlikhilyas, ces maharshis magnanimes. 1424.

» Un volatile, fils de l'anachorète Kaçyapa et de *son épouse* Vinatà, qui peut à sa volonté revêtir toutes les formes, s'avance pour enlever de force l'ambroisie *aux Dieux*. 1425.

» Cet oiseau, le plus robuste des êtres vigoureux, est capable de vous arracher ce trésor : il accomplira tout, à mon avis, pour mettre à fin cette entreprise, fût-ce même l'impossible ! » 1426.

À peine eut-il entendu ces mots, reprit le Soûtide, Çakra dit aux gardiens de l'ambroisie : « Un volatile d'une grande force et d'une grande vaillance entreprend de nous enlever ici l'amrita. 1427.

» Je vous en avertis pour qu'il ne vous arrache pas violemment ce *dépôt* ; car sa force, dit Vrishaspati, est incomparable. » 1428.

À ces mots, les Dieux étonnés se préparent à l'envi ; ils entourent l'ambroisie et se rangent sous l'auguste Indra, sa foudre à la main. 1429.

Les sages héros se revêtent de brillantes cuirasses d'or, incrustées de lazuli et toutes du plus haut prix. 1430.

Ils couvrent leurs membres de resplendissants et solides boucliers. Les chefs des Dieux tiennent levés en grand nombre différents traits aux formes épouvantables, au tranchant acéré, à la pointe aiguë, vomissant de tous côtés une flamme enveloppée de fumée et pétillante d'étincelles. 1431-1432.

Ils sont armés de tchakras, de massues, de tridents, de haches, de pieux en fer variés, aigus, de pilons aux aspects effroyables, et donnent à leurs corps des formes horribles. 1433.

Ornés de parures célestes, les bataillons resplendissants des Immortels étaient purs de toute souillure sous leurs armes radieuses. 1434.

Doués d'une splendeur, d'une force, d'une bravoure incomparable, l'âme résolue à bien défendre le vase de l'ambroisie, ces Dieux, capables de briser les villes des Asouras, brillaient d'un corps, où la flamme paraissait allumée.

C'est ainsi que les Dieux attendaient de pied ferme une bataille acharnée ; et l'armée céleste, remplie au loin par des centaines de mille épieux, brillait comme un second ciel, abaissé au-dessous du premier, et tout éclairé des rayons d'un autre soleil. 1435-1436.

« Quelle était cette offense, interrompit Çâaunaka, quelle était cette négligence, rejeton de Soûta, qu'avait commise le grand Indra ? Et comment Garouda se trouva-t-il mêlé aux pénitences des Bâlikhilyas ? 1437.

» Comment ce roi des volatiles était-il fils du brahme Kaçyapa ? comment était-il insurmontable et même indestructible à tous les êtres ? 1438.

» Comment l'oiseau pouvait-il aller à sa volonté en tous lieux et pouvait-il avoir à son gré toutes les forces ? Je désire entendre ici de ta bouche cette histoire, si toutefois elle est écrite dans les Pourânas. » 1439.

« Ce que tu me demandes, répondit le Soûtide, est le sujet d'un Poûrana. Écoute donc, brahme, je vais te raconter succinctement cette légende. 1440.

Les Rishis, les Dieux et les Gandharvas prêtèrent leur assistance au Pradjâpati Kaçyapa dans le sacrifice, qu'il offrit pour obtenir un fils. 1441.

Kaçyapa alors de commander à Indra, aux anachorètes, aux Bâlikhilyas et à tous les autres, qui formaient les tribus des Immortels, de lui apporter du bois. 1442.

L'auguste Indra, chargeant sur ses épaules un faix de bois égal à ses forces et pareil à une montagne, l'apporta sans beaucoup de peine. 1443.

Il aperçut dans son chemin des anachorètes nains, dont la taille avait la mesure du pouce et qui voituraient sur leurs épaules réunies la queue d'une simple feuille. 1444.

Ces hommes riches de pénitences, naturellement faibles, exténués par le jeûne, les membres amaigris, étaient embourbés dans le pas d'une vache rempli d'eau.

Pourandara, enivré de sa force, les regarda avec étonnement, sourit, les dédaigna et, passant son chemin, s'éloigna d'un pied léger. 1446-1446.

Une très-vive indignation s'alluma chez eux ; et, pénétrés de colère, ils commencent une grande cérémonie, qui remplit Indra d'épouvante. 1447.

Alors ces brahmes aux éminentes mortifications de sacrifier suivant les rites à Agni avec des formules de prières articulées à haute et basse voix. Dans quel but ? Écoute-le.

« Qu'il y ait, disaient ces anachorètes fermes dans leurs vœux, un nouvel Indra de tous les Dieux, allant où il veut, ayant la force, qu'il veut, inspirant la crainte à l'Indra actuel des Dieux ! 1448-1449.

« Qu'il vaille cent fois Indra en courage, en vigueur ! qu'il soit rapide comme la pensée ! qu'il soit épouvantable dès ce jour même en rémunération de nos pénitences ! »

Dès qu'il eut ouï ces vœux, Çatakratou, le roi des Dieux, consumé d'une cruelle anxiété, courut implorer l'assistance de Kaçyapa, inébranlable dans ses vœux. 1450-1451.

A peine eut-il entendu les paroles d'Indra, le Pradjâpati Kaçyapa s'en fut trouver les Bâlikhilyas, qu'il interrogea pour savoir si leur cérémonie aurait son effet.

« Qu'il en soit ainsi ! » lui répondirent ces hommes aux paroles de vérité. Le Pradjâpati Kaçyapa leur dit alors, en mettant une flatterie comme prélude à son discours : 1452-1453.

« C'est Brahma lui-même, qui, par son ordre, a mis cet Indra à la tête des trois mondes ; et vos révérences viennent d'employer tous leurs efforts à créer un nouvel Indra !

» Que vos éminentes vertus ne veuillent pas rendre vaines les paroles de Brahma ; mais, d'une autre part, la volonté de vos révérences ne doit pas rester vaine pour ce que vous avez eu envie de faire. 1454-1455.

» Que cet être à la vigueur infinie soit donc l'Indra de la gent ailée. Accordez cette faveur au monarque des Dieux, qui la sollicite de vos révérences. » 1450.

A ces paroles de Kaçyapa, le plus éminent des anachorètes, le substitut de Brahma dans l'œuvre de la création[16]. les Bâlikhilyas aux opulentes mortifications . répondirent : 1467.

« Le sacrifice, que nous avons célébré, *digne* Pradjâpati, eut pour objet d'obtenir un nouvel Indra ; celui, que veut célébrer ta révérence a pour objet d'obtenir un fils. 1458.

» Ainsi nous remettons en tes mains les deux sacrifices avec leurs conséquences : arrange les choses de manière à ménager le bien de l'une et de l'autre part. » 1459.

Dans ces jours la Déesse, fille de Daksha, reprit le Soûtide, la noble, la resplendissante, la pure, l'illustre Vinatâ, livrée à la pénitence et fidèle aux observances, s'étant baignée au temps, où la mère sent remuer le fruit, qu'elle porte dans le sein, vint trouver son époux, et Kaçyapa lui dit : 1460-1461.

« Le sacrifice commencé portera, Déesse, le fruit, que tu désires ; deux héroïques fils, célèbres dans les trois mondes, naîtront de toi. 1462.

» Grâce aux pénitences des Bâlikhilyas et par la force de ma volonté, ces deux jumeaux occuperont un rang distingué et recevrait un culte de la triade des mondes. »

En outre l'auguste Kaçyapa lui dit à deux fois : « Porte avec le plus grand soin ces fruits, qu'attendent les plus hautes destinées. 1463-1464.

» Héros, estimés des mondes, hôtes des airs, prenant à leur gré toutes les formes, ils doivent exercer l'empire sur toute la gent ailée. » 1465.

Ensuite, le Pradjâpati satisfait dit à Çatakratou ; « Ces deux frères à la grande vigueur seront tes alliés. 1466.

» Qu'ils ne reçoivent jamais aucun tort venu de toi, briseur des villes ! Bannis, Çakra, bannis de ton cœur l'inquiétude : tu ne cesseras pas d'être Indra ! 1467.

» Ne méprise donc plus à l'avenir ceux, qui récitent le Véda ! Ces hommes, qui tiennent la foudre de la parole, sont bien prompts à la colère : il ne faut pas les humilier ! »

À ces mots, délivrés de ses soucis, Indra s'en revint au ciel, et Vinatâ se réjouit elle-même de voir son désir exaucé. 1468-1469.

Elle mit au monde deux fils : Arouna et Garouda. Arouna au corps incomplet devint le cocher du soleil ; Garouda fut sacré monarque de toute la gent ailée. Écoute maintenant, rejeton de Brighou, les bien grands exploits de celui-ci. 1470-1471.

Ensuite, au milieu de telles alarmes, ô le plus éminent des brahmes, dit le Soûtide, *reprenant son récit*, Garouda, le roi des oiseaux, arriva impétueusement chez les Dieux. 1472.

À la vue de cet être à la force sans mesure, les Souras de trembler, et toutes les armes de s'entrechoquer l'une l'autre. 1473.

Là, était Bâaumana, le gardien de l'ambroisie, héros à la vigueur immense, à l'âme infinie, à la splendeur égale à celle du feu et de l'éclair. 1474.

Blessé par les serres, le bec, les ailes du roi des oiseaux, son combat avec lui du plus horrible tumulte n'eut que la durée d'un instant : il périt dans cette lutte. 1475.

Soulevant une immense poussière avec le vent de ses ailes, le volatile en couvrit les Dieux et déroba aux mondes la faculté de voir. 1476.

Les Immortels, submergés dans cette poussière, en perdent l'esprit, et les gardiens de l'ambroisie, cachés dans ses nuages, ne voient plus rien. 1477.

Garouda, semant ainsi le trouble dans le séjour du ciel, déchirait les Dieux avec les terribles armes de son bec et de ses ailes. 1478.

L'Immortel aux mille yeux de jeter précipitamment cet ordre au vent : « Dissipe ces nuages de poussière ; Maroute, cette affaire est la tienne ! » 1470.

Le vent d'un souffle puissant eut bientôt écarté cette poussière ; et, dans un ciel rendu à la clarté, les Dieux font pleuvoir les coups sur l'oiseau. 1480.

Maltraité par les bataillons célestes, le vigoureux volatile pousse de profonds rugissements, comme un nuage tonnant au milieu du ciel, et jette la terreur au sein de tous les êtres, 1481.

Soudain le puissant monarque de la gent ailée, ce meurtrier des héros ennemis, précipite son vol au plus haut des airs ; et là, planant au milieu du ciel, il se tient au-dessus de la tête des Dieux. Ceux-ci, abrités sous leurs cuirasses, de l'inonder avec Indra de traits divers, de pattiças, de haches, de tridents, de massues, 1482-1483.

De flamboyantes flèches, munies d'un fer à la forme de croissant, de tchakras, qui ressemblent à des soleils roulants, et de le frapper tous avec ces différentes armes, lancées de tous les côtés. 1484.

Mais, quoiqu'il soutint seul un combat si tumultueux, le monarque ailé, l'auguste fils de Vinatâ n'en était pas ébranlé ; et, dans le ciel, qu'il semblait consumer, il enfonçait les bataillons des Souras avec ses ailes et sa *vaste* poitrine. 1485.

Enfin les Dieux s'enfuirent dispersés sous les coups de Garouda ; et blessés par son bec ou ses ailes, ils versaient leur sang par torrents. 1486.

Les Sâdhyas avec les Gandharvas coururent vers la plage orientale, les Vasous accompagnés des Roudras vers la région du midi ; les Adityas à l'occident, les deux Açwins au nord ; mais tous ces Dieux à l'héroïque vaillance n'en combattaient pas moins et reportaient à chaque instant leurs yeux sur l'ennemi. 1487-1488.

Le volatile, roi des oiseaux, livra des combats au vaillant Açvakranda, à Rénouka, au héros Krathana, à Tapama, à Ouloûka, à Çwasana, à Nimésha, à Praroudja et Poulina. 1489-1490.

Consumant les ennemis et tel que le Dieu en courroux à l'arc Pinâka, au temps, où expire un youga, le fils de Vinatâ les déchira avec les pointes de ses serres, de son bec et de ses ailes. 1491.

Ces guerriers aux grandes forces, à l'énergique résistance, versaient de leurs blessures variées le sang comme une forte pluie et ressemblaient à des masses de nuages vers le temps, où le soleil se lève. 1492.

Après que le monarque des oiseaux les eut mis tous aux portes de la mort, il passa au lieu où se gardait l'ambroisie, et vit là de toutes parts, excité par le souffle irrité du vent, un feu aux rayons acérés, brûlant partout dans le ciel, qu'il tenait enveloppé des splendeurs de ses grandes flammes. 1493-1494.

Aussitôt le rapide et magnanime Garouda de multiplier par quatre-vingt-dix ses quatre-vingt-dix bouches ; il but avec ces huit mille cent bouches les rivières et revint promptement d'un vol accéléré. 1495.

Celui, de qui la splendeur consume ses ennemis, celui, qui pour char a ses ailes, répandit ces rivières sur les flammes du feu, et, l'incendie éteint, il se fit, désireux de pénétrer *jusqu'au trésor*, un nouveau corps très-petit.

Il se changea en or, continua le Soûtide ; et, flamboyant par une multitude de rayons, le volatile pénétra de force avec l'impétuosité d'un fleuve, qui se perd dans l'Océan.

Il vit un tchakra de fer au tranchant acéré, qui tournait sans relâche autour de l'ambroisie dans un retranchement formé de rasoirs. 1496-1497-1498.

Épouvantable, ayant la splendeur du soleil flamboyant et faite pour couper *sans pitié* les ravisseurs de l'ambroisie, c'était une machine aux formes terribles et parfaitement bien construite par les Dieux. À la vue de cette défense, le volatile en fit le tour ; puis, rétrécissant dans un clin-d'œil son corps, il s'y glissa dans l'interstice d'un angle. 1499.

Au-dessous du tranchant disque, il vit là pour la garde de l'ambroisie deux immenses et très-effroyables serpents à la grande force, au regard, qui dardait le venin, aux yeux enflammés, à la gueule enflammée, aux langues d'éclair, à l'éclat égal au feu allumé, à la fureur toujours éveillée. 1500-1501.

L'être, sur lequel un seul de ces monstres jetterait le regard de ses yeux toujours irrités, jamais fermés par un clin-d'œil, serait aussitôt réduit en cendres. 1502.

Garouda soudain inonda leurs yeux de poussière et, sous une forme, qu'ils ne voyaient pas, les couvrit partout de blessures. 1503.

Il fondit sur le milieu de ces vastes corps, les mit en pièces rapidement et se précipita sur l'ambroisie. L'héroïque et vigoureux oiseau, fils de Vinatâ, arracha le vase de l'amrita et s'enfuit d'un vol agile, après qu'il eut brisé la machine. 1504-1505.

Maître de l'ambroisie, où il ne but pas, le volatile sortit promptement et s'en alla, n'éprouvant aucune fatigue et voilant *de ses ailes* l'éclat du soleil. 1506.

Le fils de Vinatà et Vishnou se rencontrèrent alors au milieu des airs. Nârâyana était content de cet exploit, dont la cupidité n'avait pas été le mobile. 1507.

« Je suis, dit-il à Garouda, le Dieu dispensateur des grâces. » — « Celle, que je souhaite, c'est qu'il me soit accordé, lui répondit l'oiseau, de me tenir au-dessus de toi ! » 1508.

Il dit encore ces mots à Nârâyana : « Que je sois affranchi, sans même avoir bu l'ambroisie, de la vieillesse et de la mort ! » 1509.

« Qu'il en soit ainsi ! » repartit Vishnou ; et, quand le fils de Vinatâ eut reçu les deux grâces, il ajouta : « Je veux offrir moi-même un présent à ta grandeur ; que ta Déité le choisisse, » dit Garouda à Vishnou. Et le Dieu choisit d'avoir le puissant oiseau pour monture. 1510-1511.

Il fit un drapeau : « Ton excellence perchera dessus ! » lui dit-il. — « Qu'il en soit ainsi ! » répondit le volatile au Dieu Nârâyana. 1512.

Il partit à la hâte et d'une vitesse, qui le disputait à la rapidité du vent, Indra irrité frappa du tonnerre dans sa course le roi des oiseaux. Mais ce Garouda, qui emportait l'ambroisie, ce Garouda, le plus éminent des volatiles, cet être, le meilleur de tous ceux, que soutiennent les ailes, dit en souriant et d'une voix douce à Indra, tout frappé qu'il fût de son tonnerre : « Je ferai que cette plume soit l'honneur, et de toi, Çatakratou, et de ta foudre, honneur elle-même du rishi, des os de qui elle est née ! Je te laisse donc pour le même but cette plume, dont tu ne verras jamais la fin. 1513-1514-1515-1516.

» La chute de ta foudre ne m'a pas fait ici d'autre mal ! » À ces mots, le roi des oiseaux laissa tomber une de ses pennes. 1517.

À la vue de cette plume nompareille, arrachée à l'oiseau, toutes les créatures joyeuses donnèrent à Garouda le nom de Garoutmat[17], et, voyant la haute merveille de cette plume aux belles formes, Indra, le Dieu aux mille yeux, s'écria lui-même : « Qu'il soit dit Souparna[18] ! » 1518-1519.

» Cet oiseau, pensa-t-il, est un être supérieur. » C'est pourquoi Çatakratou lui tint ce langage : « J'ai envie de connaître ta force immense et que rien ne surpasse ; je désire, ô le plus éminent des volatiles, nouer avec toi une amitié, qui n'aura pas de fin. » 1520.

« Que l'amitié donc m'unisse à toi, comme c'est ton désir, divin Pourandara, lui répondit Garouda. Apprends quelle est ma grande et insoutenable vigueur. 1521.

» Les sages ne louent pas volontiers, Çatakratou, ces louanges, que fait un homme de sa force : ils n'aiment pas cette proclamation de qualités dans la bouche de celui même, qui les possède. 1622.

» Mais nous avons échangé entre nous le mot : ami ! je vais donc répondre à ta demande, mon ami ; car ce qui est joint à l'éloge de soi-même ne doit jamais être dit sans raison. 1523.

» Je porterais sur mon aile cette terre avec ses montagnes, ses bois, les eaux de sa mer et toi-même, Indra, suspendu au-dessous d'elle. 1524.

» Je puis voiturer sans fatigue tous les mondes entassés sur moi avec leurs différents êtres immobiles et mobiles ; connais par là combien ma force est grande ! » 1526.

À ces mots, Çàaunaka, reprit le Soûtide, l'auguste roi des Dieux, l'*être* bon pour tous les mondes, le plus excellent de ceux, qui savourent la béatitude, Indra à la tiare *d'or* tint ce langage à l'héroïque oiseau : 1526.

« S'il en est ainsi que tu le dis, tout existe en toi. Accepte maintenant mon amitié suprême et par-delà toute fin. 1527.

» Si tu n'as aucun besoin de mon ambroisie, rends-la-moi ! car ceux, que ton excellence gratifierait de ce nectar, pourraient nous faire beaucoup de mal. » 1528.

« C'est en vue d'une certaine affaire, lui répondit Garouda, que j'emporte cette ambroisie ; et je ne la remettrai aux mains de qui que ce soit. 1529.

» Mais ravis-la. Dieu aux mille regards, dans l'endroit, où je l'aurai déposée moi-même, et emporte-la au plus vite, souverain des treize Dieux ! » 1530.

« Je suis content des paroles, que tu viens de me dire, héros né d'un œuf, reprit Indra. Reçois de ma faveur la grâce, que tu désires, ô le plus grand des volatiles. »

À ces mots, s'étant rappelé les fils de Kadroû, continua le Soûtide, et se rappelant qu'une fraude, dont ils étaient coupables, avait jeté sa mère dans l'esclavage ; 1531-1532.

« Je peux tout par moi-même, *répondit le fils de Vinatâ* ; cependant je ferai ce que tu me demandes. *Eh bien !* Çakra, que les vigoureux serpents deviennent ma nourriture ! » 1533.

« Oui ! » repartit le céleste meurtrier des Dânavas, qui se rendit aussitôt vers le Dieu des Dieux, le magnanime Hari, le souverain des yogis. 1534.

Celui-ci consentit à la chose, qu'avait demandée Garouda ; et le vénérable monarque des treize Dieux répéta de nouveau ces paroles à l'oiseau. 1535.

« J'enlèverai l'ambroisie aussitôt que tu l'auras déposée. » L'entretien fini, Garouda s'en alla d'une aile rapide vers sa mère. 1536.

Ensuite, plein d'une joie suprême, il dit à tous les serpents : « J'ai apporté l'ambroisie ; je vais la déposer sur vos herbes kouças. 1537.

Les serpents *veulent* alors se baigner, se rendre les auspices favorables et se préparer à manger : « Que vos grandeurs ici présentes commencent par exécuter la parole, qu'elles m'ont donnée, leur dit Garouda. Faites, comme vous l'avez dit, que ma mère ne soit plus esclave à partir de cet instant même. 1538-1539.

« Qu'il en soit ainsi ! » répondent les serpents, qui s'en vont prendre le bain. Aussitôt Indra jette la main sur l'ambroisie et retourne avec elle dans les cieux. 1540.

Ensuite les reptiles joyeux, purifiés par le bain, les prières faites, les auspices rendus propices, impatients de boire l'ambroisie, étant revenus au lieu, 1541.

Où Garouda avait déposé l'amrita sur un lit de kouças, virent qu'on l'avait dérobée et qu'on avait payé leur fraude par une autre. 1542.

« Voici l'endroit, s'entredisaient-ils, où fut déposée l'ambroisie ; » et ils se mirent à lécher les herbes. C'est pour ce fait que double fut rendue à l'avenir la langue des serpents. 1543.

Et, comme elles avaient touché l'ambroisie, les herbes kouças eurent désormais la vertu de purifier. C'est ainsi que le magnanime Garouda fut cause que les serpents eurent deux langues et qu'on reprit aux serpents, ce qu'ils avaient *fait* prendre aux Dieux, l'amrita. 1544.

Alors au comble de la joie, honoré par les oiseaux d'un culte suprême et couvert d'une éclatante renommée,

Garouda, tirant sa pâture des serpents, coulait sa vie dans ce bois avec sa mère et faisait la joie de Vinatâ. 1545.

L'homme, qui écouterait ou lirait toujours cette légende au milieu des chefs assemblés des familles brahmiques, irait sans aucun doute, revêtu d'une lumière pure, dans le séjour des Dieux par la seule vertu de cet éloge du magnanime Souparna. » 1546.

Çâaunaka dit :

« Tu nous as raconté la cause de la malédiction, rejeton de Soûta, jetée par leur mère elle-même et par le fils de Vinatâ sur les serpents ; 1547.

Et les grâces, dont leur époux avait gratifié Kadroû et Vinatâ, les noms de ces deux hôtes des airs, enfants de la dernière : 1548.

Mais tu n'as pas dit les noms des serpents. Nous désirons entendre ces noms, en suivant l'ordre de prééminence. »

« Je ne puis dire, anachorète opulent de pénitences, les noms de tous les serpents, à cause du trop grand nombre, lui répondit le Soûtide ; mais écoute ceux-ci, qui sont les noms des principaux. 1549-1550.

Çésha est le premier né ; immédiatement après celui-ci naquirent Vâsouki, Aîrâvata et Takshaka, Karkotaka et Dhanandjaya ; 1551.

Kâliya, le serpent Maninâga, Apourana, et le serpent Pindjaraka, Ailâpatra, Vamana ; 1552.

Nîla et Anîla, les deux serpents Kalmàsha et Çavala, Aryaka et Ougraka, le serpent Kalaçapotaka ; 1553.

Sourâoioukha, Dadhimoukha, Yimalapindaka, Apta, Karotaka, Çankha et Yâliçikha ; 1554.

Nishthânaka, Hémagouha, Nahousha et Pingala ; Vâhyakarna, Hastipadaet Moungarapindaka ; 1555.

Kambala, Açvatai a et le serpent Kâliyaka ; Vrittasamvartaka et les deux serpents, appelés d'un même nom, Padma Le reptile Çankhamoukha, un autre, qui est dit Koushmândaka, Kshémaka et Pindâraka ; 1556-1557.

Karavîra, Poushpadanshtra, Vilvaka, Vilvapândara, Moûshakâda, Çankaçlras, Poûmabhadra et Baridraka ; Aparâdjita, Djyotika, Pannaga et Çrîvaha, Râauravya, Dhritarâshtra, et le vaillant Çankhapinda ; 1558-1559.

Viradjas, Soubâhou et le courageux Çâlipinda ; Hastipinda, Pitharaka, Soumoukha, et Kàaunapâçana ; 1560.

Koutara, Koundjara et le serpent Prabhâraka, Roumouda, Koumoudâksha, Tittiri et Halika ; 1561.

Le grand serpent Kardama et le serpent Vahoumoûlaka, Rarkara, Akarkara, les deux serpents Koundodara et Mahodara. 1562.

J'ai fait passer devant tes yeux les serpents, ô le plus vertueux des brahmes, suivant l'ordre de prééminence ; mais la grande quantité des noms m'empêche de t'exposer les autres. 1563.

Leurs fils et les rejetons de leurs fils sont incalculables, pensé-je, homme riche de mortifications : aussi, les tiendrai-je dans le silence. 1564.

C'est une chose impossible à dire, éminent anachorète, que les nombreux milliers, millions et centaines de millions de serpents. » 1565.

« Qu'ont fait, demanda Çâaunaka, les serpents vigoureux, inabordables, dont tu viens de parler, mon fils, après qu'ils eurent connu leur malédiction ? » 1566.

« Parmi ceux-ci, l'auguste Çésha à la vaste renommée, reprit le Soûtide, abandonnant Kadroû, se voua à une terrible pénitence, vivant d'air seulement et rigide dans ses observances. 1567.

Lui, qui trouvait son plaisir au milieu des macérations, il se retira dans le Gandhamâdana, sur les bords de la Vadari, dans la forêt de Gokarna aux étangs de lotus, sur les flancs de l'Himâlaya. 1568.

Menant une vie solitaire, visitant tour à tour les tirthas limpides et les saints autels, il comprimait sans relâche ses organes et tenait vaincus ses sens. 1669.

Brahma le vit, souffrant une horrible pénitence, la chair, les veines, la peau desséchées, tel enfin qu'un anachorète vêtu d'écorce et les cheveux noués en gerbe. 1570.

Le suprême aïeul des mondes le vit se consumer avec la constance de la vérité, et lui dit : « Que fais-tu, Çésha ? Travaille au bonheur des créatures ! 1571.

» Car elles sont, pieux serpent, tourmentées de ton atroce pénitence. Dis-moi, Çésha : quel dessein couvres-tu dans ton cœur ! » — « Mes frères germains, lui répondit Çésha, sont tous des insensés : je ne puis habiter avec eux. Que ta divinité veuille bien ne pas condamner cette pensée. 1572.

» Ils se jettent de l'un à l'autre l'injure comme des ennemis. Alors j'ai embrassé la pénitence : « Que je ne les voie plus ! » me suis-je dit. 1573.

» Ils ne peuvent supporter un seul instant, ni leurs frères consanguins, ni Vinatâ. Nous avons un second frère, né de celle-ci ; c'est un volatile, objet de leur haine continuelle ; car il est d'une force supérieure à celle des serpents, grâce aux dons, que lui a prodigués le magnanime Kaçyapa, notre père. 1574-1575.

» Je me suis voué à la pénitence : je veux m'affranchir de ce corps. Pourquoi ? C'est qu'une fois mort, je n'aurai plus aucune liaison avec eux. » 1570.

A ces paroles du serpent : « Je connais, Çésha, lui répondit le suprême aïeul des créatures, les mauvaises actions de tous tes frères. 1577.

» Attiré par l'offense, que ta mère a commise, un grand danger menace tes frères. Tu les as déjà, serpent, abandonnés ici ; 1578.

» Ne veuille donc pas les accompagner tous de ton deuil. Choisis une grâce de moi, Çésha ; je veux l'accorder à ton désir. 1579.

» Je te la donnerai à l'instant même, tant j'éprouve de satisfaction en toi. Courage donc, ô le plus grand des serpents ! Ta pensée est entrée dans le devoir. 1580.

» Puisse-elle, cette pensée, être de plus en plus ferme dans le devoir ! » — « Dieu, souverain *du monde*, lui répondit Çésha, la grâce, que je désire, aïeul suprême des créatures, c'est que ma pensée se complaise toujours dans le devoir, la quiétude et la pénitence. » 1581.

Brahma dit :

« J'aime à te voir une âme si placide et si maitresse d'elle-même. Voici une parole, à laquelle tu dois obéir, sur mon commandement, pour le bien des créatures. 1582.

» Cette terre, revêtue de bois, de montagnes, de villes, de jardins publics, de villages, et couverte de mers, est tout à fait mobile : tiens-toi sous elle et soutiens-la de façon qu'elle reste immobile. » 1583.

Çésha répondit :

« Je suis prêt à porter cette terre, comme tu le dis, Dieu créateur, souverain de la terre, souverain des créatures, souverain du monde ! pose-la immobile sur ma tête, Pradjapâti ! » 1584.

« Va, reprit Brahma, va sous la terre, ô le plus grand des serpents : elle t'offrira elle-même une cavité *pour l'asseoir sur ta tête*. Certes ! en soutenant ce globe, tu feras une chose, qui me sera bien agréable, Çésha. » 1585.

« Qu'il en soit ainsi ! » répondit l'auguste frère aîné des plus grands serpents. Il entra donc son chaperon dans la cavité, ajouta le Soûtide, et se tint, portant sur sa tête la divine terre, embrassée de tous les côtés par la circonférence des mers. 1586.

« Ô le plus grand des serpents, lui dit Brahma, tu es Çésha, tu es Yama, puisque tu portes seul cette terre, que tu soutiens tout entière sur tes chaperons immortels comme Indra et moi-même ! » 1587.

Ainsi, le majestueux Ananta, reprit le Soûtide, habite sous la terre ; et, docile au commandement de Brahma, il porte seul le poids du globe. 1588.

En ce même temps, le plus grand des Immortels, l'adorable aïeul des mondes donna Garouda, le Vinatide, pour compagnon au *serpent Ananta*. 1589.

Quand il eut appris la malédiction tombée de la bouche de sa mère, continua le rejeton de Soûta, l'énorme serpent Vâsouki se mit à penser en lui-même : « Comment annuler cette imprécation ! » 1690.

Ensuite, il délibéra avec ses frères, venus de tous les pays, Aîrâvata et les autres, tous adonnés à la pratique de la vertu. 1591.

« Vous n'ignorez pas, bons Serpents, dit Vâsouki, de quelle manière cette malédiction fut lancée contre nous ; et cette délibération a pour objet les efforts, que nous aurons à tenter pour nous en délivrer. 1592.

« Car à toutes les malédictions il existe un remède ; mais où trouve-t-on un moyen de salut contre celle, qu'une mère a fulminée ? *C'est l'objet de cette délibération.* 1593.

» A peine ouï cette nouvelle : « Nous avons été maudits en face de la vérité éternelle et infinie ! » soudain l'épouvante est née dans mon cœur. 1594.

» Cette heure de la destruction est arrivée pour nous tous, sans doute ; car le Dieu immortel n'a point arrêté notre mère dans sa malédiction. 1595.

» Ainsi, nous délibérons sur le salut des serpents afin d'empêcher cette mort de fondre sur nous tous. Tout ce qu'il y a parmi nous d'esprits intelligents, habiles, délibèrent ici-même : voyons les moyens proposés de notre délivrance, 1596.

» Comme jadis les Dieux ont délibéré sur Agni perdu et retiré dans une caverne. Voyons comment nous ferons pour que le sacrifice de Djanamédjaya n'ait pas lieu à la ruine des serpents, ou que notre destruction n'en soit pas la conséquence. » 1597.

À ces mots, dit le Soûtide, rassemblés en ce lieu, tous les enfants de Kadroû, habiles dans les délibérations et remplis de sagesse, tinrent conseil. 1598.

Les uns dirent : « Changeons-nous en saints brahmanes et mendions au roi pour aumône qu'il abandonne ce sacrifice. » 1599.

D'autres serpents, orgueilleux docteurs : « Soyons tous, dirent-ils, ses conseillers, tenus en bien grande estime.

» Il nous consultera en toutes choses pour la solution des affaires, et nous lui donnerons alors des avis tels que le sacrifice devra cesser. 1600-1601.

» Ce roi, le mieux doué des êtres, qui possèdent l'intelligence, demandera sans aucun doute notre opinion sur le sacrifice : « Non ! lui répondrons-nous ; *ne le fais pas.* » *1602.*

» Nous le présenterons à ses yeux *comme la source* de plusieurs fautes épouvantables dans ce monde et dans l'autre, de telle sorte que par ces causes et par nos intrigues le sacrifice n'aura pas lieu. 1603.

» Ou, comme le sacrifice aura son brahme directeur, ayant à cœur le succès de la chose du roi et versé dans les règles du sacrifice des serpents, qu'un reptile aille à lui et le morde, il mourra ; et, le sacrificateur mort, le sacrifice devient impossible. 1604-1605.

» Mordons encore tous ses autres brahmes officiants, qui savent les rites du sacrifice des serpents : et nous toucherons à notre but ! » 1606.

D'autres à l'âme bonne, attachée au devoir, disent :

« C'est une idée, qu'inspire la démence : tuer un brahme n'est pas un bel exploit ! 1607.

» Une sublime résignation est sans contredit la racine de la plus haute vertu : si l'iniquité prédominait, elle détruirait assurément le monde entier. » 1608.

« Changeons-nous en nuages aux éclairs flamboyants, proposaient d'autres serpents, et versons les pluies à torrents sur le feu allumé ! » 1609.

« Que nos plus grands reptiles se glissent dans la nuit, opinaient ceux-ci, vers le vase de l'oblation et le ravissent lestement à la négligence de ses gardiens : il y aura ainsi un obstacle au sacrifice. 1610.

» Ou bien que les serpents par centaines et par milliers mordent tous les assistants, et une alarme va jeter le trouble dans la cérémonie. 1611.

» Ou encore que l'oblation préparée soit souillée par la fiente et l'urine des serpents, qui empoisonnent tous les aliments. » 1612.

Ceux-là disaient : « Faisons-nous ses ritouidjs dans le sacrifice ; nous jetterons des obstacles dans la cérémonie : « Qu'on nous paye nos honoraires ! » nous écrierons-nous.

» Tombé sous notre puissance, il agira suivant nos désirs. » Il y en eut qui donnèrent ce conseil : « Un jour que le roi s'amusera dans l'eau, 1613.

» Entraînons-le dans nos demeures, tuons-le, et le sacrifice n'aura pas lieu ! » D'autres, orgueilleux d'une fausse science, conseillaient : 1614.

« Hâtons-nous de le saisir et de le mordre : nous aurons atteint notre but ! Une fois mort, la racine de nos infortunes est coupée ! 1615.

» Les opinions de nous tous peuvent se résumer dans ce dernier conseil ; mais qu'on exécute promptement, sire, l'avis, que tu auras jugé le meilleur. » 1616.

Ces paroles dites, ils attachèrent leurs yeux fixés sur Vâsouki, le plus grand des serpents. Celui-ci réfléchit et leur tint ce langage : 1617.

« Ce dernier conseil de vous, serpents, n'est point à suivre, et, dans toutes vos paroles, il n'est aucun avis, qui m'agrée. 1618.

» Ce qui doit être fait ici est-il ce qui est pour votre avantage ? *Oui ; eh bien !* ce qu'il y a de mieux, suivant mon opinion et dans l'amour, que je porte aux familles de mes frères et à moi-même, c'est d'apaiser le magnanime Kaçyapa. Mon esprit ne saurait faire aucune des choses, que vous me dites. 1619-1620.

» Ce que je dois poursuivre, c'est la chose, qui porte en soi votre bien. C'est pour cela que je suis rongé de cuisants soucis : en effet, *comme roi,* c'est à moi que remontent le bien et le mal. » 1621.

Après qu'Élàpatra eut écouté, reprit le Soûtide, les différents avis de tous les serpents et les paroles de Vâsouki, il discourut en ces termes ; 1622.

« Le sacrifice aura lieu et Djanamédjaya, le fils de Pândou, sera un monarque de telle vertu que nous tomberons dans un immense péril. 1623.

» L'homme, qui serait frappé ici-bas d'un trait divin, n'aurait-il pas recours, sire, à une main divine pour le guérir ? Il n'y a pas de remède autre part ! 1624.

» Ce danger nous vient de Dieu, ô le plus vertueux des serpents ; c'est donc à Dieu qu'il faut recourir. Écoutez ce que je vais dire à ce sujet. 1625.

» Alors que fut vomie cette malédiction : « Que le feu dévore les serpents aux langues venimeuses ! » la peur me fit monter sur le sein de ma mère, ô les plus éminents des reptiles ; et j'entendis ces paroles des Dieux, qui, accablés de chagrin, s'étaient rendus chez l'aïeul suprême des créatures : 1626-1627.

« Est-il une autre femme que Kadroû aux formes blessantes, disaient les Dieux, pour jeter sur les enfants accordés à son amour une telle malédiction en face de toi, Dieu des Dieux ? 1628.

» Et tu as dit, suprême aïeul des créatures : « Qu'il en soit ainsi ! » Nous désirons savoir pour quelle raison tu ne l'as pas empêchée. » 1629.

» Brahma répondit : « Les serpents aux dents acérées, aux formes épouvantables, à la morsure vénimeuse, sont en trop grand nombre et, comme j'aime le bien des créatures, je n'ai point arrêté cette malédiction. 1630.

» Ceux qui sont méchants, cruels, vénimeux, cultivant le mal, trouveront leur perte *dans le sacrifice* ; mais non pas ceux, qui marchent dans la vertu. 1631.

» Écoutez par quels moyens, au temps révolu, ces bons reptiles seront délivrés de cet immense danger. 1682.

» Dans la tribu des Yâyâvaras vivra un grand rishi, vigoureux ascète, vainqueur des sens, nommé Djaratkârou. 1638.

» Il naîtra un fils à ce Djaratkârou ; il aura nom Astîka : il se fera un trésor de pénitences ; c'est lui, qui, au temps venu, arrêtera le sacrifice. 1684.

» C'est alors que seront sauvés les serpents attachés au devoir. » — « Au sein de quelle femme, Brahma, lui demandèrent les Dieux, ce magnanime fils sera-t-il engendré par ce chef des anachorètes, l'énergique Djaratkârou aux grandes macérations ? » 1686.

« Au sein d'une jeune fille, appelée comme lui, répondit Brahma. L'énergique hermite, appelé comme la jeune fille, sera père en elle d'un fils, plein d'énergie. 1636.

» Cette Djaratkârou sera, n'en doutez point, la sœur de Vâsouki, le roi des reptiles. C'est d'elle que naîtra ce fils, qui doit sauver les serpents. » 1637.

« Qu'il en soit ainsi ! » répondirent les Dieux au suprême aïeul des créatures. Quand il eut ainsi parlé aux Immortels, reprit le Soûtide, Virintchi retourna dans le ciel des trois Dieux. 1638.

» Voilà ce que je vois dans l'avenir, Vâsouki ; ta sœur est nommée Djaratkârou. Donne-la comme une aumône, pour dissiper le danger, qui menace les serpents, à cet anachorète, fidèle à ses vœux, qui mendiera une femme pour aumône. C'est de là, ai-je ouï dire, que viendra le salut des serpents. » 1639-1640.

L'âme joyeuse, reprit le Soûtide, à ces mots d'Elâpati-a, tous les serpents, ô le plus vertueux des brahmes, de s'écrier : « Bien ! c'est bien ! » 1641.

À compter de ce jour, Vâsouki réserva sa jeune sœur Djaratkârou *à l'anachorète* et fut rempli d'une joie suprême. 1642.

Ensuite, après un laps de temps, qui ne fut pas extrêmement long, les Asouras et les Dieux se mirent à baratter le séjour de Varouna. 1643.

Là, Vâsouki joua l'office de corde autour de la montagne, *qui servait à baratter* ; et, quand on eut terminé l'ouvrage, les Dieux, accompagnés de Vâsouki, se rendirent chez le suprême aïeul des créatures et lui tinrent ce langage : « Adorable, tu vois le *serpent* Vâsouki effrayé de la malédiction maternelle, dont il ressent de cruelles angoisses. 1644-1645.

» Daigne, ô Dieu, lui extraire du cœur cette flèche, qu'y plongea l'imprécation de sa mère, à lui, de qui le bonheur de ses frères est le plus vif désir. 1646.

» Ce roi des serpents a toujours été obligeant et serviable pour nous : accorde-lui ta faveur, souverain des Dieux ; guéris cette plaie de son âme. » 1647.

« C'est moi, reprit Brahma, qui ai fait mettre dans son cœur les paroles, que naguère lui a dites le serpent Élâpatra. 1648.

» Que le roi des serpents accomplisse de lui-même ces paroles ; les méchants périront ; mais non pas ceux, qui marchent dans le devoir. 1649.

» Il est né déjà ce brahme Djaratkârou, qui fait son plaisir d'une atroce pénitence : que Vâsouki, au temps venu, lui donne sa sœur Djaratkârou. 1650.

» Les paroles, qui furent dites avant *celles-ci* par le serpent Élâpatra, ont annoncé d'où sortirait le salut des serpents. Il en sera ainsi. Dieux, et non autrement ! »

Dès qu'il eut entendu ce langage du Pitâmaha, reprit le Soûtide, Vâsouki, le roi des serpents, rassuré sur la malédiction, qui l'avait comme frappé de folie, se hâta d'en porter les paroles à tous les serpents. 1651-1652.

Il éleva sa sœur en vue du pieux Djaratkârou et disposa autour de la jeune Djaratkârou une foule de serpents toujours attentifs. 1653.

Quand le vénérable Djaratkârou, se dit-il, voudra bien prendre une épouse, il faudra que j'aille vite à lui et que je l'appelle ; car ce sera notre salut ! » 1654.

Çâaunaka dit :

« Je désire te faire une demande, petit-fils de Soûta, sur ce magnanime rishi, que tu as appelé Djaratkârou.

» Pour quelle raison lui avait-on donné ce nom de Djaratkârou ? Veuille bien me dire exactement ce que signifie ce mot Djaratkârou. 1655-1656.

» *Djarâ* veut dire la *vieillesse*, la *décrépitude*, et *karoû* ce qui est *hideux*, répondit le Soûtide. Son corps était hideux à voir, tant une cruelle pénitence l'avait ruiné, vieilli peu à peu : voilà ce que veut dire ce nom, que portait aussi la sœur de Vâsouki. » 1667-1668.

À ces mots, le vertueux Çâaunaka sourit ; il salua Ougraçravas et dit : « Parfaitement expliqué ! 1659.

» J'ai entendu comment ce nom lui fut donné et tout ce qui a précédé, ajouta le fils de Çâaunaka ; je voudrai ;

savoir maintenant de quelle manière est né Astika. » À ces paroles de l'anachorète, Soûtide répondit avec cette narration conforme aux Çâstras. 1660.

« Vâsouki, reprit le Soûtide, ayant informé de ces choses tous les serpents, mit le plus grand soin à élever sa sœur en vue du rishi Djaratkârou. 1661.

Un long espace de temps s'était écoulé, et le religieux mendiant aux vœux inébranlables, le sage, qui trouvait son plaisir dans la pénitence, ne désirait pas encore une épouse. 1662.

Voué à la continence, enchaîné aux mortifications, adonné aux lectures du Véda, victorieux des sens, il parcourut toute la terre, et le cœur du magnanime ne désirait pas encore une épouse. 1663.

Ensuite, dans certain autre temps arrivé, *pieux* brahme, il y eut un roi, nommé Parîkshit, issu de la race des Kourouides. 1664.

Dans la guerre, il était, comme Pânduu aux longs bras, le plus vaillant de ceux, qui portent l'arc ; *dans la paix*, il se livrait à la chasse, comme jadis son bisaïeul. 1065.

Le puissant monarque allait çà et là, tuant les gazelles, les sangliers, les hyènes, les buffles et les autres bêtes sauvages de toutes les espèces. 1666.

Un jour que, d'une flèche aux nœuds droits, il avait blessé une antilope, il se mit à suivre ses traces, sans quitter l'arc, dans une épaisse forêt. 1667.

Ainsi, l'adorable Çiva, ayant blessé la gazelle du sacrifice, la poursuivait dans le ciel et, son arc à la main, en cherchait la piste çà et là. 1668.

Mais l'antilope, que le monarque avait percée, n'était pas arrivée vivante dans la forêt ; elle avait repris soudain son ancienne forme et s'était jetée dans le chemin du Swarga. 1669.

La gazelle blessée du roi Parikshit fut donc perdue ; mais elle avait emmené loin cet *ardent chasseur*. 1670.

Épuisé de fatigue, mourant de soif, il trouva dans ce bois un hermite, qui, assis dans le pâturage des vaches, mettait une extrême attention à lécher l'écume sortie de la bouche des veaux, tétant le lait *aux mamelles de leurs* mères. *Le roi courut bien vite vers l'anachorète aux vœux* accomplis et, levant son arc, lui demanda, accablé de fatigue et de faim ; « Oh ! oh ! brahme, je suis le roi Parikshit, fils d'Abhimanyou. 1671-1672-1673.

» J'ai blessé une gazelle, dont j'ai perdu les traces ; ne l'aurais-tu pas vue ? » Mais le solitaire, fidèle au vœu du silence, ne lui répondit pas un mot. » 1674.

Alors, s'irritant, le prince de lever avec le bout de son arc un serpent mort : il mit cette dépouille sur l'épaule du solitaire, et le quitta avec dédain. 1675.

L'autre ne dit pas une seule parole, ou bonne ou mauvaise, au roi. Celui-ci, une fois sa colère passée, eut regret de sa conduite, car il vit que le solitaire était un bouddhiste : il retourna dans sa ville et l'hermite resta comme il était. 1676.

Quoique traité avec un tel mépris, le grand anachorète, voué à la patience, n'offensa pas le monarque puissant, qui avait oublié son devoir. 1677.

Mais si le plus vertueux des Bharatides, ce roi des rois, avait offensé le grand anachorète, c'est qu'il ne savait pas celui-ci enfermé alors dans l'accomplissement de son vœu. 1678.

L'hermite avait un jeune fils, nommé Çringi, homme de grande pénitence, de grands vœux, de grande colère, difficile à gagner et d'une perçante énergie. 1679.

À tous les instants du jour, dans une attitude contenue et respectueuse, il s'approchait du brahme assis sur un siège élevé et goûtant le plaisir de faire le bien de tous les êtres. 1680.

Quand cet incident arriva, il était allé à l'hermitage avec la permission du brahme. *À son retour,* le fils d'un brahmane, Kriça, riant et se jouant, lui dit : « Mon ami ! » Mais le fils de l'anachorète, irascible jusqu'à la fureur, s'enflamma de colère et devint tout à fait semblable au poison, quand son ami lui eut montré son père, ô le plus vertueux des brahmes, et qu'il entendit Kriça lui dire sous forme de badinage : 1681-1682.

« Tout noble et ascète, que tu es, voilà ton père, qui porte un cadavre sur l'épaule ! Çringi, ne sois plus si fier !

» Désormais, ne dis pas un mot dans les jeux des fils de rishis, ni parmi les ascètes, versés dans les Védas, parfaits et tels que nous sommes. 1683-1684.

» Que devient ta fierté d'homme ? Où sont allées ces paroles, que l'orgueil inspirait, maintenant que tu vois un cadavre porté sur l'épaule de ton père ? 1685.

» Ce métier de ton père n'est pas digne de toi : c'est une chose, ô le plus excellent du monde anachorète, qui me fait beaucoup de peine ! 1686.

À ces mots, reprit le Soûtide, ce resplendissant Çringi, d'un esprit irascible, s'enflamma de fureur, quand il entendit appeler son père un porteur de morts. 1687[19].

Il fixa les yeux sur Kriça et, débutant par un mot d'amitié, lui demanda : « Comment se fait-il que mon père ait sur lui un cadavre ? » 1688.

« C'est le roi Parikshit, courant çà et là pour la chasse, répondit Kriça, qui appliqua tout à l'heure, mon enfant, le serpent mort sur l'épaule de ton père. » 1689.

« Quelle offense mon père avait-il faite à ce roi méchant ? reprit l'autre. Dis-le moi, Kriça, dans la vérité. Voici *le moment de déchaîner* la force acquise par mes pénitences ! » 1690[19].

« Le roi Parikshit, fils d'Abhimanyou, est venu chasser, répondit Kriça. Il poursuivait seul une gazelle à la fuite rapide, qu'il avait blessée d'une flèche. 1696.

» Le roi chercha en vain dans ce bois ; il ne vit point sa gazelle : mais il vit ton père, et s'en informa auprès de lui, que le vœu du silence empêchait de répondre. 1697.

» Le roi, malade de fatigue, de faim et de soif, répéta mainte et mainte fois sa demande sur la gazelle perdue à ton père, qui se tenait devant lui, immobile et muet comme un pieu. 1698.

» Le vœu du silence enchaîne la langue de ton père : il ne pouvait donc lui répondre ; et le monarque *irrité* de lui mettre avec le bout de son arc un serpent mort sur l'épaule. 1699.

» Ainsi ton père, Çringi, observa strictement le vœu du silence, et le roi s'en alla vers sa ville d'Hastinapoura. »

Quand le fils de l'anachorète eut appris de quelle manière ce cadavre était venu, reprit le Soûtide, sur l'épaule de son père, alors, saisi de dépit, flamboyant de fureur, pour ainsi dire, les yeux rouges de colère, et le visage enflammé par la force et la fougue de son ressentiment, il fulmina sur le roi sa malédiction : 1700-1701-1702.

« Puisse le serpent au venin mortel, enflammé de fureur, s'écria Çringi, puisse Takshaka, le roi des serpents, conduire au palais d'Yama, dans sept jours à compter de celui-ci, le méchant, opprobre des rois, le contempteur des brahmes et la honte des Kourouides, qui a mis un serpent mort sur l'épaule de mon vieux père, courbé sous les infirmités de l'âge ! » 1703-1704-1705.

Cette imprécation fulminée avec colère, il s'avança, reprit le Soûtide, vers son père, qu'il vit assis dans ce pâturage de vaches et portant le serpent mort. 1706.

À l'aspect de son père avec ce cadavre de reptile, appendu sur l'épaule, Çringi versa des larmes de douleur, et fut une seconde fois agité par la colère : « Aussitôt, mon père, que j'eus appris l'offense, jetée sur toi par ce méchant, dit-il au saint hermite, 1707-1708.

» Par ce roi Parîkshit, je l'ai maudit avec colère. En effet, il méritait une terrible malédiction, ce monarque, le plus vil de la race des Kourouides ! « Que, dans sept jours, ai-je dit, le roi des serpents, Takshaka, emmène ce pervers dans le palais bien effroyable d'Yama ! » Le brahmane, son père, dit au jeune hermite, saisi d'une telle colère : 1709-1710.

« Ce que tu as fait là, mon enfant, répondit Çamika, ne m'est pas agréable : cette conduite n'est pas celle des ascètes. Nous habitons sur la terre de ce roi ; 1711.

» Il nous protège comme il convient ; il vit sans cesse avec les gens de notre classe. Ce n'est pas dire que j'approuve en rien son péché ; 1712.

Mais il faut savoir supporter, mon fils ; car le devoir, si on le frappe, vous frappe à son tour. Si nous n'étions défendus par le roi, une accablante oppression pèserait sur nous et nous ne pourrions cultiver le devoir, mon fils, comme c'est notre plaisir ; tandis que nous, *au contraire*, mon enfant, protégés par des rois, qui tiennent leurs yeux fixés sur le devoir, 1713-1714.

» Nous cultivons largement nos observances, où il a sa part lui-même. Il faut donc savoir, mon fils, supporter quelque chose d'un roi, qui marche dans la route de son devoir. 1715.

» Tel qu'un souverain doit protéger ses peuples, tel Parikshit, révérend, nous protège excellemment à l'égal de son bisaïeul. 1716.

» S'il a commis cette faute, c'est qu'il était accablé de faim, de fatigue, de chaleur et qu'il ignorait, je pense, ce vœu, *qui enchaînait ma langue*. 1717.

» Dans un pays sans roi, chaque instant voit naître des crimes : les passions soulèvent continuellement ces *flots du monde*, que le roi gouverne avec le châtiment. 1718.

» La crainte et la paix sont les filles du châtiment : dans les alarmes, on ne cultive pas le devoir : dans les alarmes, on ne célèbre pas le sacrifice. 1719.

» Du roi dépend le devoir ; du devoir dépend le Swarga ; du roi dépend la cérémonie des sacrifices ; du sacrifice dépendent tous les Dieux ; 1720.

» Des Dieux la pluie dépend ; de la pluie, au dire de tous, dépendent les herbes de la terre, et des herbes comestibles dépend le bien physique, éternel des hommes.

» C'est encore le roi, qui défend les hommes avec le sceptre, qu'il tient : aussi, le roi vaut-il seul, a dit Manou, dix brahmes, versés dans les Védas. 1721-1722.

» Si le roi Parîkshit a commis cette faute, c'est qu'il était accablé de faim, de fatigue, de chaleur, et qu'il ignorait, je pense, ce vœu, *qui enchaînait ma langue.* 1723.

» Pourquoi donc as-tu commis avec tant de légèreté une mauvaise action contre lui, sans réfléchir, comme un enfant ? Le roi ne mérite pas, mon fils, une malédiction de nous, certes ! en aucune manière. » 1724.

« Que ce soit légèreté ou mauvaise action, repartit Çringi, qu'elle te plaise ou déplaise, la parole, que j'ai dite, mon père, ne le sera pas en vain. 1726.

» Il n'en sera pas autrement, mon père, je te l'assure ! Je ne parle jamais à l'étourdie dans les choses même sans conséquence : à plus forte raison, quand je maudis. »

« Je sais, mon fils, que ta puissance est terrible et que ta parole est vraie, lui répondit Çamîka : ce que tu as dit avant ne fut jamais faux, ta parole d'aujourd'hui ne sera donc pas sans effet. 1726-1727.

» Mais un fils, bien qu'arrivé à l'âge adulte, peut toujours être blâmé par son père, afin qu'il acquière plus de vertus et qu'il obtienne une plus vaste renommée. 1728.

» À plus forte raison, s'il est, comme toi, un enfant, n'ayant jamais sucé d'autre lait que celui de la pénitence. La colère dans les hautes âmes croit démesurément à proportion de la force. 1729.

» C'est moi-même, que je vois à blâmer en toi, ô le plus solide appui des observances, moi, qui n'ai su voir qu'avec des yeux de père ta pétulance et ta légèreté ! 1730.

» Va ! Nourris-toi de fruits sauvages et fais la principale étude de la patience. Quand tu auras étouffé en toi ce penchant à la colère, tu ne sortiras plus ainsi du devoir.

» En effet, la colère efface *les mérites du* devoir, que les Yatis amassent avec tant de peine ; et la route, qui mène au but désiré, n'existe plus, mon fils, pour ceux qui ont abandonné le devoir. 1731-1732.

» La patience ajoute à la perfection des ascètes, qui ont appris à supporter une offense. Ce monde-ci appartient aux hommes patients, et c'est aux hommes patients, qu'appartient aussi l'autre monde. 1733.

» Va donc et victorieux des sens, adonne-toi sans relâche à la patience : c'est à la patience, que tu devras ton entrée dans les mondes les plus voisins de Brahma. 1734.

» Mais je ferai, mon enfant, ce que je puis faire, moi, qui suis monté sur le degré de la patience, et j'enverrai dire à ce roi : 1735.

« Tu as été maudit par mon fils, un enfant, de qui la raison n'est pas encore tout à fait mûre, et qui n'a pu voir sans colère, sire, l'offense, que tu m'as faite. » 1736.

Après qu'il eut donné à son fils cette leçon, reprit le Soûtide, le grand ascète à l'âme compatissante, aux vœux inébranlables, envoya au monarque un disciple, nommé Gàauramoukha, attentif à ses paroles et d'un bon naturel, à qui il enseigna l'étiquette des choses et la manière, dont il fallait demander au roi Parikshit comment il se portait. 1737-1738.

L'envoyé se rendit en diligence chez le monarque issu de Kourou. D'abord les portiers annoncent sa venue ; ensuite, il entre dans le palais. 1739.

L'Indra des hommes traite avec honneur le brahmane Gàauramoukha ; et, sans prendre le temps de se reposer, le pieux messager expose au roi en présence des ministres. toute la terrible mission, qu'il avait reçue de Çamîka, sans rien omettre ; « Il existe dans ton royaume, sire, lui dit-il, un placide rishi de la plus haute vertu, aux sens domptés, aux grandes mortifications : on le nomme Çamika. Tu as attaché, ô le plus grand des rois, un reptile sans vie avec le bout de ton arc sur l'épaule de cet anachorète, voué au silence. Il a supporté cette injure, mais son fils ne l'a pas endurée. 1740-1741-1742-1743.

» Il t'a maudit, roi des rois, à l'insu de son père. Takshaka dans sept jours viendra te donner la mort. 1744.

» Garde-toi bien contre lui ! » Il répéta à deux et trois fois : « Il est impossible à qui que soit de rien changer à cette malédiction. 1745.

« Le père ne peut modérer son fils d'un naturel irascible ; et, comme il désire ton bien, il m'a dépêché vers toi, sire. » 1746.

Dès qu'il eut ouï ce terrible langage, reprit le Soûtide, ce monarque issu de Kourou, ce roi aux grandes pénitences fut douloureusement affligé d'avoir pu commettre une telle offense. 1747.

L'âme du roi fut consumée d'une peine encore plus vive, quand il apprit la qualité de cet homme rencontré dans les bois : le plus grand des anachorètes, un saint, voué au silence ! 1748.

Il se désolait, sachant que Çamika était une nature toute spirituelle : il regrettait vivement l'injure, qu'il avait commise à l'égard du solitaire. 1749.

Ce qui l'affligeait, ce n'était pas la mort, dont il s'entendait menacer : ce qui était alors son tourment, c'était le repentir de cet acte, dont il s'était rendu coupable envers une telle personne. 1750.

Le monarque congédia ensuite Gâauramoukha avec ces paroles : « Que le révérend m'assiste encore de sa bienveillance dans cette conjoncture ! » 1751.

A peine Gâauramoukha fut-il parti que le roi, dans le trouble de son esprit, se mit à délibérer avec ses ministres. 1752.

Le conseil terminé, le prince, connaissant les avis, se fit construire un palais bien défendu, bâti sur une colonne. 1753.

Il disposa une garde à l'entour, fit provision de simples, s'environna de médecins et réunit de tous côtés les plus savants brahmes dans l'art de guérir par les incantations. Il se tint là, protégé de toutes parts ; il y traitait, bien instruit de ses devoirs, toutes les affaires de la monarchie avec ses ministres. 1754-1755.

Une fois que l'excellent roi fut monté là, qui que ce soit ne put arriver jusqu'à lui ; et l'entrée fut même interdite au vent, qui circulait dehors. 1756.

Le septième jour arrivé, le plus vertueux des brahmes, le docte Kaçyapa se mit en route afin de guérir le monarque ; 1757.

Car il avait ouï dire que, *ce jour*, le roi des serpents, Takshaka devait emmener le plus grand des rois au palais d'Yama. 1758.

« Il faut que j'aille guérir, avait-il pensé, le roi mordu par le puissant reptile : c'est tout à la fois mon devoir et mon intérêt. » 1759.

Takshaka, le roi des sei pents, aperçut Kaçyapa suivant son chemin, l'esprit tout absorbé dans son idée ; et, sur le champ, il se métamorphosa en brahme d'un âge très-avancé. 1760.

Le roi des reptiles dit au roi des anachorètes : « Où va ta révérence d'un pas si hâté ? Quelle chose veut-elle faire ? » 1761.

« Le roi des serpents, Takshaka, lui répondit Kaçyapa, va brûler de son venin aujourd'hui le fléau des ennemis, ce roi Parikshit, né dans la race de Kourou. 1762.

» S'il a déjà mordu ce prince d'une vigueur sans mesure, ce rayon de la dynastie Pândouide d'une splendeur égale à celle du feu, je me hâte, mon ami, de lui porter à l'instant même sa guérison. » 1463.

« C'est moi, qui suis Takshaka ; retourne sur tes pas, brahmane, lui répondit Takshaka ; tu n'es point capable de guérir ce que j'ai mordu. » 1764.

« J'irai vers le roi, que je guérirai de ta morsure : telle est ma résolution ! reprit Kaçyapa. J'ai de la force et de la science ! » 1765.

« Si tu es capable de guérir en quelque chose, repartit Takshaka, un être, que j'ai mordu ; alors, Kaçyapa, rends la vie à cet arbre, que je vais mordre ici même ! 1766.

» Déploie ce pouvoir supérieur de tes invocations ; ne ménage pas les efforts ! Je vais brûler ce nyagrodha sous tes yeux, ô le plus grand des brahmes. » 1767.

« Mords cet arbre, si tu le veux, roi des serpents ; et moi, lui répondit Kaçyapa, je rendrai à la vie l'arbre mordu par toi, reptile ! » 1768.

A ces mots du magnanime Kaçyapa, l'immense reptile, monarque des serpents, s'approche de l'arbre et mord ce nyagrodha. 1769.

A peine eut-il été mordu par le puissant reptile, cet arbre tout à coup, s'imprégnant du venin des serpents, s'enflamma de tous les côtés. 1770.

Le grand végétal consumé, le serpent de répéter à Kaçyapa : « Déploie tes efforts, ô le meilleur des brahmes, et rends à la vie ce roi des forêts ! » 1771.

Le feu du poison, reprit le Soûtide, avait réduit tout l'arbre en cendres et Kâçyapa, les ayant recueillies entièrement, tint alors ce langage : 1772.

« Roi des serpents, que cet arbre maintenant te prouve mon pouvoir et ma science ! je vais lui rendre la vie à ta vue même, reptile ! » 1773.

Ensuite le vénérable, le docte, le plus vertueux des brahmanes, Kaçyapa rendit la vie par la science à cet arbre, qui n'était plus qu'un monceau de cendres. 1774.

Il fit de lui d'abord un simple rejeton avec deux cotylédones ; ensuite un arbre avec toutes ses branches et ses feuilles. 1775.

À l'aspect de cet arbre, que le magnanime anachorète avait ressuscité : « Brahme, lui dit Takshaka, ce fait n'a rien de très-merveilleux en toi ! 1776.

» *Il est tout simple,* Indra des brahmanes, que tu détruises, ou mon poison, ou le venin d'un autre, mon semblable. Mais, homme riche de pénitences, quelles sont les choses, dont le désir te conduit aux lieux, où tu vas ? »

» Je puis moi-même te donner la récompense, du plus haut prix qu'elle soit, dont l'espérance te fait aller vers ce plus grand des rois. 1777-1778.

» Ce monarque est accablé sous la malédiction du brahmane et sous le poids de la vieillesse : le succès de ton voyage, brahme, est ainsi fort douteux. 1779.

» De-là ton éclatante renommée, célèbre dans les trois mondes, subira une éclipse, comme le soleil, quand il a perdu ses rayons. » 1780.

« J'ai besoin de richesses, lui répondit Kaçyapa, et je vais là pour en obtenir : donne-les-moi, reptile ; et, possesseur de ces richesses, je retournerai chez moi. » 1781.

« Retourne-t-en, ô le plus grand des brahmes, et je te donnerai une richesse supérieure à tout ce que tu peux demander à ce roi. » 1782.

À ces paroles de Takshaka, reprit le Soûtide, l'intelligent Kaçyapa à la bien grande splendeur, le plus vertueux des brahmes, tourna ses réflexions sur le roi ; 1783.

Et, comme il vit à la lumière d'une science divine que la vieillesse avait conduit le roi Pândouide au terme de sa vie, l'éminent anachorète s'en revint chez lui, après qu'il eut reçu de Takshaka autant de richesse, qu'il en désirait. Le magnanime Kaçyapa retourné en son hermitage à cette condition, 1784-1786.

Takshaka se rendit à toute hâte dans la ville, qui a tiré des éléphants son nom *d'Hastinapoura*. Arrivé là, il apprit que le puissant monarque se défendait de toutes ses forces avec des incantations, des prières mystiques et des antidotes. Alors, continua le Soûtide, il pensa : « Il me faut tromper ce roi à l'aide d'un stratagème. Mais à quel moyen recourir ? » Ses réflexions faites, le serpent Takshaka envoya vers le roi quelques serpents sous des formes de religieux pénitents, avec de l'eau, des herbes kouças et des fruits : « Allez sans crainte vers le roi, dit-il, comme si vous étiez amenés par cette affaire ; 1786-1787-1788-1789.

» Et faites accepter au monarque cette eau, ces fleurs et ces fruits. » Ceux-ci, reprit le Soûtide, agirent suivant les instructions, que leur avait données Takshaka. 1790.

Ils offrirent au roi des fruits, de l'eau, de l'herbe kouça ; et le puissant monarque agréa tout. 1791.

« Vous pouvez vous retirer, » dit-il aux serpents, qui avaient terminé leur mission. Ceux-ci partis sous leurs formes de religieux mendiants, 1792.

Le roi dit à ses ministres et à ses amis : « Que vos excellences mangent, accompagnées de moi, tous ces fruits délicieux, que m'ont apportés les pénitents. » — Ensuite, le roi avec ses ministres, ayant désiré manger ces fruits, les fit bénir, suivant les rites, par la voix d'un rishi. Mais, dans un fruit, où le serpent avait mordu lui-même, était né du fruit, sous sa dent, petit-fils de Çounaka, un ver petit, mince, aux yeux noirs, à la teinte rouge. 1793-1794-1795-1796.

Le monarque prit ce ver et tint ce langage à ses ministres : « Le soleil est arrivé au couchant ; ainsi, le venin n'est plus à craindre maintenant pour moi. 1797.

» Cependant que la parole de l'anachorète soit une vérité ; que ce ver me morde ! Nommons-le Takshaka, et qu'il n'en soit plus question ! » 1798.

Excités par la mort elle-même, ses ministres d'applaudir à cette parole. Le roi dit, et met à son cou 1790.

Le petit ver. Il riait, l'insensé ! et il allait périr d'un coup soudain ; car, au milieu même de son rire, le serpent Takshaka l'enveloppa de ses replis. 1800.

Le roi des serpents, Takshaka de l'entourer tout à coup ; et son vaste rugissement d'annoncer au malheureux qu'il était *le ver même*, sorti de ce fruit ! 1801.

À l'aspect du monarque, ainsi enveloppé dans les nœuds du serpent, continua le Soûtide, ses conseillers, le visage consterné, en proie à la plus vive douleur, de fondre tous en larmes ; 1802.

Ensuite, au rugissement du monstre, ils s'enfuirent et, dans leur course, ils virent le merveilleux reptile s'envoler dans les airs. 1803.

Plongés dans la plus douloureuse affliction, ils virent le roi des serpents, Takshaka, rouge comme un lotus, tracer sur le front du ciel une ligne, pareille à cette raie, qui sépare les cheveux sur la tête. 1804.

Chassés par l'épouvante, hors du palais, enveloppé par le feu, qu'avait produit le venin du serpent, ils s'enfuirent à tous les points de l'espace, et le roi tomba comme frappé de la foudre. 1805.

Ensuite, le monarque tué par le venin de Takshaka, après qu'on eut célébré pour lui toutes les cérémonies relatives à l'autre monde, le pourohita du feu roi, brahme plein de pureté, ses ministres et tous les citadins assemblés mirent la couronne sur la tête de son fils encore enfant. Ce fut le monarque, héros de la race des Kourouides et fléau des ennemis, que les peuples nommaient Djanamédjaya.

Enfant au noble esprit, aîné des princes Kourouides, il fut le plus grand des rois et gouverna l'empire, secondé par son archi-brahme et ses ministres, comme l'avait gouverné le héros, son bisaïeul. 1806-1807-1808.

Quand les ministres virent ce monarque, victorieux des ennemis, arrivé à l'âge, où l'on a déjà revêtu la cuirasse d'or, ils se rendirent chez le roi de Kaçi et demandèrent pour lui sa fille Vapoushtamâ en mariage. 1809.

Ce prince, ayant tout examiné, donna suivant les règles sa fille au héros des Kourouides ; et celui-ci, ayant obtenu Vapoushtamâ pour son épouse, goûta le bonheur avec elle et ne tourna plus nulle part sa pensée vers d'autres femmes. 1810.

Ce puissant monarque passait le temps d'une âme sereine au milieu des lacs et des bois fleuris : le plus éminent des kshatryas, il savourait le plaisir comme jadis Pouroravas, quand il eut obtenu la main d'Ourvad. 1811.

Et, unie avec un tel époux, Vapoushtamâ, fidèle à son mari, d'une beauté célèbre et la *plus* belle du gynécée, l'amusait dans les heures de délassement par les grâces de son esprit. 1812.

Or, dans ce même temps, ajouta le Soûtide, Djaratkârou, l'anachorète aux grandes pénitences, arriva, ayant parcouru toute la terre, aux lieux, où habite Sâyangriha, *le palais du soir*. 1813.

Hermite à la haute splendeur, il errait çà et là, se baignant aux saints tirthas, pratiquant des mortifications, impossibles aux âmes imparfaites, se refusant la nourriture, ne vivant que d'air et se desséchant de jour en jour. Il vit des mânes pendants, la tête en bas, dans une caverne, 1814-1815.

Se retenant à une touffe de vîrana, dont il restait à peine un seul brin, qu'un rat, habitant de cette caverne rongeait peu à peu. 1816.

Ils étaient maigres, affamés, tristes, désirant qu'on vînt à leur secours. Il s'approcha de ces malheureux, et dit, la douleur sur le visage : 1817.

« Qui sont vos saintetés, ô vous, qui vous retenez suspendus à cette touffe de vîrana, dont un rat, hôte de cet antre, mange les racines ? 1818.

» Il ne reste plus même ici qu'une seule racine à cette touffe de vîrana, et ce rat peu à peu la ronge de ses dents aiguës ! 1819.

« Avant qu'il soit long-temps, elle sera coupée de ce faible reste, et vous tomberez alors, c'est évident ! la tête en bas, dans cette caverne. 1820.

» La vue de cette cruelle infortune, où vous êtes plongés, la tête pendante, excite en moi de la douleur : que puis-je faire qui vous soit agréable ? 1821.

» Dites-moi, sans tarder, si je puis vous racheter de ce malheur avec le quart, ou le tiers, ou même la moitié de mes pénitences : ou bien que toutes vos révérences se rachètent avec la totalité du mérite acquis par mes pénitences : quelles en disposent ici de cette manière à leur bon plaisir. » 1822-1828.

« Ta sainteté, qui désire nous sauver, lui répondirent les mânes, est riche *de mortifications* et vouée à la continence ; mais, ô le plus grand des brahmes, la pénitence ne peut rien ici pour nous délivrer. 1824.

» Ô le plus vertueux des êtres, qui sont doués de la parole, nous avons nous-mêmes un trésor de pénitences, mon enfant ; et si nous tombons dans l'impur Niraya, c'est par l'extinction *seulement* de notre postérité. 1826.

» Donner le jour à des fils est le suprême devoir, a dit le créateur. Pendants ici, mon enfant, notre science est obscurcie ; 1826.

» Car nous ne savons pas même qui tu es, toi, de qui l'énergie est célèbre dans le monde. Tu es riche *de pénitences,* tu occupes un rang élevé *dans la vertu,* toi, que la seule pitié conduit à plaindre notre immense infortune vraiment à plaindre. Écoute, brahme, qui nous sommes. Tu vois en nous de ces rishis aux vœux parfaits, qu'on appelle Yâyâvaras. 1827-1828.

» C'est l'extinction de notre postérité, qui nous a fait tomber ici du monde de la pureté : nous avons perdu le fruit de nos rigoureuses pénitences, et cela faute d'un fils ! 1829.

» Cependant il nous reste encore un fils aujourd'hui même, ou, pour mieux dire, il ne nous en reste plus ; car l'insensé, malheureux que nous sommes ! fait de la pénitence son unique occupation. 1830.

» On le nomme Djaratkârou. Il est parvenu à la rive ultérieure du Véda et des Védângas, il est magnanime, il tient domptée son âme, il est ferme dans son vœu, c'est un éminent ascète. 1831.

» Mais son avidité de pénitences nous a plongés dans cette infortune ; car il n'a pas d'épouse, ni un fils, ni un allié quelconque. 1832.

« Aussi, nous voilà prêts à tomber dans cette caverne, toute notre science perdue, faute d'un appui *sur la terre*. Quand tu le verras, dis-lui avec l'autorité de l'intérêt, que tu nous portes : 1833.

« Tes pères, la tête en bas, pendent, affligés, dans une caverne : « Prends une épouse ! te crient-ils. Engendre, te crient-ils, des enfants ! 1834.

» Tu es le seul brin de famille, qui nous reste ! « C'est là ce que veut dire, brahme opulent de pénitences, cette touffe de vîrana, à laquelle tu nous vois nous retenir. 1835.

» Cet enfant de notre lignée, ce rejeton de notre famille, c'est encore ce qui est figuré dans cette pousse, brahme, que tu vois sortir de ces racines. 1836.

» Cette racine, que tu vois à demi rongée, ce sont nos descendants, *pieux* brahmane, que le temps a dévorés.

» Cette caverne, où tu nous vois en suspens, c'est la pénitence, dans laquelle s'est enfermé notre unique rejeton. Ce rat, que tu vois, brahme, c'est le temps à la grande puissance, dont les coups détruisent peu à peu l'insensible, qui fait tout son plaisir de la pénitence, 1837-1838.

» Ce Djaratkârou, à l'âme froide, à la tête sans pensée ! Ce n'est, certes ! pas sa pénitence, ô le plus vertueux des hommes, qui peut nous sauver. 1839.

» Nous voici pendus, la tête en bas, comme des malfaiteurs, l'âme frappée de folie par la mort, croulants et nos racines coupées. 1840.

» Nous, une fois tombés ici, avec tous ses parents, lui-même sapé à son tour par le temps, il descendra au Naraka.

» Ni la pénitence, ni le sacrifice, ni une grande purification, quelle qu'elle soit, tout cela et autre chose pareille n'est pas estimé valoir ce que vaut la naissance d'un fils.

» Quand tu le verras, mon fils, parle de cette manière à ce Djaratkârou, l'anachorète aux riches pénitences ; dépeins-lui tout, sans rien omettre, comme tu l'as vu ici. 1841-1842-1843.

» C'est ainsi qu'il faut lui parler, brahme, dans le désir, que tu as de nous protéger, afin qu'il prenne une épouse, afin qu'il donne le jour à des fils. 1844.

» Mais qui es-tu, ô le plus vertueux des hommes, toi, qui nous plains comme tu plaindrais un parent, un homme de ta race, nous tous, les parents de cet *insensible*. Nous désirons savoir qui est ta révérence, debout ici devant nous. »

À ces mots, reprit le Soûtide, Djaratkârou, plongé dans une profonde tristesse, répondit à ses pères d'une voix suffoquée par les larmes de sa douleur : 1845-1846.

« Vos révérences sont mes devanciers, mes pères et mes aïeux. Parlez ! dit-il ; que puis-je faire, qui vous soit agréable dans le désir, que j'ai d'être utile à vos révérences ? 1847.

» Je suis Djaratkârou, le fils pécheur de vos saintetés. Infligez-moi un châtiment, à moi, le misérable insensé ! »

« Oh ! quel bonheur, mon fils, répondirent ses pères, que tu sois venu de toi-même en ces lieux ! Pour quel motif, brahme, n'as-tu pas encore fait le choix d'une épouse ? » 1848-1849.

« C'est parce que cette pensée, reprit-il, ne cesse d'assiéger mon cœur : « Si je garde la continence, j'obtiendrai un corps dans l'autre monde. 1850.

» Ainsi, je ne prendrai pas d'épouse. » Cette idée avait rempli mon âme. Mais, aujourd'hui que j'ai vu ici vos révérences suspendues comme des oiseaux, 1851.

» Je renonce à ma résolution de continence : je ferai ce qui vous est agréable, mes pères ; j'épouserai une femme, sans répugnance, n'en doutez pas. 1852.

» Si je rencontre un jour une jeune fille quelconque du même nom que moi, offerte librement comme une aumône, 1853.

» Je la recevrai ; mais je ne veux pas la nourrir. Si je contracte un mariage, ce n'est qu'à ces conditions. 1854.

» Autrement, je n'épouserai pas : cette parole est une vérité, mes pères. De là, il naîtra un fils pour le salut de Vos révérences. Puissent mes pères vivre sans fin ! à jamais ! » 1855.

Quand il eut ainsi parlé à ses aïeux, reprit le Soûtide, l'anachorète se mit à parcourir la terre ; mais, fils de Çaunaka, il n'obtint nulle part une épouse : « Il est vieux ! » disait-on. 1856.

Tombé dans le découragement, mais poussé de nouveau par ses pères, il entra dans un bois et se mit à crier, plein d'une amère tristesse. 1857.

Arrivé dans cette forêt, où le conduisait l'envie d'être utile à ses pères, le savant ascète prononça lentement ces trois *et trois* paroles : « Faites-moi l'aumône d'une jeune fille ! » 1858.

Il ajouta : « Vous tous, êtres, qui êtes ici, ou mobiles, ou immobiles, ou cachés, écoutez ma parole ! 1859.

» Tourmentés par le chagrin, les mânes de mes pères me pressent, moi, qui vis dans une cruelle pénitence :

« Marie-toi, me disent-ils, avec le désir d'engendrer une postérité ! » 1860.

» J'ai demandé par toute la terre qu'on me fit l'aumône d'une jeune fille en mariage : Oh ! je suis pauvre, mon caractère est difficile, j'obéis seulement à l'ordre de mes pères ! 1861.

» A quelque être que soit la jeune fille demandée par cette supplication, donnez-la moi, qui suis allé pour elle, çà et là, à tous les points de l'espace. 1862.

» Il faut qu'elle soit appelée de mon nom et me soit donnée pour aumône : ajoutez que je ne la nourrirai pas. Une jeune fille par charité ! » 1863.

A peine ont-ils ouï cette nouvelle, les serpents, qui veillaient sur la jeune Djaratkârou, vont l'annoncer à Vâsouki. 1864.

Ayant reçu d'eux cet avis, il prend la jeune fille bien parée, et le roi des serpents se rend avec elle dans le bois près de l'anachorète. 1865.

Là, Vâsouki, le roi des reptiles, donna la vierge pour aumône à ce magnanime ; mais, ô brahme, le mendiant ne la reçut pas. 1866.

« Elle n'a point le même nom que moi ! » pensa-t-il ; et, sans songer à la dot, l'esprit fixé dans l'intention de sauver ses pères, il balançait s'il devait l'accepter pour son épouse. 1867.

Ensuite, rejeton de Bhrigou, il demanda à Vâsouki le nom de la jeune fille : « Observe, lui dit-il, que je ne veux pas la nourrir. » 1868.

Vâsouki, reprit le Soûtide, répondit au saint anachorète Djaratkârou : « Cette jeune fille, ma sœur, est appelée du même nom que toi ; elle cultive *aussi* la pénitence. 1869.

» Je la nourrirai, ô le plus grand des brahmanes : ainsi reçois-la pour ton épouse ; je pourvoierai à son entretien de tout mon pouvoir, homme riche de pénitence : c'est pour toi que je l'ai gardée, ô le plus élevé des plus grands anachorètes. » 1870.

Le saint reprit : « *Bien !* je ne la nourrirai pas ; mais voici encore une condition : elle ne doit rien faire, qui me déplaise ; sinon, je la renverrai. » 1871.

Après que le roi des serpents eut promis de nourrir sa sœur, ajouta le Soûtide, Djaratkârou alla dans le palais du reptile. 1872.

Ici, le riche de pénitences, le plus instruit des doctes en mantras, l'homme juste aux grands vœux, prit la main de la jeune vierge à la suite des prières édictées par les canons. 1873.

Puis, il se rendit, accompagné de son épouse et loué des grands saints, au palais honoré, délicieux, que le roi des serpents lui avait destiné pour habitation. 1874.

Là, on avait disposé un lit, revêtu des couvertures les plus dignes d'envie ; là, Djaratkârou fit sa résidence, ayant pour société son épouse. 1876.

Là, ce brahme le plus vertueux fit accepter cet arrangement à son épouse : « Il ne faut jamais faire une chose ou dire un mot, qui ne me soit pas agréable. 1876.

» À la première chose désagréable faite *ou dite*, j'abandonnerai ce palais et toi-même dans la maison. Accepte cette parole, que ma bouche a prononcée. » 1877.

Alors, vivement émue et plongée dans la plus cruelle douleur : « Qu'il en soit donc ainsi ! » lui répondit la sœur du roi des serpents. 1878.

Et l'illustre dame, attentive à lui plaire, servait son époux d'un caractère difficile en des fantaisies aussi peu aisées à satisfaire qu'il peut l'être de trouver un corbeau blanc. 1879.

Un jour, au temps de son mois, la sœur de Vâsouki, s'étant baignée, s'approcha, comme il était convenable, de son époux, le grand anachorète. 1880.

Dans cette heure, elle conçut un fruit semblable à une flamme, doué d'une excessive splendeur, et rayonnant d'un éclat pareil à celui du feu. 1881.

Il s'accrut tel que la lune en sa quinzaine lumineuse. Ensuite, après quelques jours écoulés, Djaratkârou à la vaste renommée 1882.

Posa sa tête sur le giron de son épouse et s'endormit comme une personne accablée de fatigue ; mais, tandis que cet Indra des brahmanes donnait ainsi, le soleil atteignit la montagne, où il se couche. 1883.

Ensuite, comme le jour allait expirer, la sœur de Vâsouki, effrayée de cette infraction au devoir, songea en femme vertueuse : 1884.

« Si je réveille mon époux du sommeil, où il est plongé, ferai-je bien ? ou ferai-je mal ? Sans doute, il est d'un caractère difficile ; mais son âme est attachée au devoir : comment ferai-je donc ici pour ne pas le mécontenter ?

» Ou la colère d'un homme à l'humeur difficile, ou son infraction au devoir : que choisir ? L'infraction au devoir serait ce qu'il y aurait ici de plus grave. » Cela dit, elle prit sa résolution. 1885-1886.

« Si je le réveille, il est certain que je vais exciter sa colère ; sinon, il est sûr qu'il va manquer au devoir par l'omission des pratiques observées au crépuscule. » 1887.

Quand elle eut ainsi arrêté sa résolution dans son cœur, Djaratkârou, la serpente au doux parler, dit tendrement cette parole au saint d'une ardente pénitence, qui dormait, semblable au feu : « Lève-toi, éminent anachorète ! Le soleil est arrivé à son couchant. 1888-1889.

» Révérend, fidèle à tes observances, touche l'eau et récite la prière du soir : voici l'heure délicieuse et redoutable, où l'offrande fait resplendir les feux perpétuels. 1890.

» Voici l'instant, où naît le crépuscule dans la plage occidentale ! » A ces mots, le vénérable Djaratkârou, le grand ascète, 1891.

Ses lèvres tremblantes, tint ce langage à son épouse : « Tu jettes le mépris sur moi, serpente ! 1892.
Je n'habiterai plus avec toi : je m'en irai comme je

suis venu. Quand je dors, femme charmante, le soleil n'a pas la puissance 1893.

» De gagner le mont Asta à son heure accoutumée. *Mon départ est une pensée arrêtée dans mon esprit. Qui que ce soit n'aime habiter avec la société, qui le méprise :* 1894.

» Combien plus ou moi, adonné au devoir, ou quelqu'un de ma sorte ! » A ces paroles de son époux, Djaratkârou, la sœur de Vâsouki, répondit, le cœur tout agité près de lui : « Si je t'ai réveillé, ce ne fut pas, brahme, à cause du mépris. 1896-1896.

» Réveillé, me suis-je dit, il n'y aura pas d'infraction à son devoir ! Et j'ai rompu ton sommeil. » Djaratkârou, le grand ascète, saisi de colère et qui avait le désir d'abandonner sa femme, répondit à ces mots de la serpente, son épouse : « Ne me tiens pas ce langage menteur ; je m'en irai, serpente. 1897-1898.

» En effet, n'est-ce pas dans les termes de la convention, que j'ai faite naguère avec toi de notre mutuel consentement ? J'ai été heureux ici, noble dame, tout le temps que j'y ai demeuré. Dis à ton frère, belle 1899.

» Craintive, après mon départ d'ici : « Le révérend s'en est allé. » Mais il ne faut pas que mon éloignement te cause de chagrin à toi-même. » 1900.

A ces mots, la ravissante Djaratkârou, plongée dans l'amertume de ses pensées, fit cette réponse à l'anachorète Djaratkârou. 1901.

La femme à la taille charmante, aux belles cuisses, le visage fané par la douleur, les yeux noyés de larmes, le cœur tremblant, reprit d'une voix, que les sanglote rendaient balbutiante : « Tu ne dois pas m'abandonner, ô toi, qui sais le devoir, moi, qui ne suis coupable d'aucune faute ; 1902-1903.

» Toi, fidèle au devoir, moi, qui ne l'ai pas déserté ; moi, de qui ton plaisir et ton intérêt font le seul bonheur. Infortunée ! que me dira Vâsouki, à moi, qui n'ai pas atteint le but, qui le fit, ô le plus grand des brahmanes, me donner à toi ? Ce fut, ô le meilleur des anachorètes, la malédiction d'une mère, qui pesait sur nos pères. 1904-1905.

» On ne voit pas encore ce fils de toi, objet de leurs désirs ; car c'est un fils né de toi, qui sera le salut de ma famille ! 1906.

» Que mon union avec toi, brahme, ne soit donc pas stérile : je t'en supplie, révérend, moi, qui aspire à sauver mes parents ! 1907.

» Dépose en mon sein ce germe aux formes indistinctes, Comment se fait-il, ô le meilleur des hommes, que tu saches le devoir et que tu veuilles me délaisser, moi, qui n'ai commis aucune faute ? » 1908.

Elle dit, et le mouni, riche de pénitence, adresse à Djaratkârou, son épouse, ces paroles justes et convenables : 1909.

« Il est dans ton sein déjà, heureuse femme, ce rejeton pareil au feu : il sera un rishi au plus haut point vertueux, qui abordera sur la rive ultérieure du Véda et des Védângas. » 1910.

À ces mots, sa résolution bien arrêtée, Djaratkârou, le devoir incarné, le grand saint, retourna dans les bois reprendre ses terribles pénitences. 1911.

A peine son époux était-il sorti, ô toi, qui thésaurises la pénitence, continua le Soûtide, que Djaratkârou se rendit sous les yeux de son frère et lui raconta l'aventure exactement. 1912.

Dès qu'il eut appris cette nouvelle infiniment désagréable, le roi des reptiles, encore plus affligé lui-même, dit à sa sœur affligée : 1913.

« Tu sais, noble dame, quelle raison et quelle affaire m'ont engagé à te donner à lui. Le fils, qui doit naître de toi, sera pour le salut des serpents. 1914.

» Énergique ascète, il doit nous sauver dans le sacrifice des serpents. C'est ainsi que l'aïeul suprême des créatures en a parlé jadis avec les Dieux. Tu as conçu, heureuse femme, un fils de ce brahme, le plus vertueux des anachorètes ; *tant mieux !* je n'avais pas à désirer que ton mariage avec ce pandit fût stérile. 1915.

» Je le reconnais : il ne sied pas que je t'interroge sur une telle affaire ; mais, si je t'en ai adressé la question, c'est parce que la chose est de la plus haute gravité

» Comme je connais l'humeur intraitable du rigide ascète, ton époux, je n'essaierai pas de le suivre ; il jetterait sur moi sa malédiction. 1916-1917.

» Raconte-moi, noble dame, tout ce qu'a fait ton époux : arrache-moi cet horrible dard, logé dans mon cœur depuis si long-temps ! » 1918.

À ces mots, Djaratkârou, ne cessant pas de relever le courage de Vâsouki, le roi des serpents, lui fit cette réponse : 1919.

« Interrogé par moi, dit-elle, au sujet d'un fils : « Asti ! » *il est*, me répondit le grand et magnanime ascète, et, sur ce mot, il s'en alla. 1920.

» Je ne me souviens pas qu'il ait dit jamais dans le passé un mot, qui ne fût pas vrai, sur les choses mêmes les plus indifférentes, quel motif, sire, l'eût engagé à mentir dans le futur. 1921.

« Tu ne dois prendre aucun souci de cette affaire, serpente : il te naîtra un fils, brillant comme le soleil ou la flamme. » 1922.

» Quand il eut ainsi parlé, mon frère, le pénitent, mon époux, s'en alla. Bannis donc cette cruelle inquiétude, fixée dans ton cœur. » 1923.

À ces mots, reprit le Soûtide, Vâsouki, le roi des serpents, s'écria : « Qu'il en soit ainsi ! » acceptant avec une joie suprême ces paroles de sa sœur. 1924.

Le monarque des reptiles rendit à sa sœur germaine les hommages, qu'elle méritait, et l'honora avec des présents et des choses, qui devaient la flatter. 1925.

Ensuite, l'embryon s'accrut avec un grand éclat, avec une grande splendeur, ô le plus vertueux des brahmes, comme la lune, qui s'est levée dans le ciel au temps de sa quinzaine lumineuse. 1926.

Enfin, deux fois né, la sœur des serpents mit au monde en son temps ce fruit, semblable à un enfant des Dieux, fait pour enlever la crainte au cœur de sa mère et de ses aïeux. 1927.

Il grandit là dans le palais du roi des serpents, et lut les Védas et les Védângas sous la direction de l'anachorète Tchyavana, fils de Bhrigou. 1928.

Doué des qualités du cœur et de l'esprit, jeune enfant, il accomplissait rigidement ses observances : il était connu dans les mondes sous le nom d'Astîka. 1929.

Ce nom d'Astîka lui fut donné parce que son père avait dit : « Asti, » 'il est', alors que, retournant aux bois, l'enfant n'était encore qu'un germe au sein de la mère. 1930.

Qu'il restât assis ou qu'il marchât, on veillait avec le plus grand soin dans le palais du roi des serpents autour de cet enfant à l'intelligence outre mesure. 1931.

En grandissant, il remplissait de joie tous les serpents : tel l'adorable *Kârtikèya*, le Dieu à la couleur d'or, le général de l'armée des Dieux, appelé, *comme son père*, Çoulapâni.» 1932.

Çâaunaka dit : « Raconte-moi aussi avec étendue ce que le roi Djanamédjaya demanda à ses ministres, de quelle manière son père fut envoyé au Swarga. » 1983.

« Écoute, brahme, lui répondit le petit-fils de Soûta, les demandes, que fit le souverain à ses ministres, et les réponses des ministres au souverain sur la mort de Parîkshit. 1934.

« Vos excellences savent, leur dit-il, comment a vécu mon père et de quelle manière, le temps venu, ce roi célèbre fut plongé dans la mort. 1935.

» Quand j'aurai ouï complètement de vos bouches la vie de mon père, j'irai d'un pas sûr au bonheur, sans trouver jamais ce qui en est l'opposé. » 1936.

A ces paroles du magnanime, les ministres interrogés, tous hommes savants et versés, dans le devoir, tinrent ce langage au roi Djanamédjaya : 1937.

« Écoute, prince, lui dirent-ils, cette histoire de ton magnanime père, que tu demandes ; apprends de quelle manière ce roi des rois a reçu la mort. 1938.

» Ton père fut ici-bas un prince au grand cœur, à l'âme juste, le protecteur des créatures : écoute de quelle façon a péri ce magnanime. 1939.

» Maintenant les quatre classes dans leurs attributions respectives, il les gouvernait suivant la justice, et, bien instruit du devoir, ce monarque semblait le devoir même incarné sur la terre. 1940.

» Chéri de la fortune, héros d'une incomparable vaillance, il protégeait la sainte terre : il n'avait pas d'ennemis et nulle part on ne voyait un ennemi en lui-même.

» Il fut, comme le créateur, égal pour toutes les créatures. Kshatryas, brahmes, vaîçyas, çoûdras, tous animés d'un bon esprit et ne sortant jamais des fonctions prescrites à chaque ordre, étaient, sire, bien gouvernés sous ses lois. Il nourrissait les veuves, les orphelins, les estropiés et les malheureux. 1941-1942-1943.

» D'un aspect aimable pour tous les êtres, comme s'il eut été une seconde lune, d'un courage inébranlable, d'une parole sincère, aimé de Çrî, ses peuples étaient gras et contents. 1944.

» Le roi, ton illustre père, Djanamédjaya, fut le disciple de Çâradwata pour la science de l'arc : aimé de Govinda, il fut également aimé de tout l'univers. Ce puissant héros fut engendré au sein d'Outtarâ par Abhimanyou après la mort donnée aux Kourouides[20] : c'est pour cela qu'il fut nommé Parîskhit[20]. Il fut attentif, habile en tout ce qui regardait l'intérêt ou le devoir des rois et comblé de toutes les qualités. 1945-1946-1947.

» Il fut docte, prudent, cultivateur de la vertu, il vainquit les organes des sens et triompha des six péchés capitaux : prince d'une intelligence supérieure, il fut le plus grand des hommes versés dans les traités de la politique. 1948.

» Ton père gouverna soixante années ces peuples ; ensuite, il descendit au tombeau, jetant l'affliction au cœur de tous les sujets. Alors, tu succédas légitimement à ce roi, le plus vertueux des hommes. 1949.

» Tu recueillis ce sceptre, que la race de Kourou tient depuis des milliers d'années ; et tu fus sacré après lui, tout enfant que tu fusses, roi de tous les êtres. » 1950.

Djanamédjaya dit :

« Il n'y eut jamais dans cette famille un roi, qui ne fit le bonheur de ses peuples et qui ne leur fût cher, ayant surtout devant ses yeux les exemples de ses aïeux, tous livrés à de grandes choses. 1951.

» Comment mon père, taillé sur leur modèle, a-t-il trouvé la mort ? Raconte-moi exactement cette infortune : je désire l'entendre suivant la vérité. » 1952.

Stimulés par lui de cette façon, reprit le Soûtide, tous ses ministres, qui avaient à cœur son bien et son plaisir, de lui raconter, sans rien omettre, la catastrophe du monarque : 1953.

« Le roi, ton père, à qui toute la terre obéissait, dirent les ministres, et qui était le plus distingué parmi tous ceux, qui maniaient les armes, eut toujours la passion de la chasse. 1954.

Le plus adroit des archers dans la guerre, comme Pândou aux longs bras, il déposait sur nous *dans la paix* toutes les affaires du royaume. 1955.

Un jour qu'il était allé dans les bois, il perça d'une flèche une gazelle et suivit d'une course rapide l'animal blessé dans une épaisse forêt. 1956.

Ton père était à pied, un cimeterre suspendu et la multitude de ses armes liée autour de lui, mais il ne trouva point au bois les traces de la gazelle, qu'il avait perdue. 1957.

Épuisé de fatigue, mourant de faim, accablé par l'âge, car il était parvenu à la vieillesse et comptait soixante années, il vit dans la grande forêt le plus vertueux des solitaires. 1968.

Le roi des rois interrogea l'anachorète, qui s'était voué au silence, et l'anachorète interrogé ne lui répondit pas même un seul mot. 1959.

À la vue de cet hermite, qui restait impassible devant lui, immobile comme un pieu et gardant son vœu de silence, le roi, que tourmentaient la fatigue et la faim, s'enflamma tout à coup de colère. 1960.

Et, comme il ne savait pas que l'anachorète s'était voué au silence, ton père, tout ému de sa mauvaise humeur, lui fit subir une offense. 1961.

Il ramassa avec le bout de son arc, ô le plus vertueux des Bharatides, un serpent mort sur le sol de la terre et le mit sur l'épaule de cet homme à l'âme pure. 1962.

Le sage ne lui dit pas une seule parole, ou bonne, ou mauvaise, et resta ainsi, portant le serpent à son épaule, sans aucune colère. 1963.

Ensuite, Indra des rois, après que le prince eut appliqué ce reptile mort sur l'épaule de l'anachorète, ajoutèrent les ministres, il retourna, exténué de faim, à sa ville.

Le saint avait un fils très-célèbre, d'une grande splendeur, d'une vigueur ascétique dévorante ; mais d'un naturel bien irascible : il était né d'une vache ; *c'est pourquoi* il avait nom Çringi. 1964-1965.

L'anachorète Çringi *de temps en temps* faisait une visite au brahme, lui rendait son hommage ; puis, congédié par lui, s'en allait çà et là. Il apprit un jour *dans ses* courses, 1966.

Et de la bouche d'un ami, que ton père avait naguère offensé le sien et jeté un serpent mort sur l'anachorète, *impassible et muet* comme un pieu ; 1967.

Que cet éminent ascète, le premier des solitaires, avait porté sur l'épaule un cadavre, et n'avait rien fait, ô prince, roi des rois, qui eût mérité cette injure ; 1968.

Que ce vieillard si pur, modeste, vainqueur des sens, toujours mortifié dans tous ses membres, admirable dans ses œuvres, à l'âme illuminée par la pénitence, aux actions pures, au langage pur, sans désir, bien réglé, fidèle à son vœu de silence, n'ayant jamais *au cœur* un sentiment vil, ni une malédiction à sa bouche, le refuge enfin de tous les êtres, avait été néanmoins outragé par ton père. 1969-1970.

Alors, saisi de colère, ce fils éblouissant du rishi, cet enfant à la grande splendeur, qui avait tout l'éclat d'un vieillard, jeta sa malédiction sur ton père. 1971.

Soudain touchant l'eau et dirigeant sur ton père le trait de sa colère, il dit tout flamboyant de splendeur : 1972.

« Le serpent Takshaka irrité brûlera de son poison l'homme, qui a jeté un serpent mort sur mon père, sans qu'il eût mérité cette offense. 1973.

» D'ici à sept jours, il sera tué par le venin subtil du serpent, excité par la puissance de ma parole. Voyez la force destructive de ma pénitence ! » Cela dit, il se rendit aux lieux, où était son père ; et, dès qu'il vit Çâmika, il informa son père de sa malédiction. 1974.

Aussitôt le prince des anachorètes dépêcha vers ton père un disciple nommé Gàauramoukha, homme d'un bon caractère et rempli de vertus. 1975.

Celui-ci répéta au roi, quand il se fut reposé, toutes les paroles du brahme, sans rien omettre : « Tu fus maudit par mon fils : mets-toi sur tes gardes, monarque de la terre ! 1976.

» Takshaka te brûlera, puissant roi, de son poison ! » À ces mots épouvantables de l'anachorète, ton père, Djanamédjaya, 1977.

S'étudia, tout tremblant, à se prémunir contre le roi des serpents Takshaka. Ensuite, arrivé le septième jour,

Le brahmarshi Kaçyapa eut envie de s'en aller vers le roi. Takshaka, le monarque des reptiles, vit alors Kaçyapa le brahme, qui voyageait d'un pied hâté, et lui dit : « Où va ta révérence avec tant de hâte ? Quelle chose veut-elle faire ?» 1978-1979.

« Brahme, lui répondit Kaçyapa, je vais chez un roi, qui se nomme Parikshit, le plus excellent des Kourouides. Il sera consumé aujourd'hui même par le venin du serpent Takshaka. 1980.

» Aussi vais-je en courant lui porter à l'instant sa guérison. Le serpent ne pourra, certes ! pas triompher de lui, moi étant à ses côtés. 1981.

» Pourquoi veux-tu, reprit Takshaka, rendre la vie à celui, que j'ai mordu ? C'est moi, brahme, qui suis Takshaka. Vois quelle est ma prodigieuse puissance ! 1982.

» Tu n'es pas capable de rendre la vie au roi, si je le mords. » Ces paroles dites, il mordit là un grand arbre, et celui-ci, à peine touché par sa dent, fut réduit en cendres ; mais Kaçyapa de ressusciter l'arbre aussitôt. 1983.

Ensuite, Takshaka recourut aux moyens de séduction : « Dis-moi quel est ton désir ; » et Kaçyapa répondit à ces mots du serpent : 1984.

« C'est un désir de richesses, qui me conduit là. » A ces paroles, Takshaka fit cette réponse au magnanime d'une voix insinuante : 1985.

« Accepte de moi plus de richesses, que tu n'en peux demander à ce roi, et retourne chez toi, hermite sans péché. » 1986.

Il dit, et Kaçyapa, le plus grand des hommes, ayant reçu de Takshaka les richesses, qu'il souhaitait, reprit le chemin de son hermitage. 1987.

Tandis que le brahme s'en revenait, Takshaka de s'introduire sous une forme nouvelle auprès de ton père, le monarque équitable et le roi des rois, qui se tenait dans son palais, environné de précautions. Il le brûla avec le feu de son venin, et tu fus sacré, ô le plus grand des hommes, avec des cris de victoire. 1988—1989.

Nous venons de te raconter exactement et sans rien omettre, ô le plus vertueux des rois, tout ce que nous avons ouï dire ou vu nous-mêmes de cette bien horrible catastrophe. 1990.

Maintenant que tu as entendu quelle fut la mort de ce prince, le meilleur des hommes, ne tarde pas à faire ce que demande l'anachorète Outanka. » 1991.

Or, dans ce même temps, reprit le rejeton de Soûta, le roi Djanamédjaya, ce dompteur des ennemis, tint ce langage à tous ses ministres : 1992.

« Par qui fut raconté ce qui est arrivé à l'égard de l'arbre, dit-il, cette chose merveilleuse, dans le monde ; que l'arbre, dont Takshaka fît un monceau de cendres, fut rendu à la vie par Kaçyapa ? Il est certain que le venin, dont mourut mon père, eût cédé aux charmes de Kaçyapa. 1993-1994.

» Ce vil serpent à l'âme criminelle conçut dans son cœur cette pensée : « Si le brahmane rend la vie au prince, que j'aurai mordu, 1995.

« Takshaka, dont il aura pu neutraliser le venin, sera en but à la risée du monde. » Et c'est là pour sûr la pensée, qui l'a conduit à satisfaire les désirs du brahme. 1996.

» Il doit y avoir sans doute une raison pour justifier le châtiment, que je veux infliger à ce méchant. Aussi désirai-je entendre ce qui est arrivé dans la forêt solitaire.

» J'ai entendu et j'ai vu, grâce à vous, l'entretien du roi des serpents et les paroles de Kaçyapa. Quand vous rez appris de quelle manière cette aventure est arrivée à vos oreilles, je prendrai ma résolution pour tuer ce reptile. » 1997-1098.

Les ministres de lui répondre : « Écoute, sire, comment et par qui cette rencontre dans le chemin de l'Indra des brahmes et de l'Indra des serpents nous fut jadis racontée. 1999.

» Sur cet arbre était monté avant leur venue un certain homme pour faire du bois dans la pensée qu'il y trouverait des branches mortes. 2000.

» Sans doute le brahme et le serpent ne savaient pas qu'un homme était là ; il fut donc réduit en cendres lui-même, sire, avec cet arbre. 2001.

» La puissance du brahme rendit la vie à l'arbre *et à* son hôte, *roi des rois ; et c'est par cet homme, brahme* vénéré lui-même ; que nous fût apportée cette nouvelle.

» On t'a raconté entièrement la rencontre de Takshaka et du brahme : maintenant que tu sais comment on entendit et vit l'entretien, dispose, tigre des rois, les choses, qui viendront à la suite. » 2002-2003.

À ces paroles de ses ministres, le roi Djanamédjaya, reprit le Soûtide, fut consumé de chagrin ; et, souffrant une vive douleur, il frottait ses mains l'une contre l'autre. 2004.

Les yeux rouges comme une fleur de lotus, poussant de longs, réitérés et brûlants soupirs, il répandit une larme, et des pleurs inondaient ses yeux. 2005.

Enfin, ne pouvant les retenir, il en versa les ruisseaux ; il toucha l'eau suivant la règle, et, après un moment de réflexion, le roi des hommes arrêta sa résolution dans son cœur. 2006.

Alors, plein de colère, Djanamédjaya tint ce langage à tous ses ministres : « Maintenant que j'ai entendu vos paroles sur la manière, dont le roi mon père s'en est allé au ciel, 2007.

» Écoutez ma résolution bien arrêtée en moi. Il faut au plus tôt, je pense, me venger de ce méchant Takshaka, qui a tué mon père, qui a fait de Çringi le prétexte de sa méchanceté ; lui, de qui le venin a brûlé ce roi de la terre ;

» Lui, de qui la dureté d'âme arrêta dans sa route Kaçyapa ! Si le brahme avait pu se rendre chez lui, mon père sans doute vivrait encore. 2008-2009.

» Est-ce que la faveur de Kaçyapa et les services de ses ministres eussent manqué à mon père, s'il eût vécu !

» Mais, dans son cruel délire, il arrêta le plus vertueux des brahmes, Kaçyapa, qui venait hâté par le désir de sauver le monarque invaincu ! 2010-2011.

» Il a donné des richesses au brahme afin qu'il ne rendît pas la vie au prince : c'est là certes ! une grande faute, dont s'est rendu coupable ce méchant Takshaka. 2012.

» Je vais faire une chose agréable à Outanka, bien agréable à moi-même, agréable à vous tous, je vais venger mon père ! » 2013.

À ces mots, reprit le Soûtide, approuvé de ses ministres, le prince chéri de la fortune, mit la main à l'œuvre pour l'accomplissement de cette promesse dans le sacrifice des serpents. 2014.

Alors, *pieux* brahme, ce roi, fils de Parîkshit, ce monarque de la terre et le plus excellent des Bharatides fit appeler son archi-brahme et ses prêtres. 2015.

Habile à manier la parole, il tint ce langage pour conduire l'affaire à son bat : « Il faut que je me venge du cruel Takshaka, qui a tué mon père. Ainsi que vos révérences me disent une chose bien connue d'elles : comment ferai-je pour attirer dans le feu allumé le serpent Takshaka et tous ses proches ? Tel que mon père fut brûlé jadis par le feu de son venin, 2016-2017-2018.

» Tel je désire brûler moi-même ce criminel serpent. » Ses prêtres lui dirent : « Il est un grand sacrifice, que les Dieux ont jadis institué pour toi, sire ; il est appelé le sacrifice des serpents : on en parle dans les Pourânas. 2019.

» Nul autre que toi, monarque des hommes, ne peut offrir ce sacrifice, suivant les brahmes, versés dans les Pourânas. C'est le sacrifice, que nous devons célébrer ici. »

À ces mots, le saint roi pensa, ô le plus vertueux des hommes : « Voici Takshaka brûlé !... Le voici tombé déjà dans la bouche allumée du feu ! » 2020-2021.

Ensuite, le monarque dit aux brahmes versés dans les mantras : « J'offrirai ce sacrifice ; occupez-vous des préparatifs. » 2022.

Alors ces ritouidjs, ô le plus distingué des brahmes, firent mesurer conformément aux Çâstras la place, où devait être l'autel du sacrifice. 2023.

Après que des brahmes savants, qui avaient dépassé les bornes de l'intelligence, eurent exactement mesuré, suivant les rites, l'enceinte désirée pour le sacrifice, bien servie de ritouidjs, peuplée de troupes des brahmes, riche de grains, d'or, de joyaux, attirant vers elle les désirs et pourvue d'une suprême abondance, ils se mirent à initier le roi même pour le bon succès du sacrifice des serpents.

Là, d'abord, comme la cérémonie allait commencer, il s'éleva un grand prodige, qui mit obstacle au sacrifice. Comme on traçait l'enceinte consacrée, Soûta, le chef *des brahmes, Soûta*, qui présidait à la cérémonie, homme d'une haute intelligence, habile dans la science des choses divines et versé dans les Pourânas, fit entendre ces paroles : 2024-2026-2026-2027-2028.

« Le sacrifice ne pourra se maintenir ! *j'en tire l'augure* dans le lieu et dans le temps, où cette mesure est prise, et c'est un brahme qui en sera la cause ! » 2029.

À ces mots, le roi dit au préposé à la garde des portes dans le moment, où l'on consacrait l'enceinte à l'orient : « Qu'on interdise l'entrée à toute personne qui m'est inconnue ! » 2030.

Alors commence la cérémonie, suivant les règles du sacrifice des serpents. Les prêtres officiants circulent à la ronde conformément aux rubriques, chacun dans l'exercice de ses fonctions. 2031.

Couverts de vêtements noirs, les yeux couleur de fumée, ils versent l'oblation dans le feu allumé avec les formules consacrées des prières. 2032.

Ils prononcent le sacrifice de tous les serpents, qu'ils dévouent à la bouche du feu ; et le tremblement d'agiter les cœurs de tous les serpents ! 2033.

Aussitôt, en dépit de toute résistance, on voit tomber dans les flammes du feu, des serpents, qui s'appellent d'une voix pitoyable les uns les autres, 2034.

Qui tremblent, qui soupirent, qui s'embrassent fortement d'une étreinte mutuelle par les têtes et par les queues. Tous, ils tombent, blancs, noirs, bleus, vieux et jeunes ; ils tombent dans le feu, en poussant des cris de toutes les sortes. 2036.

Les uns ont un kroça[21] de longueur, les autres un yodjana[22] ; ceux-ci n'ont que la mesure d'un empan ; mais le feu les dévore tous sans relâche, rapidement, ô le plus excellent des hommes, qui entretiennent un feu perpétuel. 2036.

Ainsi, irrésistiblement, périssent les serpents par centaines de mille, par millions et par centaines de millions.

Ceux-ci étaient gros comme des chevaux, les autres comme des trompes d'éléphants ; ceux-là aux grands corps, aux grandes forces, ressemblaient à des éléphants irrités. 2037-2038.

Grands ou petits, nombreux, de mainte couleur, gonflés de poison, épouvantables, remplis de vigueur, venimeux, semblables à des épieux, les serpents se précipitaient dans le feu, accablés par le châtiment sous la forme de la malédiction d'une mère. » 2039-2040.

Çâunaka dit : « Qui étaient les ritouidjs et les plus éminents des rishis dans le sacrifice des serpents, qui fut célébré en ce temps par le roi Djanamédjaya, le rejeton de Pândou ? 2041.

Et qui furent les assistants à cette terrible cérémonie, d'une si profonde épouvante et qui jetait un immense effroi dans le cœur des serpents ? 2042.

Que ta révérence, mon ami, veuille bien me dire tout avec étendue. Qui étaient, petit-fils de Soûta, ceux, qui méritent d'être connus parmi ces brahmes, versés dans les règles du sacrifice des serpents ? » 2043.

« Eh bien ! répondit le Soûtide, je vais le raconter ici les noms des sages, qui furent les ritouidjs et les assistants au sacrifice de ce roi des hommes. 2044.

Le hotri était le brahme Tchanda, prêtre Bhargavain, célèbre dans la famille de Tchyavana et le plus savant des hommes instruits dans les Védas. 2045.

Le fils de Djimini, vieux et docte brahme, Kâautsa fut l'oudgâtri : Sângarévas le brahman et Pingala l'adwaryou. 2046.

Les assistants étaient Vyâsa, accompagné de ses disciples et de son fils, Ouddâlaka, Pramataka, Çvétakétou et Pingala ; 2047.

Asita, Dévala, Nârada et Parvata, le brahme Koundadjatara, fils d'Atri, et Kâlaghata ; 2048.

Vatsya, Çroutaçrouvas, Vriddha, adonné à la lecture et à la prière, Kohala, Dévaçarman et Samasâaurabha, fils de Moudgalya. 2049.

Tels et beaucoup d'autres, assistants et brahmes, consommés dans les Védas, étaient venus là au sacrifice du fils de Parîkshit. 2050.

Tandis que les ritouidjs sacrifiaient dans la grande cérémonie du sacrifice des serpents, les reptiles épouvantables, terreur des êtres animés, tombaient dans leur feu.

Des rivières coulaient, emportant la moelle et la graisse des serpents ; les vents soufflaient d'une haleine parfumée ; le ciel résonnait des cris confus et continuels de serpents, qui brûlaient, immobiles ou marchant : on n'entendait qu'un bruit sans fin de ces victimes, que le feu cuisait horriblement. 2051-2052-2053.

Aussitôt qu'il eut appris l'initiation du roi Djanamédjaya pour le sacrifice, Takshaka, le monarque des reptiles, courut au palais d'Indra, lui exposa tout circonstanciellement, et, tremblant de la faute, qu'il avait commise, se réfugia sous la protection de Pourandara. 2054-2055.

« Takshaka, roi des serpents, lui répondit Indra, bien satisfait, tu n'as rien absolument à craindre de ce grand sacrifice des serpents. 2056.

» J'ai prié jadis Brahma pour toi : il n'y a en cela aucun danger pour ta personne ; chasse donc le souci de ton cœur. » 2057.

Le roi des serpents, ainsi rassuré par lui, reprit le Soûtide, habita dans le palais d'Indra au milieu du bonheur et des plaisirs. 2058.

Voyant les serpents tomber sans cesse au milieu du feu, Vâsouki, de qui la cour était *déjà* réduite à bien petit nombre, vivement affligé, était consumé de chagrins.

Un effroyable découragement s'était emparé de Vâsouki, le plus grand des reptiles, et, dans le trouble de son esprit, il tint ce discours à sa sœur : 2059—2060.

« Je roule du feu dans mes veines, noble dame ; les plages du ciel ont disparu à mes yeux, je m'affaisse dans la défaillance et mon âme chancelle. 2061.

» Mes yeux sont hagards, mon cœur est horriblement déchiré ; je vais tomber fatalement aujourd'hui même dans ce feu allumé. 2062.

» Le fils de Parîkshit célèbre ce sacrifice avec le désir de nous exterminer : évidemment, il me faut aller moi-même dans le palais du roi des morts. 2063.

« Le voici arrivé, ma sœur, ce jour, en vue duquel je t'ai donnée à Djaratkârou ! Sauve-nous avec nos proches. 2064.

» Astika, noble serpente, c'est Brahma lui-même, qui me l'a dit autrefois, Astika doit arrêter le sacrifice, qu'on célèbre à cette heure. 2065.

» Parle donc, afin qu'il me sauve, moi et ma cour, parle. mon amie, à ton fils, ce jeune homme, estimé comme un vieillard et le plus savant des brahmes, versés dans les Védas. » 2066.

Ensuite la serpente Djaratkârou fit appeler son fils, reprit le Soûtide, et lui tint ce langage conforme à celui du roi des serpents : 2067.

« Une certaine cause m'a fait donner par mon frère en mariage à ton père. Le jour est arrivé : accomplis ce qu'il attendait. » 2068.

« Dis-moi pour quelle cause mon oncle t'a donnée à mon père : quand je la connaîtrai, dans sa vérité, lui répondit Astîka, je ferai ce qui est à faire. » 2069.

Ensuite la sœur du roi des serpents, reprit le Soûtide, Djaratkârou, qui désirait le salut de sa race, lui raconta sans trouble *toute l'affaire*. 2070.

« Kadroû fut, dit-elle, la mère de tous les serpents, suivant la tradition. Elle maudit ses fils dans un mouvement de colére. Écoute pour quel motif. 2071.

« Parce que vous n'avez pas fait mentir *la queue* d'Outchtchraîççravas, le roi des chevaux, pour cette gageure, où Vinatâ et moi nous avons parié à qui l'une serait esclave de l'autre, *avait-elle dit*, 2072.

» Le feu vous consumera, mes fils, dans le sacrifice du roi Djanamédjaya, et, subissant la destruction, vous irez dans le monde des morts ! » 2073.

» Le Dieu, suprême aïeul des créatures, avait dit : « Qu'il en soit ainsi ! » approuvant cette malédiction, que la mère avait prononcée devant lui. 2074.

» Vâsouki lui-même entendit alors cette parole de Brahma ; et, *quand il eut aidé* les Dieux à tirer l'ambroisie de l'Océan baratté, il invoqua leur appui. 2075.

» Parvenus à leur but et maîtres de la sublime ambroisie, tous les Dieux se rendirent chez l'aïeul suprême des créatures, mon frère à leur tête. 2076.

» Les Dieux avec le roi Vâsouki de supplier tous le Dieu, qui est né dans un lotus : « Que cette malédiction n'ait pas son effet ! » 2077.

» Tu vois à tes pieds, dirent les Dieux, le roi des serpents, Vâsouki, consumé de chagrin à cause de sa race. Comment, vénérable, n'en serait-il point ainsi ? elle est sous la malédiction d'une mère ! » 2078,

« Djaratkârou est l'épouse, répondit Brahma, qui sera donnée à Djaratkârou. De ce mariage doit naître un brahme, qui affranchira les serpents de la malédiction. »

» D'après cette parole, qu'il entendit lui-même, Vâsouki, le roi des serpents, m'a donnée à ton magnanime père, ô toi, qui ressembles à un Immortel. 2079-2080.

» Tu es né dans mon sein avant *la mort de Parîkshit* et quand le jour *du sacrifice* n'était pas encore venu ; mais voici le temps arrivé ; veuille bien nous sauver de ce péril ! 2081.

» Daigne sauver de ce brasier mon frère lui-même ! Que je n'aie pas été donnée inutilement pour le salut de mes proches au sage, qui fut ton père ! Quelle est ta pensée, mon fils ? » 2082.

Astîka, reprit le Soûtide, répondit ; « Oui ! » à sa mère. Puis, il adressa au *serpent* Vâsouki, consumé de chagrin, ces mots, qui partirent lui rendre la vie : 2083.

« Je t'affranchirai de cette malédiction, ô le plus grand des serpents : cette parole est une vérité, et c'est à toi, que je l'adresse, Vâsouki à la grande âme ! 2084.

» Que ton âme soit tranquille, serpent ! Ce danger n'existe pas pour toi ! Je déploierai, sire, tous mes efforts, pour sauver ta race ! 2086.

» Je n'ai jamais dit une parole fausse dans les choses indifférentes : à plus forte raison, quand elles sont autrement. Je me rends auprès du plus vertueux des rois, ce Djanamédjaya, initié pour le sacrifice. 2086.

» Je gagnerai sa confiance, mon oncle, avec des paroles de bon augure, et je ferai de telle sorte, ô le meilleur des êtres, qu'on mettra fin à la cérémonie du sacrifice !

» Confie-moi toute cette affaire, Indra des serpents : ton âme, prince à la haute sagesse, ne peut jamais être abusée en moi. » 2087-2088.

« Astika, reprit Vâsouki, je chancelle ; mon cœur est déchiré ; je ne puis distinguer les plages du ciel, tant je suis accablé de ce châtiment, que Brahma *a sanctionné de sa parole !* » 2089.

Astika répondit ; « Cesse, roi des serpents, cesse de t'abandonner au chagrin ; je détruirai le danger, qui est sorti pour vous de ce feu allumé. 2090.

» *Oui !* je détruirai ce fatal châtiment, si épouvantable et dont la flamme ressemble au feu de la mort : dépose donc ici toute crainte à cet égard. » 2091.

Ensuite, reprit le Soûtide, après qu'il eut écarté cet horrible souci du cœur de Vâsouki et qu'il en eut rejeté la charge sur lui-même, Astika, le plus vertueux des brahmes, se rendit au plus vite, pour la délivrance des rois du peuple serpent, là, où Djanamédjaya célébrait un sacrifice, doué de toutes les qualités. 2092-2093.

Arrivé en ces lieux, Astîka vit le superbe autel du sacrifice, environné par de nombreux assistants, dont la splendeur égalait celle du soleil ou du feu. 2094.

Là, comme le noble hermite s'avançait pour entrer, il en fut empêché par les gardes des portes, et, pour obtenir d'eux une entrée, qu'il désirait, l'anachorète invincible se mit à louer ce grand sacrifice. 2095.

Parvenu jusqu'au plus saint des autels de sacrifice, le plus saint des brahmes, le premier des hommes de bien, commença par exalter le monarque à la gloire immortelle, les prêtres, les assistants et même le feu. 2096.

Astika dit : « Il y eut jadis en des lieux, que la piété a consacrés, le sacrifice de Soma, le sacrifice de Varouna, le sacrifice de Brahma : puisse être comme eux, ô le plus grand des Bharatides, le sacrifice, que tu célèbres aujourd'hui ! Swasti vienne de nous, fils de Parîkshit, à vous, que nous aimons ! 2097.

» Le sacrifice d'Indra fut, dit-on, cent fois répété, et un autre cent fut également le nombre de ses noms : puisse être comme lui, ô le plus grand des Bharatides, le sacrifice, que tu célèbres aujourd'hui ! Swasti vienne de nous, fils de Parikshit, à vous, que nous aimons ! 2098.

» Il y eut le sacrifice d'Yama, le sacrifice de Harimédhas, le sacrifice du roi Rantidéva : puisse être comme eux, ô le plus grand des Bharatides, le sacrifice, que tu célèbres aujourd'hui ! Swasti vienne de nous, fils de Parikshit, à vous, que nous aimons ! 2099.

» Il y eut le sacrifice de Gaya, le sacrifice du roi Çaçavindou, le sacrifice de Vaçravaîna : puisse être comme eux, ô le plus grand des Bharatides, le sacrifice, que tu célèbres aujourd'hui ! Swasti vienne de nous, fils de Parikshit, à vous, que nous aimons ! 2100.

» Il y eut le sacrifice de Nriga, le sacrifice de Adjamîtha et le sacrifice du roi Daçaratha : puisse être comme eux, ô le plus grand des Bharatides, le sacrifice, que tu célèbres aujourd'hui ! Swasti vienne de nous, fils de Parikshit, à vous, que nous aimons ! 2101.

» Célèbre est le sacrifice du roi de Dividéva, fils d'Youdhishthira-Adjamitha : puisse être comme lui, ô le plus grand des Bharatides, le sacrifice, que tu célèbres aujourd'hui ! Swasti vienne de nous, fils de Parikshit, à vous, que nous aimons ! 2102.

» Il y eut le sacrifice de Krishna, où le fils de Satyavatî s'acquitta lui-même des fonctions de sacrificateur : puisse être comme lui, ô le plus grand des Bharatides, le sacrifice, que tu célèbres aujourd'hui ! Swasti vienne de nous, fils de Parikshit, à vous, que nous aimons ! 2103.

» Ils brillent d'une splendeur égale à celle du soleil ceux, qui assistent à ce sacrifice ; tels étaient ceux, qui jadis assistèrent au sacrifice du meurtrier de Vritra : aux uns comme aux autres, il est impossible de connaître la science, qui leur fut donnée ; elle ne doit jamais s'éteindre ! 2104.

» Il n'existe pas un prêtre officiant égal à Dwaîpâyana, c'est mon sentiment ! Tous les ritouidjs, qui parcourent le monde, sont les disciples de ce *grand anachorète* : il met donc sa main à tous les sacrifices, qu'on célèbre sur la terre. 2105.

» Vibhâvasou, Agni, à la semence d'or, le mangeur de l'olirande, lui, de qui la flamme, imitant le tournoiement des ondes, décrit un pradakshina autour de l'hostie, ce feu allumé désire porter cette oblation de loi vers les Dieux immortels. 2106.

» il n'existe pas dans le monde un roi ton égal, ni qui sache défendre aussi bien les créatures ; mon cœur est sans cesse réjoui par toi : assurément, tu es, ou Varouna, ou Yama, le roi de la justice ! 2107.

» Tu es le protecteur de ce monde-ci et comme un Indra incarné, sa foudre à la main : nous estimons que tu es l'Indra des hommes sur la terre : il n'existe pas dans le sacrifice un monarque autre que toi ! 2108.

» O toi, qui possèdes la haute fortune de Kattângana, qui es semblable à Dilîpa et de qui la puissance est égale à celle d'Yayâti et de Mândhâtri, tu règnes, aussi fidèle à tes observances que Bhîshma, de qui la splendeur était pareille à la splendeur même du soleil ! 2109.

» Tu sais cacher ta semence, comme Valmîki, comprimer ta colère comme Vaçishta ; j'estime que ta force égale celle d'Indra ; et ta lumière éclate comme celle de Nârâyana. 2110.

« Tu connais les règles du devoir comme Yama, tu es doué de toutes les qualités comme Krishna ; les bonnes fortunes ont fixé leur domicile chez toi, et te voici devenu le trésor des richesses et même des sacrifices. 2111.

» Tu égales Dambhaudbhava pour la force, tu balances Râma pour la science des armes et la science des Çâstras ; ta lumière est comparable à celle des trois feux sous-marins et Bhagirathi lui-même ne pourrait soutenir ton aspect ! »

Cet éloge, reprit le Soûtide, charma le roi, les assistants, les ritouidjs, Agni même ; et Djanamédjaya, voyant cette faveur annoncée dans leurs gestes, parla comme il suit : 2112-2113.

« Cet enfant, dit-il, parle comme un vieillard ; ou plutôt c'est un vieillard, ce n'est pas un enfant. Je désire lui accorder une grâce : donnez-moi là-dessus, brahmes, vos conseils exactement. » 2114.

« Un brahme, qui est savant, lui répondirent les assistants, est toujours vénérable aux rois, fût-il même un enfant, et celui-ci est dans ces conditions. Donc, il mérite que tu accomplisses tous ses désirs afin que Takshaka vienne promptement à nous. » 2115.

Dans le moment, où le roi, dispensateur des grâces, voulait dire *au jeune homme,* reprit le Soûtide ; « Choisis une grâce ! » Voici que le hotri se met à prononcer d'un cœur peu satisfait cette parole : « Takshaka ne vient pas encore dans le sacrifice ! » 2116.

« Que vos révérences, repartit Djanamédjaya, s'efforcent toutes par de plus grands moyens que j'atteigne à mon but et que Takshaka vienne promptement ; car c'est mon ennemi. » 2117.

« Suivant ce que disent les Çâstras, observent les prêtres officiants, selon ce qu'annonce le feu, Takshaka, mourant de peur, est caché dans le palais d'Indra, » 2118.

» Comme l'ont dit les brahmes, en s'éclairant des Védas, comme l'a répondu naguère aux questions du roi le magnanime Lohitâksha, versé dans les Pourânas : « Sire, a dit ce chef du sacrifice, j'ai consulté le Pourâna, et je t'assure qu'Indra lui a fait cette grâce : « Habite sous mes yeux bien gardé, dans mon palais, de peur que tu ne sois consumé par le feu. » 2119-2120.

À ces mots, le roi consacré par l'initiation resta dévoré de chagrin, excitant le hotri dans le temps et dans l'œuvre. Alors, déployant ses efforts, celui-ci de sacrifier avec d'irrésistibles invocations ; et Indra vint lui-même, 2121.

Rempli de majesté, monté sur un char céleste, environné par tous les Dieux, qui chantaient ses louanges, et suivi par les nuages, les Vidyâdharas et les chœurs des Apsaras. 2122.

Le serpent, couché sur sa robe et tremblant de peur, vint également sous le fouet[23] des invocations. 2123.

Ensuite le roi, qui désirait la mort de Takshaka, prit de nouveau la parole et dit avec colère aux prêtres, versés dans les mystères des invocations : 2124.

« Brahmes, s'éçria-t-il, si le serpent, que voici dans le char d'Indra, est Takshaka, faites-le tomber dans le feu, accompagné d'Indra lui-même ! » 2125.

Pressé ainsi par le roi Djanamédjaya à l'égard de Takshaka, le hotri dévoua au feu le serpent Takshaka, présent au sacrifice. 2126.

Tandis que le prêtre officiait, on vit alors Takshaka et Pourandara agités dans les airs sous de cruelles tortures.

À l'aspect du sacrifice, Indra fut saisi d'une immense frayeur et, délaissant Takshaka, il reprit tout tremblant le chemin de son palais. 2127-2128.

Le Dieu parti, roi des rois, Takshaka, mourant de peur, s'avança malgré lui, contraint par l'énergie des invocations, vers les flammes du feu sacré. 2129.

« Auguste Indra des rois, maintenant que ton sacrifice marche suivant les règles, dirent les prêtres officiants, accorde la grâce, qui fut promise à cet illustre jeune brahme. » 2130.

« Incomparable *anachorète*, quoique sous les apparences d'un enfant, je t'accorde, fit Djanamédjaya, cette grâce conforme à ton mérite. Choisis, et je te donnerai la chose, dont le désir est dans ton cœur, fût-elle même impossible à donner ! » 2131.

« Voici que Takshaka, dirent les ritouidjs, accourt se livrer à ta discrétion. On entend le grand bruit du serpent, qui pousse des rugissements effroyables. 2132.

» Indra sans doute abandonna le serpent ; et, le corps tremblant sous la force des invocations, chancelant au milieu des airs, tombé du ciel, voici le roi des reptiles, qui s'approche, jetant des sifflements aigus. » 2133.

À l'instant, où Takshaka, le souverain des serpents, la tête égarée, allait se jeter dans le feu : « Voici le moment ! » s'écria le jeune brahme. 2134.

« Djanamédjaya, répondit Astîka, si tu m'accordes une grâce *et si tu veux connaître* mon choix, le voici : « Que ton sacrifice cesse et que les serpents ne tombent *plus dans son feu* ! » 2135.

Quand il eut ouï ces paroles, saint brahme, le fils de Parîkshit reprit en ces termes d'un cœur peu satisfait : « Révérend, je puis te donner pour grâce de l'or, de l'argent, des vaches, toute autre chose, que tu désires, mais non la cessation de mon sacrifice. » 2136-2137.

« De l'or, de l'argent, des vaches, répondit Astîka, ce n'a pas été là mon choix, sire ; mais que ton sacrifice cesse pour le salut de notre famille maternelle. » 2138.

À ces mots, le roi fils de Parîkshit et le plus éloquent des hommes répéta mainte et mainte fois ces paroles au *jeune* Astîka : 2139.

« Choisis, ô le plus vertueux des brahmes, choisis une autre grâce, s'il te plaît. » Mais le jeune saint n'en voulut pas demander une autre, petit-fils de Bhrigou. 2140.

Ensuite, mon père, les assistants, instruits dans les Védas, tous de compagnie : « Que le brahmane reçoive cette grâce ! » dirent-ils au monarque. 2141.

Çâaunaka dit : « Je désire, fils de Soûta, entendre les noms de tous les serpents, qui tombèrent dans le feu au sacrifice des serpents. » 2142.

« Il y en a plusieurs milliers, millions et centaines de millions, répondit le Soûtide : il est donc impossible de les dire tous à cause du nombre infini. 2143.

Mais écoute-moi te dire les chefs des serpents, sacrifiés dans le feu et dont le souvenir a conservé les noms. 2144.

Écoute ! Je dis, suivant l'ordre de prééminence les serpents nés dans la famille de Vâsouki, noirs, blancs, rouges, épouvantables, aux grands corps, gonflés de poisons, malheureux, victimes du sacrifice, écrasés fatalement par dix millions à la fois, sous le poids de la malédiction d'une mère : Mânasa, Poûma, Çala, Pâla, Halimaka, 2146-2146.

Pitchhala, Kâaupa, Tchakra, Kâlavéga, Prakâkna, Hiranyabâhon, Çarana, Kakshaka, Kâladantaka. 2147.

Issus de Vâsouki, ces reptiles et beaucoup d'autres noblement nés tombèrent dans le feu du sacrifice. Ce feu allumé brûla comme victimes ces effroyables serpents aux vastes corps. 2148.

Je vais dire ceux, qui sont nés dans la famille de Takshaka ; écoute-les : Poutchhândaka, Mandalaka, Pindésakta, Rabhénaka, 2149.

Outchtchhikha, Çarabha, Bbanga, Vilvatédjas, Virohana, Çilî, Çalakara, Moûka, Soukoumâra, Pravépâna, Moudgara, Çiçonromaa et Souropian aux grandes mâchoires. Voilà ceux qui, nés de Takshaka, sont entrés dans le feu du sacrifice. 2150-2151.

Pâravata, Pâridjàta, Pândara, Harina, Kriça, Vihanga, Çarabha, Méda, Pramodâ, Sauhatâpana : 2152.

Tels sont les rejetons de la famille d'Airâvata, qui tombèrent dans le feu sacré. Maintenant, ô le plus grand des brahmes, écoute, nommés par moi, les serpents nés de Kâauravya : 2153.

Éraka, Koundala, Vent, Vénîskandha, Koumarâka, Vahouka, Çringavéra, Dhoûrtaka, Prâtara et Ataka. 2154.

Ce sont là ceux des serpents, qui, nés dans la race de Kâauravya, périrent dans le brasier du sacrifice. Écoute-moi dire quels furent. Suivant la vérité, les serpents remplis de venin et rapides comme le vent, auxquels Dhritarâshtra avait donné la vie : Çankoukarna, Pitharaka, Koutbâra, Soukhasétchaka, 2155-2156.

Poûrnângada, Poûmamoukha, Prahâsa, Çakouni, Dari, Amàhatha, Kamathaka, Soushéna, Mâtnasa, Vyaya, 2157.

Bhaîrava, Moundavédânga, Piçanga, Oudrapâraka, Rishabha, le serpent Végavat, Pindâraka, Mahâhanoû,

Raktânga, Sarvasârnga, Samriddhapatha, Vâsaka, Varâhaka, Virantka, Soutchitra, Tchitravégika, 2158-2150.

Parâçara, Tarounaka, Maniskanda et Arouni. Je t'ai fait connaître ici, *pieux* brahme, les serpents, dont la renommée est la plus vaste. 2160.

Je n'ai pas cité à cause du grand nombre tous ceux, qui occupaient la prééminence, ni leurs fils, ni les fils de leurs fils. 2161.

Il est impossible d'énumérer ceux, qui tombèrent dans le feu allumé, serpents à trois têtes, serpents à sept têtes serpents à dix têtes, et les autres. 2162.

Épouvantables reptiles aux grands corps, à la grande vitesse, hauts comme des montagnes et remplis d'un venin pareil au feu de la mort, tous ils servirent de victimes, par centaines et par milliers. 2163.

Ceux, qui avaient un yodjana de long et de large, ceux, qui avaient deux yodjanas en longueur, qui pouvaient à leur gré changer de forme, qui pouvaient augmenter leur force comme ils voulaient, qui étaient gonflés d'un venin semblable au feu allumé, 2164.

Tous furent consumés dans ce grand feu du sacrifice, écrasés sous le châtiment, qu'avait sanctionné Brahma.

C'est ainsi, continua le Soûtide, que nous fut racontée avec d'autres cette action bien merveilleuse d'Astika. Mais tandis que le roi fils de Parikshit comblait de ses dons l'anachorète, 2165-2166.

Le serpent, tombé de la main d'Indra, restait encore là, et le roi Djanamédjaya se mit à rouler ces pensées en lui-même : 2167.

« On a sacrifié avec les plus énergiques formules dans le feu allumé suivant les rites, et ce Takshaka, anéanti de frayeur, n'est pas encore tombé dans le feu ! » 2168.

« La multitude des invocations de ces brahmes savants, rejeton de Soûta, n'avait-elle pas alors assez de puissance, dit Çâaunaka, pour entraîner Takshaka dans le feu ! »

« Au roi des serpents, tombé de la main d'Indra et gisant évanoui, reprit le Soûtide, Astîka dit ces mots : « Lève-toi, Takshaka ! lève-toi ! » 2169—2170.

Il se tenait dans l'atmosphère, le cœur fumant, tel qu'un homme se tient entre le ciel et la terre[24]. 2171.

Ensuite, pressé vivement par ses prêtres assistants, le roi dit : « J'y consens ! Qu'il en soit ainsi que le demande Astika ! 2172.

» Restons-en là du sacrifice ! Que les serpents aient la vie sauve ! Qu'Astîka soit content, et que le brahme directeur ait dit la vérité ! » 2173.

Une bruyante acclamation, inspirant la joie, accueillit cette faveur accordée au brahme Astika, et le sacrifice du roi Pandouide, fils de Parîkshit, cessa au même instant. Ce monarque issu de Bharata fut satisfait. 2174-2175.

Il donna par centaines et par milliers des richesses aux prêtres officiants et assistants, qui étaient là rassemblés. 2176.

Il combla de ses dons Lohitàksha, le brahme directeur et le chef des prêtres, qui, au commencement du sacrifice des serpents, alors qu'on mesurait l'enceinte, s'était écrié ; « *Le sacrifice ne sera pas fini* ; un brahme en sera cause ! » Après qu'il eut, suivant la convenance, distribué ses dons, accompagnés de vivres et de vêtements,

Le monarque à l'héroïsme sans mesure de célébrer satisfait l'avabhritha conformément aux règles enseignées par les Védas. 2177-2178-2179.

L'âme contente, il renvoya dans son hermitage l'intelligent Astika, comblé de présents et joyeux d'avoir conduit au but son affaire : 2180.

« Tu reviendras, lui dit-il ; tu seras un des prêtres assistants à mon grand sacrifice de l'Açva-médha. » 2181.

Ces paroles dites, Astika revint chez lui en courant, plein de joie, ayant accompli son incomparable mission et satisfait le puissant roi. 2182.

Arrivé, il s'avança, au comble de la joie, vers son oncle et sa mère, embrassa leurs pieds et leur fit connaître circonstanciellement toute l'affaire. 2188.

À cette nouvelle, continua le Soûtide, les serpents, qui s'étaient réunis là, joyeux, affranchis de leurs délirantes alarmes et contents d'Astîka, lui dirent ; « Choisis une grâce, que tu veuilles obtenir. » 2184.

Ils répétèrent mainte et mainte fois de tous les côtés au *jeune homme* : Que ferons-nous aujourd'hui, qui te soit agréable ? Nous sommes heureux ; tu nous as délivrés tous, savant brahme, quel désir de toi accomplirons-nous aujourd'hui, mon fils ? » 2185.

Astika répondit : « Que, dans ce monde, les brahmes et les autres hommes, qui liront, soir et matin, dans une sereine disposition du cœur, ce narré de ma *docile* mission, n'aient à craindre aucun danger de votre part ! »

À ces mots, les serpents de répondre avec bienveillance au fils de la serpente : « Cela est certain ! volontiers ! nous accomplirons tous entièrement et pleins de joie, cette grâce, que tu désires, fils de notre sœur. 2186-2187.

» Quiconque, soit le jour, soit la nuit, se rappellera ces mots, par où commence la formule ; « Noir, affligé et vertueux,... » n'a rien à redouter des serpents. 2188.

» *De même, s'il dit* : « Veuillez ne me faire aucun mal à moi, qui me souviens d'Astîka, conçu de l'hermite Djaratkârou au sein de *la serpente* Djaratkârou, Astîka, qui fut, nobles serpents, votre sauveur dans le sacrifice des serpents. 2189.

» Va, serpent ! sur toi descende la félicité ! suis ta route, serpent ! Rappelle-toi la parole d'Astika, à la fin du sacrifice du roi Djanamédjaya ! » 2190.

» À tout serpent, qui, au nom d'Astika, ne voudra pas s'éloigner, puisse être en cent morceaux rompu la tête, comme le fruit de l'arbre Çinça ! » 2191

Quand ce magnanime roi des brahmes, reprit le Soûtide, eut reçu des principaux rois des serpents ces bonnes paroles, il en éprouva une immense joie. Ensuite, il dirigea sa pensée vers le retour *chez le roi Djanamédjaya.* 2192.

Le grand et vertueux brahmane, qui avait sauvé les reptiles du sacrifice des serpents, descendit au tombeau, l'heure en étant venue, environné de fils et de petits-fils.

Ici, j'ai fini de raconter exactement cette légende d'Astika, qui assure contre le danger des serpents tout homme, qui la racontera. 2193-2194.

C'est ainsi, ô brahme, le plus grand des Bhargavains, que ton ancêtre Pramati l'a racontée lui-même, quand il se fit un plaisir de répondre à ces questions de Rourou, son fils. 2195.

Je t'ai répété, brahme, telle que je l'ai ouïe de sa bouche, cette belle histoire de l'inspiré Astîka. 2196.

Maintenant que tu as entendu la sainte légende d'Astika, qui augmente la vertu, et l'épisode de l'amphisbène, sur lequel tu m'as interrogé, ton ardente curiosité doit être satisfaite, vainqueur de tes ennemis. » 2197.

L'ADIVANÇAVATARANA.

Çâunaka dit : « Tu m'as raconté entièrement la grande histoire de la famille Bhargavaine, à partir de son commencement ; je suis content du récit, que tu m'as fait, rejeton de Soûta. 2198.

» J'ai encore à te demander une narration exacte : dis-moi encore, ô toi, qui est la joie de Soùta, ces légendes recueillies de Vyâsa, 2199.

» Ces histoires avec leurs détails, que les magnanimes assistants au sacrifice des serpents ont racontées dans les intervalles d'une cérémonie aux rives ultérieures si difficiles à aborder, j'ai envie de les entendre, petit-fils de Soûta, veuille me les dire suivant la vérité. » 2200-2201.

« Les légendes qu'ils récitèrent dans les intervalles du sacrifice, répondit le Soûtide, avaient pour base les Védas ; mais Vyâsa leur conta la grande narration du Bhârata aux sujets divers. » 2202.

Dans les intervalles du sacrifice, Krishna-Dwaîpâyana, suivant les règles, fit entendre à la demande du roi Djanamédjaya, le poème du Mahâ-Bhârata aux sujets divers. Je désire entendre, suivant la règle dit Çàunaka, cette narration sainte 2203-2204.

» Du maharshi inspiré, narration aussi grande que l'océan de l'âme. Raconte-la moi, ô le meilleur des hommes de bien, car je ne suis pas rassasié, petit-fils de Soûta. » 2205.

« Eh bien, reprit le Soûtide, je vais t'exposer depuis son commencement le Mahâ-Bhârata, cette grande et sublime narration, qui s'est formée dans la pensée de Krishna-Dwaîpâyana. 2206.

Écoute-moi te la dire toute jusqu'à la fin : en m'invitant à raconter, tu fais naître une vive joie dans mon cœur.

À la nouvelle qu'on avait initié Djanamédjaya pour le sacrifice des serpents, le savant anachorète Krishna-Dwaîpâyana se rendit auprès de lui. 2207-2208.

Aïeul des Pandouides, la jeune Kâlî l'avait conçu de Parâçara, fils de Çaktri, et lui avait donné le jour dans une île de l'Yamounâ. 2209.

À peine il était né que cet enfant à la vaste renommée accrut aussitôt son corps par la seule puissance de son désir et il se mit à lire le Véda, les Védântas et les Itihâsas.

Personne n'approche de lui pour la pénitence, la lecture des Védas, les observances, le jeûne, la gloire des enfants et l'inspiration. 2210-2211.

Ce brahmarshi Vyâsa, pur, enchaîné à la vérité, grand poète, illustre, ayant la vue du passé et de l'avenir, divisa en quatre le Véda, qui d'abord n'en formait qu'un ; il eut pour fils Pândou, Dhritarâshtra, Vidoura, et propagea ainsi la postérité de Çantanou à la gloire immaculée. 2212-2213.

Accompagné de ses disciples, qui avaient abordé à la rive ultérieure des Védas et du Védânga, le magnanime entra dans la salle du saint roi Djanamédjaya. 2214.

Là, tel qu'Indra siège entouré des Dieux, il vit le roi Djanamédjaya sur le trône, environné de nombreux officiers, 2215.

De rois des peuples divers aux fronts consacrés, et de prêtres semblables à Brahma, tous habiles dans la célébration des sacrifices. 2216.

Quand Djanamédjaya vit arriver le saint anachorète avec son cortège, le roi saint, le plus vertueux des Bharatides, s'empressa joyeux de marcher à sa rencontre. 2217.

Il fit avec l'approbation de sa cour donner un siège d'or au poète, comme Indra fait présenter un fauteuil à Vrihaspati. 2218.

Après que l'anachorète s'y fut assis, le roi des rois honora, suivant les règles enseignées par l'étiquette, ce mortel généreux, que les Dévarshis honoraient eux-mêmes.

Il offrit à son digne ancêtre Vyâsa, dans les formes établies, de l'eau pour laver ses pieds, de l'eau pour laver sa bouche, un arghya et une vache. 2219-2220.

Quand il eut reçu cet hommage du rejeton de Pândou, Vyâsa fit emmener la vache et fut content ; puis, Djanamédjaya, ayant honoré son aïeul avec une telle révérence, 2221.

S'assit l'âme charmée auprès de lui et s'informa des nouvelles de sa santé. Le révérend, à sa vue, lui demanda aussi comment il se portait. 2222.

Et, honoré par toute la cour, il honora la cour de son côté. Ensuite, Djanamédjaya, tous les assistants réunis à lui, Djanamédjaya, joignant ses mains en coupe à la hauteur des tempes, interrogea le plus vertueux des brahmes dans les termes suivants : 2223.

« Ta révérence a vu de ses yeux, brahme, les Kourouides et les fils de Pândou ; je désire que tu nous dises leur histoire ; 2224.

Comment naquit la division entre ces hommes aux travaux infatigables, et comment se déroula cette vaste guerre, par laquelle fut causée la perte des créatures.

Raconte-moi circonstantiellement, sans rien omettre, ô le plus grand des brahmes, cette querelle de tous mes aïeux, dont le Destin avait égaré les âmes. » 2225-2226.

À ces mots, reprit le Soûtide, Krishna-Dwalpayana dit alors à son disciple Vaîçampâyana assis auprès de lui : « Dis au roi tout ce que tu as recueilli de ma bouche sur la manière, dont jadis est née la division entre les Kourouides et les fils de Pândou. » 2227-2228.

À cet ordre, que lui donnait son gourou, l'éminent brahme se mit à raconter entièrement au monarque, aux prêtres, aux rois, qui l'écoutaient de tous les côtés, cette antique histoire, cette division de Kourou et de Pândou, qui fut la perte de tous. 2229-2230.

« Je commence, dit Vaîçampâyana, en concentrant dans cette pensée mon esprit et mon cœur, par l'hommage, que je dois à mon gourou, à tous les brahmes, aux savantes personnes, qui sont dans cette assemblée.

Je raconterai ensuite complètement ce poème conçu par le sage et magnanime Vyâsa, le maharshi, célèbre sur la terre et dans tous les mondes. 2231-2232.

Tu es digne de l'entendre, sire, ce Bhârata, dont le récit te fut accordé ; et le tremblement des lèvres de mon gourou excite en outre mon esprit. 2283.

Écoute, roi, comment une partie aux dés, dont l'enjeu était le royaume et l'habitation dans les bois, enfanta la division de Rourou et de Pândou ; 2234.

Et comment il en sortit des batailles, qui firent la dévastation de la terre : c'est là ce que je vais dire en réponse à tes questions, ô le plus grand des Bharatides.

Leur père étant mort, les fils de Pândou, héros futurs, revinrent des bois en leur palais et ne tardèrent pas à devenir habiles dans les Védas et dans l'art de lancer une flèche au but. 2235-2236.

Les Kouravas s'indignent *bientôt* de voir les citadins exalter les Pândouides, doués tous de force, de courage, d'intelligence, environnés de la gloire et de la prospérité.

Ensuite le cruel Douryodhana, Karna et Sâaubala commencèrent à mettre en jeu différents moyens pour les jeter hors du calme et de la patience. 2237-2238.

Embrassant les opinions de Koulinga, le vaillant Douryodhana, excité par l'ambition du trône, emploie divers moyens pour se défaire des Pândouides. 2239.

Le fils scélérat de Dhritarâshtra fit avaler du poison à Bhîma ; mais le héros au ventre de loup digéra le poison avec ses aliments. 2240.

Autre forfait : il attache Bhîma, endormi sur la cime d'un promontoire, le précipite dans les eaux du Gange et revient à la ville. 2241.

Bhîmaséna aux longs bras se réveille, coupe ses liens, et le fils de Kountî sort des flots sain et sauf. 2242.

Douryodhana le fit mordre pendant le sommeil à toutes les places du corps par des serpents noirs à la dent vénimeuse ; mais *l'héroïque* meurtrier des ennemis n'en mourut pas encore. 2243.

À chacun des périls *semés* sous leurs pas, Vidoura à la haute sagesse avait toujours soin de leur apporter le remède ou la délivrance. 2244.

Tel qu'Indra du haut du ciel répand le bonheur sur le monde des vivants, tel Vidoura faisait pleuvoir continuellement le bonheur sur les Pândouides. 2246.

Voyant que, par différents artifices cachés et restés même indécouverts, il n'avait pu tuer les Pândouides, que le Destin gardait pour les choses à venir, 2246.

Douryodhana délibéra secrètement avec ses conseillers Vrisha, Douççâsana et les autres, arracha à Dhritarâshtra le congé des Pândouides et leur fit désigner la maison de laque.

Le roi fils d'Ambikâ, désireux de faire une chose agréable à son fils, exila donc les Pândouides afin de savourer en paix les jouissances de la royauté. 2247-2248.

Ils partirent tous ensemble de la ville, qui tire son nom des éléphants, et Vidoura fut encore dans ce voyage le conseiller de ces magnanimes. 2249.

Sauvés par lui de la maison de laque durant la nuit, ils s'enfuient dans une forêt : ensuite, les fils de Kountî parviennent à la ville de Vâranâvata. 2250.

Elle fut la demeure de ces héros magnanimes, accompagnés de leur mère. C'était sur l'ordre même du roi Dhritarâshtra, qu'ils avaient habité la maison de laque, 2251.

Où ils s'étaient gardés une année entière d'un œil infatigable contre la malveillance de Pourotchana. Ils avaient, suivant les conseils de Vidoura, fait creuser une voie souterraine ; puis, mettant le feu à la maison de laque, ils y avaient brûlé Pourotchana même. 2252.

Les héros s'enfuient, émus de crainte, avec leur mère : ils rencontrent un Rakshasa épouvantable, Hidimba, dans une cataracte des bois. 2253.

Ils tuent le puissant Rakshasa, et, talonnés par la crainte de Souyodhana, les princes continuent leur fuite, dans la nuit, tremblants qu'ils ne soient reconnus. 2254.

Bhîma obtient *la rakshasi* Hidimbâ ; elle devient mère de Ghatokatcha. Ensuite les Pàndouides aux observances fidèlement accomplies arrivent dans un Ékatchakrâ.

Ils étaient des brahmatchâris, *disaient-ils*, adonnés à la lecture des Védas. Ces hommes éminents habitèrent Ékatchakrâ quelque temps avec leur mère dans la maison d'un brahme et voués à de rigoureuses observances ; c'est là que Bhîma s'en fut trouver un mangeur d'hommes affamé. 2256-2256-2257.

Le Pândouide Bhîmaséna aux longs bras, ce tigre dans l'espèce humaine, étouffa avec la seule vigueur de ses bras ce monstre appelé Vaka à la force puissante. 2258.

Par cette prompte mort, que le héros put infliger à l'anthropophage, il rassura les habitants de la ville. Ensuite, il vint aux oreilles des Pàndouides que Krishnâ chez les Pântchàlains allait se choisir un époux dans un swayambara.

À cette nouvelle, ils se rendent à la fête : arrivés, ils obtiennent la princesse : Drâaupadî obtenue, ils habitent là un an. 2259-2260.

Reconnus, ils se rendent à Hastinapoura, où Dhritarâshtra et le fils de Çântanou disent à ces dompteurs d'ennemis : 2261.

« Comment n'y aurait-il pas, mon fils, une guerre, *si vous restiez ici*, entre vous et vos cousins ? Aussi ai-je pensé à vous désigner la place de Rhandava pour lieu d'habitation. 2262.

» Allez donc, mettant à part toute rivalité, demeurer à Khandavaprastha, contrée populeuse aux grandes routes bien tracées. » 2263.

À ces mots de ces deux *princes*, ayant rassemblé entièrement leurs joyaux, ils se rendent avec tous leurs amis à cette ville de Khandavaprastha. 2264.

Ces héros habitèrent là plusieurs séries d'années, réduisant par la supériorité de leurs armes les rois voisins sous leur puissance. 2265.

De cette manière soumis au devoir, adonnés à l'observance de la vérité, attentifs, vigilants, infatigables, ils écrasèrent beaucoup d'ennemis. 2266.

Bhîmaséna à la vaste renommée conquit l'orient, le héros Arjouna soumit le nord, Nakoula vainquit l'occident et Sahadéva, le meurtrier des héros ennemis, subjugua les pays du midi. C'est ainsi que tous ils mirent cette terre entièrement sous leur domination. 2267-2268.

Grâce à son soleil et aux cinq Pândouides d'un héroïsme infaillible et tous semblables au soleil, ce globe resplendissait comme s'il avait eut six soleils. 2260.

Ensuite, le radieux Youddhishthira, Yama sur la terre, aussi fort que la vérité, envoya pour une certaine cause dans les bois 2270.

Celui de ses frères, qui lui était plus cher que la vie, l'ambidextre Arjouna, prince vertueux à l'âme ferme et le premier des hommes. 2271.

Il y demeura une année pleine et un mois. Ce temps écoulé, il s'en fut un jour à Dwâravatî visiter Hrishîkéça.

Bîbhatsou obtint là pour son épouse Soubhadrâ au noble parler, aux yeux de lotus bleu, la sœur puinée de Vâsoudéva. 2273.

Telle que Çatchî fut mariée au grand Indra et Lakshmî à Vishnou, telle Soubadhrâ fut heureuse d'épouser le Pândouide Arjouna. 2274.

Bîbhatsou, le fils de Kountî, aidé par Vâsoudéva, ô le plus vertueux des monarques, rassasia le feu sacré dans le

Khandava ; 2275.

Car le fils de Prithâ ne trouvait aucune charge excessive, quand il la partageait avec le Dieu aux longs cheveux ; comme il n'existe rien d'excessif dans l'immolation des ennemis pour Vishnou, secondé de son énergie. 2276.

Aussi Agni lui donna-t-il Gândiva, le premier des arcs, deux carquois munis de flèches impérissables et un char, qui portait un singe pour enseigne. 2277.

Là, Bîbhatsou sauva le grand Asoura Mâya, qui bâtit pour lui palais céleste, orné de toutes les pierreries.

Douryodhana à l'âme insensée y attacha follement son envie. De là, aidé par Sâaubala, il trompa au dés Youddhishthira et l'envoya mettre son habitation dans les bois durant cinq et sept ans. 2278-2279.

Ensuite le perdant avait une année, la treizième, à passer inconnu dans le royaume. Arrivée la quatorzième année, les Pàndouides redemandent leurs biens. 2280.

Ils ne purent les obtenir, et de là, grand roi, naquit cette guerre. Laquelle terminée, ayant détruit la classe des kshatryas, ayant tué le roi Douryodhana, 2281.

Les fils de Pândou reprirent possession de leur royaume dépeuplé. Voilà quelle fut, ô le plus grand des conquérants, l'histoire de ces princes aux travaux infatigables, leur division et leur victoire pour la ruine d'un royaume.»

Djanamédjaya dit : « Tu m'as raconté en abrégé, ô le plus grand des brahmes, tout le poème du Mahâ-Bhârata et la grande histoire des Kourouides. 2283.

» Parle encore, homme riche de pénitences, car tu fis naître en moi une vive curiosité d'entendre avec détail cette narration aux sujets divers. 2284.

» Que ta révérence veuille bien me la dire une seconde fois avec détail ; car je ne puis me rassasier d'entendre la grande histoire de mes aïeux. 2285.

» Là, où parurent les Pândouides, ces hommes versés dans le devoir, la cause ne dut pas être minime : ils ont immolé des guerriers complètement invulnérables et mérité les éloges des enfants de Manou. 2286.

» Pourquoi ces héros si puissants, vigoureux, sans péché, ont-ils supporté ces vexations, que les méchants répandaient sur eux ? 2287.

» Comment *Bhîmaséna* au ventre de loup, lui, toujours prêt à mettre en jeu ses bras et de qui la valeur égalait la force de dix mille serpents, a-t-il pu, au milieu des injures, contenir sa colère, ô le plus grand des brahmes.

» Comment Drâaupadî la noire, outragée par ces méchants, elle femme vertueuse et forte, n'a-t-elle pas d'un regard enflammé de colère consumé les fils du roi Dhritarâshtra ? 2288-2289.

» Comment les deux fils de Prithâ et les deux fils de Mâdrî, molestés par les méchants, ont-ils pu, ces héros éminents, obéir à l'homme, qui les avait trompés au jeu ?

» Comment le fils d'Yama, le plus vertueux des hommes vertueux, Youddhishthira, connaissant le devoir, a-t-il supporté cette immense infortune, qu'il n'avait pas méritée ? 2290-2291.

» Comment le Pândouide, qui avait Krishna pour cocher. Arjouna, a-t-il pu, de ses traits décochés, précipiter seul entièrement plusieurs armées dans le monde des mânes ?

» Dis-moi tout cela, non sans détail, homme riche en pénitences, et chacune des choses, que firent en chaque lieu ces héros. » 2292-2293.

» Attends un instant, grand roi, lui répondit Vaîçampâyana. Il faut te dire qu'il y a un ordre vaste, établi par Krishna-Dwaîpâyana dans cette sainte narration. 2294.

Je vais dire sans rien omettre cette large conception du maharshi magnanime, honoré dans tous les mondes, Vyâsa, à la vigueur sans mesure ; 2295.

Les cent mille çlokas de choses pures, qu'a récitées ici-bas le fils de Satyavati à l'incalculable splendeur.

Quel que soit le savant, qui fasse entendre ce récit et quiconque l'écoutera, ces hommes iront dans le monde de Brahma jouir d'une condition égale à celle des Dieux. 2296-2297.

Ce poème va de pair avec les Védas ; il est purificateur, il est sublime ; c'est la première des choses, auxquelles on doit prêter l'oreille ; c'est un Pourâna, loué des rishis.

Dans cette très-sainte histoire sont enseignées complètement les règles de l'intérêt et de l'amour : c'est l'intelligence portée à sa plus haute élévation. 2298-2299,

Le savant, qui lit ce poème à des hommes, qui ne sont ni vils, ni athées, mais adonnés à l'aumône et voués à la vérité, obtiendra les biens en récompense. 2300.

Sans nul doute, il suffit au plus grand scélérat d'écouter ce récit pour qu'il soit lavé de son crime aussitôt, eût-il fait périr le fruit contenu au sein d'une mère ! 2301.

Il est délivré de tous ses péchés comme la lune des étreintes de Râhou ! Le guerrier, qui désire la victoire, doit écouter ce poème, nommé le Victorieux. 2302.

Par lui, un roi subjuguera la terre ; par lui, il domptera ses ennemis : c'est l'initiation la plus sainte ; c'est la grande voie du salut. 2303.

Il faut lire ce poème à un prince héréditaire et à sa royale épouse : il donne la vertu de concevoir un fils héroïque ou une fille, qui porte un jour elle-même le sceptre avec son époux. 2304.

Cette œuvre de Vyâsa à l'intelligence sans mesure est un saint traité du devoir, c'est un sublime traité de l'intérêt, c'est un pieux traité de la délivrance. 2305.

Vyâsa dit ce poème aujourd'hui, d'autres le diront après lui : par ce poème on a des fils respectueux et des serviteurs complaisants. 2306.

Entend-il ce poème, un homme est aussitôt délivré de toutes ses fautes, commises en paroles, en pensées, dans le corps *et dans l'esprit.* 2307.

Ceux, qui écoutent la haute naissance des Bharatides, n'ont pas à craindre ici-bas les maladies : à plus forte raison les peines de l'autre monde ! 2308.

Il donne la richesse, la renommée, une longue vie, la vertu et le ciel même, ce poème, ouvrage de Krishna-Dwaipâyana, qui désira faire une œuvre sainte, 2309.

En propageant dans le monde la gloire des magnanimes Pàndouides et des autres kshatryas, sur lesquels une grande opulence avait répandit sa splendeur, 2310.

La science toute sa lumière, et les exploits une renommée connue dans l'univers entier. L'homme, qui, par dévotion, aura versé dans l'oreille des brahmes purs cette œuvre bien sainte, acquerra un mérite éternel. Quiconque dans un état continuel de pureté expose la race illustre des Kourouides, obtient une vaste lignée. Le brahme, qui lit, enchaîné à ses vœux, le saint Bhârata, sera le plus honoré dans le monde. En fait-il sa lecture dans les quatre mois pluvieux, il est délivré de tous ses péchés. 2311-2312-2313.

Celui, qui lit le Bhârata, sachez-le, touche à la rive ultérieure des Védas. Là, sont loués les Dieux, les râdjarshis et les saints brahmarshis, qui ont secoué loin d'eux le péché. Là est loué Vishnou, là est loué l'auguste roi des Dieux et la Déesse, *son épouse*. 2314-2315.

Là, on dit la naissance de Kârtikéya, qui eut plus d'une mère ; là, on dit l'excellence des brahmanes et des vaches. C'est là la collection de toutes les traditions : il faut le réciter aux hommes, qui ont l'intelligence du devoir. 2316.

Le savant d'entre les brahmes, qui fait ouïr ce poème dans les fêtes des Parvans, conquiert le ciel et, lavé de ses péchés, va se confondre au sein de l'éternel Brahman.

Un brahmane en fait-il écouter un morceau jusqu'à la fin dans un çrâddha, son offrande impérissable monte d'ici à la bouche des mânes. 2317-2318.

Un homme a-t-il péché dans le jour, à son insu ou sciemment, soit par la pensée, soit par les organes des sens, la faute commise est effacée aussitôt qu'il a entendu une narration du Mâhâ-Bhârata. 2319.

La grande naissance des Bharatides, c'est là ce qu'on appelle le Mâhâ-Bhârata : il suffit de connaître l'explication du mot pour être lavé de tous ses péchés. 2320.

Le seul fait de raconter cette histoire si merveilleuse des Bharatides absout les mortels d'un grand péché.

L'anachorète Krishna-Dwaîpâyana, toujours éveillé, pur, ambitieux de parvenir à son but, eut la force de composer en trois années le Mâhâ-Bhârata depuis le commencement. 2321-2822.

Le grand saint fit cette œuvre au milieu de ses macérations et de sa pénitence, on peut donc la réciter aux brahmes dans le cours même dans leurs mortifications. 2323.

Les brahmes, qui feront écouter, et les hommes, qui entendront cette sublime et sainte narration du Bhârata, que récita jadis Krishna-Vyâsa, purifiés de plus en plus, ne resteront jamais dans l'imperfection des œuvres. Que tout homme, qui désire exceller dans le devoir, 2324-2325.

Entende toute cette histoire ! Il atteindra par elle à la perfection. L'enfant de Manou, qui obtient l'entrée du ciel, n'en reçoit pas une satisfaction égale 2326.

À celle, que l'on goûte, une fois entendue cette histoire si pure. L'homme plein de foi, adonné à la vertu, qui entend et fait entendre cette merveille à d'autres, 2327.

Acquiert autant de mérite que s'il avait célébré un açvamédha ou un râdjasoûya. Tels que ces deux trésors des pierreries sont appelés, celui-ci l'auguste mer, celui-là le mont Mérou, tel ce poème est nommé le Bhârata. Il marche en effet de pair avec les Védas ; il est purificateur au plus haut degré. 2328-2329.

Il est digne d'être ouï, c'est le plaisir des oreilles ; il purifie, il augmente la vertu. Celui qui donne, sire, à un saint brahme, religieux mendiant, le Bhârata, cette sainte histoire, que je vais raconter au fils de Parîkshit, c'est comme s'il lui donnait toute la terre avec la ceinture de ses montagnes. 2330-2331.

Écoute-le, exposé entièrement par moi, ce récit, qui remplit de joie. L'anachorète Krishna-Dwaipâyana, toujours sous l'inspiration, a composé en trois années le Mâhâ-Bhârata, cette narration merveilleuse. Ce qui est ailleurs touchant le devoir, l'intérêt, l'amour et la délivrance est ici ; mais ce qui n'est point ici, ô le plus éminent des Bharatides, n'existe nulle part. » 2332-2333.

Vaîçampâyana dit : « Sire, jadis vécut un monarque, adonné sans cesse à cultiver la vertu, il fut surnommé

Ouparitchara ; il s'était lié par le vœu d'aller toujours à la chasse, *quand on lui dirait d'y aller*. 2334.

Ce roi Vasou, fils de Pâaurava, obéissant aux conseils d'Indra, conquit le ravissant et délicieux royaume de Tchédi. 2335.

Ensuite le monarque, abandonnant ses armes, se retire dans un hermitage, amasse un trésor de pénitences ; et les Dieux, Indra à leur tête, viennent le trouver. 2336.

« Car ce roi va détrôner Indra, pensaient-ils, grâce au mérite de ses pénitences ! » Tous devant lui, ils cherchèrent donc avec des cajoleries à le détourner de ses macérations. 2337.

« Monarque de la terre, lui dirent les Dieux, que les devoirs ne soient pas confondus sur la terre ! En effet, ton devoir à toi, que tu as fait dévier ici, n'est pas *de se macérer*, mais de soutenir le monde entier. » 2338.

Indra lui tint ce langage : « Sois le défenseur des devoirs, toujours appliqué, toujours attentif, sans cesse attelé au char du devoir, et tu verras de tes yeux les mondes purs, éternels. 2339.

» Sois l'ami bien-aimé de moi, habite dans les cieux, toi, qui habites sur la terre, monarque des hommes ; rétablis ta demeure dans cette contrée délicieuse de la terre.

» C'est un pays opulent, sain, charmant, facile à défendre, comblé de fruits, regorgeant de grains et de bestiaux, riche d'or et de pierreries, bon pour l'élève des troupeaux et doué de toutes les qualités de la terre. C'est un royaume, où sont entassées les richesses : *retourne*, roi de Tchédi, habiter parmi les Tchédiens. 2340-2341-2342.

» Les habitants sont adonnés au devoir, bons, toujours contents : là, jamais de parole inutile dans les choses même indifférentes : à plus forte raison dans les autres ! 2343.

» Le père ne fait aucune distinction entre ses enfants, qui sont heureux du bonheur de leur père : on n'attelle jamais de bœufs maigres au joug : ils sont environnés de soins. 2344.

» Dans le Tchédi, prince, qui inspire de l'orgueil aux tiens, toutes les castes se tiennent chacune dans ses attributions. Rien de ce qui t'est inconnu n'existe dans les trois mondes. 2345.

» Un char de crystal, vaste, céleste, fait pour l'usage des Immortels et qui voyage de lui-même dans les airs, t'attend au milieu du ciel : je t'en fais présent. 2346.

» Toi seul entre tous les mortels, tu navigueras au-dessus de la terre, comme un Dieu fait homme, porté dans ce char merveilleux. 2347.

» Je te donne en outre une bannière aux guirlandes de lotus inflétrissables : elle protégera, dans les combats, ta personne invulnérable aux armes. 2348.

» On l'appelle Indramâla, sire : qu'elle soit ici-bas ton emblème grand, fortuné, incomparable ! » 2349.

Le *céleste* meurtrier de Vritra lui donna un bâton de bambou, reprit Vaîçampâyana, présent désiré, pour insigne que la fonction des rois est de punir et défendre.

Alors qu'une année se fut écoulée, le monarque fit célébrer l'anniversaire de l'entrée du sceptre *céleste* dans cette terre afin d'honorer Çakra. 2350-2351.

Depuis ce temps jusqu'à nos jours, sire, les plus grands rois ont célébré cette entrée de la manière qu'elle fut célébrée par lui-même. 2352.

Le jour suivant, les rois font l'exaltation du bâton, décoré avec divers ornements, des cassolettes, des parfums, des bouquets. 2353.

Une guirlande de fleurs est jetée autour, suivant les rites, et l'auguste Içwara est honoré dans cette fête sous la forme d'un cygne, dont il se revêtit dans son affection pour le magnanime Vasou. 2354.

L'adorable Dieu, le grand Indra, satisfait à la vue de cet hommage, que lui avait rendu Vasou, dit à ce puissant monarque : 2355.

« Les hommes et les rois, qui honoreront ma fête avec la même allégresse que l'a célébrée ce noble souverain de Tchédi, verront couler, sur eux et leur empire, la victoire et la prospérité. L'abondance et la joie déborderont sur lem-s campagnes. » 2356-2357.

C'est ainsi que le mahârâdja Vasou, le monarque des hommes, fut traité avec bienveillance par le grand et magnanime Indra-Magbavat. 2358.

Aux hommes, qui célébreront toujours la fête de Çakra, sont assurés des hommages de présents, de pierreries et d'autres biens de la terre. 2369.

Après qu'il eut célébré la fête de Çakra, offert de grands sacrifices et distribué les plus riches dons, le roi Vasou, honoré par Maghavat, gouverna dans Tchédi, sa capitale, cette terre suivant la justice. L'amitié d'Indra environnait les sacrifices, que le roi de Tchédi célébrait en son honneur. 2360-2361.

Vasou eut cinq fils d'un grand héroïsme et d'une splendeur sans mesure : il les sacra tous ensemble rois de divers peuples. 2362.

C'étaient Vrihatratha, héros fameux des Mâghadains, Pratyagraha, Kouçâmba, qu'on appelle aussi Manivâhana. 2363.

Mâvella et Vadou, guerrier, qui ne fut jamais vaincu. Voilà, sire, quels furent les cinq fils du saint roi à l'éclatante splendeur. 2364.

Les cinq rois, fils de Vasou, ont donné leurs noms à des contrées et à des villes ; ils ont eu chacun une postérité distincte, impérissable. 2365.

Les Apsaras et les Gandharvas servaient le monarque magnanime, quand il habitait dans le palais d'Indra, dans les airs, dans son char de cristal. 2366.

C'est de là que lui vint ce nom célèbre d'Ouparitchara. Au pied de sa ville, coulait Çouktimatî, *belle* rivière, que le mont Kolâlâhala, doué d'une âme, retenait par amour.

Mais Vasou frappa du pied le mont *téméraire* et son amante sortit par le trou, que le coup avait ouvert 2367-2368.

Le mont avait engendré au sein de la rivière deux jumeaux, et, reconnaissante de sa délivrance, Çouktimatî les envoya au roi. 2369.

De ces enfants l'un était mâle ; et le plus vertueux des saints rois, le dompteur d'ennemis, le magnifique Vasou en fit le général de ses armées. 2370.

L'autre était une fille, elle se nommait Girikâ, il en fit son épouse. Les jours de son mois arrivés, la jeune reine se baigna, elle se purifia en vue de la conception et fit informer son époux de ce moment propice à l'amour. 2371.

Mais ce jour même, ô le plus distingué parmi les êtres doués de l'intelligence, les mânes souriants de ses pères avaient dit à ce plus vertueux des rois : « Va tuer des gazelles ! » 2372.

Et le prince, obéissant à cet ordre de ses pères, s'en alla chasser, brûlant d'amour et l'âme toute occupée de Girikâ, qui était douée d'une extrême beauté et semblait une autre Lakshmî, visible aux yeux des mortels. 2373.

C'était la saison du printemps. Il arriva dans un bois semblable au jardin d'Indra, tout plein d'açokas, de tchampakas, de nombreux tchoûtas, d'atimouktakas, de karnikâras, de vakoulas aux fleurs roses célestes, de bignonnes à la suave odeur, de cocotiers, de sandals, d'arjounas et d'autres grands arbres délicieux, purs et chargés de fruits savoureux. Les chants des kokilas remplissaient la forêt et les abeilles bourdonnaient, ivres de nectar. 2374-2375-2376.

L'amour assiégeait son âme de tous les côtés et nulle part il ne voyait Girikâ. Il promenait çà et là, consumé d'amour, sans la voir, ses pas capricieux. 2377.

Il vit un açoka aux longues branches toutes revêtues de fleurs, embelli de jeunes et tendres pousses et caché, pour ainsi dire, sous ses faisceaux de fleurs. 2378.

Le monarque s'assit mollement à son pied sous l'ombrage ; et le vent, dont le souffle lui portait le ravissement du parfum des fleurs, mêlé aux senteurs du nectar des calices, lui insinuant de pécher, il cédait à la fascination du plaisir. 2379,

Il reprit donc sa marche dans la forêt touffue, et la semence, *malgré lui*, s'échappa ; mais à peine eut-elle sorti qu'il la recueillit sur la feuille d'un arbre : « Tâchons, se dit-il, qu'elle n'ait pas coulé en vain ! » 2380.

« Ta semence ne sortira pas inutilement ! » dit la règle. C'est le jour de mon épouse, celle-ci n'aurait donc pas été vaine !» Ainsi parlait l'auguste *promeneur*. 2381.

Tournant et retournant mainte et mainte fois ces pensées en lui-même, cet excellent roi imagine un moyen, qui puisse remédier au mal. 2382.

Le prince, qui n'ignorait pas la vraie nature des choses et connaissait le devoir dans ses parties les plus déliées, voit que le moment presse d'envoyer cette liqueur à son épouse ; il enchante ce fluide ; puis, il s'approche d'un faucon aux rapides ailes, perché près de lui, et dit : 2383.

« Ami, rends-moi ce service ; prends ma semence, porte-la à mon palais et donne-la à Girikâ, car ce jour est pour elle celui propre au but du mariage. » 2884.

Le faucon prend la feuille, s'envole à tire d'ailes et le rapide oiseau fuit, déployant sa plus grande vitesse.

Un autre faucon vit celui-ci fendre l'air, et, s'imaginant qu'il portait de la nourriture, à peine l'eut-il aperçu qu'il fondit sur lui tout à coup. 2385-2386.

Les deux oiseaux se livrent un combat à coups de bec et, pendant ce duel au milieu des airs, la semence tomba dans les eaux de l'Yamounâ. 2387.

Là était une Apsara, nommée Adrikâ : elle en parcourait la rivière, depuis que la malédiction d'un brahme avait changé cette nymphe en poisson. 2388.

Quand la semence de Vasou échappa à la serre du faucon, Adrikâ, dans sa forme de poisson, se glissa vite dessous et recueillit la substance prolifique. 2389.

Un jour, des hommes, qui vivent du poisson, prirent celui-ci dans leurs filets : alors, ô le plus vertueux des Bharatides, on arrivait au dixième mois. 2390.

Le poisson *ouvert,* ils retirent du ventre un couple d'enfants, mâle et femelle. À la vue de cette merveille, ils courent en porter la nouvelle au roi. 2391.

« Sire, lui disent-ils, ces deux êtres humains étaient dans le corps d'un poisson. » De ces enfants, le roi Ouparitchara se chargea du mâle, 2392.

Qui devint un roi vertueux, attaché à la vérité, qu'on appelait Matsya. La nymphe, délivrée de la malédiction, reprit aussitôt sa forme céleste. 2393.

Bralima jadis avait dit à la belle, tombée dans la condition des bêtes : « Quand tu auras mis au jour deux êtres humains, tu seras libérée des chaînes de la malédiction ! » 2394.

Après que, par sa mort sous le *couteau* du tueur de poissons, elle eut enfanté ces jumeaux, elle quitta ses formes de poisson, recouvra sa beauté divine, 2395.

Et l'Apsara de nouveau parcourut les routes des Siddhas, des Rishis et des Tchâranas. La jeune Matsyâ, sa fille, à l'odeur de poisson, 2396.

Fut donnée par le roi Vasou à certain pêcheur :

« Qu'elle soit ta fille ! » lui dit Ouparitchara. Elle était douée d'intelligence et de beauté ; elle réunissait en elle toutes les qualités. 2397.

Satyavatî, c'est ainsi qu'elle se nommait, Satyavatî ne cessait pas d'exhaler en tout temps une senteur de poisson, qu'elle devait à son habitation chez un pêcheur ; *mais* elle avait un charmant sourire. 2398.

Paraçara, dans un pèlerinage aux tîrthas, la vit dirigeant sa barque au milieu des eaux pour obéir à son père. 2399.

Douée d'une beauté souveraine, qui l'eût fait désirer même des Siddhas, la vue de cette vierge au séduisant sourire enflamma d'amour le sage monarque. 2400.

Un éminent solitaire avait dit à cette fille de Vasou, la vierge céleste aux cuisses rondes comme le bananier : « Charmante, veuille bien t'unir avec moi ! » 2401.

« Révérend, lui avait-elle répondu, vois ces rishis, qui habitent au fond de la mer : n'est-il pas impossible de cacher à leurs yeux le spectacle de notre union ? » 2402.

L'auguste brahme, à ces paroles d'elle, créa un brouillard, grâce auquel tout ce lieu ne fut plus qu'obscurité.

Stupéfaite à la vue de ce prodige, qu'avait opéré le plus grand des saints, la vertueuse jeune fille rougit de pudeur. 2403-2404.

Satyavatî lui dit ; « Révérend, considère que je suis une jeune fille, toujours soumise à l'autorité de mon père, et que cette union avec toi, anachorète sans péché, souillerait mon état virginal. 2405.

» Ma virginité perdue, comment aurais-je la force, ô le plus grand des brahmanes, de retourner à mon logis ? Je ne pourrais plus y rester, docte rishi ! 2406.

« Réfléchis bien à cela d'abord ; ensuite, révérend, fais ce qui vient après. » À la jeune fille, qui parlait ainsi, reprit Vaîçampâyana, le plus grand des rishis dit affectueusement : « Après que tu m'auras fait ce plaisir, fille craintive, tu seras encore vierge. Demande-moi, charmante, *avec assurance*, la grâce, que tu désires. 2407-2408.

» Car toute faveur, que j'ai accordée avant ce jour, ne l'a jamais été en vain, fille au virginal sourire. » À ces mots, la grâce, qu'elle choisit, fut d'exhaler de tous ses membres le plus exquis des parfums. 2409.

Le brahme ne lui refusa pas le don, que son cœur avait désiré sur la terre et, grâce à cette faveur, il ne lui manqua plus rien des qualités, qui peuvent orner la personne des femmes. 2410.

Elle s'unit d'amour avec le rishi, qui faisait des œuvres si merveilleuses et, par ce dernier don, elle fut connue en toute la terre sous le nom de Gandhavatî, *l'odoriférante*. 2411.

Les hommes en respiraient le parfum sur la terre à un yodjana de distance, d'où lui vint son autre nom d'Yodjanagandhî. 2412.

Satyavatî, joyeuse d'avoir obtenu cette grâce, devint l'épouse de Parâçara et mit au monde un fils d'un accouchement subit au milieu d'un sacrifice et dans une île de l'Yamounâ : ce fut l'énergique Vyâsa. Celui-ci tourna son esprit vers la pénitence avec l'agrément de sa mère. 2413-2414.

« Moi, quand on m'appellera, dit-il, je donnerai mes conseils dans les affaires. » Ainsi Dwaîpâyana naquit de Parâçara au sein de Satyavatî. 2415.

Parce qu'il avait reçu le jour, enfant nouveau-né, dans un dwîpa, *c'est-à-dire, une île*, on l'appela Dwaîpâyana. Comme il vit que dans chaque youga l'expression des lois, ce sont les vers, et que les mortels donnent à leur siècle et à leur âme l'empreinte de l'youga, il rédigea, *vyâsa*, les Védas par le désir de faire une chose utile à Brahma et aux brahmes, d'où lui vint son illustre nom de Vyâsa. 2416-2417.

Il fit lire les Védas et le Mahâ-Bhârata, qui en est un cinquième, à Soumantou, à Djalmini, à Palla et à Çouka, son fils à lui-même. 2418.

L'auguste et magnifique maître les fit lire également à Vaîçampâyana, et c'est par eux individuellement que furent multipliées les collections du Bhârata. 2419.

Ensuite Bhîsma, fils de Çântanou, héros à la grande valeur, à la vaste renommée, à la splendeur sans mesure, naquit de la semence de *ce* Vasou au sein de la Gangâ.

Après, vint un véritable saint, un brahme illustre, docte quant aux sens des Védas, ce fut le célèbre Anîmândavya, qui fut cloué sur un pal, ce rishi digne des anciens âges, lui, qui n'était pas un voleur, mais qu'on avait cru l'être ! Jadis, ayant évoqué Dharma, ce grand saint lui dit : 2420-2421-2422.

« Il est vrai, Yama, que, dans mon enfance, j'ai percé d'une épingle, sans réflexion, une sauterelle : je me souviens de cette faute, mais je ne me rappelle pas un autre péché. 2423.

« Pourquoi n'as-tu pris en rachat de cette faute le millier de macérations infinies, que j'ai supportées ? Infliger la mort à un brahme est un crime plus grand que celui de la donner à toutes les créatures ! 2424.

» À cause de cela, criminel Yama, tu naîtras au sein d'une artisane ! » Frappé de cette malédiction, Dharma lui-même naquit au sein d'une Çoûdrà. 2425.

Il fut un savant, un homme vertueux, au corps sans souillure, sous les formes de Vidoura. Semblable à un anachorète, Sandjaya naquit fils de Gavalgana. 2426.

Karna à la grande force naquit du Soleil au sein de la jeune Kountî. Il portait une cuirasse naturelle et son visage brillait du feu de ses boucles d'oreilles. 2427.

Pour favoriser les mondes, le Dieu illustre, qui reçoit les adorations du monde, Vishnou s'incarna dans le sein de Dévakî et devint le fils de Vasoudéva. 2428.

Lui, sans commencement ni fin, le Dieu créateur du monde, le Seigneur, l'indistinct, l'Impérissable, le chef *des êtres*, la substance des trois qualités, 2429.

L'âme universelle, l'inaltérable, la Nature, la Toute-puissance, l'Auguste, le principe de vie, le créateur de tout, celui, de qui l'essence est la bonté, le Permanent, l'Immortel, 2430.

L'Infini, l'immuable, le Dieu, le Cygne, l'adorable Nârâyana, celui, qui nourrit tout, qui n'est pas né, qui échappe aux sens, qu'on appelle Suprême, Éternel,

Unique, affranchi des qualités de la matière, le Tout, celui, qui n'a pas eu de commencement, qui n'a pas eu de naissance, l'Indissoluble, l'ineffable Pourousha, l'auteur et l'aïeul de toutes les créatures, il voulut, pour l'accroissement de la vertu, naître dans la race des Andhakas et des Vrishnides. 2431-2432.

Deux guerriers, à la grande force, versés dans la guerre, habiles soldats, adroits au maniement de toutes les armes, Sâtyaki et Kritavarman, dévoués l'un et l'autre à Nârâyana, naquirent de Satyaka et de Hridika. La semence de Bharadwâdja, le grand saint aux terribles pénitences, tombée au sein de Dronî d'une aiguière, s'y développa et d'elle est né Drona. Deux jumeaux, la mère d'Açvatthâman et le vigoureux Kripa, naquirent de Gâautama, fils de Çaradvat, dans un massif de roseaux. Ensuite Açvatthâman à la grande vigueur fut engendré par Drona lui-même. 2433-2434-2435-2436.

Dhrishtadyoumna, aussi resplendissant que s'il était Agni même incarné, naquit du feu sur l'autel dans la célébration du sacrifice. 2437.

Le héros vaillant reçut un arc pour ôter la vie à Drona. Là, sur le même autel, naquit aussi la belle et radieuse Krishnâ. 2438.

Une beauté suprême éclatait dans toute sa personne. Après eux vinrent Nagnadjit, le disciple de Prahrâda et Soubala, 2439.

Dont la colère du ciel fit naître la race, violatrice du devoir : Çakouni le Soubalide fut le fils de ce roi du Gândhâra, 2440.

Et la mère de Douryodhana, Gândhârî, sa fille. Krishna-Dwaîpâyana engendra au sein de la veuve de Vitchitravîrya deux rois, habiles dans les affaires, Dhritarâshtra, le roi des peuples, et Pândou à la grande vigueur. 2441.

Versé dans les choses de l'intérêt et du devoir, sage, docte, affranchi du péché, Vidoura naquit également de Vyâsa au sein d'une Çoûdrâ. 2442.

Deux épouses donnèrent à Pândou cinq fils : chacun d'eux ressemblait à un Immortel ; mais Youddhishthira l'emportait sur eux tous par ses qualités. 2443.

Youddhishthira naquit d'Yama et Bhîmaséna de Maroute ; Indra fut le père du fortuné Arjouna, le plus éminent de tous les hommes, qui manièrent jamais les armes. 2444.

Les deux charmants jumeaux, pour qui l'obéissance au gourou n'était qu'un plaisir, Sahadéva et Nakoula, naquirent des célestes Açwins. 2445.

Le sage Dhritarâshtra fut père de cent fils ; l'ambitieux Douryodhana et les autres, Karana, Douççâsana, Doussaha, Dourmarshana, Vikarna, Tchitrasénai Vivinçati, Djaya, Satyavrata, Pouroumitra, et Youyoutsou, fils d'une vaîçyâ, qui est ici le onzième de ces héros. 2446-2447-2448.

Abhimanyou naquit d'Arjouna au sein de Soubhadrâ : il était neveu par sa mère de Vâsoudéva et petit-fils du magnanime Pândou, 2449.

Les fils de Pândou eurent eux-mêmes cinq fils de la Pântchâlaine Drâaupadî, jeunes princes, doués tous de beauté, adroits au maniement de toutes les armes : 2450.

Prativindya fils d'Youddhisthira, Soma du guerrier au ventre de loup, Çroutakîrtti d'Arjouna, Çatântka de Nakoula, 2451.

Et l'auguste Çroutaséna de Sahadéva. La Rakhasî Hidimbâ donna le jour dans les bois à Ghatotkatçha, qu'elle avait conçu de Bhîmaséna. 2452.

Droupada fut le père de Çîkandi, qui de fille devint garçon, alors que l'envie de faire une chose, qui lui serait agréable, eut conduit l'Yaksha Sthoûna à la changer en homme. 2453.

Dans cette guerre des fils de Kourou se rassemblèrent plusieurs centaines de mille rois, tous brûlants d'éprouver leurs armes dans une bataille. 2454.

C'est une chose impossible à dire entièrement, fût-ce même en dix mille années, que les noms de ces rois incalculables : ceux, que j'ai nommés, sont les principaux, sur lesquels roule cette vaste narration. » 2455.

« Et ceux, que tu as dit, brahme, interrompit Djanamédjaya, et ceux que tu n'as pas dit, je veux les entendre nommer, tous ces rois, les uns et les autres par milliers. 2456.

» Veuille bien me dire complètement pourquoi ces héros, semblables à des Dieux, s'étaient rassemblés ici même sur la terre. » 2457.

« Sire, c'est le mystère des Dieux, suivant la tradition, répondit Vaîçampâyana. Je vais te le raconter, après que j'aurai fait hommage à l'Être-existant-par-lui-même.

Jadis, quand il eut dépeuplé toute la terre de kshatryas, Trisaptikritwa le Djamadagnide se mortifia dans la pénitence sur le Mahéndra, la plus haute des montagnes.

Le bras du Bhargavain ayant ainsi exterminé dans le monde tous les kshatryas, leurs veuves, désirant obtenir des fils, se rendirent chez les brahmes. 2458-2459-2460.

Ceux-ci, fidèles aux observances, de s'unir avec elles au jour convenable, et non pour le plaisir, ô le plus éminent des hommes, hors du temps prescrit. 2461.

Ces femmes par milliers conçurent des fruits dans leurs bras, sire, et donnèrent le jour à des kshatryas plus vigoureux *que les précédents*, 2462.

Garçons et filles, pour une nouvelle propagation des kshatryas : c'est ainsi que la caste des kshatryas fut renouvelée par les brahmes pénitents au sein des kshatryaines. 2463.

Née et grandie dans le devoir, cette race jouit d'une vie très-longue ; et de cette façon furent complétées les quatre castes, dont les brahmes sont la première. 2464.

L'homme voyait la femme par devoir au temps convenable, et non par amour hors de la saison : il en était ainsi des autres créatures, quoique nées du sein des animaux. Ils voyaient comme eux, chef des Bharatides, leurs femelles au temps fixé par la nature. De cette manière conforme à la loi se multipliaient les êtres animés par centaines de mille. 2465-2466.

Les créatures étaient vouées à l'observance du devoir, et les hommes vivaient, monarque de la terre, exempts partout des soucis et des maladies. 2467.

La caste des kshatryas gouverna donc une seconde fois cette terre, environnée de l'océan, avec ses villes, ses bois, ses montagnes ; et, sous le nouvel empire de ses lois, la caste des brahmes et les trois autres goûtèrent une joie suprême. 2468.

Exempts des fautes, qui naissent de l'orgueil et de la colère, les potentats régnaient avec justice, n'infligeant de châtiment qu'aux seuls coupables. 2469.

Tandis que la caste des kshatryas s'adonnait à la vertu, le Dieu aux mille regards, Çatakratou favorisait la terre de ses pluies versées aux temps et en lieux opportuns. 2470.

Personne ne mourait enfant, souverain des peuples, et personne ne voyait une femme avant qu'il fût arrivé à l'âge d'homme. 2471.

De cette manière, ô le plus grand des Bharatides, la terre, dans les bornes de ses mers, était remplie d'êtres arrivés à une longue vieillesse. 2472.

Les kshatryas célébraient alors de grands sacrifices, riches de mille dons, et les brahmes lisaient les Védas, les Oupanishads et les Védântas. 2473.

Les brahmes alors, sire, ne vendaient pas la sainte écriture et ne lisaient pas les Védas en présence des Çoùdras. 2474.

Les vaîçyas, qui faisaient labourer des bœufs, n'attelaient pas à la charrue des vaches maigres et les environnaient de soins. 2475.

Les hommes ne tuaient pas les veaux encore à la mamelle ; et les marchands ne vendaient pas les denrées avec de fausses mesures. 2476.

La justice présidait elle-même aux transactions, et, dévoués tous au devoir, les enfants de Manou, ô le plus éminent des hommes, se réglaient dans leurs actes sur le devoir. 2477.

Toutes les castes, puissant roi, se complaisaient chacune dans ses attributions : aussi nulle part le devoir ne se trouvait-il amoindri. 2478.

Les génisses vêlaient et les femmes accouchaient dans leur temps, ô le plus éminent des Bharatides ; les arbres, suivant les saisons, portaient des fleurs ou des fruits. Tandis que l'âge Rrita se déroulait, sire, de cette manière convenable, la terre entière se remplissait d'êtres infiniment nombreux. 2479-2480.

Mais, pendant que le monde humain goûtait ce bonheur, illustre Bharatide, souverain des enfants de Manou, les Asouras naquirent dans les épouses des rois. 2481.

De nombreux Daîtyas, vaincus par les Adityas dans les batailles et renversés de leur puissance, tombèrent du ciel ici-bas sur la terre. 2482.

Les Asouras, désirant se refaire chez les hommes cette divinité, qu'ils n'avaient plus, naquirent alors, seigneur, dans chaque espèce de créatures, 2483.

En des vaches, des juments, des ânesses, des chamelles, des buffles, des éléphants, des gazelles et même des animaux carnivores. 2484.

Pleine de ces êtres déjà nés ou sur le point de naître, la terre, qui les portait, souverain de la terre, fut incapable de se porter elle-même. 2486.

Quelques-uns furent des rois enivrés d'un orgueil extrême. Ces fils de Diti et de Danou, tombés dans notre monde, superbes, vigoureux, vêtus de mille formes, subjuguant leurs ennemis, parcoururent toute cette terre enfermée dans ses mers. 2486-2487.

Ils vexaient les brahmes, les kshatryas, les vatçyas et les çoûdras eux-mêmes : écrasant sous leur force d'Asoura les autres êtres animés. 2488.

Effrayant, massacrant des troupes de tous les animaux, ils rôdaient, sire, de tous les côtés dans ce monde par centaines de mille. 2489.

Invulnérables, enivrés d'orgueil par leur force, et poussés par la force de l'orgueil, ils s'en allaient çà et là persécuter les grands anachorètes jusqu'au fond des hermitages. 2490.

Enfin, sire, la Terre, accablée par ces grands Asouras aux puissants efforts, inondés de force et de vaillance, se rendit chez Brahma. 2491.

En effet, les serpents, qui la soutiennent avec une multitude de forces capables, ne suffisaient plus à porter cette terre avec ses montagnes, envahie par l'armée des Asouras.

La Terre, accablée de son fardeau et tourmentée de crainte, alla donc implorer, défenseur de la terre, le secours de ce Dieu, qui est l'aïeul de toutes les créatures.

Elle vit le Dieu Brahma, immortel créateur du monde, environné de fortunés maharshis, brahmanes et Dieux. 2492-2493-2494.

Sa cour était formée d'Apsaras et de Gandharvas, inondés de félicité, habiles dans les choses divines. La Terre, qui avait besoin de son aide, s'approcha de lui et s'annonça à lui, fils de Bharata, en présence de tous les gardiens du monde. 2495-2496.

La pensée, qui amenait la Terre, sire, était déjà connue de Paraméshthi, l'être existant par lui-même, grâce à la science nompareille, que lui donnait sa prééminence.

Pourquoi le créateur de l'univers ne saurait-il pas lire, fils de Bharata, ce qui est dans la pensée des hommes, des Asouras et des Dieux ? 2497-2498.

L'auguste maître de la terre, puissant roi, l'origine de tous les êtres, celui, qu'on appelle encore Iça, Çambhou, Pradjâpati, tint à la Terre ce langage : 2499.

« Terre, lui dit Brahma, je vais rassembler ici tous les habitants du ciel pour l'affaire, qui t'a conduite en ma présence. » 2500.

À ces mots, reprit Vaîçampâyana, le Dieu Brahma, le créateur des êtres, congédia la Terre, sire, et donna cet ordre lui-même à tous les Dieux : 2501.

« Engendrez là-bas des fils pour combattre *les Démons* et soulager la terre, en prenant chacun votre part de son fardeau. » Il dit ; 2502.

Et, rassemblant aussi les troupes des Apsaras et des Gandharvas, Bhagavat leur adresse à tous ces paroles pleines de sens : 2503.

« Enfantez, leur dit Brahma, et engendrez tous, selon vos sexes, comme il vous plaira chez les hommes ! » A ce langage du maître des Souras, Indra et tous les autres Dieux obéissent à sa parole vraie, judicieuse et convenable. 2504.

Ensuite, ayant différé un instant le départ pour la terre des portions d'eux-mêmes, *qui devaient s'y incarner* de tous les côtés, ils se rendent au Vatkounta chez Nârâyana, l'*ineffable* meurtrier des ennemis, 2606.

Vishnou à la robe jaune, à la blanche lumière, au nombril de lotus, à la vaste poitrine, aux yeux charmants ; lui, qui porte dans ses mains le tchakra et la massue ; lui, qui donne la mort aux ennemis des Dieux ; 2506.

L'immortel aux grandes forces, le souverain des Pradjâpatis, le protecteur des Souras, honoré par tous les êtres ; Hrishikéça, duquel un çrivatsa décore le sein.

Indra lui-même dit pour la purification de la terre à ce Pourousha suprême : « Incarne-toi aussi dans une portion de toi-même ! » — « Oui ! » répondit Vishnou. 2507-2508.

LE SAMBHA.

« De concert avec les Dieux, reprit Vaîçampâyana, Indra fit avec Nârâyana les arrangements de sa descente partiellement du ciel sur la terre ; 2509.

Et, quand il eut donné son ordre lui-même à tous les habitants des cieux, il sortit du palais de Nârâyana. 2510.

Les hôtes du séjour divin, pour l'extermination de leurs ennemis et le bien des créatures, descendirent successivement du ciel ici-bas, 2511.

Où les célestes émigrants naquirent à leur choix dans la race des saints anachorètes ou dans les familles des saints rois. 2512.

Les serpents et les autres animaux, qui dévorent les hommes, tuèrent plus d'une fois les Dânavas, les Rakshasas et les Gandharvas ; 2613.

Mais ni les Dânavas, ni les Rakshasas, ni les Gandharvas, ni les serpents ne pouvaient tuer ces *Dieux nés hommes*, remplis de force dans l'enfance elle-même. » 2614.

« Je désire entendre complètement et suivant la vérité, reprit Djanamédjaya, l'origine de cette foule des Dieux, des Dânavas, des Gandharvas et des Apsaras, de tous les enfants de Manou, des Yakshas et des Rakshasas ; veuillebien me dire enfin l'origine de tous les êtres animés. » 2515-2516.

« Eh bien ! dit Vaîçampâyana, je vais entamer ce récit, après que j'aurai d'abord fait mon adoration à l'Être-existant-par-lui-même. Voici donc l'origine entière des Souras et des autres espèces d'êtres. 2517.

Des saints illustres et du plus haut rang, Marîtchi, Atri Angiras, Poulastya, Poulaha et Kratou, furent les fils de Brahma, conçus dans son intelligence. 2518.

Marîtchi fut le père de Kaçyapa ; et de Kaçyapa descendent toutes ces créatures. Treize nobles filles naquirent à Daksha : 2519.

Aditi, Diti, Danou, Kâlâ, Danâyou et Sinhikâ, Krodhâ, Pradhâ et Viçvâ, Vinatâ, Kapilâ, Mouni 2520.

Et Kadroû. Voilà, Bharatide, le plus éminent des hommes, quelles furent les filles de Daksha. D'elles sortit une génération immortelle de fils et de petits-fils. 2521.

Les douze Adityas, souverains du monde, sont nés d'Aditi ; je vais te citer leurs noms, monarque issu de Bharata. 2522.

Dhâtri, Mitra, Aryaman, Çakra, Varouna et Twança même, Bhaga, Vivaswat, Poûshan et Savitri, qui est le dixième, 2523.

Twastri, le onzième. On nomme le douzième Vishnou. Le dernier de ces Adityas l'emporte sur eux tous par ses qualités. 2524.

Diti n'eut qu'un fils, appelé Hiranyakaçipou. Celui-ci donna le jour aux cinq, dont voici les noms : 2526.

Prahlâda, leur aîné ; Sanhlâda, le puiné, immédiatement après lui ; Anouhlâda, qui fut le troisième, Çivi et Vâshkala. 2526.

Prahlâda eut trois fils, dont il est parlé en tous lieux, rejeton de Bhârata ; ce sont Virotchana, Koumbha et Nikoumbha. 2527.

Virotchana eut un seul fils, le majestueux Bali, qui fut le père d'un fils célèbre, le grand Asoura Vana. 2528.

On sait que, sous le nom de Mabâkâla, il fut le suivant fortuné de Çiva. Danou eut quarante fils, célèbres en tous lieux, *magnanime* Bharatide. 2529.

Le premier né fut le roi Pravitchitti à la vaste renommée, Çambara, Namoutchi et celui, qui fut nommé Pouloman, 2530.

Asiloman, Kéçi et le Dânava Dourdjaya, Ayaççiras, Açvaçiras, et le vigoureux Açvaçankou, 2531.

Le rapide Gaganamoûrddhan, Rétoumat, Swarbhânou, Açva, Açvapatis, Vrishaparvan et Djaka, 2532.

Açvagrîva, Soûkshma, Touhounda à la grande force, Ékapâda, Ékatchakra, Viroûpâksha et Mahaudara, 2633.

Nitchandra, Nikoumbha, Koupata et Kapata, Çarabha, Çalabha, Souryas et Tchandramas. Les Dânavas, dont je viens de te réciter les noms, furent les plus célèbres dans la race de Danou. 2534.

Mads autres sont les deux, qu'on appelle Souryas et Tchandramas parmi les Dieux, autres ceux, qui portent les mêmes noms entre les chefs des Dânavas. 2535.

Ces fils de Danou sont des races illustres, à la grande force, à la grande âme. En voici dix autres moins *célèbres*, quoique nés également de Danou : 2536.

Ékâksha, le héros Amritapa, Pralamba et Naraka, Vâtâpî, le meurtrier des ennemis, Çatha, le grand Asoura, Gavishtha, Vanâyou et le Dânava Dîghadjihva. Les fils et petits-fils de ces *quarante* seraient innombrables à dire, rejeton de Bharata. 2537-2538.

Sinhikâ mit au monde Rahoû, son fils, l'oppresseur du soleil et de la lune, Soutchandra, Tchandrahantri et Tchandrapramardana. 2539.

Les fils et petits-fils de Kroûrâ étaient d'une féroce nature, troupe malfaisante et vouée à la colère, le fléau de ses ennemis. 2540.

Ensuite Danâyoush eut quatre fils, éminents Asouras : Vikshara, Bala, Vira et le grand Asoura Vritra. 2541.

Les enfants de Kâlâ furent des guerriers illustres, à la grande force, semblables à la mort, consumant leurs ennemis et vantés par la renommée entre les Dânavas : 2542.

Vinaçana, Krodha, Krodhahantri, *un second* Krodha, Çatrou et d'autres fils de Kâlâ, dont la renommée les noms. 2543.

Mais Çoukra, né du rishi *Bhrigou*, fut l'instituteur spirituel des Asouras. Ouçanas *(c'est le même sous un autre nom)* eut quatre fils célèbres, qui furent les sacrificateurs des Asouras : 2544.

Twashtâdhara, Atri et deux autres Karmî et Râaudra, tous d'une splendeur égale à celle du soleil, et n'ayant pour but que le monde de Brahma. 2545.

J'ai fini de te raconter *cette première partie* l'origine de ces Dieux et de ces impérieux Asouras, telle que jadis je l'ai ouï raconter moi-même. 2546.

Mais il est impossible, maître de la terre, d'exposer complètement leur immortelle postérité aux nombreuses qualités. 2547.

Târkshya et Arishtanémi, ou Garouda et Arouna, qu'on appelle aussi Arouni et Vârouni sont dits les fils de Vinatâ. 2548.

Kadroû enfanta, dit-on, Çésha, Ananta et Vâsouki, le serpent Takshaka, Koûrma et koulika. 2549.

Bhîmaséna, Ougraséna, Souparna et Varouna, Gopati, Dhritarâshtra et Soûryavartchas, le septième, 2550.

Satyavâtch, Arkaparna et le fameux Prayouta, Bhîma, Tchitraratha, qu'on appelle le savant en toute science, le sage, qui a dompté ses passions, 2551.

Çaliçiras et Pardjanya, qui est le quatorzième, Kali le quinzième et Nàrada le seizième ; voilà, sire, les divins Gandharvas, qu'on dit être nés de Mouni. 2552.

Je vais exposer d'autres *généalogies* en grand nombre, petit-fils de Bharata. Pradhâ fut la mère de Anavadyâ, Manou, Vançâ, Asourâ, Mârganapriyâ, Anoûpa, Soubhagâ et Bhàsî. Elle eut pour fils Siddha et Poùrna, Vahi et Poûrnâyoush à la vaste renommée, 2553-2554.

Brahmatcharl, Ratigouna et le bien vertueux Souparna, Viçvâvasou, Bhânou et Soutchandra, qui est le dixième. Ce sont là ses fils, les musiciens des Dieux. Jadis Pradhâ conçut encore d'un saint anachorète ces Apsaras, famille célèbre et qui porte le sceau de la pureté : Alamboushâ, Miçrakéçî, Vidyoutparnâ, Tilauttaraâ, 2555-2556-2567.

Arounâ, Rakshità et la séduisante Rambhâ, Kéçinî, Soubàhou, Souratâ, Souradjâ, 2558.

Et Soupriyâ, Atibâhou, les deux illustres Hâhâ et Hoùhoù avec Toumbourou ; ces quatre sont les plus habiles musiciens des Gandharvas. 2559.

L'amrita, les brahmes, les vaches, les Gandharvas et les Apsaras ainsi que la postérité de Kapilâ sont racontés dans le Pourâna. 2500.

Je viens d'exposer à tes yeux l'origine de tous les êtres ; je t'ai dit également celle des Apsaras et des Gandharvas,

Des serpents, des Souparnas, des Roudras et des Maroutes, et des vaches, et des brahmes fortunés aux œuvres pures ; 2561-2662.

Histoire, qui donne une longue vie, la richesse et la sainteté, qui verse le plaisir aux oreilles, qu'il faut écouter sans cesse et que doit faire entendre l'homme, qui n'a jamais la malédiction sur ses lèvres. 2563.

Quiconque lira dans la compression des sens cette généalogie devant les brahmes, pareils aux Dieux, ne peut manquer d'obtenir en ce monde une postérité nombreuse, la prospérité, la gloire, et dans l'autre vie, le sentier de l'éternelle félicité ! 2564.

Six maharshis, reprit Vaîçampâyana, sont reconnus pour les fils intellectuels de Brahma ; onze de la plus haute splendeur sont dits les fils de Sthânou, *c'est-à-dire de* Çiva : 2566.

Mrigavyâdha, Sarpa, Nirriti à la vaste renommée, Adjaikapadahi le Boudhnide et Pinâkî, l'immolateur des ennemis, 2566.

Dahana, Içwara et Kapâli à la grande splendeur, Sthânou, Bhaga et l'auguste Roudra, qui est ici nommé le onzième. 2567.

Voici quels furent les fils de Brahma, ces maharshis, pleins de vigueur : Marîtchi, Angoras, Atri, Poulastya, Poulaha et Kratou. 2568.

Angiras eut trois fils, de qui les noms sont partout répétés dans le monde : Vrihaspati, Outathya et Samvartta, ferme dans ses vœux. 2569.

La renommée dit, monarque des hommes, qu'Atri fut père de nombreux fils, tous grands saints à l'âme placide, parfaits, instruits dans les Védas. 2570.

Les Rakshasas, les orangs, les Kinnaras et les Yakshas, ô le plus éminent des hommes, sont les fils du sage Poulastya. 2571.

On dit, sire, que les sauterelles, les lions, les Kinnaras, les tigres, les Yakshas et les loups sont les fils de Poulaha. 2572.

Les fils de Kratou, compagnons du soleil, dévoués au culte de la vérité et semblables au sacrifice, sont connus dans les trois mondes. 2573.

Du pouce droit de Brahma naquit, protecteur de la terre, Daksha à l'âme placide, aux grandes pénitences. L'épouse de ce magnanime naquit elle-même du pouce gauche. L'anachorète la rendit mère de cinquante filles. 2574-2575.

Toutes ces jeunes vierges aux yeux de lotus bleu étaient de charmantes personnes. Le Pradjâpati, quand il eut perdu son fils, établit ses filles. 2576,

Il en maria, suivant les rites observés parmi les Dieux, dix au Devoir, vingt-sept à Lunus et treize à Kaçyapa. Écoute-moi te dire nommément quelles furent les épouses du Devoir : la Gloire, la Prospérité, la Fermeté, l'Intelligence, l'Alimentation, la Foi, l'Adoration, la Science, la Pudeur et la Raison. Voilà ces épouses du Devoir. Ce sont comme les portes de la vertu, qu'a faites l'Être-existant par lui-même. 2577-2578-2579.

Les vingt-sept épouses de Lunus sont illustres dans les mondes. Vouées à la pureté, domiciliées toutes dans les constellations, ces femmes sont attentives à diriger le temps conformément aux lois de la marche du monde. Brahma fut père du divin Manou, qui eut pour fils Pradjâpati. Les huit Vasous sont les fils de ce dernier ; je vais dire leurs noms complètement : 2580-2581.

Dhara, Dhrouva, Soma, Ahar, Anila, Anala, Pratyousha et Prabhâsa, qui est le huitième. J'ai nommé là tous les Vasous. 2582.

Dhara est le fils de Dhoûmrâ, Dhrouva de Brahmavidi, Tchandramas ou *Soma* de Manasvinî, Çwasana *ou Anila* de Swâsâ. Ahar est le fils de Ratâ, Houtâçana *ou Anala* de Çândilî : mais Prabhâtâ eut deux fils : Pratyousha et Prabhâsa. 2583-2584.

Dhara fut père de Houtahavyavaha et Dravina ; le vénérable Kâla, *le temps*, qui sert de comput aux mondes, eut Dhrouva pour son père. 2585.

Soma fut père d'Artchas, duquel et de Manoharâ naquirent Arthasvî, Çiçiras, Prâna et Ramana. 2586.

Djyoti, *la lumière*, Çama et l'anachorète Çânta furent les fils d'Ahar, *le jour* : un bel enfant, nommé Çaravanâlaya, fut le fils d'Agni. 2587.

Après celui-ci naquirent Çâka, Viçâka, Naîgaméya et le Dieu nommé Kârtikèya, quand Agni eut fécondé la Pléiade. 2588.

L'épouse d'Anila fut Çivâ, de laquelle sont nés Manodjava et Avijnâtagati. Le Vent eut ainsi deux fils. 2589.

On sait que Pratyousha fut père d'un saint, nommé Dévala. Celui-ci eut deux fils, doués de génie et pleins de patience. Vrihaspati avait une sœur, femme des plus distinguées : Brahmavâdinî était son nom. 2590.

Adonnée à la méditation, elle parcourait le monde entier, dont elle était complètement détachée : c'est elle, qui fut l'épouse de Prabhâsa, le troisième des Vasous.

De ce mariage, naquit l'éminent Viçvakarma, le père des arts, l'inventeur de mille métiers, le charpentier des treize Dieux ; 2591-2592.

Le créateur de toutes les parures, le plus habile des artisans et des artistes, celui, par qui furent construits les célestes palais des Immortels : 2593.

Ce grand génie, dont les enfants de Manou cultivent les arts ; cet immortel Viçvakarma, honoré d'un culte incessant. 2594.

Le Devoir, ayant percé le sein droit de Brahma, sortit de sa poitrine sous la forme d'un homme, apportant le bonheur à tous les mondes. 2595.

Il eut trois fils, qui font les délices de toutes les créatures : Çama, Kâma et Harsha, *ou la patience, l'amour et la joie*, dont la force soutient le monde. 2596.

Ratî fut l'épouse de l'Amour, Prâpti la femme de Çama, et Nandâ l'épouse de Harsha : elles sont les trois bases des mondes. 2597.

Kaçyapa est le fils de Marîtchi, ô le plus éminent des hommes ; et de Kaçyapa sont nés les Dieux et les Démons :

il est l'origine des mondes. 2598.

Twashtri fut l'épouse du soleil. Cette noble Déité, qui avait les formes d'une cavale, enfanta les deux Açwins dans l'atmosphère. 2599.

Aditi eut douze fils, à la tête de qui siège Indra. Le plus jeune de tous, puissant monarque, est Vishnou, dont le bras soutient les mondes. 2600.

Ce sont là ces trente-trois Dieux, dont je t'ai exposé la génération ; maintenant je vais te dire les Ganas par groupes, suivant les familles. 2601.

Une autre branche est celle des Roudras, des Sadhyas, des Maroutes et des Vasous. Qu'on sache encore celle des Bhargavains et les Viçvadévas. 2602.

Arouna et le puissant Garouda, fils de Vinatâ, sont mis avec le vénérable Vrihaspati au nombre des Adityas.

Sache encore les deux Açwins, les Gouhyakas, tous les simples et les victimes pour le sacrifice. Quiconque a raconté ces Dieux, que je t'ai dits successivement, est délivré de tous ses péchés ! Du cœur de Brahma, dont il avait percé l'enveloppe, sortit l'auguste Bhrigou. 2603-2604-2605.

Bhrigou donna le jour au docte poète Çoukra, duquel est né Graha, Déité à la grande intelligence, gourou des Adityas, celui, qui leur enseigne l'absorption en l'Être absolu. Brahmâtchari des Souras eux-mêmes, Çoukra, fidèle à ses vœux, circule dans l'univers par la pluie et la sécheresse, dans la paix ou les alarmes, suivant les injonctions de l'Être-existant-par-lui-même, pour la subsistance des trois mondes. 2606-2607.

Après que le Bhargavain eut reçu de Brahma cette mission, Bhrigou fut père d'un autre glorieux fils, 2608.

Tchyavana à la pénitence enflammée, le juste, que vante la renommée, celui, Bharatide, que la colère fit sortir du sein de sa mère, pour la sauver *du Rakshasa*.

Aroushî, fille de Manou, fut l'épouse de ce sage. Elle conçut de lui ce fameux Aaurva, qui vint au monde en perçant la cuisse de son père. 2600-2610.

Éblouissant de splendeur, plein de force et, dès l'enfance, déjà doué de toutes les qualités, il fut père de Bitchîka, de qui est né Djamadagni. 2611.

Le magnanime Djamadagni eut quatre fils : Râma, le moins âgé de ses frères, n'était pas doué des moindres qualités. 2612.

Maître de ses passions, habile dans toutes les armes, il extermina les kshatryas. L'Aaurvideeut cent fils, desquels Djamadagni fut l'aîné. Deux naquirent des milliers de fils, dont la race couvre la terre. 2613.

Brahma eut deux autres fils : Dhâtri et Vidhâtri, dont les noms restent dans le monde, où ils se tiennent avec Manou. 2614.

Ils ont pour sœur Lakshmî, cette ravissante Déesse, de qui le palais est un lotus, et les fils, nés de sa pensée, des chevaux, qui galopent dans les airs. 2615.

L'épouse de Varouna fut la Déesse, fille aînée de Çoukra. Sache qu'elle eut pour enfants Bala et Sourâ, la joie des Immortels. 2616.

Adharma, *l'injustice,* la ruine de tous les êtres, naquit ici-bas de cette envie, qui pousse les créatures à s'arracher les aliments et les jouissances les uns des autres.

Nirriti, d'où les épouvantables Rakshasas furent appelés Naîrritas, fut son épouse : elle eut trois fils, dont les mauvaises œuvres sont l'amusement continuel. 2617-2618.

Bhaga, *l'effroi,* Mahâbhaga, *la grande peur,* et Mrityou, *la mort,* qui met fin à tous les êtres. Qui que ce soit ne put jamais être ni l'épouse, ni le fils de celui-ci, car c'est la perte de tout. 2619.

La déesse Tâmrâ fut la mère de cinq filles, célèbres dans le monde : Kâkî, Çyénî, Bhâsi, Dhritarâshtri et Çoukî. 2620.

Kâkî mit au monde les hibous et Çyénî les faucons : Bhâsî, roi des peuples, fut la mère des orfraies et des vautours. 2621.

Les oies, les cygnes et les tchakravâkas, s'il m'est permis de le dire, furent de tous côtés les enfants de Dhritarâshtrî. 2622.

Les perroquets sont nés de l'illustre Çoukî, douée de nobles qualités, honorée pour tous les signes de la perfection. 2623.

Une esclave de Krodha mit au jour neuf filles, enfants de la colère : Mrigi, Mrigamandâ, Hari et Bhadramanas,

Mâtangî, Çârdoûlî, Çwétâ, Sourabhi, qui possédait tous les caractères de la beauté, et l'irascible Sourasâ. 2624-2625.

Voici quelle fut leur postérité : toutes les gazelles, fléau des ennemis, ô le plus grand des plus grands hommes, sont nées de Mrigî ; les ours et les daims sont les enfants de Mrigamandâ, 2626.

Bhadramanas enfanta l'éléphant Aîrâvata. Cet Aîrâvata, son fils, est la monture d'Indra et le plus grand des éléphants. 2627.

Harî fut la mère des chevaux et des singes rapides : on dit aussi que les golângoûlas, *singes à queue de vache*, avec ta permission, sont les fils de Harî. 2628,

Çârdoûll donna le jour aux lions, aux tigres, aux panthères, à tous les grands carnassiers complètement, c'est hors de doute. 2629.

Les éléphants, souverain des hommes, sont la postérité de Mâtangî ; mais Çwétâ fut la mère du rapide éléphant des plages célestes, appelé *comme elle* Çwéta. 2630.

Sourabhi enfanta deux filles : Rohinî, sire, si tu me permets de le dire, et l'illustre Gandharvi. 2631.

Les taureaux engendrèrent, s'il te plaît, *noble* Bharatide, Analâ et Vimalâ au sein de Rohinî ; et les chevaux des filles au sein de Gandharvî. Analâ produisit les arbres, dont les fruits sont confits de la plus exquise douceur.

Çoukî fut la fille d'Analâ et Kanka le fils de Sourasà. Çyénî, qui fut l'épouse d'Arouna, mit au monde deux fils vaillants à la grande force, Sampâti et le robuste

Djatâyoush. Sourasà fut la mère des Nâgas et Kadroû des serpents. 2632-2033.

Les fils de Vinatâ sont connus sous les noms d'Arouna et Garouda. Ici, monarque des enfants de Manou, ô le plus distingué parmi les êtres doués de l'intelligence, j'ai achevé complètement de te raconter l'origine de tous les grands êtres. » 2634.

Quiconque l'entend est aussitôt lavé de tous ses péchés ; il acquiert la science de tout, il entre dans la voie *de la* suprême félicité. 2635.

Djanamédjaya dit : « Ta sainteté a fait passer devant moi les origines des Dieux, des Dânavas, des Gandharvas, des Nâgas, des Rakshasas, des lions, des tigres, des gazelles, des serpents, des oiseaux et de tous les êtres : maintenant j'aurais envie de voir se dérouler, successivement et suivant la vérité, les naissances et les actions de tous ces magnanimes êtres au milieu des hommes. » 2636-2637.

« Roi des enfants de Manou, répondit Vaîçampâyana, je t'exposerai les aventures des habitants du ciel au milieu des hommes ; mais d'abord je vais te dire complètement les naissances des Dânavas sur la terre. 2638.

Le roi des Dânavas connu sous le nom de Vipritchitti devint chez les enfants de Manou un roi, appelé Djarâsandha. Le fils de Diti, qui porte le nom de Hiranyakaçipou, naquit dans le monde des hommes, puissant roi, sous le nom de Çiçoupala. 2639-2640.

Sanhlâda, frère mineur de Prahlâda, naquit roi du Balkhan et fut celui, qu'on appelait Çalya. 2641.

Le Dânava, qui était nommé Anouhlâda, comme le plus jeune de ses frères, devint le monarque puissant, qui portait le nom de Drishtakétou. 2642.

Le Daîtya, sire, de qui le nom de Çivi était vanté à la ronde, fut un roi sur la terre, qu'on appelait Drouma. 2643.

Un chef des Asouras, que ces Démons, roi des hommes, nommaient Vâskala, naquit, appelé Bhagadatta. 2644.

Ayaççiras, Açvaçiras, le vigoureux Ayaççankou, Gaganamoûrddhan et Végavat, qui est le cinquième, 2645.

Ces grands Asouras, pleins de force, naquirent tous les cinq, ivres d'orgueil, sire, à la tête des plus hauts princes chez les Kékayides. Un autre dignitaire, qu'on appelait Kétoumat, 2646.

Fut ce monarque aux terribles exploits, nommé Amitâaudjas. L'opulent et grand Asoura, nommé Swarbhânou,

Devint ce roi, dont les formidables gestes ont justifié le nom d'Ougraséna. Un autre glorieux et grand Asounu qu'on appelait Açva, 2647-2648.

Fut ce monarque à la haute vaillance et jamais vaincu, qui porta le nom d'Açoka. Mais son frère puiné, sire, qui était nommé Açvapati, 2649.

Ce Daîtya fut le puissant monarque Hârddikiya. Le fameux et grand Asoura, nommé Vrishaparvan, 2650.

Devint sur la terre le roi, qu'on appelait Dîrghaprajna ; et Adjaka, sire, qui était le frère puiné de Vrishaparvan, 2651.

Fut ici-bas le roi, nommé Çâlou. Le grand Asoura, appelé Açvagrîva et distingué par la qualité de bonté, 2662.

Naquit sur la terre sous le nom du roi Rotchamâna. L'intelligent Soûkshma, de qui la gloire est célèbre, 2653.

Devint en ce monde un prince, nommé Vrihadratha. Le chef des Asouras, qu'on appelait Touhounda, 2664.

Fut le monarque appelé Senâvindhou. Celui des Asouras, qui avait nom Ishouna de force supérieure, 2655.

Fut sur la terre un souverain fameux par sa vaillance et Donuné Nagnadjit. Le grand Asoura, qui était dit Ékatchakra, 2656.

Devint sur la terre un prince illustre, appelé Prativindhya. Le Dattya Viroupâksha, héroïque et puissant Asoura, 2657.

Fut ici-bas un prince, appelé Tchitradhanna. Le sublime Asoma, héros entraînant les ennemis, qui s'appelait Hara, 2658.

Fut sur la terre le fortuné prince, ayant pour nom Soubâhou ; et Souhara, de qui la grande vigueur semait l'extermination dans les armées de l'ennemi, 2659.

Fut ici-bas un roi, qui rendit fameux son nouveau nom de Yâhlika. L'éminent Asoura, qu'on appelait Nitchandra au visage de lune, 2660.

Devint ici le beau prince, appelé Moundjakéça. Nikoumbha à la haute intelligence, invincible dans les combats, naquit 2661.

Le plus vertueux des monarques sur la terre, où il fut nommé Dévâdhipa. Le grand Asoura, qui, parmi les Adityas, portait le nom de Çarabha, 2662.

Devint ensuite un saint roi, le plus grand des hommes, nommé Pâaurava. Un prince des Asouras, sire, le fortuné Koupatha à la force puissante 2663.

Naquit sur la terre, où il fut le fameux roi Soupârçva. Un autre chef des Asouras, sire, naquit encore ici-bas et fut Kratha, le saint roi. 2664.

Après eux, Çalabha *se fit homme et* fut le roi Pârvatéya, semblable à une montagne d'or. 2666.

Le plus vertueux des fils, qui doivent le jour à Diti, Tchandra, égal dans le monde à la reine des étoiles, fut un roi du Balkhan, nommé Prahlâda. 2666.

Le roi des Dânavas, célèbre sous le nom d'Arka, fut le souverain du Kambodje, appelé Tchandravama. 2667.

Un prince des Asouras, nommé Mritapâ, fut le saint roi Rishika, le plus vertueux des monarques. 2608.

Sache, ô le meilleur des rois, que le grand Asoura à la grande splendeur, Gavishtha naquit dans la personne du roi Paçtchimânoûpaka. 2069.

Ce fortuné chef des Asouras, qu'on appelait Mayoùra, fut sur la terre le roi nommé Droumaséna. 2670. Son frère puiné, qui avait nom Souparna, devint ici-bas le monarque appelé Viçva. 2671.

L'éminent Asoura, qu'ils appelaient Tchandrahantri, fut sur la terre le roi nommé Kâlakîrti. 2672.

Le grand Asoura, qui s'intitulait ainsi : « l'Exterminateur-de-la-lune, » devint ici-bas le saint roi Çounaka. Le prince des Dânavas, qu'on appelait Dîrghadjihva, fut, rejeton de Rourou, ce monarque des enfants de Manou, qui se nommait Djânaki. 2673-2674.

Ce Démon, oppresseur du soleil et de la lune, que Sinhikâ, souverain de la terre, mit au monde sous le nom de Graha ou de Râhou, fut sur la terre ce prince, qui était dit le roi de Kâçi. Le monarque, appelé Krâtha, était l'incarnation 2676.

D'un Asoura, l'ainé des quatre fils d'Anâyoush ; il se nommait Vikshara et fut, dit-on, le radieux monarque Vasoumitra. 2676.

Le deuxième après ce Vikshara, puissant roi, était un grand Asoura ; il devint un roi connu sous le nom de Pândyarâshirâdhipa. 2677.

L'éminent Asoura, nommé Valîna, devint le monarque appelé Pâaundramâtsyaka. 2678.

Le grand Asoura, sire, qui avait nom Vritra, fut ici-bas le saint roi, qu'on appelait Manimat. 2679.

Le frère puiné de Vritra, l'Asoura Krodhahantri, fut sur la terre ce roi, qui se nommait Danda. 2680.

Un autre frère, nommé Krodhavarddhana, fut un prince appelé Dandadhâra. 2681.

Huit rois d'une vigueur égale à celle des tigres, ô tigre des rois, furent les fils de ces *trois Asouras*, enfants de Kâlî. 2682.

Le grand Asoura, ainé des huit rejetons de Kâll, fut ici-bas le prince Djayatséna, roi des Magadhains. 2683.

Le deuxième après lui, beau, semblable à Indra, fut sur la terre le monarque appelé Aparâdjita. 2684.

Le troisième, grand Asoura à l'éblouissante splendeur et nommé Mahâmâya, naquit sur la terre, doué d'une épouvantable vigueur, et fut le roi des Nishâdains. 2685.

Un autre, qui est dit le quatrième parmi eux, devint sur la terre le plus vertueux des rois saints et porta le nom de Çrénimat. 2686.

Le cinquième entre eux, éminent parmi les grands Asouras, signala ici-bas le nom de Mabâaudjas, héros consumant les ennemis. 2687.

Le grand Asoura, sixième entre eux, distingué par l'intelligence, fut sur la terre Abhîrou, le plus excellent des saints rois. 2688.

Le roi Samoudraséna eut pour son père celui, qui succède dans l'ordre numérique de ces princes ; il fut célèbre sur la terre, qui a pour limites les mers, et connut la vraie nature de la richesse et du devoir. 2689.

Le huitième de ces rejetons de Kâlî, nommé Vritra, fut sur la terre, monarque des hommes, un roi juste et qui fit son plaisir du bonheur de tous les êtres. 2690.

Le héros, semblable à une montagne d'or, qu'on appelait Pârvatiya, fut, avant de l'être, un puissant Dânava, sire, appelé Koukshi. 2691.

Le fameux et grand Asoura Krathana aux vastes forces naquit sur la terre, sire, le souverain nommé Soûryâksha. 2692.

Le grand et bel Asoura, qui était *de corps et de nom* le Soleil des Asouras, fut ici-bas le plus distingué des rois dans la personne du Balkhanien Darada. 2693.

Les Krodbavaças, cette troupe violente, dont je t'ai parlé, sire, naquirent dans ce monde-ci héroïques monarques. 2694.

Je t'ai parlé, sire, de la troupe de ces Génies violents : d'elle naquirent ici-bas d'héroïques monarques : 2695.

Madraka, Karnavéshta, Siddhârta et Kîtaka, Souvira, Sdubàhou et Mahâvîra le Balkhanien, 2696.

Kratha, Vitchitra, le fortuné Souratha et le monarque Anîla, Tchiravâsas, ô rejeton de Kourou, et celui, qui fut par le nom et la chose Bhoûmipàla, *roi de la terre,*

Dantavaktra, le Dânava, qu'on appelait Dourdjaya, et le souverain, Djanamédjaya, qui fut nommé Roukmî, le roi des rois, 2697-2698.

Ashâtha, Vâyouvéga et Bhoûritédjas, Ékalavya et Soumitra, Vâtadhâna et Gomonkha ; 2699.

Et les rois des Kàrouslias, Kshéna et Dhoûrtti, Çroutiyou, Oudvaha et Vrihatséna, 2700.

Kshéma, Agratîrtha et Kouhara, le roi du Kalinga ; puis Matimat, à toi, Indra des enfants de Mânou, et celui, qui fut appelé Içvara. 2701.

Telle est cette foule de rois, qui sont nés sur la terre, incarnations de cette troupe de violents Génies. Jadis, un puissant Dânava au rang élevé, à la vaste renommée, aux grandes forces, nommé Kâlanétui, naquit *parmi les hommes* et fut le robuste Kansa, fils d'Ougraséna. 2702-2703-2704.

Le principal chef des Gandharvas naquit roi sur la terre et fut celui, qu'on appelait Dévaka, d'une splendeur égale à celle du roi des Dieux. 2705.

Sache, Bharatide, que Drona n'eut rien du sang de Bharadwâdja et qu'il est né d'une portion de Vrihaspati, le Dévarshi à la vaste gloire. 2706.

Ainsi né, souverain des enfants de Manou, il fut, roi des rois, le plus grand des archers, habile en toutes les armes, doué d'une éclatante splendeur, jouissant d'une haute renommée. 2707.

Ceux, qui possèdent les Védas, savent que Drona, l'honneur de sa famille, Drona aux œuvres variées, était versé dans les Védas et connaissait la science de l'arc.

Çiva, la Mort, la Colère et l'Amour se réunirent pour ne former ensemble qu'un seul être, par qui fut engendré le héros Açvatthâman aux yeux de lotus bleu, à la grande vigueur, dont le courage, sur la terre, où il naquit roi des hommes, consumait les ennemis et semait la mort dans leurs bataillons. 2708-2709-2710.

Çântanou rendit la Gangà mère ici-bas des huit Vasous par la malédiction de Vaçishtha et sur l'injonction de Vâsava. 2711.

Leur puiné fut Bhîshma, intelligent, versé dans les Védas, éloquent, assurant les Kourouides sous l'abri de son bras et disséminant le trépas dans les armées des ennemis. 2712.

Éclatant de splendeur et le plus habile de tous ceux, qui savent manier les armes, il combattit avec le magnanime Bhargavain Râma, fils de Djamadagni. Celui, qui fut sur la terre le saint roi Kripa, sache que ce héros à la bravoure infinie était né, sire, de la famille des Roudras. 2713.

Cet autre, qui fut dans ce monde l'héroïque monarque, écrasant les ennemis, appelé Çakouni, sache encore, sire, que c'était une incarnation de Dwâpara[25]. 2714.

Çatyaki, de qui la bouche était vouée à la vérité et qui broyait les ennemis des Dieux, naquit de la race des Maroutes dans la famille de Vrishni. 2715.

Le saint roi Droupada, sire, le meilleur de tous ceux, qui ont porté les armes, naquit du même groupe en ce monde. 2716.

D'eux sortit encore, sache-le, sire, Kritavarman, le monarque des peuples, aux exploits sans pareils, qui excellait sur les plus grands des kshatryas. 2717.

Le roi Virâta, qui incendiait le royaume de ses ennemis et broyait leurs années, naquit aussi, apprends-le, du groupe des Maroutes. 2717.

Un chef des Gandharvas, incrément de la race des Kourouides, s'incarna dans la personne de ce fils d'Arishtâ, qu'on appelait Hansa. 2718.

Le roi, nommé Dhritarâshtra aux longs bras, à la grande splendeur, éclairé par la science, était le fils de Krishna-Dwaîpâyana. 2719.

Il était né aveugle par la malédiction d'un saint anachorète, qu'une faute de sa mère fit tomber sur lui. Il avait un frère plus jeune à la grande âme, à la grande force, 2720.

Nommé Pândou, *prince aux mœurs* pures et qui mettait son plaisir dans l'observance de la vérité. Sache que le noble fils d'Atri, le mieux partagé des pères, naquit dans ce monde sous les formes de Vidoura, le plus distingué des êtres, qui sont doués de l'intelligence. 2721.

Une portion de Kali[26] naquit sur la terre dans la personne du roi Douryodhana, intelligence étroite, jugement faux, la honte des Kourouides ; 2722.

Lui, Kali fait homme, abhorré de l'univers entier, qui a couvert de carnage toute la terre, ô toi, le *puissant* monarque de la terre ; 2723.

Lui, par qui fut allumée cette vaste guerre, cause de la destruction des êtres ! Les fils de Poulastî naquirent ici-bas ses frères au milieu des enfants de Manou. 2724.

Ils étaient une centaine, Douççâsana et les autres, tous adonnés à des actions cruelles. Douryodhana eut pour ses compagnons les fils de Poulastî, Dourmoukha, Doussaha, les autres, qui n'étaient pas célèbres, et Youyoutsou le Dhritarâshtride, né d'une vaîçyâ et un par-dessus la centaine. 2725-2726.

« Révérend, interrompit Djanamédjaya ; raconte-moi successivement les noms des aînés et des puinés de ces fils de Dhritarâshtra. » 2727.

Vaîçampâyana répondit :

« Douryodhana, sire, Youyoutsou, Douççâsana, Doussaha, Douççala, et un autre appelé Dourmoukha, 2728.

Vivinçati, Vikarna, Djalasandha, Soulotchana, Vindânou et Vindou, Dourdharsha, Soubâhou, Douspradhar- shana. 2729.

Dourmarshana et Dourmoukha, Doushkarna et Karna lui-même, Tchitra et Oupatchitra, Tchitrâksha et le beau Tchitrângada, 2730.

Dourmada, Douspraharsha, Vivitsou, Souvikata, Sama, Ournanâbha et Padmanàbha, Nanda et Oupanandaka, Sénâpati, Soushéna, Koundodara et Mahodara, Tchitrabâhou, Tchitravarman, Souvarman et Dourvirotchana, 2731-2732.

Ayobâhou, Mahàbàhou, Tchitratchâpa et Soukoundala, Bhîmavéga, Bhîmavala, Valakî et Bhîmavikrama, 2733.

Ougrâyoudha, Bhîmaçara, Kanakâyoush, Drithâyoudha, Drithavarman, Drithakshattra, Somakirtti, Anoûdara, 2734.

Djarâsandha, Drithasandha et Satyasandha, Sahasravâk, Ougraçravas, Ougraséna et Kshémamoûrtti lui-même, 2735.

Aparâdjita, Panditaka, Viçàlàksha, Dourâdhana, Drithahasta, Souhasta, Vâtavéga et Souvartchas, Adityakélou, Vahvâçî, Nâgadatta et Anouyâyî, 2736-2737.

Kavatchî, Nishangî, Dandî, Dandadhâra, Dhahourgraba, Ougra, Bhîmaratha, Vîra, VIrabâhou, Aloloupa,

Abhaya et Ràaudrakarman, Dritharatha, Anâdhrishya, Koundabhédî, Virâvî, Dirghalotchana, 2738-2739.

Dirghabâhou, Mahâbâhou, Vyoûthorou, Kanakângada, Koundadja, Tchitraka et Douççalâ, qui avait à elle seule plus de charmes que cent femmes ; 2740.

En outre, Youyoutsou le Dhritarâshtride, né d'une vaîçyâ et plus fort que cent hommes. Ici est complète, sire, cette énumération de cent fils et une fille. 2741.

Vos excellences savent maintenant par ordre les noms des aînés et des puinés : tous furent des héros, combattant sur des chars ; tous furent habiles dans la guerre.

Tous connaissaient les Védas ; tous avaient étudié complètement le Traité des rois ; tous, au milieu des arts de la guerre, resplendissaient par la famille et la science ;

Tous reçurent, puissant monarque, des épouses assorties. Le Kourouide donna au temps convenable, avec le consentement de Sâaubala, sire, Douççalâ à Djayatratha, le roi des pays baignés par l'Indus. Sache encore, sire, que le roi Youddhishthira fut une portion incarnée d'Yama ; 2742-2748-2744-2745.

Bhîmaséna du vent, Arjouna du roi des Dieux. Nakoula et Sahadéva, d'une beauté incomparable sur la terre, eux, qui ravissaient tous les êtres, étaient deux portions des Açvins. L'auguste fils de Lunus, qui porte le nom de Vartchas, 2746-2747.

Devint ici-bas Abhimanyou à la grande gloire, le fils d'Arjouna. Au moment de sa descente sur la terre, sire, Lunus tint ce langage aux Dieux : 2748.

« Je ne donnerai pas mon fils bien-aimé, qui m'est plus cher que la vie, si ce n'est à cette condition, qu'il sera impossible de violer. 2749.

» Nous avons à servir la cause des Dieux ; il faut exterminer les Démons sur la terre : Vartchas ira donc ; mais il n'y restera pas long-temps. 2750.

» Là, sera un fils d'Indra ; son nom est Arjouna ; c'est l'auguste fils de Pândou : Nârâyana est son ami. 2751.

» Vartchas sera son fils, héroïque enfant, qui restera là seize années, ô les plus excellents des Immortels. 2752.

» Sa seizième année accomplie verra la bataille, où les portions incarnées de vous-mêmes exécuteront l'œuvre d'écraser les forces des héros. 2753.

» Nara et Nârâyana n'assisteront pas à cette bataille, où les Souras d'entre vous combattront, armés d'une multitude de tchakras. 2754.

» Mon fils mettra en fuite tous les ennemis ; *guerrier* enfant, il pénétrera dans leur impénétrable armée, où il promènera sa vaillance. 2755.

» Il jettera la confusion parmi les plus braves des combattants aux grands chars ; et, dans la moitié d'un jour, ce héros aux longs bras aura plongé la quatrième partie de tous les ennemis dans la ville du roi des morts. Ensuite, quand il aura plus d'une fois affronté dans la bataille les plus vaillants héros, 2756-2757.

» Cet enfant aux bras puissants reviendra s'unir à moi sur la fin du jour ! Il aura donné l'être à un fils unique, héros, faisant race, 2758.

» Qui ranimera la famille éteinte des Bharatides. » À ces paroles de Lunus, les habitants du ciel : « Qu'il en soit ainsi ! » 2759.

Répondirent-ils, et tous ils se mirent de concerté à honorer le souverain des étoiles. Ici j'ai fini de te raconter, sire, la naissance de chaque père. 2760.

Sache que le héros Dhrishtadyoumna fut une portion incarnée d'Agni : sache encore, sire, que le Rakshasa Çikhandi avait commencé par être femme. 2761.

Cinq fils, chef des Bharatides, naquirent de Drâaupadî : sache que tous les chœurs des Dieux étaient nés *pour ainsi dire* en eux : 2762.

Le prince aîné Prativindhya, Soma, un autre appelé Çroutakîrti, Çatânika, fils de Nakoula, et le vigoureux Çroutaséna. 2763.

Le plus grand des Yadouides, nommé Çoûra, fut le père de Vasoudéva : il eut une fille, nommée Prithâ, qui n'avait pas son égale en beauté sur la terre. 2764.

Par le désir d'obtenir la faveur *des cieux*, ce prince vaillant accorda la main d'une fille, la jeune Agradjâ, — c'était son nom, — à Kountibhodja, qui n'avait pas d'enfants, sous la promesse, que ce fils du neveu de son père fit en sa présence, de lui donner le premier des fils, qui naîtraient de ce mariage. 2765-2766.

Prithâ, dans le palais de son père, était chargée d'honorer les brahmes, qui venaient y demander l'hospitalité. *Un jour*, elle eut à servir un brahme imposant, sévère, aux vœux parfaits. 2767.

On sut que c'était Dourvâsas, venu là dans une pensée secrète, *Dourvâsas*, qui enchaîne *les esprits* dans le devoir. Elle sut charmer, par tous les plus grands soins, ce brahme austère, à l'âme domptée. 2768.

Satisfait, il prononça une formule d'enchantement *faite* suivant la règle, et le révérend dit à sa jeune hôtesse : « Je suis content de toi, noble fille. 2769.

» Quel que soit le Dieu, que tu fasses venir avec cette invocation, toi, par sa grâce, tu enfanteras des fils dans le ciel. » 2770.

La noble enfant, à qui le brahme avait parlé de cette manière, poussée de la curiosité, comme une jeune fille, quelle était, fit un sacrifice au Dieu-soleil. 2771.

L'adorable, qui révèle tout par sa lumière, déposant alors un germe en elle, engendra dans la jeune vierge un fils, le plus héroïque de tous ceux, qui ont jamais ceint les armes. 2772.

Il portait des boucles d'oreilles et une cuirasse naturelles ; semblable en splendeur à fauteur du jour et paré de membres tous beaux, il était doué de la beauté d'un enfant des Dieux. 2773.

Alors Kounti, cachant le nouveau-né par la crainte de sa famille et de ses amis, abandonna son glorieux enfant au milieu des ondes. 2774.

L'époux de Râdhâ, cet illustre cocher *du roi*, trouva sur *le bord* des eaux ce nourrisson délaissé et le donna pour fils à son épouse. 2776.

Le mari et la femme donnèrent tous deux à l'enfant un nom, qui devint célèbre dans tous les pays du monde, celui de Vasoushéna. 2776.

Vigoureux en même temps qu'il se développait, il était le plus adroit en toutes les armes ; et, le plus grand des conquérants, ses lèvres *n'en* murmuraient *pas moins* tous les Védas et les Védângas. 2777.

Dans le moment, où ce sage à la bravoure infaillible récitait la prière à voix basse, il n'avait rien, qu'il exceptât de ses dons aux brahmes. 2778.

Indra, le conservateur des êtres, ayant pris les formes d'un brahmane, sollicita du héros pour un fils ses boucles-d'oreilles et sa cuirasse naturelles. 2779.

Karna aussitôt se les coupa et remit au faux brahme sa cuirasse et ses boucles-d'oreille. Indra lui donna une lance de fer et lui dit ces mots, accompagnés d'un sourire :

« Qui que soit l'inaffrontable héros des Dieux, des Asouras, des hommes, des Gandharvas, des serpents ou des Rakshasas, contre qui tu lanceras cette arme, il faudra qu'il périsse ! » 2780-2781.

Karma fut d'abord appelé sur la terre Vasoushéna ; ensuite, cette action lui fit donner le nom de Vaîkartana, *celui, qui s'est amputé une partie de soi-même.* 2782.

L'illustre Karna, que la nature avait revêtu d'une cuirasse, naquit le premier des fils de Prithâ. Ce héros grandit, ô le plus vertueux des rois, dans la famille du noble cocher. 2783.

Apprends, sire, que ce Karna, le plus grand des plus grands hommes, le plus adroit de tous ceux, qui manient les armes, le conseiller, l'ami de Douryodhana et l'exterminateur des ennemis, était une considérable portion du soleil, auteur du jour. 2784.

Celui, qui fut parmi les hommes l'auguste Vâsoudéva, était lui-même une portion de l'immortel Dieu des Dieux, qu'on appelle Nârâyana. 2785.

Baladéva aux grandes forces était une portion incarnée du serpent Çésha. Sache encore, sire, que Pradyoumna à la grande vigueur était Sanatkoumàra, *le fils ainé de Brahma.* 2786.

Il en fut ainsi de plusieurs autres souverains des enfants de Manou, qui, portions des habitants du ciel, naquirent, incréments de race, dans la famille de Vâsoudéva. 2787.

Je t'ai parlé, sire, de la troupe des Apsaras : maintes portions d'elles naquirent sur la terre, suivant l'ordre de Vâsava. 2788.

Seize mille de ces Déités furent, monarque des hommes, les épouses de Vâsoudéva dans le monde des enfants de Manou. 2789.

Sur le sol de la terre, naquit pour la volupté dans la famille de Bhishma la bonne princesse, nommée Roukminî, portion *incarnée* de Çrî. 2790.

Drâaupadî aux formes charmantes dut sa naissance à une portion de Çatchî : cette jolie vierge naquit du milieu de l'autel dans la famille du *roi* Droupada. 2791.

D'une taille ni trop petite, ni trop élevée, exhalant le parfum des fleurs du nélumbo, avec de grands yeux de lotus bleu, des cheveux bouclés et très-noirs, 2792.

Douée enfin de tous les caractères de la beauté et semblable à une pierre fine de lazuli, elle agitait en secret le cœur des cinq monarques, *fils de Pândou*. 2793.

Les Déesses, qui furent les mères des cinq jeunes princes, étaient la Perfection et la Constance, ou Kountî et Mâdrî ; la Prudence naquit fille de Soubala. 2794.

Ici, j'ai terminé, sire, de te raconter les avatars de ces portions des Dieux, des Dânavas, des Gandharvas, des Apsaras et des Rakshasas. 2795.

J'ai exposé devant tes yeux ces rois magnanimes, ivres de la fureur des combats, qui sont nés sur la terre dans la vaste famille des Yadouides, 2796.

Et les brahmes, et les kshatryas, et les Rakshasas. Cet avatar des portions, qui donne la richesse, la gloire, des fils, une longue vie et procure la victoire, doit être lu par une bouche innocente d'invectives. 2797.

Le Pandit, qui entendit raconter l'avatar des portions de ces Dieux, Gandharvas ou Rakshasas, arrivé au comble de la bonne fortune, ne croule pas au fond des malheurs.

Djanamédjaya dit :

« J'ai ouï de ta bouche complètement, brahmane, l'incarnation ici-bas de ces portions de Dieux, de Dânavas, de Rakshasas, de Gandharvas et d'Apsaras. 2798-2799.

» Je désire encore, brahme, t'entendre me raconter en présence des brahmarshis la généalogie des Kourouides, à partir du commencement, » 2800.

« Il y eut, répondit Vaîçampâyana, il y eut, ô le plus vertueux des Bharatides, un vigoureux défenseur de la terre bornée de quatre extrémités : il se nommait Doushmanta ; c'est lui qui fonda la race des Pâauravas. 2801.

Monarque des enfants de Manou et vainqueur dans les combats ; il a joui du quart entier de la terre et même des pays, qui ont pour manteau la mer. 2802.

Broyant les ennemis, il avait conquis toutes les contrées limitrophes jusqu'aux pays barbares, et reculé ses frontières sur des régions couvertes d'hommes des quatre classes et baignées par des mers, trésor de pierreries. 2803.

Pendant son règne, il n'y eut pas d'homme, qui mît la confusion dans les castes ; pas d'homme, qui exigeât un tribut de l'agriculture ; pas d'homme, qui fût un malfaiteur.

Les hommes, alors qu'il régnait, ô le plus éminent des hommes, goûtant le plaisir dans le devoir, obtenaient à la fois la richesse et la vertu. 2804-2805

Pendant son règne, mon enfant, on ne connut pas la crainte des voleurs, ni la plus faible crainte de la famine, ni même la crainte des maladies. 2806.

Les castes se complaisant chacune dans ses attributions, les trois autres n'enviaient point à la première la charge d'offrir le sacrifice : appuyés sur ce roi, tous n'avaient rien à craindre nulle part. 2807.

Indra versait les pluies au temps opportun ; les fruits étaient pleins de saveur ; la terre abondait en toute espèce de pierres fines, elle était riche de bestiaux. 2808.

Les brahmanes aimaient leurs fonctions et le mensonge n'existait pas chez eux. Le jeune homme avec un corps de diamant, doué d'une grande et prodigieuse vigueur.

Eût levé à la force des bras et porté le Mandara avec ses eaux et ses forêts. Très-habile à combattre sur l'échine d'un coursier, sur le dos d'un éléphant, avec toutes les armes de jet, avec la massue dans une embuscade, il égalait Vishnou pour la force, le soleil pour la splendeur, 2809-2810-2811.

L'océan pour l'inaltérabilité, la terre pour la faculté de soutenir. Le monarque, tenu en grande estime, maître d'un empire et de cités paisibles, 2812.

Donnait ses lois à un peuple, que rendaient heureux les plus nobles sentiments et mieux encore les vertus. » « le désire que tu m'apprennes, interrompit Djanamédjaya, la naissance, l'histoire de ce Bharata à la haute sagesse, et de quelle manière est née Çakountalâ. 2813-2814.

» Comment Çakountalâ fut-elle rencontrée par le héros Doushmanta ? Je désire que ta révérence, ô le plus distingué des êtres intelligents, toi, qui sais la vérité des choses, me donne tous ces détails sur la vie de ce lion des hommes, » — « Un jour, lui répondit Vaîçampâyana, accompagné de chars et d'une nombreuse armée, le puissant monarque 2815-2816.

Alla dans une épaisse forêt, escorté par des centaines de chevaux, environné d'une armée complète, admirable de beauté, 2817.

Entouré de héros armés de piques en fer et de cimeterres, tenant dans leur droite des pilons et des massues, entouré de guerriers portant à leur main des leviers de fer et des javelots barbelés. 2818.

Au cri de guerre des soldats, au concert des tambours et des conques, au bruit des roues tournant sous les chars, au bai rit des magnifiques éléphants, 2819.

Portant diverses armes, portant divers caparaçons, au son des armes frappées avec la paume, aux rugissements des lions confondus avec le bruit des hennissements, 2820.

Les cris de joie mêlés éclataient dans toute cette marche du roi. Montées sur la plate-forme de leurs palais superbes, les femmes regardaient s'avancer dans une magnifique pompe royale ce héros, qui seul eût suffi à sa gloire, l'exterminateur des ennemis, le portrait vivant d'Indra, assis sur un éléphant aux riches couvertures. 2821-2822.

À son aspect, les dames s'imaginaient voir le Dieu, qui tient la foudre : « Le voilà, disaient-elles, ce monarque des hommes, qui a dans les combats la vaillance d'un Vasou ! 2823.

» Les armées d'ennemis, qui ont éprouvé son invincible force, ne sont plus ! » À ces mots, prononcés avec amour, les femmes de marier les éloges du roi, et de verser une pluie de fleurs sur sa tête. Célébré çà et là de tous côtés par les plus éloquents des bardes, 2824-2825.

Il sortait ainsi, plein d'une joie suprême, et se dirigeait vers les forêts, conduit par l'envie d'y tuer les bêtes fauves. Les brahmes, les kshatryas, les vaïçyas et les çoûdras, tous suivaient à l'envi ce prince, semblable au roi des Dieux et qui tenait attelé au timon de son char un éléphant ivre de rut. Ils le contemplaient, ils le comblaient de bénédictions, ils l'acclamaient avec des cris de victoire. 2826-2827.

Citadins et villageois, tous le suivirent très-loin : enfin, congédiés par le roi, ils revinrent sur leurs pas. 2828.

Monté dans un char, qui semblait d'or, le monarque du globe remplissait de bruit et la terre et même le ciel.

Le sage roi vit dans sa marche un bois, pareil au Nandana, tout plein de catéchus, de calotropis et d'ægle-marmelos, tout rempli de féronies et de gislées tomenteuses, 2829-2830.

Au sol inégal, hérissé de rocs écroulés des montagnes, privé d'eau, sans un seul être humain, long de plusieurs yodjanas, 2831.

Et couvert de gazelles, de lions et d'autres épouvantables animaux, habitants des forêts. Doushmanta, le souverain des hommes, avec ses chars, son armée, ses domestiques, sema le trouble dans ce bois, où il tua différents quadrupèdes et plusieurs troupes de tigres, venus à la portée de ses traits. 2832-2833.

Doushmanta les abattit sans résistance à coups de flèches. Le roi perçait avec ses dards ceux des animaux, qui se tenaient loin : 2834.

Il pourfendait avec le cimeterre ceux, qui ne craignaient pas de s'approcher. Le plus vigoureux des hommes forts, il en perçait d'autres avec une lance de fer. 2835.

Possédant un courage sans mesure, connaissant l'art de faire le moulinet avec la massue, il errait, exerçant les leviers de fer et les épées, faisant vibrer la massue ou le pilon. 2836.

Il errait dans la forêt, tuant les quadrupèdes et les oiseaux sauvages. Les rois des animaux abandonnaient ce vaste bois, troublé par ces guerriers amis des combats et ce monarque d'une merveilleuse bravoure. Ici, étaient des troupeaux de bêtes fuyantes ; ici, étaient des troupeaux de bêtes immolées. 2837-2838.

Çà et là des bandes d'animaux poussaient des plaintes de regret. Arrivés sur le bord des rivières à sec, sans espoir de trouver une goutte d'eau, tourmentés, le cœur brisé de fatigue, ils tombaient sans vie. De ces bêtes couchées sur la terre, épuisées de lassitude, assaillies par la faim et la soif, 2839-2840.

Les unes étaient dévorées *crues* par ces tigres d'hommes affamés : ils tuaient les autres, allumaient feu et mangeaient la viande rôtie à la manière accoutumée. Ici, des éléphants robustes, furieux, percés de flèches en maints endroits, 2841-2842.

Fuyaient d'une course rapide, effarouchés, l'extrémité de la trompe courbée en cercle, lâchant la fiente et l'urine, versant des ruisseaux de sang. 2843.

Là, d'énormes éléphants sauvages foulaient sous leurs pieds beaucoup d'hommes renversés, ce bois rempli d'animaux, où les rois des quadrupèdes tombaient sous les coups du roi des hommes, charmait les yeux alors avec sa nuée d'armée aux averses de flèches en guise de pluie.

Ensuite, après qu'il eut tué des milliers d'animaux, continua Vaîçampâyana, le roi, désirant trouver de nouvelles victimes, entra dans un autre bois, accompagné de ses chars et de son armée. 2844-2845.

Arrivé à l'extrémité de cette forêt, le monarque à la grande force, assailli par la fatigue, la soif et la faim. entra lui-même dans un autre vaste bois désert. 2846.

Quand le souverain eut traversé encore celui-ci, il pénétra dans un troisième bois, grand, semé de très-saints hermitages, ventilé par de fraîches brises, inspirant la joie au cœur, infiniment aimable aux yeux, revêtu de nouveaux gazons, et rempli tout à fait d'arbres en fleurs, 2847-2848.

Vaste, retentissant de volatiles aux mélodieux ramages, gazouillant avec le kokila mâle, résonnant *aux cymbales* de la troupe des grillons, 2849.

Et couvert d'arbres aux jeunes pousses grandies, aux délicieux ombrages. Doué d'une beauté nompareille, il semblait que le sol y tournât sur lui-même, tant nombreuses étaient les abeilles, qui en tapissaient la surface.

Il n'y avait pas dans ce bois un arbre, qui fût sans fleurs ; il n'y en avait pas un, qui fût sans fruit ; il n'y en avait pas un, qui eût des épines, et qui ne fût pas semé d'abeilles. 2860-2851. .

Le monarque aux grandes flèches entra dans ce bols superbe, ravissant, gazouillant du ramage des oiseaux, bien paré de fleurs, couvert de suaves ombrages et d'arbres fleuris en toutes les saisons. 2852.

Là, secoués par le vent, les arbres aux rameaux fleuris, versaient mainte et mainte fois sur sa tête des pluies de fleura aux diverses teintes. 2853.

Là, élevés jusqu'au ciel et résonnant de volatiles aux doux ramages, les arbres éblouissaient, vêtus de robes tissues de fleurs diverses. 2854.

Là, dans leurs ramilles, courbées sous le poids des fleurs, les abeilles, avides d'en sucer le miel, murmuraient de suaves bourdonnements. 2855.

Là, à l'aspect de mainte et mainte place, ornée par des faisceaux de fleurs, environnée par des berceaux de lianes, accroissant le plaisir du cœur, le monarque à la grande splendeur fut rempli d'une joie *délicieuse*. Ce bois resplendissait d'arbres semés de fleurs, s'embrassant les uns les autres, semblables aux drapeaux du grand Indra. 2856-2857.

C'était une forêt entièrement habitée par des troupes de Siddhas et de Tchâranas, par les chœurs des Gandharvas et des Apsaras, par des Kinnaras et des singes, ivres de joie. 2858.

Un vent frais, doux, parfumé, disséminant le pollen des fleurs, se promenait dans le bois et semblait ne s'approcher des arbres que pour badiner avec eux. 2859.

Voilà de quels dons parée s'offrait aux yeux du roi cette forêt, source de rivières ou de viviers et semblable à des masses de drapeaux arborés. 2860.

Mais, tandis qu'il promenait ses regards à travers ce bois aux volatiles tout épris de joie, il vit une station d'hermitages, amœne, ravissante, 2861.

Pleine d'arbres divers et flamboyante de feux sacrés. Le fortuné prince alors de saluer ces retraites saintes,

Couvertes d'Yatis et de Bâlikhilyas, habitées par des troupes de solitaires, semées de chapelles pour le feu perpétuel, jonchées de couches de fleurs, 2862-2863.

Et brillantes de la vive réverbération des montagnes. Il éprouva, sire, un sentiment de plaisir, en voyant des tigres familiers bondir au milieu des gazelles sur les bords de la Mâlinî, sainte rivière aux limpides ondes, couvertes de bandes variées d'oiseaux, délicieux trésor pour un bois d'anachorètes. 2864-2865.

Le glorieux héros arriva sur le seuil de cette enceinte d'hermitages, ravissante de toutes parts et semblable au monde des Dieux. 2866.

Il vit cette rivière aux saintes eaux, qui était là, embrassant l'hermitage, comme la mère de tous ces êtres animés. 2867.

Parsemée d'îles, habitation des canards, hantée par des troupes de Kinnaras, fréquentée des ours et des singes, elle roulait dans ses flots l'écume mêlée aux fleurs. 2868.

Résonnante du murmure des saintes prières, elle tirait une parure de ses îles, séjour des grands serpents, des tigres et des éléphants, enfiévrés de rut. 2869.

Sur le bord de cette rivière, il vit, habitée par des troupes de maharshis, l'agréable enceinte d'hermitages, où présidait le vénérable et magnanime fils de Kaçyapa. À la vue de cette enceinte des hermitages, à la vue de cette rivière, qui l'enfermait comme une chaîne, la pensée vint au monarque d'y pénétrer. 2870-2871.

Le monarque entra donc au bois, répétant les cris de ses paons ivres d'amour, ce bois, que parait la Mâlinî aux fraîches îles, aux rives amœnes, comme la Gangâ décore l'hermitage de Nara et de Nârâyana. Arrivé dans ce bocage, semblable au Tchaîtraratha, 2872-2873.

Il eut envie de voir le grand saint, fils de Kaçyapa, l'ascète Kanva, doué richement des vertus et d'une splendeur si éblouissante, que les yeux ne pouvaient le définir. 2874.

Il s'arrête sur le seuil de la forêt et parle ainsi à ses phalanges encombrées de chevaux, à son armée toute pleine d'éléphants et d'hommes de pied : 2875.

« Je vais visiter l'anachorète sans souillure, ce fils de Kaçyapa, qui a thésaurisé la pénitence : restez là jusqu'à mon retour ! » 2876.

Le souverain des enfants de Manou s'avança vers ce bois, semblable au Nandana, et, quand il eut satisfait sa soif et sa faim, le roi en ressentit une grande joie. 2877.

Le monarque déposa les insignes de la royauté ; puis, accompagné de son pourohita et suivi de ses ministres, il s'approcha du saint hermitage. 2878.

Il désirait y voir l'immortel maharshi, *vénérable* montagne de pénitences : il contemplait ce lieu d'hermitage, pareil au monde de Brahma, 2879.

Résonnant du chant des abeilles, habité par des tribus d'oiseaux variés. Le monarque entendit là, tandis qu'on célébrait les oblations dans l'hermitage, les hymnes du Ritch scandés suivant l'ordre des pieds par les principaux chantres du Rigvéda. 2880.

L'hermitage resplendissait de rishis bien disciplinés, aux âmes domptées, aux rigides observances, versés dans l'Yadjous, versés dans les Védângas, versés dans la science des sacrifices, qui psalmodiaient d'une voix douce les hymnes du Sâman, les odes extraites de l'Atharva-çiras, avec les chants du Bhârounda-Sâma. 2881-2882.

Les plus excellents brahmes de l'Atharva-Véda, les brahmes du Sâman, avec la multitude des choses propres au sacrifice, récitaient la Sanhitâ associée à la marche des vers. 2883.

L'hermitage fortuné resplendissait, comme un second monde de Brahma, et répétait les voix d'autres brahmes, doués de l'harmonie des sons, 2884.

Consommés dans la célébration des sacrifices, habiles dans la science de l'ordre des cérémonies, possédant la connaissance de l'âme universelle, la vérité, la doctrine Nyâya, et parvenus à la rive ultérieure des Védas, 2885.

Adonnés au devoir, d'où résulte la délivrance, savants dans les motifs de la distinction, habiles à classer les espèces dans le genre ou à lier ensemble différents mots pour un sens commun, 2886.

Versés dans la connaissance des temps, instruits dans l'explication des saintes écritures et des vieilles locutions, arrivés à une intelligence supérieure des Siddhântas, de la destruction et de la fondation des mondes, 2887.

Ayant pénétré dans les causes de tous les effets, connaissant les qualités des choses et des éléments, habiles à interpréter le murmure des abeilles et le ramage des oiseaux, appuyant leur science sur les livres de Vyâsa.

Il entendait la voix, élevée par les maîtres dans la lecture des Traités divers, et le bois retentir de tous les côtés à l'argumentation des principaux dialecticiens. 2888-2889.

Le meurtrier des héros ennemis vit çà et là des chefs de brahmes aux vœux accomplis, à l'âme domptée, et de simples brahmanes, adonnés au service de l'oblation et à la récitation des prières. 2890.

À la vue des sièges divers, resplendissants, apportés avec effort, le monarque de la terre fut saisi d'admiration ; À la vue du culte rendu par ces brahmes aux différents autels des Dieux, le plus vertueux des rois se crut déjà placé dans le monde de Brahma. 2891-2892.

Il ne pouvait se rassasier de contempler cette enceinte d'hermitages, abritée sous la pénitence du fils de Kaçyapa et douée de tous les avantages, qui siéent à un bois d'anachorètes. 2893.

Accompagné de ses ministres et de son archi-brahme, il entra dans l'hermitage particulier du Kaçyapide, beau, ravissant, extrêmement pur, environné de tous les côtés par des saints aux trésors de macérations, aux grandes observances. 2894.

Ensuite, il congédia ses ministres et continua sa marche seul ; mais il ne vit pas dans cet hermitage le saint aux vœux accomplis. 2895.

N'entrevoyant pas le rishi et trouvant sa maison vide, il cria d'une voix, qui fut répétée par les échos de la forêt ; « Y a-t-il quelqu'un ici ? » 2896.

À ces mots, une jeune fille, vêtue comme une femme anachorète, mais belle comme la Beauté même, sortit de l'hermitage. 2897.

Quand elle vit le roi Doushmanta, la vierge aux yeux noirs s'empressa de lui dire : « Sois le bien venu ! » et de lui rendre son salut. 2898.

Elle honora le roi puissant d'un siège, d'eau pour se laver les pieds, d'un arghya, et lui demanda s'il était content, sire, de sa santé et de ses affaires. 2899.

Après qu'elle eut honoré son hôte suivant les bienséances et se fut enquise de la santé du roi : « Que veux-tu que je fasse ? » lui demanda-t-elle en souriant. 2900.

Ayant vu que sa personne était charmante, Doushmanta lui rendit son salut, comme il était séant, et dit à cette jeune fille au doux parler ; 2901.

« Je suis venu apporter mon hommage à Kanva, l'éminent saint : où donc est allée sa révérence, noble fille ? Dis-le moi, belle. » 2902.

« Le révérend, mon père, est sorti de l'hermitage, lui répondit Çakountalâ, pour offrir des fruits aux Dieux. Attends un moment, et tu le verras de retour. » 3903.

À ces mots de la jeune fille, ne voyant pas le rishi, mais ayant vu qu'elle avait une taille ravissante, de la beauté, un charmant sourire, 2904.

Qu'elle était rayonnante de corps, de pénitence, de répression des sens, qu'elle était douée de jeunesse et de grâce, le monarque de la terre lui tint ce langage : 2906.

« Qui es-tu, charmante ? et de qui es-tu fille ? Pour quel motif, et d'où, brillante d'une telle beauté, es-tu venue dans ces bois ? 2906.

» Tu as ravi mon cœur, jolie *vierge*, d'un seul regard. Je désire te connaître : ainsi, réponds à ma question, charmante. » 2907.

À ces paroles du roi, la jeune fille, sans quitter l'hermitage, lui fit cette réponse aux syllabes douces : 2908.

« Doushmanta, je suis estimée la fille du vénérable Kanva, l'ascète plein de constance, le magnanime, qui sait le devoir. » 2909.

« Ce révérend, le sage, que le monde honore, est voué à la continence, reprit Doushmanta ; la vertu même pourrait s'écarter de sa route, mais nonce digne ascète. 2910.

» Comment peux-tu, noble vierge, être estimée sa fille ? Il y a là pour moi le sujet d'un grand doute : veuille bien le dissiper. » 2911.

« Écoute de quelle manière m'est arrivée cette fortune, lui répondit Çakountâla, comment s'est accompli jadis cet événement ; écoute, sire, en toute vérité, comment je suis la fille du solitaire. 2912.

» Un jour, passant à l'hermitage, un rishi l'interrogea sur ma naissance ; écoute, prince, ce que lui raconta le révérend. 2913.

« Jadis Viçvamitra aux grandes pénitences, dit Kanva, se macérait avec une telle vigueur qu'il alluma de brûlants soucis dans Indra, le souverain du peuple immortel.

« Cet ascète à l'ardente énergie, dit celui-ci, va me renverser du trône par ses pénitences ! » Aussi Pourandara effrayé adressa-t-il ce langage à Ménakâ : 2914-2915.

« Tu l'emportes, Ménakâ, sur toutes les Apsaras par les dons, que le ciel t'a faits. Sauve-moi, illustre nymphe ; écoute ce que je vais te dire. 2916.

» Ce Viçvamitra aux grandes pénitences et d'une splendeur égale au soleil se livre à d'épouvantables macérations, et fait trembler mon cœur. 2917.

» Je te charge, Ménakâ, de ce Viçvamitra à l'âme domptée, nymphe à la taille charmante. Cet inabordable pénitent ne sort pas de ses effroyables mortifications.

» Va le trouver, séduis-le pour qu'il ne me renverse pas du trône : mets obstacle à sa pénitence et délivre-moi de cet obstacle même. 2918-2919.

» Une fois que tu l'auras tenté avec ton langage, ton sourire, tes gestes, ta douceur, ta jeunesse et ta beauté, femme à la taille ravissante, détourne-le de sa pénitence. »

« Ce révérend aux grandes macérations, lui répondit Ménakâ, est aussi d'une grande puissance. Il est irascible, ta majesté le sait bien elle-même. 2920-2921.

» Comment pourrais-je ne pas craindre cette grande âme, quand tu as tremblé toi-même devant son énergie, sa pénitence et sa colère ? 2922.

» Lui, qui a privé l'éminent Vaçishta de ses fils invulnérables ; lui, qui, d'abord né kshatrya, s'est fait brahme ensuite par la force ! 2923.

» Lui, qui, pour sa purification, a créé une très-sainte rivière, que la profondeur des eaux rend infranchissable et que les peuples ont nommé la Kâauçikî ; 2924.

» Là, où jadis le saint roi Matanga à l'âme juste, tombé dans la condition de chasseur, nourrit l'épouse de ce magnanime dans un temps de misère ; 2925.

» (Les jours de famine une fois écoulés, l'anachorète auguste revint dans son hermitage et donna à cette rivière le nom de Pârâ) ; 2926.

» Là, où, d'une âme contente, il fit Matanga sacrificateur ; ce Viçvamitra, de qui toi-même, souverain des Dieux, tu vins boire le soma, conduit par la crainte ;

» Lui, qui, dans sa colère, a créé un autre monde ; qui a fait des constellations, avant que les Dieux n'y eussent consenti ; qui vint au secours de Trisankou, accablé par la malédiction de son gourou ! 2927-2928.

» Je redoute ce pénitent, de qui telles furent les œuvres ; commande-moi, seigneur, une mission telle que je ne sois pas consumée dans sa colère. 2929.

» Il brûlerait les mondes par sa lumière, il ébranlerait la terre avec son pied, il pétrirait le grand Mérou *dans ses mains*, il ferait venir à lui précipitamment les points cardinaux eux-mêmes ! 2930.

» Comment une femme de ma sorte ferait-elle impression sur un homme tel, inséparable de la pénitence, qui a dompté ses organes des sens et qui ressemble au feu allumé ? 2931.

» Comment une femme de ma sorte, ô le meilleur des Dieux, toucherait-elle ce pénitent, qui a le feu pour sa bouche, le soleil et la lune pour les prunelles enflammées de ses yeux, et la mort pour sa langue ? 2932.

» Comment une femme telle que je suis ne serait-elle pas effrayée de cette puissance, devant laquelle Yama, Soma, les Maharshis, les Siddhas, les Viçvas et les Bâlikhiliyas tremblent tous ? 2933.

» Cependant après les paroles, que tu m'as dites, comment n'irais-je pas, roi des Immortels, sous les yeux du rishi ? Mais songe à ma garde, afin que je m'avance *au moins* protégée dans cette mission pour toi. 2934.

» Eh bien ! que Maroute, dans le moment où, je vais me jouer *devant l'anachorète,* ouvre mes vêtements, sire, et que l'amour soit mon aide, grâce à toi, dans cette affaire.

» Qu'une brise parfumée, s'échappant du bois, souffle dans l'instant même, où je tenterai l'anachorète. » — « Oui ! » répondit le Dieu ; et, la chose arrangée de cette manière, la nymphe de s'en aller droit à l'hermitage du fils de Kouçika. 2935-2936.

» À peine eut-elle parlé, ajouta Kanva, que le roi du ciel avait donné ses ordres au vent ; et Ménakâ était partie au même instant avec ce compagnon. 2937.

» Ensuite, la craintive nymphe à la taille séduisante vit le saint, de qui la pénitence avait consumé les souillures, Viçvamitra, occupé à se macérer dans son hermitage.

» Elle s'incline devant lui, elle se met à jouer en présence de l'anachorète ; mais le vent tout à coup de lui enlever sa robe, semblable aux rayons de la lune. 2938-2939.

» Elle s'élance rapide sur la terre comme par l'envie de reprendre son vêtement, et la noble dame semble avec sa pudeur se moquer du vent. 2940.

» Mais rien n'échappait aux regards du saint, de qui la splendeur égalait celle du feu. Ensuite Viçvamitra, le plus chaste des anachorètes, vit la jolie nymphe très-embarrassée, désirant sa robe et forcée de courir après. Il vit alors toutes nues ces formes d'une jeunesse, qu'on ne saurait définir. 2941-2942.

» À la vue d'une beauté si parfaite, le plus grand des brahmes, tombé sous la puissance de l'amour, inclina son cœur au désir de la posséder. 2943.

» Il appela cette jolie nymphe, elle-même avait envie *de se donner*, et ce couple alors s'ébattit là bien long-temps.

» Ils s'amusèrent là au gré de leurs amours toute la durée d'un jour, et l'anachorète y rendit Ménakâ mère de Çakountalâ, 2944-2945.

» Auprès de la rivière Mâlinî, sur un plateau charmant de l'Himâlaya. À peine né, la nymphe abandonna son enfant sur les bords de la Mâlini ; et, sa mission heureusement accomplie, elle revint en toute hâte à la cour d'Indra.

» Des vautours, qui virent ce nouveau-né gisant délaissé dans cette forêt déserte, pleine de lions et de tigres, se mirent de garde tout à l'entour de lui. 2946-2947.

» Ces oiseaux de proie, avides de chair, ne firent aucun mal au jeune enfant, et les vautours défendirent la fille de Ménakâ. 2948.

» Étant venu là pour me baigner, je la vis, environnée de ces vautours et couchée dans ce bois délicieux, mais désert. 2949.

» Je l'emportai chez moi et je la traitai comme ma fille ; car, suivant le Traité des devoirs, ces trois êtres dans cet ordre méritent le nom de pères : celui, par qui le corps est fait ; celui, qui donne le souffle de vie ; et celui, dont l'enfant mange les aliments. 2950.

» Ensuite, je lui imposai le nom de Çakountalâ parce que je l'avais trouvée dans ce bois désert environnée de çakountas *ou de vautours*. 2951.

» Sache, brahme, que Çakountalâ est ma fille à ce titre ; et la charmante Çakountalâ me regarde aussi comme son père. » Voilà ce que l'anachorète, interrogé sur ma naissance, raconta au grand saint, reprit Çakountalâ, et c'est ainsi, roi des hommes, sache-le bien, que je suis la fille de Kanva. 2952-2953.

» En effet, comme je n'ai pas connu mon père, c'est Kanva lui-même, qui est mon père à mes yeux. Ici, roi, j'ai fini de te raconter mon histoire de la manière que l'ai entendue. » 2954.

« Tu as démontré bien évidemment, noble vierge, que tu es une fille de roi, lui répondit Doushmanta : sois mon épouse, charmante femme. Dis, que ferai-je pour toi ?

» Je dépose, ma belle, à tes pieds ma guirlande d'or, mes habits royaux, mes pendeloques d'or aux deux blancs diamants, produit de plusieurs villes, mes fourrures et mes trésors quelconques : que mon royaume soit dès ce moment tout à toi ; mais sois mon épouse, vierge charmante. 2955-2956-2957.

» Qu'un mariage gandharvique t'unisse à moi, craintive : en effet cette union à la manière des Gandharvas, fille aux cuisses rondes comme la tige du bananier, est le meilleur des mariages. » 2958.

« Mon père est sorti de l'hermitage, lui répondit Çakountalâ, pour une offrande de fleurs : attends un moment, sire, et il me donnera à toi. » 2959.

« C'est de ton amour seulement que je veux le recevoir ; apprends, vierge à la jolie taille, reprit Doushmanta, que c'est par toi seulement que je vis, car toute mon âme est passée en loi. 2960.

» Je suis pour toi la voie, je suis pour toi un conjoint assorti : veuille donc me faire à moi-même légalement le don de toi-même. 2961.

» Il est un ensemble de huit mariages, que reconnaît la loi : celui de Brahma, celui des Dieux, celui des rishis, celui des Pradjâpatis, celui des Asouras, celui des Gandharvas, celui des Rakshasas et le huitième, qu'on appelle des Piçâtchas. 2962.

» Manou, le fils de l'Être-existant-par-lui-même, a donné jadis les règles de ces mariages : les quatre nommés les premiers, sache-le, sont à l'usage des brahmes.

» Apprends que les règles du mariage des kshatryas sont données en celui, qui dans l'ordre vient après le cinquième ; celui, qu'on intitule des Rakshasas, est pour les rois ; mais celui, qu'on appelle des Asouras, est pratiqué seulement chez les vaîçyas et les çoûdras. 2963-2964.

» De cinq ici, trois sont dits conformes au devoir ; mais il ne faut jamais recourir à celui des Piçâtchas ni même des Asouras. 2965.

» D'après ces règles, la voie, qui t'est proposée, est une de celles, qu'on appelle honnêtes. Ne doute pas que le mariage du Gandharva et celui du Rakshasa, ou distinct, ou mixte, ne soit pour le kshatrya un mariage légal : il n'y a là-dessus aucun doute. 2966.

» Ainsi, noble fille, veuille bien être l'épouse, loi, qui m'aimes, de moi, qui t'aime, par un mariage gandharvique. » 2967.

« Si la loi approuve cette voie, lui répondit Çakountalà, et si je suis la maîtresse de moi-même, écoute, seigneur, le plus vertueux des Pâauravas, la condition, que je mets au don de ma personne. 2968.

» Promets-moi, comme je te parle dans ce tête-à-tête. sur la vérité, que le fils conçu en moi sera *le premier du royaume*, immédiatement après toi, 2969.

» Et prince héréditaire. Je te parle sincèrement, puissant monarque. S'il en est ainsi de ta part, Doushmanta, que mon union s'accomplisse avec toi ! » 2970.

Vaîçampâyana dit :

Le roi, sans hésiter, reprit : « Qu'il en soit ainsi ! Je t'emmènerai dans ma ville, vierge au candide sourire : je te parle avec vérité, comme tu en es digne. » 2971.

À ces mots, le saint roi prit dans sa main, suivant les rites, la main de cette vierge à la gracieuse démarche et goûta le plaisir avec elle. 2972.

Il s'en alla, après qu'il eut bien rassuré sa jeune femme et lui dit à plusieurs fois : « J'enverrai pour te conduire chez moi une armée en quatre corps ; je te ferai amener par elle dans mon palais, dame au candide sourire. »

Après cette promesse, ajouta Vaîçampâyana, le monarque de la terre et des hommes s'en alla, tournant sa pensée vers le fils de Kaçyapa : 2973-2974.

« Que fera le révérend, voué à la pénitence, quand il apprendra cette nouvelle ? » Il était encore occupé de cette pensée alors qu'il entra dans sa ville. 2975.

Cette heure écoulée, Kanva revint à son hermitage ; et Çakountalâ, par pudeur, n'osa pas s'approcher de son père. 2976.

Le révérend aux grandes pénitences, à la science divine, l'ayant pénétrée et voyant d'un regard céleste la *secrète aventure*, lui dit avec joie : 2977.

« Ce commerce à huis clos, que tu as eu aujourd'hui avec un homme, sans te soucier de ma *permission*, n'est pas, heureuse fille, une infraction au devoir. 2978.

» En effet, ce mariage de l'homme, qui aime, avec la femme, dont il est aimé, en secret et sans la consécration des prières, n'en est pas moins appelé très-bon pour le kshatrya. 2979.

« Doushmanta est une âme juste, il est magnanime, c'est le plus grand des hommes : aussi, son amour l'a-t-il fait ton époux, Çakountalâ. 2980.

» Il naîtra de ton sein dans le monde un fils à la grande âme, aux grandes forces, qui jouira de toute la terre aussi loin quelle est enfermée par le cercle de ses mers. 1981.

» Le sceptre sublime de cet invincible et magnanime empereur de la terre sera éternellement obéi ! » 2982.

Après que l'anachorète délassé eut mis bas son fardeau, déposé les fruits et lavé ses pieds, Çakountalà lui dit :

« J'ai choisi pour mon époux le roi Doushmanta, le plus grand des hommes : daigne lui accorder ta faveur, à lui et à son ministre. » 2983-2984.

« À cause de toi, noble femme, reprit Kanva, je suis bien disposé pour lui : demande une grâce, ma belle, que tu aies envie d'obtenir. » 2985.

La grâce, dit Vaîçampâyana, que choisit alors Çakountalâ, inspirée par l'amour du bien de son époux, ce fut la plus haute vertu pour lui et la stabilité de l'empire des Pâauravas. 2986.

Doushmanta parti avec sa promesse, continua le narrateur, la belle Çakountalâ mit au monde un fils, enfant d'une incalculable splendeur. 2987.

Trois années, Djanamédjaya, s'étant accomplies, le jeune Doushmantide d'un éclat pareil au feu allumé, était déjà doué des perfections de la forme et de la générosité.

Kanva, le plus vertueux des hommes vertueux, fit célébrer suivant les rites pour ce sage incrément de *noble* race la cérémonie de la naissance et les autres. 2988-2989.

Enfant à la grande force, à la grande tête, beau, de haute taille, portant sur les mains le signe naturel d'un tchakra, les dents blanches avec de blanches couronnes, le corps d'un lion, 2990.

Le jeune prince, semblable à un enfant des Dieux, grandit là promptement à l'ombre des hermitages de Kanva. Âgé de six années seulement, 2991.

Déjà plein de vigueur, il attachait lui-même au tronc d'un arbre, à côté de l'hermitage, les sangliers, les lions, les tigres, et les buffles, et les éléphants. 2992.

Grimpant, domptant, se jouant, il courait à la ronde : de là, un nom lui fut donné par les hôtes des hermitages de Kanva. 2993.

« Qu'il soit nommé Sarva-damana, *omne-domam*, dirent-ils, puisque tout est dompté par lui. » Ce royal enfant fut donc appelé Sarva-damana. 2994.

Alors que le saint anachorète vit le jeune prince doué de force, de splendeur et de courage, alors qu'il eut vu ses actions au-dessus même de l'humanité, 2995.

« Voici le moment, observa-t-il à Çakountalâ, de le sacrer roi de la jeunesse. » Il appela ce noble enfant et dit à ses disciples : 2996.

« Hâtez-vous de conduire Çakountalâ, que voici, et son fils, de cette chaumière au palais de son époux, comblé de tous les caractères *de la grandeur*. 2997.

» Un *trop* long séjour des femmes dans la maison de leurs pères ne sied pas : cela brise le devoir, la bonne conduite, la renommée ; emmenez-la donc sans tarder.

« Oui ! » répondent tous ces hermites à la grande splendeur, et, Çakountalâ avec son fils marchant à leur tête, ils s'en vont à la ville, qui tire son nom des éléphants.

La femme aux charmants sourcils, tenant son fils aux yeux de lotus bleu, enfant pareil à un enfant des Dieux, s'achemina de ces bois si connus vers *le palais du roi* Doushmanta. 2998-2999-3000.

Arrivée chez le monarque, elle se fait connaître ; on l'introduit avec son fils d'une splendeur égale à celle du soleil adolescent. 3001.

Aussitôt que les hermites eurent annoncé Çakountalâ, ils s'en retournèrent tous à *leurs bois*. Elle salua le monarque suivant l'étiquette et lui dit : 3002.

« Voici ton fils ! Fais-le sacrer, sire, comme roi de la jeunesse ; car c'est le fils, que j'ai conçu de toi, sire. Agis envers lui, ô le plus grand des hommes, suivant les termes de notre convention. 3003.

» Tu te souviens, roi puissant, de la convention, que j'ai faite avec toi avant notre union dans l'hermitage de Kanva.»

Dès qu'il eut ouï ces paroles d'elle, le roi, quoiqu'il n'eût rien oublié, répondit : « Je ne me souviens pas ! De qui es-tu fille, mauvaise pénitente ? 3004-3005.

» Je ne me rappelle aucun lien d'intérêt, d'amour ou de devoir *avec toi* : va-t-en ou reste ! à ta volonté ! Fais ce que tu souhaites. » 3006.

Remplie de honte à ces mots, la pénitente à la jolie taille resta immobile, telle qu'une colonne, comme si la douleur lui eût ravi le sentiment. 3007.

Les yeux rouges de colère et d'indignation, la coupe de ses lèvres tremblante, elle regarda le roi de travers comme pour le consumer de ses yeux obliques. 3008.

Toute émue de ressentiment, elle se cacha le visage ; mais bientôt elle reprit cette force d'âme, qu'avait nourrie l'ascétisme. 3009.

Elle réfléchit un moment, pénétrée de colère et de douleur, elle attacha sur son époux un regard courroucé et lui tint ce langage : 3010.

« Pourquoi parles-tu ainsi, roi puissant, quoique tu saches bien *ce que tu nies* ? « Je ne sais pas, » dis-tu sans hésiter, comme dirait tel autre, qui serait un homme vil.

» Ton cœur ici connaît si tu es véridique ou menteur. Parle sincèrement, comme un témoin, et ne jette pas le mépris sur moi ! 3011-3012.

» Le voleur, qui a ravi une âme, car il entendit recevoir cette âme sous d'autres conditions, qu'elle ne s'était donnée, n'a-t-il pas commis une mauvaise action ? 3013.

« J'étais seul, » penses-tu ; mais ne sais-tu pas que l'amour fut jadis lui-même un anachorète ? Il connaît ta criminelle action, et tu fais un mensonge en sa présence !

« Personne ici ne me voit, » se dit le malfaiteur ; mais il est vu par les Dieux et par l'âme, qui est en lui-même.

» Le soleil, la lune, le vent, le feu, le ciel et la terre, les eaux, la conscience, Yama, le jour et la nuit, l'aurore, le crépuscule, le devoir ne sont-ils pas les témoins de ce que l'homme a fait ? 3014-3015-3016-3017.

» Si la conscience, placée dans le cœur et témoin du crime, se réjouit, le fils de Vivaçvat, Yama, n'est pas loin pour châtier la faute. 3018.

» Entre les coupables, Yama pardonne sa faute à l'homme criminel, de qui l'âme en est affligée. 3019.

» Mais les Dieux ne sont pas favorables à celui, qui jette le mépris et qui s'en décerne un éloge à soi-même. « Ce n'est pas ma faute. 3020.

» Tu es venue sans être appelée, » diras-tu. Ne fais pas mépris de moi, si j'ai rempli mon devoir à l'égard de mon époux. Tu ne m'honores pas, quand *néanmoins* je mérite de l'honneur, parce qu'épouse je viens trouver mon époux.

» Pourquoi me regardes-tu comme un objet vil au milieu de ta cour ? Certes ! je n'exhale pas cette plainte dans un désert : pourquoi ne veux-tu pas m'entendre ? 3021-3022.

» Si tu refuses d'accomplir cette parole, dont je réclame l'exécution, ta tête sera brisée aujourd'hui même en cent morceaux, Doushmanta ! 3023.

« Ce qui constitue le caractère d'épouse, *djâyâ*, disent les poètes des Pourânas, c'est qu'après les embrassements de son époux la femme donne le jour à un enfant, *djâyâtai*. » 3024.

» Quand il naît à l'homme marié un enfant, cette postérité assure le salut de ses aïeux, qui l'ont devancé dans la tombe. 3025.

» Le mot poutra, *fils*, a dit autrefois l'Être-existant-par-lui-même, vient de ce que l'enfant mâle, *pouns*, sauve, *trâyatai*, son père du Naraka. 3026.

» L'épouse est habile dans les choses de la maison ; c'est l'épouse, qui donne à son époux des enfants ; la vie de l'épouse, c'est son époux ; sa religion, *pour ainsi dire*, c'est encore son époux. 3027.

» L'épouse est la moitié de l'époux, l'épouse est le plus dévoué de ses amis, l'épouse est la racine du Paradis, l'épouse est la racine du sauveur de son époux. 3028.

» Ceux, qui ont des épouses, ont accompli tous les sacrifices ; ceux, qui ont des épouses, ont l'intelligence des affaires domestiques ; ceux, qui ont des épouses, ont la joie chez eux ; ceux, qui ont des épouses, possèdent la félicité. 3029-3030.

» Êtes-vous délaissés, elles vous restent pour amis. leur bouche est remplie de paroles aimables : les pères sont dans les choses du devoir, les mères sont pour consoler l'infortune. 3030.

» Une épouse est le délassement de celui, qui voyage en des routes pénibles. L'homme, qui a une épouse, possède tout ce qui peut relever son courage ; l'épouse est la voie suprême. 3031.

» Marche-t-il seul en des sentiers raboteux, s'avance-t-il même dans l'empire des morts, une épouse fidèle suit à jamais son époux ! 3032.

» L'épouse meurt-elle la première, elle attend son époux dans l'autre monde ; devance-t-il sa femme au tombeau, sa vertueuse épouse ne tarde point à suivre ses pas. 3033.

» Voilà, sire, la raison, qui mène l'homme au mariage, c'est qu'il y reçoit une épouse à la fois et pour cette vie et pour l'autre. 3034.

« Lui né par elle, » c'est ainsi que les savants définissent un fils : aussi l'époux doit-il regarder son épouse, mère de son fils, comme sa mère à lui-même. 3035.

» Un vertueux père se réjouit, quand il a vu, comme son image dans un miroir, ce fils, par lequel il obtient le ciel même, déjà né dans le sein de son épouse. 3036.

» Les hommes, consumés par les soucis de l'esprit et souffrant des maladies, trouvent un soulagement dans leurs épouses, comme ceux, que la chaleur accable, en trouvent dans les eaux. 3037.

» Quelque irrité qu'il soit contre les femmes, un homme ne leur fait jamais de mal ; car il a vu que sa volupté, sa joie, son devoir, tout leur est soumis. 3038.

» Les femmes sont le champ pur, éternel de la naissance pour tous les hommes : quelle puissance auraient les saints de produire un fils sans les femmes ? 8039.

Un fils, couvert de la poussière de la terre, arrive aux pieds de son père, il embrasse ses membres ! peut-il être un plaisir, qui soit plus grand que celui-ci ? 3040.

» Mais toi, pour quelle raison méprises-tu ce fils, qui est venu à toi de lui-même et qui te regarde de ses yeux obliques avec le désir *de t'embrasser* ? 3041.

» Les fourmis nourrissent leurs œufs et ne les brisent pas : comment toi, qui sais le devoir, peux-tu ne pas nourrir ton fils ? 3042.

» Ni le toucher des vêtements, ni celui des femmes, ni celui des eaux, n'ont rien d'égal en douceur au toucher d'un fils, qu'on embrasse, tout jeune enfant. 3043.

» Le brahme est le plus excellent des êtres à deux pieds, la vache des quadrupèdes, le gourou de ceux, à qui le respect est dû ; un fils est la plus excellente des choses palpables. 3044.

» Permets que ce fils charmant à voir te touche dans un embrassement : il n'existe point d'attouchement au monde plus délicieux que l'attouchement d'un fils ! 3045.

» Au bout de trois années accomplies, Indra des rois, j'ai mis au jour ce royal enfant pour étouffer tes chagrins ; dompteur des ennemis. 3046.

» Jadis, à la naissance de cet enfant, une voix céleste me salua du milieu des airs : « Ce rejeton de Poûrou, disait-elle, doit offrir l'açva-médha au nombre de cent fois ! »

» Sortant avec amour au milieu du village, ne voit-on pas les hommes, tenant leurs fils *nouveaux-nés* sur leurs seins et les baisant au front, les féliciter de leur venue au monde ? 3047-3048.

» Les brahmanes récitent sur *le nouveau-né* cette multitude de prières, que les Védas ont fixées pour la cérémonie de la naissance des enfants. *Écoute-les de ma bouche, quoique* tu ne les ignores pas : 3049.

« Tu es né de chacun de mes membres, tu es sorti de mon cœur : tu es appelé mon fils : vis cent années ! 3050.

» C'est de toi-même que dépend ma vie perpétuelle, impérissable : vis donc pour moi, vis cent automnes, mon fils, parfaitement heureux ! 3051.

» Le voilà, celui, qui est né de tes membres, nouvel homme sorti de l'homme ancien ! Vois dans ton fils un second toi-même, *comme si tu voyais ton image* dans un limpide bassin. 3052.

» Tel qu'il faut emprunter le feu du sacrifice au feu perpétuel entretenu dans la maison, tel ce fils procède de toi. Tu étais simple, te voici double ! » 3053.

» Jadis courant çà et là, sire, dans un jour de chasse, entraîné par les gazelles, tu m'as rencontrée, jeune fille, dans l'hermitage de mon père. 3054.

» Ourvaçî, Poûrvatchitti, Sahadjanyâ et Ménakâ, Viçvâtchi et Ghritâtchî, ces nymphes sont les six plus grandes Apsaras. 3055.

» Entre elles, c'est l'Apsara Ménakâ, qui est la plus belle des filles de Brahma. Elle conçut un enfant de Viçvamitra, quand, déchu des cieux, il retomba sur la terre.

» Ménakâ me donna le jour sur un plateau de l'Himâlaya, et, m'ayant abandonnée, moi, sa fille, la nymphe s'en alla, comme une vile courtisane. 3050-3057.

» Quel péché ai-je donc commis dans une vie précédente pour que j'aie mérité d'être abandonnée dans mon enfance par mes parents, aujourd'hui par toi ? 3058.

» Eh bien ! rejetée par toi, je m'en irai à mon hermitage ; mais ne veuille pas abandonner cet enfant, qui est ton fils ! » 3059.

« Je ne me connais pas de fils, né de toi, Çakountalâ ! répondit Doushmanta. Qui ajoutera foi à ton langage, femme aux paroles sans vérité ? 3060.

» Ménakâ, ta mère, qui t'abandonna sur un plateau de l'Himâlaya, comme un bouquet fané, rebut d'une offrande, était une courtisane sans pitié. 3061.

» Il était aussi sans pitié, ce Viçvamitra, ton père, qui, ambitieux de s'élever jusqu'au rang des brahmes, ne s'en laissa pas moins enchaîner par l'amour. 3062.

» Ménakâ est la plus grande des Apsaras : *celui, que tu appelles* ton père, est le plus éminent des maharshis : pourquoi, si tu es leur fille, parles-tu comme une libertine ? 3063.

» Tu ne rougis pas de tenir, surtout en ma présence, ce langage incroyable ! Va-t-en, mauvaise pénitente !

» Qu'y a-t-il de commun entre ce maharshi éminent, qu'y a-t-il de commun entre la nymphe Ménakâ et toi, malheureuse, qui de la pénitente ne portes que l'habit ? 3064-3065.

» Comment cet enfant, ton fils, d'une taille si élevée et d'une force si grande, aurait-il pu s'élever dans un temps si court, tel que la colonne d'un palais ! 3066.

» Tu donnes au plus vil prix tes baisers[27] ; tu parles comme une fille publique, et sans doute tu es née d'un libertinage d'amour avec une Ménakâ vagabonde ! 3067.

» Tout ce que tu as dit, pénitente, n'a jamais frappé mes yeux : je ne te connais pas ; va-t'en où bon te semblera ! » 3068.

« Sire, tu vois bien les défauts des autres, dit Çakountalâ, fussent-ils aussi petits que le grain de sénevé ; mais tes yeux, fixés sur toi, n'y voient pas les tiens, aussi gros que le fruit du vilva. 3069.

» Ménakâ est au rang des treize Dieux, et les treize Dieux sont après Ménakâ : ma naissance, Doushmanta, est donc plus élevée que ta naissance elle-même. 3070.

» Tu suis les routes de la terre, Indra des hommes ; je parcours les sentiers du ciel. La différence de l'un à l'autre de nous deux, vois ! c'est toute la différence, qu'il y a du Mérou au grain de sénevé. 3071.

» Ma nature vient après celle de Mahéndra, de Kouvéra, d'Yama et de Varouna : vois quelle est ma puissance, roi des hommes ! 3072.

» Chacune des choses, que je vais te dire en exemple, homme sans péché, est une preuve *juste et* vraie, veuille bien ne pas les prendre avec haine. 3073.

» Tant qu'un homme laid n'a pas vu son visage dans un miroir, il se croit plus beau que les autres. 3074.

» Mais, une fois qu'il a vu dans ce miroir sa vilaine figure, il pense alors que tout autre est lui-même et que tout autres sont les gens. 3075.

» Un homme, qui est doué d'une grande beauté, ne méprise qui que ce soit. Un homme, qui a la bouche pleine de mauvaises paroles, se fait ici-bas un plaisir d'insulter.

» Un sot, qui entend des hommes causer de choses bonnes et mauvaises, y prend ce qu'il y a de mauvais, comme un pourceau les immondices. 3076-3077.

Le sage, au contraire, s'il entend des hommes jeter dans leur conversation des paroles bonnes ou mauvaises, ne prend que les bonnes, comme un cygne, qui, dans un mélange de lait et d'eau, sépare les deux liquides et boit le meilleur. 3078.

» S'il est forcé de médire, l'homme de bien en est vivement affligé ; mais dire du mal des autres est le plaisir du méchant. 3079.

» De même qu'une âme honnête éprouve de la satisfaction, quand elle a salué des vieillards ; de même le méchant trouve sa joie à déblatérer contre l'homme de bien.

» L'*homme poli*, qui ne sait pas voir les fautes *des autres*, vit tranquille ; mais un sage a-t-il mérité le blâme du monde, le grossier, occupé à rechercher les fautes d'autrui, s'écrie aussitôt que tous les autres sont pareils. 3085[28]-3086.

» Aussi, n'est-il rien de plus risible au monde que de trouver un homme de bien là où le méchant crie : » Il y a ici un scélérat. » 3087.

» L'incrédule, à plus forte raison le croyant, a peur de l'homme, qui a renoncé au devoir de la vérité, comme on redoute le reptile en colère. 3088.

» Les Dieux brisent la félicité du père, à qui fut donné un fils semblable à lui-même et qui refuse de l'honorer : il ne jouit pas des mondes supérieurs. 3089.

« Mon fils, disent les pères, est le domicile de ma race et de ma lignée. Un fils est le plus grand de tous les devoirs : que le père ne délaisse donc jamais son fils ! »

» Des fils nés de lui-même, a dit Manou, enfantés par sa femme, valent chacun à leur père autant que cinq fils achetés, acquis, retranchés de leurs familles, et nés au sein d'autres femmes. 3090-3091.

» Les épouses donnent naissance à des fils, qui accroissent la joie du cœur, qui procurent la gloire du devoir accompli, qui sont, *pour ainsi dire*, les barques du devoir, où les aïeux sauvés traversent les flots du Naraka. 3092.

» Ne veuille donc pas, roi des rois, abandonner ton fils, et tu sauveras, monarque de la terre, la vérité, le devoir et toi-même ! 3093.

» Ne jette point ici un mensonge, lion des Indras humains ! Un lac vaut mieux que cent puits : un sacrifice vaut mieux que cent lacs ; un fils est préférable à cent sacrifices : mais la vérité même vaut mieux que cent fils !

» On mit dans une balance, d'un côté un millier d'açva-médhas, sur l'autre plateau la vérité seule, et la vérité l'emporta sur les mille açva-médhas. 3094-3095.

» Avoir lu tous les Védas, s'être baigné dans tous les tîrthas : une parole de vérité, sire, égale tous ces mérites ou plutôt ces mérites ne l'égalent pas. 3096.

» L'accomplissement des observances de caste n'est pas égal à la vérité : il n'y a rien de plus grand que la vérité ; il n'existe rien au monde de plus odieux que le mensonge ! 3097.

» La vérité est le premier Véda, la vérité est la première loi ; ne foule pas aux pieds notre convention, roi puissant, et que la vérité soit bienvenue de toi ! 3098.

» Si tu mets ton amour dans le mensonge, si tu es sans foi, eh bien ! je m'en vais de moi-même ; je n'ai rien de commun avec un être comme toi ! 3099.

» Mon fils gouvernera sans toi, Doushmanta, ce globe avec ses quatre frontières et ses girandoles de hautes montagnes ! » 3100.

Ces mots dits, reprit Vaîçampâyana, Çakountalâ de sortir. Alors, venue des airs, une voix, qui n'avait rien d'humain, jeta ces paroles à Doushmanta, environné de ses prêtres, de son archi-brahme et de ses augustes ministres : 3101.

« Bhastrâ fut la mère du père, à qui ce fils même doit le jour ! Nourris ton fils, Doushmanta, et ne méprise pas Çakountalâ. 3102.

» Le fils exempte les pères de visiter, roi des hommes, le séjour d'Yama. C'est toi, qui es le père de cet enfant : Çakountalâ a dit la vérité. 3103.

» C'est ton épouse, qui enfanta ce fils ; ton corps est maintenant doublé : nourris donc, noble Doushmanta, ce fils, qui t'est né de Çakountalâ ! 3104.

» Quelle plus grande misère que la vie d'un fils abandonné vivant ! Nourris, petit-fils de Poûrou, ce magnanime enfant, que Çakountalâ a conçu de Doushmanta !

» Cet enfant, né de vous, c'est à toi de le nourrir, *bhartavya* ; que son nom soit donc tiré de ce mot, et nommez-le Bharata ! » 3105-3106.

À ces paroles dites par les habitants du ciel, le monarque, issu de Poûrou, fut ravi de joie et tint ce langage à son Pourohita et ses ministres : 3107.

« Que vos excellences entendent les paroles de cet envoyé du ciel ! Pour moi, je sais qu'il en est ainsi et que cet enfant est bien mon fils. 3108.

» Si je l'avais reçu pour mon fils sur la seule parole *de sa mère*, il fût resté pour le monde un objet de doute, et sa naissance n'eût pas été claire. » 3109.

Alors qu'il eut appelé sur l'enfant, reprit Vaîçampâyana, cette légitimation par un envoyé du ciel, le roi content et même rempli de joie, rejeton de Bharata, le reconnut pour son fils. 3110.

Ensuite le monarque, plein de tendresse et de joie, fit célébrer entièrement par son fils les cérémonies en l'honneur des aïeux. 3111.

Honoré par les brahmes et vanté par ses bardes, il baisa l'enfant sur la tête et le serra dans ses bras avec amour. 3112.

Le doux attouchement de son fils porta le monarque au comble de la joie, il honora la mère comme son épouse légitime et lui tint ce langage, que précédait un mot caressant : 3113.

« Ce mariage avec toi, reine, ne fut pas contracté sous les yeux du monde : aussi, pour te laver du soupçon, ai-je d'abord feint de ne pas croire. 3114.

» Le monde eût pensé que ton union avec moi n'avait eu d'autre cause qu'une fantaisie pour une femme ; notre fils eût trouvé des obstacles au trône, et c'est pour cela que j'ai feint de ne pas croire. 3115.

» Tu m'as parlé dans ta colère, mon amie, d'une manière infiniment injurieuse ; mais ta qualité de mon épouse, belle aux grands yeux, te fait pardonner cette *offense*. »

Après ces mots adressés à son épouse chérie, le saint roi Doushmanta de l'honorer, Bharatide, avec des présents de robes, d'aliments et de breuvages. 3116-3117.

Alors qu'il eut donné à ce fils, né de Çakountalâ, le nom de Bharata, ce monarque le fît sacrer comme roi de la jeunesse. 3118.

Le royaume illustre de ce magnanime s'éleva dès lors immense, lumineux, céleste, invaincu, remplissant de son bruit tout l'univers. 3119.

Il soumit à sa domination les rois domptés de la terre, il accomplit tous les devoirs des hommes de bien et mérita la plus haute renommée. 3120.

Ce roi fut un monarque universel, auguste empereur de toute la terre, et, comme Indra, le souverain des vents, il offrit de nombreux sacrifices. 3121.

Le fortuné Kanva l'assistait, suivant les rites, dans les sacrifices, qu'il célébrait, enrichis de nombreux dons pour les brahmes. Bharata offrit même cet açva-médha, qu'on appelle Govitata, dans lequel il donna mille myriades de millions à Kanva. 3122.

C'est de ce Bharata qu'est venue l'illustration Bharataine ; c'est lui, qui fonda la race des Bharatains, et tous les rois, qui t'ont précédé, furent appelés de son nom Bharatides. 3123.

Il y eut dans la race de Bharata beaucoup de rois très-vertueux à la grande splendeur, semblables aux Dieux et pareils à Brahma lui-même. 3124.

Je te dirai suivant la prééminence, Bharatide, ceux d'entre ces rois, qui furent les plus excellents, adonnés à la droiture et à la vérité, semblables aux Dieux et de qui les noms sont tout à fait sans mesure. 3125.

Je vais te raconter entièrement, monarque sans péché, cette race grande, pure, fortunée, procurant la richesse, la gloire, une longue vie, du Pradjâpati Daksha, de Manou le Vivaçvatide, de Bharata, de Kourou, du roi Poûrou, d'Ajamîtha, des fils d'Yadou et des Kourouides. Tous furent rayonnants de lumière et leur splendeur égalait celle des maharshis. 3126-3127.

Pratchétas eut dix fils vertueux, gens de bien, par qui, suivant la renommée, les héros furent jadis consumés du feu, sorti de leur bouche. 3128.

D'eux est né Daksha le Pratchétaside et de Daksha sont nés tous les êtres : il est donc, monarque des hommes, l'ancêtre du monde. 3129.

L'anachorète Daksha le Pratchétaside, ayant épousé Vàrounî, engendra mille anachorètes aux vœux parfaits, tous semblables à lui-même. 3130.

Ce fut Narada, qui enseigna à ces fils de Daksha au nombre de mille la science de la délivrance et la sublime philosophie Sânkhyâ. 3131.

Ensuite le désir de créer tous les êtres, Djanamédjaya, fit ajouter par le Pradjâpati Daksha *la naissance* de cinquante jeunes filles *à celle de ses mille fils*. 3132.

Il en donna dix à Dharma, treize à Kaçyapa et vingt-sept à Lunus : celles-ci ont pour fonction de conduire le temps. 3133.

Parmi les treize épouses de Kaçyapa, la mieux douée était Dâkshâyanî, en qui l'anachorète engendra les Adityas,

3134.

Indra et les autres Dieux, et Vivasvat même *ou le soleil*. C'est de Vivasvat qu'est né son auguste fils, Yama Valvasvata. 3135.

Le fils aîné de Mârtanda, *le soleil*, c'est le sage et vénérable Manou ; l'auguste et célèbre Yama n'est que son fils puîné. 3136.

Le juste et sage Manou fut le père d'une race fameuse ; c'est de Manou, qu'est sortie la race illustre des hommes. 3137.

Les hommes, brahmes et kshatryas, sont nés de Manou : c'est de là, puissant roi, qu'est venu aux kshatryas le droit de lire le Véda. 3138.

Entre ces enfants de Manou, c'est aux brahmes, que fut confiée la conservation du Véda et des Angas. On dit que les premiers enfants de Manou furent Véna, Ghrishnou, Narishyat, Nâbhàga et Ikshvâkou, Karoûsha, Çaryâti, Ilâ, qui fut le huitième, Prishaghra, le neuvième, dit-on, adonné au devoir du kshatrya, et Nâbhâgârishta, qui fut le dixième. Il y eut en outre cinquante autres fils de Manou sur la terre. 3139-3140-3141.

Ils périrent tous, dit la tradition, armés par la discorde les uns contre les autres. Ensuite, le sage Pouroûravas naquit d'Ilâ. 3142.

Elle fut elle-même à la fois, nous dit la renommée, son père et sa mère : il posséda treize îles de l'océan. Environné par tous les animaux, Pouroûravas à l'immense renom, 3143.

Enivré de sa vigueur, fit la guerre avec les brahmes et les dépouilla de leurs pierreries, malgré qu'ils jetâssent les hauts cris. 3144.

Sanatkoumàra, sire, vint du monde de Brahma auprès de lui ; mais il en fut traité sans égard et n'en reçut pas même l'hospitalité. 3145.

Enfin ce roi des hommes, enflammé de convoitise et la raison égarée par l'ivresse de sa force, périt de mort subite sous la malédiction des maharshis irrités. 3146.

C'est lui, ce prince, qui, aidé d'Ourvaçî, apporta *sur la terre* pour nos sacrifices les trois ordres de feux, qu'il trouva placés dans le monde des Gandharvas. 3147.

Il eut six fils : Ayoush, Dhîmat et Vasou, Drithâyoush, Vanâyoush et Çatâyoush, desquels Ourvaçî fut la mère.

On dit qu'Ayoush eut de son épouse Swarbhânavî ces trois fils : Nahousha, Vriddhaçarman et Râdjingaya, pur de péché. 3148-3149.

Nahousha, fils d'Ayoush, prince sage et qui avait l'héroïsme de la vérité, gouverna cet immense royaume avec justice, monarque de la terre. 3150.

Il couvrit de sa protection les Mânes, les Dieux, les brahmarshis, les Gandhaiwas, les Ouragas, les Rakshasas, les brahmes, les kshatryas et les vaîçyas. 3151.

Après qu'il eut immolé des multitudes d'ennemis, le puissant roi fit payer des tributs aux saints rishis et les contraignit à le porter sur leur dos comme des bêtes de somme.

Il vainquit les habitants du ciel par sa vigueur, son courage, sa pénitence, sa splendeur, et prit dans sa main le sceptre d'Indra. 3152-3153.

Il engendra six fils à la bouche douée de paroles aimables : Yati, Yayâti, Sanyâti, Ayâti, Ayati et Dhrouva.

Yati devint un anachorète, qu'une profonde méditation identifia avec l'Être absolu. Yayâti, deuxième fils de Nahousha, fut un monarque suzerain, dévoué à la vérité jusqu'à l'héroïsme. 3154-3155.

Il gouverna entièrement la terre, il offrit beaucoup de sacrifices, et, toujours soumis *aux puissances du ciel*, il honora avec une haute dévotion les Dieux et les Mânes.

Invincible aux ennemis, sa faveur embrassait toutes les créatures. Les fils d'Yayâti furent des guerriers doués de toutes les qualités. 3166-3157.

Ils avaient pour mères, puissant roi, Dévayânî et Çarmishthâ. Dévayânî eut deux fils : Yadou et Tourvasou.

Mais Douhyou, Anou et Poûrou naquirent de Çarmishthâ. Il régna sur les peuples, sire, d'innombrables années. 3158-8159.

Il parvint à une vieillesse destructive des formes et grandement hideuse ; alors, vaincu par la décrépitude, ce roi, fils de Nahousha, tint ce langage à ses fils, 3160.

Yadou, Poûrou, Tourvasou, Douhyou et Anou. *Il dit*, rejeton de Bharata : « J'ai une envie, mes fils ; c'est qu'une nouvelle jeunesse me permette encore de satisfaire mes désirs et jeune de m'amuser avec de jeunes beautés. Aidez-moi de votre assistance. » Son fils majeur, né de Dévayânî, lui répondit en ces termes : 3161-3162.

« Que peut faire notre jeunesse pour ta majesté ? » — « Prends sur toi ma vieillesse, reprit Yayâti. 3163.

» Revêtu de ta jeunesse, je promènerais mes désirs sur tous les objets des sens. Jadis, en effet, mes fils, célébrant de longs sacrifices, une malédiction fut jetée sur moi par l'anachorète Ouçanas : « Environné de toutes les choses, qui peuvent exciter le désir, mais tout à fait dénué de force, tu seras consumé de chagrin, *a-t-il dit, car tu ne* pourras en jouir. » *3164*.

» Qu'un de vous se revête de mon corps et gouverne l'empire *à ma place* ; moi, redevenu jeune dans son corps plein de fraîcheur, je rassasierai mes désirs. » 3165.

Mais, ni Yadou, ni ses autres fils ne voulurent échanger *leur jeunesse contre* sa vieillesse. Ensuite le plus jeune, qui avait la vigueur de la vérité, Poûrou dit ces mots à son père : 3166.

« Sire, promène-toi, dans un jeune corps, au milieu des objets sensibles, qui veulent de la jeunesse ; moi, chargé de vieillesse, je me tiendrai sur le trône par ton ordre. »

À ces mots, le saint roi, à l'aide d'une vigoureuse pénitence, fit passer alors sa vieillesse à son magnanime fils.

Le monarque rentra dans la jeunesse avec la fraîche adolescence de Poûrou, et celui-ci régna, chargé des années d'Yayâti. 3167-3168-3169.

Ensuite ce tigre dans le genre des rois, cet Yayâti, qui avait la vigueur d'un tigre, demeurant, au bout de mille années, non encore vaincu *par la vieillesse*, 3170.

Après qu'il eut goûté long-temps la volupté avec ses épouses et qu'il se fut ébattu en outre, accompagné de Viçvatchî, dans les bosquets du Tchaîtraratha, Yayati à la vaste renommée n'était pas arrivé à la satiété de ses désirs. Cette pensée frappa son esprit et, sire, il chanta ces couplets : 3171-3172.

« Le désir ne s'éteint jamais par la jouissance des choses désirées : au contraire, son ardeur augmente, comme celle du feu sacré, quand on y verse le beurre clarifié. 3173.

» La terre pleine de gemmes, l'or, les troupeaux, les femmes, tout cela n'est point assez pour le cœur d'un seul homme ! Que cette pensée le mène donc à la quiétude.

» Si jamais il ne fait aucun mal à nul de tous les êtres, ni en pensées, ni en paroles, ni en actions, il obtient l'unification avec l'Être absolu. 3174-3176.

» S'il ne connaît pas la crainte, s'il n'inspire de crainte à personne, s'il n'a même ni désir, ni haine, c'est alors seulement qu'il obtient l'unification avec l'Être absolu ! »

Il dit ; et le roi, devenu sage, ayant vu l'inanité des plaisirs et corrigé son âme par la réflexion, se hâta de reprendre sa vieillesse à son fils. 3176-3177.

Il rendit la jeunesse à Poûrou, le fit sacrer pour le trône. et ce roi, que les plaisirs n'avaient pu rassasier, tint ce langage à Poûrou, son fils : 3178.

« Je te fais mon héritier ; tu es le fils, qui doit continuer ma race : « la race de Poûrou, » dira-t-on, et ce nom associera ma lignée avec ta gloire. » 3179.

Ensuite, roi des rois, après qu'il eut sacré Poûrou sur le trône, dit Vaîçampâyana, et qu'embrassant de grandes macérations, il eut pratiqué sur le sommet d'une montagne une pénitence accomplie, 3180-3181.

Au bout d'un long temps écoulé, il succomba à la mort et mérita le ciel avec son épouse par les mérites du jeûne, qu'ils s'étaient infligé. » 3182.

Djanamédjaya dit :

« Comment Yayâti, qui est mon dixième aïeul, en remontant au Pradjâpati, avait-il mérité la fille de Çoukra, si difficile à obtenir ? 3183.

» Je désire entendre cette *histoire* avec étendue, homme riche de pénitences : dis-moi successivement, un à un, ceux, par qui fut continuée la famille du roi. » 3184.

« Yayâti, reprit Vaîçampâyana, fut un monarque d'une splendeur égale à celle du roi des Dieux. Je vais répondre à ta demande, Djanamédjaya, *et te dire* comment jadis il fut choisi par Çoukra et Vrishaparvan ; ou de quelle manière fut amené le mariage d'Yayâti le Nahoushide avec Dévayânî. 3185-3186.

Une rivalité mutuelle pour la domination était née dans les trois mondes des êtres mobiles et immobiles entre les Dieux et les Asouras. 3187.

Dans l'espérance de la victoire, les Dieux choisirent l'anachorète fils d'Angiras pour célébrer chez eux les sacrifices ; mais leurs ennemis appelèrent aux fonctions d'archibrahme Ouçanas, le petit-fils de Brahma. 3188.

Une ardente rivalité opposait continuellement ces deux brahmes l'un à l'autre. Les Dieux alors immolèrent les Dânavas, qui avaient affronté leurs armes dans la bataille.

Mais Kâvya, *c'est-à-dire, le petit-fils de Brahma,* les rendit à la vie grâce à une science toute divine, et les morts ressuscités combattirent de nouveau contre les Dieux. 3189-3190.

Cependant Vrihaspati, malgré sa haute intelligence, ne put ranimer ceux des Dieux, que les Asouras avaient tués sur le front du champ de bataille. 3191.

Car il ignorait cette science de la résurrection, que possédait Kâvya. Les Dieux alors de tomber dans un profond abattement. 3192.

Troublés par la crainte, que leur inspire Ouçanas, petit-fils de Brahma, ils vont trouver Katcha, le fils aîné de Vrihaspati, et lui disent : 3193.

« Réponds à l'amour, que nous avons tous pour toi : prête-nous une vigoureuse assistance. Dérobe vite cette science, qui réside en Çoukra, le Brahmide à la splendeur infinie, et tu seras participant à notre bonne fortune. Il t'est possible en effet de voir ce brahme en présence de Vrishaparvan. 3194-3195.

» Il sauve les Dânavas dans cette guerre ; mais il ne sauve pas leurs ennemis. Ton excellence peut gagner la faveur du poète, qui eut pour mère (?) Yoûrvavâ. 3196.

» Tu peux mériter les bonnes grâces de Dévayânî, la fille chérie de ce magnanime. Il n'existe personne, qui en soit plus capable. 3197.

» Dévayânî, satisfaite de ta retenue, de ta bonne conduite, de ta politesse, de ton caractère, des agréables senteurs de ton âme, te communiquera sans doute la science, qui est en elle. » 3198.

Katcha, le fils de Vrihaspati, répondit ce mot : « Oui ! » et, honoré de tous les Dieux, il se mit en route pour se présenter devant Vrishaparvan. 3199.

Cette mission des Souras lui fit accélérer son pas ; il vit Çoukra dans la ville du roi des Asouras et lui tint ce langage : 3200.

« Tu vois en moi le petit-fils du rishi Angiras et le fils de Vrihaspati ; je m'appelle Katcha. Que ta sainteté me reçoive pour son disciple. 8201.

» Je m'engage à rester mille années dans le plus rigoureux noviciat sous ta direction. Brahme, consens à ma demande. » 3202.

« Katcha, lui répondit Çoukra, sois le bienvenu ici : j'accueille ta parole. Je t'honorerai, toi, qui mérites de l'être : honoré soit Vrishaspati ! » 3203.

Katcha, reprit Vaiçampâyana, dit : « Qu'il en soit ainsi ! » et prononça le vœu, que lui enjoignit Çoukra-Ouçanas, le petit-fils de Kavi *ou Brahma,* 3204.

Il accepta le temps fixé du vœu comme il est dit, et le passa, Bharatide, à gagner les bonnes grâces de son maître spirituel et de *la belle* Dévayânî. 3205.

Jeune, *avaient dit les Dieux,* il ne pourra manquer jamais de plaire à tous les deux par ces grâces de la jeunesse, qui charment les sens ; mais *il captivera* surtout Dévayânî par le chant, la danse et les instruments de musique. 3206.

Il excellait, Bharatide, à charmer Dévayânî, vierge d'une jeunesse accomplie, avec des fleurs, des fruits et la diligence pour ses commissions. 3207.

Dévayânî elle-même en secret amusait par son chant et ses badinages *le jeune* brahme, lié par le vœu de la continence. 3208.

Cinq cents années s'écoulèrent ainsi pour Katcha dans l'observance de son vœu ; ce fut alors *qu'il se* révéla aux Dânavas. 3209.

Ceux-ci, l'ayant trouvé seul, gardant les vaches, dans un endroit solitaire, au milieu de la forêt, le tuèrent avec fureur par haine de Vrihaspati et pour se conserver la science sans partage. 3210.

Ils mirent en pièces le corps du malheureux et firent manger les morceaux à des loups. Ensuite, les vaches revinrent à l'étable sans pasteur. 3211.

Quand elle vit ses vaches rentrées du bois, Bharatide, abandonnées de Katcha, Dévayânî dit à propos ces paroles : 3212.

« Le beurre clarifié est déjà versé dans le feu sacré, le soleil est parvenu, seigneur, à son couchant, les vaches sont revenues sans pasteur et l'on ne voit Katcha nulle part. 8213.

» Évidemment Katcha est mort, ou on l'a tué, mon père. Je ne peux vivre sans lui ; je te dis la vérité. »

« S'il est mort, répondit Çoukra, je le ressusciterai ; je n'ai besoin que de lui crier ; « Viens ici ! » Puis, il mit en œuvre la science résurrectionnelle et il appela Katcha. 3214-3216.

À cet appel, celui-ci, ayant rompu le corps de chaque loup, qui avait dévoré un de ses fragments, sortit et, joyeux, il reparut *entier*, grâce à la science. 3219.

« Pourquoi as-tu tardé ? » lui demanda la Bhargavaine. Il répondit : « J'avais pris du bois, noble dame, des herbes kouças, des bûches, et je revenais, quand, accablé de mon faix et de la fatigue, je m'appuyai contre un figuier. Toutes les vaches m'accompagnant se mirent à l'abri sous l'ombrage de cet arbre. 3217-3218.

» Les Asouras m'ayant vu là : « Qui es-tu ?» me demandèrent-ils. — « Je suis le fils de Vrihaspati et l'on m'appelle Katcha. » 3219.

» À peine avais-je articulé ces mots qu'ils me tuèrent, mirent en pièces mon cadavre, en jetèrent les morceaux à des loups ; puis, tranquillement, ils s'en retournent chacun dans son palais. 3220.

» Appelé par le magnanime Bhargavain, appuyé sur la science, je suis accouru ici près de toi, noble fille, vivant d'une vie à peine entière ; 3221.

» *Car* on m'avait tué ! » C'est ainsi qu'il répondit aux questions de la jeune brahmine. Un autre jour, Dévayânî lui donna cet ordre : « Apporte-moi des fleurs, choisies à ta volonté. » 3222.

Le brahme Katcha de s'en aller au bois. Les Dânavas le virent ; il fut broyé de nouveau par eux et ses morceaux jetés dans les eaux de la mer. 3223.

La jeune fille s'en fut annoncer à son père qu'il tardait encore. Le brahme appela une seconde fois avec les formules de la science le fils du gourou des Dieux. Aussitôt le *mort* revint et raconta son aventure comme elle était arrivée. 3224.

Une troisième fois, les Asouras le tuent, brûlent son corps ; il est réduit en cendres, qu'ils font boire au fils de Brahma lui-même dans un *baril* de liqueur enivrante.

Dévayânî adressa de nouveau ce langage à son père : « Katcha est allé en commission pour m'apporter des fleurs, et il n'a point reparu, mon père. 3225-3226.

» Évidemment Katcha est mort, ou on l'a tué : je ne peux vivre sans Katcha, mon père ; je te dis la vérité ! »

« Le fils de Vrihaspati, ma fille, Katcha est encore allé dans les routes de la mort, lui répondit Çoukra. On a beau le ressusciter par la science, il est tué de nouveau. Que ferons-nous ? 3227-3228.

» Ne gémis point ainsi ; ne pleure pas, Dévayanî. Il ne sied pas à une Déesse telle que toi de verser des larmes pour un simple mortel, toi, sous la puissance de qui s'inclinent à ton approche Brahma et les brahmes, les Dieux avec Indra, les Vasous, les deux Açwins, les *Démons*, ennemis des Dieux, et l'univers entier ! Il est impossible à ce brahme de vivre, puisqu'on le tue à chaque fois qu'il est ressuscité. » 3229-3230.

« Comment, reprit Dévayanî, pourrais-je ne pas gémir ni pleurer un homme, qui est le petit-fils de l'antique Angiras et le fils de Vrihaspati, ce trésor de pénitences ; un homme, qui a ces grands saints pour aïeul et père ? 3231.

» C'était un brahmatchâri, opulent de pénitences, toujours levé, habile dans les sacrifices ! Je suivrai Katcha dans sa route : je ne veux plus manger ; car le beau Katcha, mon père, était mon bien-aimé. » 3232.

Pressé *de nouveau* par Dévayanî, continua le narrateur, Kâvya, le maharshi, d'évoquer avec colère : « Sans doute les Asouras me haïssent, disait-il, puisqu'ils tuent *ceux de* mes disciples, qui leur tombent sous la main. 3233.

» Ces méchants veulent donc supprimer tous les brahmes du monde, puisqu'ils m'offensent continuellement ?

Il est temps de mettre une fin à ce crime ! Quel Indra ne consumerait pas le meurtre d'un brahme ? » 3234.

Évoqué par la science du vénérable, Katcha effrayé dit lentement ces mots dans son ventre : 3235.

« Par quelle voie trouverai-je une issue ? » — « Brahme, *reprit Ouçanas*, dis : est-ce que tu es dans mon ventre ? »

« Grâce à toi, répondit Katcha, j'ai conservé la mémoire ; je me rappelle toute cette aventure et de quelle manière elle est arrivée. Je supporterai cet épouvantable malheur pourvu que le *mérite de* mes pénitences n'en soit pas ruiné. 3236-3237.

» Après que les Asouras m'eurent tué, brûlé, réduit en cendres, Kâvya, ils m'ont fait avaler par ta sainteté dans une liqueur enivrante. Comment échapper à ce piège de Démons, à ce piège fait pour y prendre un brahmane, sans qu'il t'en coûte la vie ? » 3238.

« Comment te ferai-je plaisir, ma fille ? dit Çoukra. C'est ma mort seulement, qui peut racheter la vie de Katcha : c'est en me brisant le sein, qu'on peut le rendre à tes yeux, et non autrement. Katcha fut introduit en moi, Dévayânî ! » 3239.

« Deux peines, semblables au feu, me brûlent, reprit Dévayânî : la perte de Katcha et le déchirement de toi-même. Il n'est plus de joie pour moi, si Katcha périt : et je ne puis vivre, si ton corps est déchiré. » 3240.

Çoukra dit : « Fils de Vrihaspati, tu es d'une beauté parfaite : Dévayânî t'aime autant qu'elle est aimée de toi. Reçois donc la science, qui peut rendre à la vie, si toutefois tu n'es point en ce moment Indra sous la forme de Katcha. 3241.

» Qui que ce soit autre que ce brahme ne sortira vivant de mon ventre. Obtiens donc la science. 3242.

» Devenu mon fils et sorti de mes entrailles, savant par la communication de ma science, fixe les regards sur cette vue de la justice, mon enfant, et sache me rendre la vie, toi, à qui j'ai su la rendre. » 3243.

Quand il eut obtenu de son gourou la science par son intime union avec lui, reprit Vaîçampâyana, au même instant le brahme aux belles formes, Katcha, fendit le ventre du saint brahme et sortit comme la lune à la fin d'une quinzaine lumineuse, au jour d'une pléoménie. 3244.

À la vue de cette montagne des Védas tombée sur la terre, Katcha de la relever, bien qu'elle fût morte, grâce à la science nouvelle, qu'il avait acquise dans toute sa perfection ; puis, il salua son gourou et dit : 3245.

« J'estime à l'égal de mon père et de ma mère l'homme, qui arrosa les oreilles de mon ignorance avec l'ambroisie de la science. Quiconque sait les actions de cet homme, ne l'offensera jamais. 3246.

» Ceux, qui, après avoir obtenu la science, ne rendent pas à leur maître les hommages, qu'il mérite, lui, qui leur a donné la vérité sublime, ce trésor des trésors, tombent déshonorés dans les mondes, réservés aux pécheurs ! » 3247.

Aussitôt que le sage, reprit Vaîçampâyana, eut reconnu l'erreur et l'absence de discernement, où l'avait entraîné son excès de boisson, puisque dans son ivresse de sourâ, il avait avalé ce beau Katcha lui-même, 3248.

Ouçanas à la grande autorité, le petit-fils de Brahma, se leva, plein de colère, et, désirant faire une chose utile aux brahmes, il articula de sa bouche ces paroles, enflammé de son dépit, contre l'usage de la sourâ : 3249.

« Que tout brahme à l'intelligence étroite, qui dorénavant boira dans sa folie de la sourâ, soit blâmé dans ce monde et le soit dans l'autre comme s'il était déchu de la vertu et meurtrier d'un brahme ! 3250.

» Que dans l'univers entier les brahmes vertueux, dociles à leur gourou, que les Dieux, que tous les hommes observent cette limite de ma parole, cette borne, que je fixe au devoir du brahme ! » 3251.

Ces mots dits, le *patriarche* à la haute dignité, ce trésor immesurable des trésors de pénitences, appela les Dânavas à l'intelligence égarée par le Destin et leur adressa les paroles suivantes : 3252.

« Je vous préviens, Dânavas insensés, que le magnanime Katcha, possédant la science de ressusciter, ce brahme parfait, d'une puissance égale à la mienne et parvenu à son unification avec l'Être absolu, habitera désormais devant mes yeux ! » 3253.

Après un tel langage, le fils de Bhrigou se taît et frappés de stupeur, les Dânavas s'en retournent dans leur palais.

Quand il eut passé dix centaines d'années sous les yeux de son gourou, Katcha, congédié par lui, eut envie de revenir aux lieux, habités par les treize Dieux. 3254-3255.

Son noviciat terminé, continua Vaîçampâyana, son congé obtenu de son maître, il se disposait à partir pour la ville des Dieux, quand Dévayânî lui tint ce discours :

« Petit-fils du saint Angiras, tu brilles par la répression des sens, la pénitence, la science et ta noble race. 3256-3267.

» Autant le célèbre saint Angiras est respectable pour mon père, autant et plus encore Vrihaspati est honorable et vénérable pour moi. 3258.

» Maintenant que tu connais cela, homme riche de pénitence, apprends ce qui me reste à dire, c'est que je réside toute en toi, homme doué de continence et fidèle à tes vœux. 3259.

» Veuille bien m'aimer comme je t'aime, toi de qui la science complète est égale *à celle de mon père*. Daigne prendre ma main suivant les rites devant l'autel du feu sacré. » 3260.

Katcha lui répondit :

« Autant le révérend ton père est honorable et respectable à mes yeux, autant et plus honorable encore es-tu pour moi, femme ravissante. 3261.

» Je te préfère à la vie, que m'a rendue le magnanime fils de Bhrigou, et tu auras sans cesse droit à mes légitimes hommages, comme fille de mon gourou. 3262.

» Autant j'ai de vénération pour Çoukra, mon directeur spirituel et ton père, autant j'en ai pour toi, Dévayânî : ne veuille plus tenir ce langage. » 3263.

» Tu es le fils du fils du vénérable *Angiras* ; mais, reprit Dévayânî, tu n'es pas le fils de mon père : donc, ô le plus grand des brahmes, tu es une personne honorable et respectable devant moi. 3264.

» Tu fus tué deux et trois fois par les Asouras ; souviens-toi, Katcha, de la joie, que me causa alors et que me donne en ce moment ta résurrection. 3265.

» Tu sais que ma dévotion la plus haute est dans la tendresse et l'amour ; ne veuille point m'abandonner, toi, qui sais le devoir, moi, qui te suis dévouée et n'ai pas commis de faute. » 3266.

« Tu me commandes, vierge aux limpides vœux, lui répondit Katcha, dans une chose, où je ne puis t'obéir. Ne t'irrite pas contre moi, fille aux charmants sourcils ; tu es plus vénérable pour moi, candide, que le révérend même. 3267.

» J'ai habité là, demoiselle aux grands yeux, au visage pareil à la lune, où toi-même tu habitas, dans le noble ventre du petit-fils de Brahma. 3268.

» Tu es ma sœur légitimement ; ne tiens donc pas ce langage. Je fus heureux dans mon séjour ici : il n'existe en moi aucune sorte de mécontentement. 3269.

» Je te dis adieu, je m'en vais : prononce les bénédictions pour le bon succès de mon voyage. Ce n'est point à moi, qu'il faut rappeler au milieu des entretiens le devoir, dont je ne suis pas l'ennemi. Toujours active et jamais négligente, conserve-moi la bienveillance du révérend. »

« Si tu me refuses alors que tu es sollicité, reprit Dévayâni, sur un point d'intérêt, d'amour ou de devoir, la science, que tu viens d'obtenir, Katcha, n'atteindra point à son but ! » 3270-3271.

« Je refuse, lui repartit Katcha, parce que je me dis : « C'est la fille de mon gourou.» Le gourou n'a point donné sa permission. Maudis-moi de cette manière, si tu veux !

» Attendu que je suis maudit par toi dans le moment où je t'objecte le devoir, qui me lie envers mon gourou, je n'ai pas mérité cette malédiction, Dévayâni, dont la cause est Ici l'amour et non le devoir. 3272-3278.

» Ton amour n'est donc point ici légitimé par lui, ma dame : aucun fils de rishi ne prendra jamais ta main ! 3274.

« Ta science, as-tu dit, ne produira pas son fruit. » Elle produira son fruit, *sinon pour moi*, du moins pour ceux, à qui je l'enseignerai. » 3275.

Après que l'éminent brahme eut parlé de cette manière à Dévayânî, reprit Vaîçampâyana, Katcha, le plus vertueux des brahmes, de s'en aller rapidement à la ville des treize Dieux. 3276.

Aussitôt qu'ils l'eurent vu de retour, ceux-ci, Indra à leur tête, de féliciter Vrihaspati et de parler en ces termes à Katcha : 3277.

« Parce que tu as accompli, dirent les Dieux, cette mission utile pour nous et merveilleuse au plus haut degré, ta gloire n'aura pas de fin et tu seras participant à notre fortune ! » 3278.

Katcha arrivé, maître de la science, reprit Vaîçampâyana, les Immortels de manifester la joie dans toute leur personne, ô le plus grand des Bharatides, et d'apprendre aux leçons de Katcha la science de ressusciter. 3279.

Tous de compagnie ils vont trouver le Dieu aux cent sacrifices et lui disent : « Le moment est venu de signaler ta vaillance, triomphe de nos ennemis, Pourandara ! »

À ces mots des treize Dieux réunis : « Qu'il en soit ainsi ! » répondit Maghavat ; il se mit en campagne et vit des femmes dans une forêt. 3280-3281.

C'étaient des jeunes filles, qui se jouaient dans un bois semblable au Tchaîtraratha. Survint un coup de vent, qui mêla tous leurs vêtements. 3282.

Ensuite, sorties de l'eau toutes ensemble, les jouvencelles de reprendre les robes dans le tas, où le vent les avait roulées. 3283.

Alors Çarmishthâ, fille de Vrishaparvan, revêtit la robe de Dévayânî, ne reconnaissant pas la sienne dans ce confus pêle-mêle. 3284.

De là naquit pour ce fait, Indra des rois, une haine mutuelle entre Dévayânî et Çarmishthâ. 3285.

» Pourquoi, lui jeta Dévayàni, prends-tu ma robe, Asourî, toi, qui es mon élève ? Tu n'arriveras jamais à rien faire de bon, car tu manques de jugement ! » 3286.

« Ton père, lui répondit Çarmishthâ, debout sur un plan inférieur, comme une personne modeste, loue à chaque instant, car il est son barde, mon père, soit assis, soit couché. 3287.

» Toi, tu es la fille de celui, qui demande, qui loue, qui reçoit ; mais je suis, moi ! la fille de celui, qui est loué, qui donne, qui ne reçoit pas de salaire ! 3288.

» Sois vexée, fâche-toi, traite-moi en ennemie, courrouce-toi, indigente, pauvresse, mendiante ! Soulève tes flots, avec des armes, ou sans armes, 3289.

» Tu trouveras une guerrière en état de te combattre ! Je ne fais nul compte de toi ! » Dévayânî, reprit Vaîçarapâyana, était provoquée à la guerre, elle tenait à ravoir sa robe ; mais Çarmishthâ la poussa dans un puits et, cela fait, elle s'en revint à sa ville. 3290.

« Elle est tuée ! » crut l'Asourî aux résolutions criminelles, et, sans plus s'en inquiéter, elle retourna, pleine de colère, en son palais. 3291.

Ensuite arriva Yayâti, le fils de Nahousha, conduit en ces lieux par l'envie de trouver des gazelles, mais brûlant de soif, avec un char fatigué, avec des chevaux fatigués.

Le royal fils de Nahousha vit le puits, qu'il trouva sans eau ; mais il vit au fond une jeune fille, resplendissante comme la flamme du feu. 3292-3293.

À sa vue, le meilleur des rois, flattant d'une voix tendre, jointe à une beauté supérieure, la vierge, qui semblait appartenir à la condition des Immortels, lui demanda :

« Qui es-tu, fille au teint d'azur, aux ongles rouges, au collier de pierreries si pures ? Livrée à ces profondes et longues réflexions, pourquoi gémis-tu dans la souffrance ?

» Comment es-tu tombée dans ce puits, caché sous les gazons et les plantes, qui rampent ? De qui es-tu fille ? Dis-moi la vérité, vierge à la jolie taille ! » 3294-3296-3296.

« Je suis, répondit Dévayânî, la fille du grand Çoukra, de qui la science ressuscite les Daîtyas, quand ils sont tués par les Dieux ? Sans doute, il ignore mon *infortune*.

» Voici ma main droite, sire, aux doigts ornés d'ongles rouges : prends-la et retire-moi d'ici ; car je pense que tu es de noble race. 3297-3298.

» Je reconnais déjà que tu es tempéré, vaillant, illustre : veuille donc bien m'arracher de ce puits, où je suis tombée. » 3299.

Le roi, fils de Nahousha, reprit Vaîçampâyana, apprenant qu'elle était Brahmanî, lui saisit la main droite et la retira de ce puits. 3300.

Quand elle fut promptement sortie de cette fosse, grâce à son aide, Yayâti, le puissant monarque, dit adieu à la ravissante jeune vierge et se dirigea vers sa ville. 3301.

Ce Nahoushide parti, la belle Dévayânî parla de cette manière à Ghoûrnikâ, qui se rencontra devant elle : 3302.

« Ghoûrnikâ, dit-elle, cours ! annonce vite à mon père ce *malheur* ! Je n'entrerai pas maintenant dans la ville de

Vrishaparvan. » 3303.

Ghoûrnikâ se hâta de gagner les palais des Asouras ; elle vit le petit-fils de Brahma et, d'un cœur plein d'émotion, lui dit : 3304.

« Grand brahme !... Éminente personne ! » et de lui raconter que sa fille avait été battue dans le bois par Çarmishthâ, la fille de Vrishaparvan. 3305.

À peine eut-il appris que Çarmishthâ avait frappé Dévayânî, le petit-fils de Brahma, saisi de douleur, sortit d'un pied hâté à la recherche de sa fille dans la forêt.

Aussitôt qu'il vit sa Dévayânî dans le bois, Kâvya de serrer sa fille dans ses bras et, vivement affligé, de lui dire : 3306-3307.

« Tous les hommes reçoivent le plaisir ou la peine en rémunération de leurs bonnes ou mauvaises œuvres ; tu avais commis une faute, je pense, qui attira sur toi ce châtiment. » 3308.

« Que ce soit un châtiment ou non, répondit la jeune fille, écoute de ma bouche attentivement ce que m'a dit Çarmishthâ, la fille de Vrishaparvan. 3309.

» Elle dit ce qui, certes ! est la vérité : tu es le chantre des Daîtyas ; mais la Vârshaparvanî m'a lancé à ce sujet des paroles incisives et mordantes, les yeux tout rouges de colère : « Tu es la fille d'un homme, qui adule, qui demande sans cesse et qui reçoit. 3310-3311.

» Moi, au contraire, je suis la fille de celui, qui est loué, qui donne et qui ne reçoit pas. » Voilà ce que m'a dit à trois et quatre fois cette fille de Vrishaparvan, pleine d'orgueil et les yeux enflammés de colère. 3312.

« Si je suis la fille de l'homme, qui loue et qui reçoit, je tâcherai, mon enfant, de gagner les bonnes grâces de Çarmishthâ. » C'est là tout ce que j'ai répliqué à ma compagne. » 3313.

« Tu n'es point la fille, répondit Çoukia, d'un homme, qui vend ses louanges. Dévayânî, tu es la fille d'un homme, qui est loué et n'est pas un poète de profession. 3314.

» Vrishaparvan le sait bien, et Indra lui-même, et le roi, fils de Nahousha. Ma puissance est suprême, sans alternative, inconcevable, comme la cause absolue des êtres ! 3315.

» Je suis le maître à perpétuité de toutes les parties du grand tout sur la terre et dans le ciel : ainsi l'a dit, satisfait de moi, l'Être-existant-par-lui-même. 3316.

» C'est moi, qui verse les pluies dans mon amour du bien des créatures ; c'est moi, qui nourris toutes les plantes comestibles : je ne te dis rien ici, qui ne soit la vérité. »

C'est ainsi, reprit Vaîçampâyana, que le père avec ces paroles douces et tendres consola sa fille, oppressée de ressentiment et tombée dans le désespoir. 3317-3318.

Çoukra dit encore :

« L'homme, toujours capable de supporter les paroles injurieuses de ses ennemis, sache-le, Dévayânî, est vainqueur de ce monde entier. 3319.

» L'homme, qui refrène, comme un cheval, la fougue de sa colère, est appelé des gens de bien un cocher, qui ne tombe jamais embarrassé dans ses rênes. 3320.

» L'homme, qui dompte la colère, au moment qu'elle veut se lever, avec la force d'un cœur impassible à la colère, sache-le, Dévayânî, est vainqueur de ce monde entier. 3321.

» L'homme, qui se dépouille ici-bas, grâce à la patience, de sa colère soulevée, comme un serpent de sa vieille peau, c'est lui, qu'il faut justement appeler un mâle. 3322.

» L'homme, qui enchaîne son ressentiment, qui supporte les paroles insultantes, qui brûlé ne brûle pas, est un vase tout plein de richesses. 3323.

» L'homme, qui pourrait offrir sans jamais se lasser un sacrifice chaque mois durant le cours de cent années, finirait par ne plus s'abandonner à la colère. Mais celui, de qui rien ne peut exciter la colère, est supérieur aux deux précédents. 3324.

» Si l'inexpérience engage les jeunes gens et les jeunes filles en des inimitiés, l'homme sage ne doit pas les imiter ; car ils ne connaissent pas le fort ou le faible *des choses*. »

Dévayânî reprit :

« Je suis encore toute ignorante des devoirs ; tu le sais, mon père ; tu sais, toi ! la différence, qui est ici dans l'impassibilité et dans *le sentiment de* l'insulte, où est le fort, où est le faible. 3325-3326.

» Quiconque veut se maintenir, ne doit pas tolérer qu'un élève se conduise comme s'il ne l'était pas : je suis donc ennuyée de vivre au milieu de gens, qui bouleversent tous les usages. 3327.

» L'homme d'une race illustre se garde d'habiter parmi des hommes, qui le méprisent : le sage, qui aspire au bonheur, ne mettra pas son habitation chez des hommes aux pensées criminelles. 3328.

» L'homme distingué par sa famille vit au milieu du monde, dont elle est connue. Il faut habiter avec les bons ; c'est là ce qu'on appelle justement la meilleure des habitations. 3329.

» Le venin si effroyable, que m'a lancé dans ses paroles cette fille de Vrishaparvan, tourmente mon cœur comme le désir du feu sacré fait tourmenter le bois sec, destiné à le produire. 3330.

» Il n'est rien, je pense, de plus pénible dans les trois mondes. La mort, ont dit les sages, est la beauté du laid, alors qu'il est réduit à cultiver la radieuse beauté d'un ennemi. » 3331.

À ces mots, reprit Vaîçampâyana, Kâvya, le plus noble fils de Bhrigou, s'en alla, plein de colère, chez Vrishaparvan et, sans balancer, il tint ce langage au monarque assis sur le trône : 3332.

« Sire, une conduite sans justice ne donne pas à l'instant son fruit, comme la vache. Son châtiment peu à peu s'approche et coupe les racines du pécheur. 3333.

» Si l'homme ne fixe les yeux sur lui-même, son péché assurément porte un fruit douloureux dans ses fils et petits-fils, comme un aliment indigeste dans l'estomac. 3334.

» Parce que tu as fait tuer le brahme Katcha, petit-fils d'Angiras, élève docile, qui se trouvait heureux chez moi, qui savait le devoir et qui n'avait pas une mauvaise nature ; 3335.

» À cause de la mort donnée à cet homme, qui ne l'avait pas méritée, à cause de la mort tentée sur ma fille, écoute ceci, Vrishaparvan : je vais t'abandonner, toi et tes parents ! 3336.

» Je n'aurai pas la force, sire, de rester dans ton royaume avec toi ! oh ! tu me connais, Daîtya ! tu sais que je ne suis pas homme à jeter des paroles sans conséquence ; car, en vain regardes-tu, tu ne vois pas une faute de moi ! » 3337.

« Je ne connais de toi, Bhargavain, lui répondit Vrishaparvan, ni une chose injuste, ni une parole fausse ; la justice réside en toi avec la vérité : que ta sainteté me soit propice, 3338.

» Si tu nous abandonnes, fils de Bhrigou, et si tu quittes ces lieux, nous irons nous réfugier dans la mer, car il n'est pas un autre plus sûr asile pour nous. » 3339.

« Entrez dans la mer, Asouras, ou fuyez aux différents points de l'espace, reprit Çoukra ; moi, je ne puis endurer qu'on outrage ma fille ; car elle m'est chère. 3340.

» Conciliez-vous Dévayânî, en laquelle est toute ma vie : c'est moi, de qui la *puissante* contemplation attire la félicité sur vous, comme Vrihaspati sur le roi des Dieux ! »

« Quelque richesse, quelque nombre de chevaux, d'éléphants et de vaches, reprit Vrishaparvan, que les rois des Asouras possèdent sur la terre, tu en es le maître, fils de Bhrigou, comme tu es le maître de moi. » 3341-3342.

« Si je suis le maître, éminent Asoura, de toutes les richesses, que possèdent les rois des Daityas, répondit Çoukra, vous n'en avez pas moins à vous concilier Dévayânî. » 3343.

Vaîçampâyana dit :

À ces mots, Vrishaparvan de répondre : « Qu'il en soit ainsi ! » et le grand poète, fils de Bhrigou, s'en fut trouver sa fille et lui raconter la chose. 3344.

« Si tu es le maître de la richesse du roi, observa Dévayânî, je ne le sais pas autrement que par toi, fils de Bhrigou, mon père : que le roi vienne donc m'en informer lui-même. » 3845.

« Dévayânî, vierge au candide sourire, je te donnerai la chose désirée, que tu voudrais obtenir, lui dit alors Vrishaparvan, quelque difficile à donner qu'elle soit. » 3346.

« Ce que je désire, c'est *ta fille* Çarmishthâ pour esclave avec ses mille suivantes, reprit Dévayânî. Qu'elle s'en vienne derrière moi aux lieux, où est mon père, qui me la donnera. » 3347.

« Lève-toi, nourrice ! fit alors Vrishaparvan ; cours ! Amène promptement Çarmishthâ. Qu'elle satisfasse le désir, que ressent Dévayânî. » 3348. Ensuite la nourrice, continua le narrateur, alla trouver Çarmishthâ et lui tint ce langage : « Lève-toi, noble fille ! Donne satisfaction à tes parents, Çarmishthâ ! 3349.

» Excité par Dévayâni, le brahme *veut* abandonner ses élèves : il te faut satisfaire à l'instant un désir, qu'elle a conçu, fille sans péché. » 3350.

« Je satisferai à l'instant même, répondit Çarmishthâ, le désir, qui est dans son cœur. Gardons-nous d'attirer sur moi par ma faute *l'affront* d'une telle sommation apportée à moi-même par Çoukra pour *cette* Dévayânî : que Çoukra ni Dévayàni ne viennent point ici à cause de moi ! » 3361.

Aussitôt, reprit Vaîçampâyana, portée sur un palanquin, autour duquel marchaient mille jeunes suivantes, elle sortit avec empressement de la grande cité sur l'ordre de son père. 3352.

« Me voici, dit-elle, avec ces mille suivantes, ta cameriste et ton esclave ; j'irai derrière toi aux lieux, où est ton père, pour qu'il me donne à toi ! » 3353.

« Je suis la fille de l'homme, qui loue, qui demande, qui reçoit, lui répliqua Dévayânî ; comment deviendras-tu mon esclave, toi, fille de la personne, qui est louée ? »

Çarmishthâ répondit : « De quelque manière que puisse venir un plaisir dans l'affliction de mes parents, je suivrai tes pas aux lieux, où est ton père, afin qu'il me donne à toi. » 3354-3855.

Çarmishthâ, reprit le narrateur, ayant accepté la condition d'esclave, Dévayânî adressa, ô le plus vertueux des rois, ces paroles à son père : 3356.

« Je rentrerai dans la ville, mon père, lui dit-elle ; je suis contente, ô le plus sage des brahmes : tes études ne sont pas vaines ; il y a de la force dans ta science. » 3357.

À ces mots de sa fille, le brahme éminent à la haute renommée fit sa rentrée dans la ville, joyeux, honoré de tous les Dânavas. 3358.

Long-temps après, ô le meilleur des rois, ajouta le narrateur, la noble Dévayânî revint pour se divertir dans cette forêt même. 3359.

Arrivée dans ces mêmes lieux avec Çarmishthâ et ses mille suivantes, elle s'y promena selon sa fantaisie, Pleine de joie, accompagnée de toutes ses amies.

Toutes, elles jouaient, elles folâtraient, elles buvaient la mâdhavî ou le rhum extrait des fleurs, elles mangeaient différents mêts, elles savouraient des fruits. Le roi fils de Nahousha y revint aussi de lui-même pour chasser des gazelles. 3360-3361-3362.

Il arrive dans ces lieux, consumé par la soif, accablé de fatigue, et voit Dévayânî, Çarmishthâ et cette *foule de femmes*, 3363.

Buvant, badinant, ornées de parures célestes. Il vit Dévayânî au virginal sourire, à la beauté nompareille, assise comme une noble dame au milieu de ces femmes, et Çarmishthâ, qui la servait, lui massait les pieds et lui prodiguait tous les autres soins. 3364-3365.

« Voilà, fit Yayâti, deux mille jeunes filles, qui environnent deux jeunes demoiselles, je te demande, beauté radieuse, les familles et les noms de celles-ci. » 3366.

« Je te les dirai, monarque des hommes, répondit Dévayânî ; reçois mes paroles. Le gourou des Asouras est nommé Çoukra ; sache que je suis sa fille. 3367.

» Celle-ci est mon amie, mon esclave, qui me suit en tous lieux, où je vais. Elle est appelée Çarmishthâ, la fille de Vrishaparvan, roi des Dânavas. » 3368.

« Comment ton amie peut-elle être une esclave ? reprit Yayâti. C'est une fille de noble caste ! la fille du roi des Asouras ! Tu excites au plus haut point ma curiosité, vierge aux jolis sourcils. » 3369.

« Tout, ô le meilleur des rois, est soumis au Destin, répliqua Dévayânî. Pense que c'est par une disposition du Destin, et ne pousse pas les questions plus loin. 3370.

» Tu as le costume et la beauté d'un roi ; la parole, qui sort de ta bouche, est celle d'un brahme. Quel est ton nom ? D'où viens-tu ? De qui es-tu fils ? Dis-moi cela. »

« Les Védas, répondit Yayâti, ont passé tout entiers par la route de mes oreilles dans la condition de novice ; je suis un roi, fils de roi, et l'on m'appelle Yayâti. » 3371-3372.

« Pour quelle raison es-tu venu dans ces lieux, roi des hommes ? reprit Dévayânî. Est-ce afin d'y recueillir des lotus ? Est-ce afin d'y prendre des gazelles ? » 3373.

« Je suis venu chercher ici, noble fille, des gazelles et de l'eau, répondit Yayâti. Maintenant que tu as satisfait sur beaucoup de points à mes questions, permets que je m'éloigne. » 3374.

« Je t'appartiens avec Çarmishthâ, mon esclave, et ces deux mille suivantes. Sois mon ami et mon époux, s'il te plaît, » reprit Dévayânî. » 3375.

« Apprends, s'il te plaît, noble fille d'Ouçanas, que je ne suis pas digne de toi, fit Yayâti ; les rois ne peuvent s'allier d'un mariage à ton père. » 3376.

« La caste des kshatryas fut créée en même que celle des brahmes, observa Dévayânî ; les Védas sont permis aux kshatryas ; tu es fils de saint et saint toi-même ; épouse-moi, fils de Nahousha. 3377.

« Les quatre classes sont nées d'un seul et même corps, noble dame, reprit Yayâti ; mais elles ont leurs devoirs séparés, leurs purifications distinctes : le brahme est la première d'entre elles. » 3378.

« Cet usage de prendre la main, *en signe de mariage*, n'est-il pas depuis long-temps pratiqué chez les hommes ? repartit Dévayânî : tu as pris la mienne, fils de Nahousha, et partant je te choisis pour mon fiancé à la face du monde.

» Comment, fille sage, laisserais-je toucher par un autre homme ma main, qui fut touchée par toi, fils de saint et saint toi-même. ? » 3379-3380.

« Tout homme instruit doit savoir, fit Yayâti, qu'il est moins facile d'affronter le brahme que la gueule enflammée partout d'un reptile en fureur à la dent venimeuse ! »

« Comment, dis-tu, roi des hommes ? répliqua Dévayâni : il est moins facile d'affronter le brahme que la gueule enflammée partout d'un serpent à la dent venimeuse ? 3381-3382.

« Un serpent ne tue qu'un seul homme, répondit Yayâti, et il suffit d'un seul homme pour le tuer avec une arme, tandis que le brahme anéantit dans sa colère les villes et les royaumes ! 3383.

» Le brahme est plus à craindre que lui, vierge timide, à mon sentiment. Je ne puis donc t'épouser, ton père ne m'ayant pas donné ta *main*. » 3384.

« Épouse-moi, si mon père me donne à toi, sire, conclut Dévayâni : tu es l'époux, que j'ai choisi. Tu crains de me recevoir parce que tu ne m'as point demandée ; tu ne craindras plus de m'accepter, donnée par lui. » 3385.

La nourrice courut porter les commissions, reprit Vaîçampâyana, que Dévayâni lui avait données pour son père ; elle exposa tout à Çoukra, suivant la vérité. 3386.

A cette nouvelle, le fils de Bhrigou se montra *soudain* aux yeux du monarque ; et le puissant Yayâti, voyant Çoukra devant lui, 3387.

S'inclina, porta ses mains réunies aux tempes et salua Kâvya le brahmide, auquel Dévayâni tint ce langage : « Ce roi, fils de Nahousha, a pris ma main dans le puits, mon père. Donne-moi à lui, sauf ton respect ; je ne veux pas un autre époux dans le monde. » 3388.

« Héros, dit Çoukra, ma fille bien-aimée t'a choisi pour son époux : prends-la donc pour ta royale épouse, je te la donne, fils de Nahousha. » 3389.

« Je suis indigne de la toucher, magnanime fils de Bhrigou, répondit Yayâlî ; ma naissance est ce qu'on appelle de race mêlée : brahme, je ne t'en fais pas un mystère. » 3390.

« Je t'absous de cette indignité, repartit Çoukra ; choisis une grâce, que tu veuilles obtenir : ne sois plus inférieur dans ce mariage ; je t'affranchis de cette inégalité.

» Prends suivant la loi pour ton épouse Dévayânî à la taille charmante et goûte avec elle une félicité incomparable. 3391-3392.

» Il te faut honorer à toujours cette jeune princesse Çarmishthâ, fille de Vrishaparvan ; mais, roi, ne l'appelle jamais dans ta couche. » 3393.

À ces mots, continua le narrateur, le royal Yayâti décrivit un pradakshina autour de Kâvya et célébra un mariage pur, suivant les règles enseignées par les Çâstras. 3394.

Après qu'il eut reçu du brahme une immense richesse, et la noble Dévayânî, et Çarmishthâ, et les deux mille suivantes, le plus grand des rois, honoré par Çoukra et les Daîtyas, s'en retourna joyeux dans sa ville avec le congé du magnanime. 3395-3396.

Arrivé dans sa capitale, semblable à la cité du grand Indra, Yayâti entra dans son gynœcée, où il établit Dévayânî.

Avec le consentement de son épouse, il fit construire une habitation près d'un bocage d'açokas pour loger Çarmishthâ, la fille de Vrishaparvan, entourée de ses mille suivantes, magnifiquement traitée et bien pourvue de breuvages, de mets et de vêtements. 3397-3398-3399.

Le roi fils de Nahousha, heureux et plein de joie, s'amusa de nombreuses années dans la compagnie de sa Dévayânî. 3400.

Le temps convenable arrivé, Dévayânî, la noble dame, conçut un fruit dès l'abord et mit au monde un jeune prince. 3401.

Un millier d'années s'étant écoulé, Çarmishthâ, la fille de Vrishaparvan, arrivée à l'âge nubile, s'étant vue dans son mois, de rouler ces pensées en elle-même : 3402.

« Voici le temps des règles venu, et l'on ne m'a pas encore choisi un époux ? Qu'y a-t-il de convenable ? Que dois-je faire ? Ou quelle action sera bien faite ? 3403.

» Dévayânî est déjà mère, et c'est en vain que j'ai atteint l'âge nubile. Il faut que je me choisisse un époux, comme elle s'en est choisi un ! 3404.

» Si je donnais pour fruit un fils, conçu *des embrassements* du roi... ! Oui ! je me fixe à cette pensée. Justement voici le prince à l'âme juste, qui se montre en ce moment à mes yeux dans un lieu solitaire. » 3405.

À cet instant même, le monarque était sorti à sa fantaisie ; et, comme il vit Çarmishthâ près du bocage des açokas, il s'arrêta. 3406.

À l'aspect du roi seul dans un lieu désert, Çarmishthâ au gracieux sourire s'avança à sa rencontre, et, joignant ses mains réunies aux tempes, lui tint ce langage : 3407.

« Qui daigne regarder une femme dans le palais de Lunus ou d'Indra, dans ceux de Vishnou, d'Yama et de Varouna, ou dans le tien, fils de Nahousha ? 3408.

» Sire, tu sais que je fus toujours vantée ici pour mon excellent naturel, ma naissance, ma beauté : je t'en supplie, monarque des hommes, que ta faveur m'accorde ce qu'un époux ne refuse pas au temps propice, où je me trouve[29]. 3409.

« Je sais, répondit Yayâti, que tu es douée d'un excellent naturel, que tu es la fille du roi des Daîtyas, que ta beauté est irréprochable. Je n'y vois pas à blâmer aussi gros que la pointe d'une aiguille. 3410.

» Mais, le jour que j'épousai Dévayânî, Ouçanas, le petit-fils de Ravi, m'a dit : « Il ne faut point appeler dans ta couche la fille de Vrishaparvan. » 3411.

« Sire, dit Çarmishthâ, on n'est pas tué pour un mot lancé en forme de plaisanterie, ni au sujet des femmes, ni dans son jour de mariage. Il y a dit-on, cinq péchés de mensonge, qui entraînent, ou la perte de la vie, ou la ruine de toutes les richesses. 3412.

» Le mensonge tue le témoin, qui ne répond pas aux questions du juge ; l'homme, qui dit une chose autrement qu'elle n'est ; celui, qui parle avec fausseté ; le dépositaire, qui nie une chose confiée ; celui enfin, qui, dans la chose d'un seul, assure qu'elle est à deux. » 3413.

« Le roi, qui est la tête des créatures, ne doit pas tomber par un mensonge, lui répondit Yayâti. Je ne puis faire un mensonge, mes affaires l'exigeâssent-elles pour se rétablir. » 3414.

« L'époux d'une amie, sire, objecta Çarmishthâ, n'est-il pas regardé comme époux *de l'autre* ? Cette liaison égale un mariage, dit-on : or, tu es l'époux, que s'est choisi mon amie. » 3415.

« Il faut donner à ceux, qui demandent ; c'est une chose, à laquelle je me suis engagé, reprit Yayâti. Or, tu me demandes : comment ferai-je, dis-moi, pour satisfaire ton désir ? » 3416.

« Sauve-moi d'une stérilité, que proscrit la loi, répondit Çarmishthâ ; fais-moi obtenir cette fécondité, que la loi demande aux femmes. Mère d'un enfant par toi, j'aurai atteint dans le monde au plus haut degré du devoir.

» Il y a trois personnes absolument indigentes, parce quelles ne possèdent rien, qui n'appartienne à leur maître, sire : l'épouse, l'esclave et le fils. 3417-3418.

» Je suis l'esclave de Dévayânî et la Bhargavaine est ta servante ; elle et moi, nous avions droit toutes deux à ton affection ; aime-moi donc, sire ! » 3419.

A ces mots, reconnaissant que c'était la vérité, le roi d'honorer Çarmishthâ, reprit Vaîçampâyana, et de l'établir dans le devoir *de la femme*. 3420.

Il s'unit à Çarmishthâ, il posséda la nymphe au gré de ses désirs : ensuite, après un échange de politesses, tous deux s'en allèrent, comme ils étaient venus. 3421.

Dans cette union, la belle aux charmants sourcils, au ravissant sourire, conçut un fruit des premières caresses du meilleur des rois. 3422.

Le temps venu, la femme aux yeux de lotus bleu mit au monde un jeune prince, semblable à un enfant des Immortels, sire, ayant aussi les yeux pareils à la fleur de lotus bleu. 3423.

Quand Dévayânî au limpide sourire eut appris la naissance de cet enfant, noble Bharatide, elle en fut affligée et fit de Çarmishthâ l'objet de sa pensée, 3424.

Dévayânî s'en alla trouver la fille de Vrishaparvan et lui dit ces paroles : « Femme aux jolis sourcils, quelle est cette faute commise dans une soif d'amour ? » 3425.

« Il est venu un certain rishi, âme juste, qui a lu entièrement le Véda, répondit Çarmishthâ. Généreux de ses grâces, je l'ai prié de m'exaucer un désir, qui fût uni au devoir. 3426.

« Je ne fais pas de l'amour, a-t-il répondu, un moyen de libertinage. » L'enfant m'est venu de ce saint homme ; je te dis la vérité. » 3427.

« Bien ! reprit Dévayânî. S'il en est ainsi, fille craintive, on connaît ce brahme. Je désire savoir ce qu'il est de naissance, de famille et de nom. » 3428.

« Quand je le vis aussi flamboyant que le soleil par la sainteté et la pénitence, repartit Çarmishthâ, je n'ai pas eu la force de m'en informer, reine au limpide sourire. »

« Si la chose est arrivée de cette manière, fit Dévayânî, si tu as obtenu l'enfant d'un brahmane, très-vertueux et très-saint, je n'en suis nullement fâchée, Çarmishthâ. » 3429—3430.

Après qu'elles eurent échangé ces paroles et qu'elles se furent ainsi moquées l'une de l'autre, continua le narrateur, Dévayânî s'en revint dans son palais : « Je voudrais bien savoir la vérité ! » se-disait-elle. 3431.

Le roi Yayâti avait engendré au sein de Dévayânî deux autres fils, Yadou et Tourvasou, qui furent deux seconds Indra et Vishnou. 3432.

Çarmishthâ la Vrishapananide mit au monde elle-même trois fils de ce roi : Douhyou, Anou et Poûrou.

Un certain jour, Dévayânî au limpide sourire vint, accompagnée d'Yayâti, dans ce bocage solitaire. 3433-3434.

Elle vit alors ces jeunes princes aux formes célestes, qui s'amusaient là en pleine assurance et, toute surprise, elle dit ces mots : 3435.

« À qui ces enfants, sire ? Ils sont beaux : on dirait des fils d'immortels. Ils te ressemblent, à mon avis, pour la splendeur et les formes ! » 3436.

Après qu'elle eut adressé au roi cette question, reprit Vaîçampâyana, elle interrogea elle-même les jeunes princes : « Comment vous appelez-vous, enfants ? Quelle est votre famille ? Qui est votre père ? Répondez-moi sans mentir : car j'aime entendre la vérité. » 3437.

Les enfants de montrer avec l'index le meilleur des rois et d'ajouter ces mots à leur geste : « Çarmishthâ est notre mère ! » 3438.

Ce disant, ils s'avancent de compagnie vers le roi ; mais le monarque sous les yeux de Dévayânî feignit de ne pas les connaître. 3439.

Les enfants de s'en aller tout pleurants auprès de Çarmishthâ ; et, reconnaissant la vérité à leur affection pour le roi et à l'air tout honteux du prince aux paroles de ses enfants, la reine tint ce langage à Çarmishthâ : 3440-3441.

« Pourquoi as-tu fait une chose, qui ne m'est pas agréable, toi, qui es mon esclave ? Quand tu fis ce mariage à la manière des Asouras, ne craignis-tu pas ma colère ? » 3442.

« Je ne l'ai pas crainte, dame au gracieux sourire, parce que j'ai fait un mariage suivant le décorum, conforme à la loi, et que je n'ai pas empêché la parole du rishi d'être encore une vérité ! 3443.

» Alors que tu choisissais Yayâti pour ton époux, je l'ai choisi moi-même pour le mien ; et tu sais, femme charmante, qu'entre amies, la loi permet que l'époux de l'une soit aussi l'époux de l'autre. 3444.

» Certes ! mes respects et mes hommages te sont bien dus, car tu es mon aînée, tu es une brahmanî ; mais le saint roi est encore, ne le sais-tu pas ? plus vénérable devant moi. » 3445.

À ces paroles d'elle, reprit Vaîçampâyana : « Sire, je cesse à l'instant d'habiter avec toi, dit Dévayânî ; car tu m'as fait une offense. » 3446.

Ému de douleur, quand il vit la dame au teint d'azur, les yeux baignés de larmes, s'envoler soudain et regagner la demeure de son père, 3447.

Le roi, tout troublé, de la suivre, par derrière, cherchant à l'apaiser ; mais elle, les yeux rouges de colère, elle ne revint pas. 3448.

Sans répondre un seul mot au roi et les yeux noyés de larmes, elle arriva bientôt en présence d'Ouçanas, le petit-fils de Kavi. 3449.

À la vue de son père, elle s'incline et se tient devant lui ; mais, aussitôt après elle, arrive Yayâti, qui rend ses hommages au fils de Bhrigou. 3450.

« Le vice triomphe de la vertu, s'écrie Dévayânî ; ce qui était plus haut devient ce qui est plus bas : je suis vaincue par Çarmishthâ, fille de Vrishaparvan ! 2451.

» Ce monarque ici présent, Yayâti, l'a rendue mère de trois fils ; et moi, infortunée, je te le dis, mon père, je n'ai eu de lui que deux fils seulement ! 3452.

» Voilà ce roi, qu'on appelle Dhaimajna, *l'homme, qui sait le devoir* ; il en a franchi les bornes, fils de Bhrigou ; et c'est à toi que je dénonce ce crime, petit-fils de Brahma. » 3453.

« 0 toi, qui, puissant roi, quoique sachant le devoir, lui dit Çoukra, as donné un plaisir contraire au devoir, une vieillesse invincible va fondre à l'instant même en châtiment sur toi ! » 3454.

Yayâti répondit :

« Révérend, j'ai rendu ce devoir à la fille du roi des Dânavas parce qu'elle me sollicitait pour les jours de son mois, et je n'ai pas laissé errer mon esprit sur autre chose. 3455.

» Les doctes en Védas, brahme, appellent coupable d'un avortement l'homme, qui, sollicité au temps des règles, ne donne point à la femme ce que ces règles appellent.

» Sollicité d'une femme brûlante d'amour au temps propre à la fécondité, lui refuse-t-il ses embrassements, les savants en matière de devoirs l'assimilent au coupable d'avortement. 3456—3457.

» C'est après l'examen de ces considérations, fils de Bhrigou, que, troublé par la crainte du péché, Çarmishthâ fut reçue dans mes bras. » 3458.

« Ne devais-tu point aussi reporter tes yeux sur moi ? repartit Çoukra ; tu relèves de moi, prince. Agir avec fausseté, Nahoushide, c'est commettre un vol sur les devoirs. » 3459.

Alors, maudit par Ouçanas avec colère, continua le narrateur, le fils de Nahousha, Yayâti, abandonna tout à coup l'âge, qu'il avait auparavant, et prit aussitôt les formes de la vieillesse. 3460.

« Je ne suis pas rassasié de jeunesse en Dévayânî, fils de Bhrigou, lui dit Yayâti ; rends-moi tes bonnes grâces : que cette vieillesse n'entre pas en moi ! » 3461,

« Je ne parle pas en vain, répondit Çoukra ; te voici, monarque de la terre, jeté dans la vieillesse ; mais fais-la passer, si tu veux, cette vieillesse, dans un autre. » 3462.

« Quiconque de mes fils, demanda Yayâti, me donnera sa jeunesse, qu'il jouisse de l'empire, qu'il jouisse de la vertu, qu'il jouisse de la gloire. Que ta révérence approuve cette *disposition*. 3463.

« Tu échangeras, comme il te plaira, ta vieillesse, reprit Çoukra ; il te suffira de tourner ta pensée vers moi, et le poids du péché ne pèsera plus sur toi. 3464.

» Quiconque de tes enfants te donnera sa jeunesse, aura l'empire, une longue vie, de la gloire et une nombreuse postérité. » 3466.

Yayâti, chargé de vieillesse, étant revenu dans sa ville, reprit Vaîçampâyana, tint ce langage à celui, qui était l'aîné et le plus vertueux de ses fils, Yadou : 3466.

« Je suis assailli de toutes parts, lui dit-il, par la vieillesse, les rides et les cheveux gris, en vertu d'une malédiction fulminée contre moi par Ouçanas, le petit-fils de Kavi, et je ne suis pas rassasié de jeunesse ! 3467.

» Prends sur toi mon péché avec ma vieillesse, Yadou ; que je retourne avec ta jeunesse vers les plaisirs des sens ! 3468.

» Après un millier d'ans écoulés, nous reprendrons, toi, la jeunesse ; moi, le péché et la vieillesse, que je t'aurai donnés. » 3469.

« Il y a dans la vieillesse, répondit Yadou, beaucoup de maladies causées par les aliments et les breuvages : donc, je n'accepterai pas ta vieillesse, sire ; voilà mon sentiment. 3470.

» La vieillesse vous blanchit la barbe, vous ôte la joie, vous énerve, on a des rides, les articulations s'ossifient ; on devient hideux à voir, faible, maigre. 3471.

» On est sans force dans les choses, qui sont à faire, vos enfants se raillent de vous avec les serviteurs ; je ne me soucie pas encore de la vieillesse. 3472.

» Tu as de nombreux enfants, plus aimés que moi, sire ; choisis-en donc un autre, qui veuille prendre ta vieillesse. » 3473.

« Parce que toi, qui es né de mon cœur, tu ne veux pas me donner ta jeunesse, reprit Yayâti ; à cause de cela, mon enfant, ta postérité sera déchue de la couronne.

» Tourvasou, prends sur toi mon péché avec ma vieillesse ; que je retourne avec ta jeunesse, mon fils, vers les plaisirs des sens. 3474-3475.

» Après un millier d'ans écoulé, je te rendrai ta jeunesse, et je reprendrai mon péché avec la vieillesse. »

« Je n'aime pas la vieillesse, mon père, lui répondit Tourvasou ; elle détruit les jouissances de l'amour, elle met une fin à la force et à la beauté, elle supprime la vie et l'intelligence. » 3476-3477.

« Parce que toi, qui es né de mon cœur, tu ne veux pas me donner ta jeunesse, reprit Yayâti ; à cause de cela, Tourvasou, tu verras l'extinction de ta postérité. 3478.

» Insensé, tu seras roi de gens, qui bouleversent les œuvres et les devoirs, de malfaisants espions, d'hommes carnassiers et des êtres les plus bas ; 3479.

» Chez des peuples adonnés à la bestialité, livrés à la promiscuité des mariages, chez des scélérats, chez des barbares, chez des hommes, dont l'amour adultère s'attache aux épouses de leurs gourous. » 3480.

Vaîçampâyana dit ; Après qu'il eut ainsi maudit son propre fils, Yayâti de s'adresser avec ce langage à Douhyou, fils de Çarmishthâ : 3481.

« Douhyou, accepte pour un millier d'années la vieillesse, qui détruit les formes avec les couleurs, et donne-moi ta jeunesse. 3482.

» Après un millier d'ans écoulé, je te rendrai ta jeunesse, et je reprendrai mon péché avec la vieillesse. »

« Un vieillard ne peut jouir, lui répondit Douhyou, ni d'un éléphant, ni d'un char, ni d'un cheval, ni d'une femme ; sa voix est cassée : je n'aime pas la vieillesse. » 3483-3484.

« Parce que toi, qui es né de mon cœur, tu ne veux pas me donner ta jeunesse, reprit Yayâti ; nulle part, Douhyou, tu n'obtiendras un tendre amour. 3485.

» Le titre de roi te sera donné, à toi et à ta postérité, non dans ces lieux, où règne l'usage des magnifiques attelages, des chevaux, des éléphants, du palanquin, des sofas, des parfums et des vêtements ; mais dans ces pays, où la nage et les radeaux sont les seuls moyens de traverser les rivières et les lacs. 3486-3487.

» Anou, dit au deuxième Yayâti, prends sur toi mon péché avec ma vieillesse ; que je marche encore un millier d'années, revêtu de ta jeunesse ! » 3488.

« Le vieillard est comme un enfant, répondit Anou ; on lui donne sa nourriture à ses heures ; et, comme s'il était impur, il ne verse pas l'oblation dans le feu aux heures fixées : je n'aime pas la vieillesse. » 3489.

« Parce que toi, qui es né de mon cœur, tu ne veux pas me donner ta jeunesse, reprit Yayâti, tu subiras toi-même cette vieillesse, que tu viens de traiter comme un vice. 3490.

» Tes enfants, Anou, mourront tous en arrivant à la jeunesse ; et tu seras ainsi tout occupé de les purger avec le feu. » 3491.

« Poûrou, dit à ce dernier Yayâti, tu es mon fils bien-aimé ; tu seras plus grand que tes frères. Je suis assailli de tous les côtés, mon enfant, par la vieillesse, les rides et les cheveux gris, 3492.

» *Envoyés sur moi* par la malédiction d'Ouçanas, petit-fils de Kavi, et je ne suis pas rassasié encore de jeunesse. Prends donc sur toi, Poûrou, mon péché avec ma vieillesse.

Fais-moi revenir quelque temps avec ta jeunesse aux plaisirs des sens. 3493.

» Après un millier d'ans écoulé, je te rendrai ta jeunesse et je reprendrai mon péché avec la vieillesse. » 3494.

À ces mots, reprit Vaîçampâyana, Poûrou s'empressa de répondre à son père : « J'exécuterai ta parole, comme tu me le dis, grand roi. 3495.

» Je recevrai ton péché avec ta vieillesse ; prends ma jeunesse, sire, et va, suivant ton gré, vers tous les objets de tes désirs. 3496.

» Et moi, quand je t'aurai donné ma jeunesse, je marcherai, comme tu le dis, chargé de ta vieillesse et portant les formes de ton âge. » 3497.

« Poûrou, je suis content de toi, lui dit Yayâti ; et, pour te marquer ce contentement, voici une grâce, que je t'accorde : ta postérité vivra dans ce royaume en pleine abondance de toutes les choses, que l'on peut désirer. »

Cela dit, Yayâti, l'homme aux grandes pénitences, par un simple mouvement de son esprit tourné vers le petit-fils de Kavi, fit alors passer toute sa vieillesse sur le magnanime Poûrou. 3498-3499.

Ensuite, ivre de joie, le fils de Nahousha, revêtu de la jeunesse de Poûrou, continua le narrateur, Yayâti, le meilleur des rois, de promener sa fantaisie de plaisir en plaisir.

Suivant son amour, suivant ses forces, suivant le temps, suivant son loisir, suivant que ces plaisirs étaient dignes et compatibles avec le devoir. 3500-3501.

Il rassasia les Dieux de sacrifices, les Mânes avec eux de ses offrandes, les pauvres de ses faveurs, les plus saints brahmes des biens, objets de leurs désirs ; 3502.

Les hôtes de mets et de breuvages, les vaîçyas de soins à les défendre, les çoûdras de sa douceur, les esclaves de sa fermeté à les contenir. 3503.

La justice d'Yayâti lui concilia véritablement l'amour de toutes les créatures ; il sut les protéger comme un second Indra visible sur la terre. 3504.

Ce roi jeune avec la force d'un lion, enivrant ses sens de toutes leurs délices, se plongea au plus profond des plaisirs en sympathie avec le devoir. 3505.

Quand il eut savouré de suaves amours, le prince, souverain des hommes, rassasié, fatigué, se rappela que le terme en était fixé au bout de mille années. 3506.

Versé dans la connaissance des temps, le vigoureux et saint roi, qui avait obtenu la jeunesse pour dix siècles, en avait supputé les minutes et les secondes. 3507.

Il se divertit en compagnie de Viçvâtchi dans les bocages du Nandana ; il fut heureux un temps sur une cime élevée du Mérou dans Alakâ. 3508.

Aussitôt que le prince à l'âme juste, ayant calculé que le temps avait accompli sa révolution, en vit le moment arrivé, il tint ce langage à Poûrou, son fils : 3509.

« J'ai cultivé les plaisirs des sens, mon fils, avec ta jeunesse, dompteur des ennemis, à mon gré, suivant mes forces et suivant les temps. 3510.

» La jouissance de la chose désirée n'éteint jamais le désir ; il s'accroît par elle encore plus, comme le feu, où l'on verse le beurre clarifié. 3511.

» Si tout ce qu'il y a sur la terre de riz, d'orge, de troupeaux, d'or et de femmes n'est pas même suffisant pour un seul homme, ce qu'il a de mieux à faire, c'est de jeter hors de lui son désir. 3512.

» Cette soif, que les insensés ont tant de peine à étancher, ne vieillit pas avec l'homme, qui vieillit ; c'est une fièvre mortelle : heureux, qui peut s'en défaire ! 3513.

» J'ai passé un millier d'années, l'âme toujours attachée aux plaisirs des sens ; et chaque jour ma soif renaissait au milieu de la *jouissance*. 3514.

» Je veux donc m'en dépouiller ; et, devenu sans désir, indifférent à toute chose, l'esprit tourné vers l'Être absolu, je vais habiter maintenant le séjour des gazelles. 3515.

» Poûrou, je suis content : la félicité descende sur toi ! reprends ta jeunesse et reçois cet empire ; car tu es un fils, qui m'as fait du bien. » 3516.

Alors ce fils de Nahousha, reprit Vaîçampâyana, le roi Yayâti ramena sur lui-même sa vieillesse, et Poûrou en même temps recouvra cette jeunesse, qu'il avait prêtée.

Les castes, celle des brahmes à leur tête, parlèrent en ces termes au souverain, qui avait envie de sacrer Poûrou, le plus jeune de ses fils : 3517-3518.

« Comment ! Au mépris d'Yadou, qui est l'aîné, seigneur, le fils de Dévayânî et le petit-fils de Çoukra, tu veux donner le royaume à Poûrou ! 3519.

» Yadou est né ton premier fils ; après lui, vint Tourvasou ; ensuite Douhyou, fils de Çarmishthâ ; puis Anou ; en dernier lieu, Poûrou. 3520.

» Quel droit le plus jeune, passant par-dessus les aînés, a-t-il pour obtenir le royaume ? Nous te donnons cet avis : ne sors pas de la loi. » 3521.

« Que les castes, celle des brahmes à leur tête, répondit Yayâti, écoutent mes paroles. Ce n'est pas au droit d'aînesse que le royaume appartient ici en aucune manière.

» Yadou, mon fils aîné, n'a point obéi à mon ordre. L'enfant, qui est hostile à son père, n'est pas un fils, suivant l'opinion des gens de bien. 3522-3523.

» Celui-là, qui est convenable, bon, docile aux paroles de son père et de sa mère, est vraiment un fils. Il est un fils, celui, qui se conduit en père à l'égard de son père et de sa mère. 3524.

» J'ai été méprisé par Yadou, je l'ai été par Tourvasou lui-même : ce Douhyou à son tour ne m'a pas moins prodigué le mépris. 3525.

» Mais Poûrou exécuta, il honora ma parole, il a porté sur lui ma vieillesse : c'est donc à lui, quoique le plus jeune, qu'est dû mon héritage. 3526.

» Poûrou a satisfait mon désir avec les formes d'un ami. D'ailleurs, Çoukra-Ouçanas, petit-fils de Kavi, m'a lui-même accordé cette grâce : 3527.

« Que celui de tes fils, qui fera, *m'a-t-il dit*, ce que tu lui demanderas, soit le monarque souverain de la terre. » Je vous en supplie donc, excellences, que Poûrou soit sacré sur le trône ! » 3528.

« Le fils, qui est doué de vertus, répondirent les citoyens, le fils, qui est constamment bon pour son père et sa mère, est digne de toute félicité. Quoique le plus jeune, il est le plus méritant. 3529.

» Poûrou, ton fils, qui t'a rendu cet *éminent* service, est digne d'obtenir ce royaume. Après cette grâce, qu'il fa lui-même accordée, Çoukra ne peut ici rien objecter. »

A ces paroles des habitants de la ville et de la campagne satisfaits, le Nahoushide fit alors sacrer son fils Poûrou sur le trône. 3530-3531.

Après qu'il eut transmis le royaume à Poûrou et qu'il eut reçu lui-même l'initiation pour habiter au milieu des forêts, le roi sortit de la ville avec les brahmes voués à la pénitence. 3532.

D'Yadou sont nés les Yadouides et de Tourvasou, suivant la tradition, descendent les Yavanas ; Douhyou est le père des Vaîbhodjas, et les Mlétchas sont les fils d'Anou.

Poûrou est la souche des Pouravas, cette race, où tu es né, prince, et qui a reçu la puissance pour gouverner cet empire des milliers d'années. 3533-3534.

Quand il eut ainsi, plein de joie, continua le narrateur, sacré son fils bien-aimé sur le trône, le roi fils de Nahousha, Yayâti se fit anachorète, habitant des bois.

Après qu'il eut, ferme dans ses vœux, supporté avec les brahmes une habitation dans les bois, ses organes des sens domptés, se nourrissant de racines et d'herbes, il s'en alla de la terre au ciel. 3535-3536.

Arrivé là, il vécut, enivré de bonheur et de joie, dans les demeures célestes ; mais, au bout d'un temps, qui ne fut pas très-long, il fut renversé par Çakra. 3537.

Tombant, précipité des cieux, il n'atteignit pas à la surface de la terre : il s'arrêta et se tint dans l'atmosphère, suivant le récit, que m'en a fait la tradition. 3538.

Ensuite, dit-elle encore, l'énergique monarque, remonté au ciel, reprit sa place dans l'assemblée *des Dieux* avec le roi Vasoumat, Ashtaka, Pratardana et Çivi. » 3539.

« Par quelles œuvres, interrompit Djanamédjaya, ce monarque est-il revenu au ciel ? Je désire entendre ce récit entièrement de ta bouche, suivant la vérité, brahme, en présence de ces brahmarshis. En effet, Yayâti, le souverain de la terre, fut l'égal du roi des Dieux. 3540-3541.

» Cet incrément de la race de Kourou eut la splendeur du soleil. J'ai envie d'écouter, sans qu'il en soit rien omis, l'histoire ici-bas et là-haut de ce magnanime à la renommée étendue, à la gloire certaine. » 3542.

« Eh bien ! reprit Vaîçampâyana, je vais te réciter cette narration sublime, vertueuse, effaçant les péchés ; *écoute* ce que fit Yayâti sur la terre et dans le ciel. 3543.

Alors qu'Yayâti, ce roi fils de Nahousha, eut goûté le plaisir de sacrer sur le trône Poûrou, le plus jeune de ses fils, il se retira dans les forêts. 3544.

Il avait relégué en des royaumes inférieurs ses autres fils, dont Yadou était l'aîné. Ce roi dans la forêt, où il vécut long-temps, se nourrissait de racines et de fruits.

Anachorète à l'âme épurée, à la colère vaincue, il rassasia les Dieux, les Mânes et les feux suivant les rites ; il offrit des oblations suivant les règles des vânaprasthas. 3546-3546.

Il honorait ses hôtes avec des fruits sauvages et du beurre clarifié ; il gagnait le reste de sa vie en glanant et n'usait que de mets non préparés. 3547.

Le roi vécut ainsi un millier complet d'années : trente automnes, il comprima sa voix et tut sa pensée, comme un serpent. 3548.

Ensuite, il se nourrit de vent une année sans se lasser ; et se macéra dans la pénitence une autre année au milieu de cinq feux allumés. 3549.

Il demeura six mois debout sur un seul pied, n'ayant d'autre aliment que l'air ; et, couvrant de sa gloire sainte le ciel et la terre, il s'éleva enfin jusqu'au Swarga. 3550.

Arrivé dans le ciel, dit Vaîçampâyana, cet Indra des rois habita les palais des Immortels, où il reçut les hommages des treize Dieux, des Sâdhyas, des Maroutes et des Vasous. 3551.

Là, demeura long-temps, nous dit la tradition, le monarque de la terre, ayant soumis ses passions, cultivant la vertu, parcourant le monde des Dieux et le monde de Brahma. 3552.

Un jour, Yayâti, le meilleur des rois, fit une visite à Çakra et celui-ci, à la fin de l'entretien, adressa au souverain cette demande : 3553.

« Après que Poûrou eut pris ta vieillesse et que, revêtu de tes formes, il marchait sur la terre, monarque de cet empire, que tu lui avais donné, raconte-moi, sire, avec franchise ce que tu dis alors. » 3554.

« *Je lui dis ces mots*, répondit Yayâti : « Toute la contrée, qui s'étend de l'Yamounâ au Gange, est à toi. Le milieu de la terre est ton royaume ; tes frères ne sont rois qu'à ses extrémités. 3555.

» L'homme exempt de colère est plus distingué que l'homme irascible, le patient que l'emporté ; les hommes sont les chefs des brutes et le savant a la prééminence sur l'ignorant. 3556.

» Jamais l'indignation de l'homme patient insulté ne répond à l'invective par l'invective même. Sa vertu suffit pour fendre et consumer l'insulteur. 3557.

» Son langage ne sera point amer, ni ses paroles inhumaines, il n'arrachera pas au faible son trésor, il ne dira pas de ces mots funestes, empreints de péché, qui jettent le trouble au cœur d'un autre. 3558.

» L'homme aux paroles aiguës, dures, vénimeuses, qui blesse les autres avec les épines de sa voix, est le plus misérable des êtres et porte l'infortune, que ta majesté le sache bien, attachée à sa bouche. 3559.

» Que les hommes de bien honorent ta majesté par-devant, que les hommes de bien la protègent par derrière ; qu'elle supporte la censure des méchants ; et que, distinguée par une conduite noble, elle prenne ses modèles chez les hommes de bien. 3560.

» Les flèches de la parole sortent de la bouche et tombent dans le cœur d'autrui : celui, qui en est blessé, gémit le jour et la nuit. Que le sage ne lance donc pas sur les autres *ces dards acérés* ! 3561.

» Il n'existe pas dans les trois mondes une association égale à celle-ci : la compassion, l'amitié, la charité pour tous les êtres, l'affabilité de la parole. 3562.

» Il faut user toujours d'une parole obligeante et douce, jamais d'un langage amer et dur. Que ta majesté honore donc ceux, qui méritent son respect ; qu'elle donne toujours et ne demande jamais. » 3563.

Indra lui dit : « Après que tu eus accompli toutes les cérémonies initiatoires et quitté les douceurs de ton palais, tu es venu habiter la forêt. Je t'adresse maintenant cette question, fils de Nahousha : par quelle pénitence as-tu mérité d'être, Yayâti, notre égal ? » 3564.

« Vâsava, répondit Yayâti, je ne vois personne, qui soit mon égal par la pénitence, ni parmi les hommes et les

Gandharvas, ni parmi les maharshis et les Dieux mêmes. » 3565.

« Parce que tu dédaignes, reprit Indra, sans que ta prééminence te soit démontrée, tes égaux, ceux, qui sont au-dessus, et ceux, qui sont au-dessous de toi ; à cause de cela, roi, dès ce moment, où la récompense de tes vertus est épuisée, te voici retombé dans les mondes soumis à la destruction ! » 3566.

« Indra, lui répondit Yayâti, si mon dédain pour les hommes, les Gandharvas, les rishis et les Dieux m'a fait perdre les mondes *supérieurs*, déchu du monde des Souras, mon désir, roi des Dieux, est de tomber au milieu des bons. » 3567.

Indra lui dit : « Précipité d'ici, tu vas tomber auprès des bons, où tu travailleras de nouveau à regagner ces mondes-ci. Que cette expérience t'enseigne, Yayâti, à ne plus mépriser tes égaux et tes supérieurs. » 3568.

Ensuite, reprit Vaîçampâyana, le plus vertueux des rois saints, Ashtaka, ayant vu, désertant ce monde pur, aimé du roi des Immortels, Yayâti déjà parvenu à la moitié de sa chute, lui adressa les paroles suivantes : 3569.

« Qui es-tu, toi, qui es jeune et d'une beauté égale à celle d'Indra ? Tel que le soleil, le plus grand des êtres aériens, tu tombes du ciel, dont ta splendeur, flamboyante comme le feu, dissipe l'obscurité des nuages. 3570.

» Quand nous te vîmes tomber de la route du soleil avec ta lumière incalculable de soleil et de feu : « Qui est-ce qui tombe-là ? » nous sommes-nous écriés, pleins de trouble dans nos pensées. 3571.

» À peine t'eûmes-nous vu t'arrêter dans la route des Dieux, aussitôt nous sommes venus tous près de toi, de qui la puissance est comparable à celle d'Indra, du soleil ou de Vishnou, désirant approfondir la vérité, que renferme ta chûte. 3572.

» Tu es devant nous, et cependant nous n'osons pas encore t'interroger ; et tu ne nous demandes pas qui nous sommes. *Eh bien !* Je t'adresse moi-même cette question, à toi, de qui les formes sont à désirer : Qui es-tu ? Et pour quelle raison es-tu venu ici ? 3573.

» Bannis ta crainte ! Sors promptement de ce trouble et de cet évanouissement, toi, de qui la puissance égale celle de Çakra. En effet Indra lui-même, le meurtrier de Bala, ne pourra supporter que tu restes auprès des bons ? 3574.

Car Santas, *c'est-à-dire, les Bons,* ô toi, qui ressembles au souverain des Immortels, est la terre destinée à recueillir toujours les êtres vertueux, qui tombent des félicités célestes. Ici rassemblés, ils président à toutes les choses immobiles et mobiles. Tu es arrivé chez les bons, tes semblables. 3575.

» Ton excellence est Agni dans l'action de chauffer ; ton excellence est la terre dans la vertu de nourrir les semences, ton excellence est encore le soleil dans la puissance de rendre tout visible aux yeux ; ton excellence est venue ici comme le roi même des bons. » 3576.

« Je suis Yayâti, répondit celui-ci, fils de Nahousha et père de Poûrou. Mon dédain pour toutes les créatures m'a renversé ; et je tombe, homme de petite vertu, précipité du monde des Siddhas et des Dieux. 3577.

» Je ne reçois pas les salutations de vos grandeurs comme dues à l'antériorité de mon âge sur l'âge de vos excellences ; car celui-là seul, qui est le plus grand par la naissance, la pénitence et la science, est celui, qui mérite les honneurs des régénérés. » 3578.

« Tu dis, sire, que celui, qui est le plus avancé par l'âge, répondit Ashtaka, n'est point appelé supérieur, et que les régénérés doivent honorer seulement celui, qui excelle par la science et la pénitence ? » 3579.

« Le péché est l'ennemi des œuvres pieuses, répondit Yayâti ; ce qu'on peut dire le conducteur au péché habite sur sa pente ; les bons ne suivent jamais les méchants, et, quoiqu'il en soit ainsi, ils ont toujours traité ceux-ci avec bienveillance. 3580.

« Une vaste fortune m'est arrivée, se dit-on ; mais, absorbé dans son acquisition, je n'ai pas lu. » À cette pensée, le sage, qui est attentif au bien de soi-même, amasse de la science.

» L'homme, qui possède une grande richesse, honore les Dieux avec de beaux sacrifices ; celui, de qui l'intelligence est cultivée dans toutes les sciences, ayant lu tous les Védas et macéré son corps dans la pénitence, dégagé des illusions, arrive au séjour du ciel. 3581-3582

» Jamais il ne se réjouira d'une grande fortune ; jamais il ne sera fier d'avoir lu tous les Védas ; car il est dans le monde des vivants maintes conditions variées, sur lesquelles domine le Destin et où la volonté de l'homme manque absolument d'influence. Quelque chose qu'il obtienne, il n'en sera pas touché : « Le Destin est plus fort *que moi*, » observe-t-il dans sa pensée. 3583.

» L'homme obtient le plaisir ou la peine, non par la force de lui-même, mais comme une chose, qui dépend toute du Destin. Qu'il pense donc à la toute-puissance de la Destinée et que, dans aucun cas, il ne s'afflige ni ne se réjouisse. 3584.

» Que le sage ne pleure pas dans les maux, qu'il ne rie pas dans les biens ; qu'il se maintienne toujours dans une assiette égale : « Le Destin est plus fort *que moi !* pensera-t-il ; et, quelque chose, qui advienne, on ne le verra, ni se réjouir, ni se désoler. 3585.

» La crainte ne m'a point ravi le sentiment ; mon cœur, Ashtaka, n'éprouve aucune peine ; car je pense : « Quelque chose, que le Destin ait fixé pour moi dans le monde, rien ne peut l'empêcher d'être. » 3586.

» Les insectes, les oiseaux, les quadrupèdes, les reptiles, les vers, les poissons dans l'eau, les pierres, les herbes, les arbres, tout arrive à la condition fixée pour sa nature dans la demeure du Destin. 3587.

» Quand je songe à l'instabilité du plaisir et de la peine, je me dis, Ashtaka : « Pourquoi concevrais-je du chagrin ?

Que puis-je faire ? ou quelle action peut me soustraire à la douleur ? » Je mets donc tous mes soins à fuir le chagrin. » 3588.

Après que le roi Yayâti eut achevé de parler ainsi, Ashtaka, reprit Vaîçampâyana, d'interroger une seconde fois suivant la vérité son grand père maternel, qui, grâce à toutes les vertus, dont il était doué, avait pu s'élever jusqu'à ce monde du Swarga : 3589.

« Roi des rois, dit Ashtaka, tu as joui de chaque monde supérieur ; explique-moi, sire, quel en fut juste le temps, quels en sont juste tous les devoirs ; car ta parole est d'un homme éloquent. » 3590.

« Je fus ici-bas, répondit Yayâti, un roi monarque universel ; ensuite, ma piété conquit les mondes supérieurs ; là, j'habitai l'espace de mille ans ; puis, j'allai dans un autre monde. 3591.

« Après cela, je fis mon séjour dans la charmante ville de Pourouhoûta aux mille portes, cité longue de cent yodjanas ; je demeurai là une durée de mille ans ; puis, j'allai dans un autre monde. 3592.

» Ensuite, j'obtins l'*entrée* difficile à obtenir de la ville impérissable, divine du Créateur, le souverain des mondes, où j'habitai encore l'espace de mille années ; puis, j'allai dans un autre monde. 3593.

» Au bout d'un temps passé dans le palais du Dieu des Dieux, j'établis à mon gré, honoré des treize Dieux, leur égal en splendeur et en puissance, mon habitation dans les mondes des souverains maîtres. 3594.

» Je fus aussi l'hôte du Nandana une myriade de siècles, revêtu d'une forme charmante, savourant le bonheur sur le sein des Apsaras et jouissant de contempler des arbres fleuris aux senteurs exquises et faits à ravir. 3595.

» Tandis que je vivais là, plongé en des plaisirs divins, un temps fort long, outre mesure, s'étant écoulé, le messager des Dieux aux formes terribles me dit trois fois d'une voix prolongée : « Tombe ! *tombe ! tombe !* 3596.

» C'est ainsi, lion des rois, que me fut annoncé mon arrêt, quand la récompense de mes vertus se fut épuisée ; je tombai du Nandana, et j'entendis au milieu des airs les voix lamentables des Dieux, qui déploraient mon *infortune* : 3597.

« Oh ! malheur ! Yayâti a tari la coupe de ses récompenses ! il tombe ce roi vertueux à la renommée si pure ! » Et moi : « Comment tomberai-je au milieu des bons ? » leur criai-je dans ma chûte du ciel. 3598.

» Je vis cette terre, que les Dieux appellent des sacrifices, dont ils y sont honorés, Yajnabhoû ; j'y descendis rapidement, et je sentis avec plaisir l'odeur des oblations s'élever de ces parages et la fumée des sacrifices piquer l'angle extérieur de mes yeux. » 2599.

« Après que tu eus habité, reprit Ashtaka, dans le Nandana, sous une forme charmante, une myriade de siècles, pour quelle raison, abandonnant les demeures suprêmes, où règnent les vertus de l'âge Krita, es-tu descendu vers la terre ? » 3600.

« De même qu'ici, répondit Yayâti, les hommes s'éloignent d'un parent, d'un ami, d'un père, qui a perdu sa richesse ; de même là, une fois la récompense de ses vertus épuisée, l'homme est abandonné par les troupes des Dieux et les souverains maîtres. » 3601.

« Que deviennent donc ceux, de qui la récompense est épuisée ? dit Ashtaka. Une impatiente curiosité emporte mon esprit de ce côté. Dans quel monde vont les plus distingués ? Et qui préside à ce monde ? dis-moi cela, car j'estime que tu es un savant. » 3602.

« Tous, ils tombent en gémissant, roi des hommes, répondit Yayâti, dans ce Naraka terrestre. Ils y croissent, les malheureux, pour servir à la nourriture des corbeaux, des chacals et des ardées. 3603.

» Il faut donc éviter dans ce monde, Indra des hommes, toute action méchante ou répréhensible. Je t'ai, prince, exposé tout : dis ! que dois-je encore te dire maintenant ? »

« Quand les oiseaux, reprit Ashtaka, les vautours, les paons, volatiles au cou bleu, ont déchiré ces misérables, comment peuvent-ils, ou naître, ou vivre ? Je ne comprends pas un autre Naraka terrestre. » 3604-3605.

« À peine sortis du corps ouvert sous le bec des oiseaux, répondit Yayâti, ils émigrent dans la terre, c'est évident ; ils tombent dans ce Naraka terrestre, et ne revoient plus la surface du globe mainte série d'années. 3606.

» *Ensuite*, ils volent soixante et quatre-vingt mille ans au milieu des airs, où les Rakshasas terrestres, épouvantables, aux dents aiguës, déchirent ces volatiles jusqu'à la mort. » 3607.

« Puisqu'ils sont déchirés des Rakshasas terrestres, épouvantables, aux dents aiguës, comment, dit Ashtaka, ces pécheurs devenus des oiseaux naissent-ils ? comment vivent-ils ? comment peuvent-ils être des animaux conçus au sein d'une mère ? » 3608.

Yayâtî lui fit cette réponse :

« Douée de la saveur des fruits et du parfum des fleurs, la semence accompagne le sang : elle est éjaculée par l'homme ; le jour de leur mois arrive, et, versée au sein des femmes, elle y devient un fœtus. 3609.

» C'est ainsi que les êtres pénètrent dans les arbres, dans les herbes, dans l'eau, dans le vent, dans la terre, dans l'air, et que, formant des embryons, ils deviennent quadrupèdes, bipèdes et même tout. » 3610.

Ashtaka dit : « Celui, qui arrive dans une matrice humaine, s'y fait-il un autre corps ? ou vient-il au sein de la mère avec son propre corps ? Éclaircis le doute, qui m'inspire cette question. 3611.

» De qui reçoit-il ce qui différencie les corps, la taille, les yeux, les oreilles, et le discernement ? Réponds à ma demande sur toutes ces choses suivant la vérité : car nous te regardons tous comme un savant, mon père. » 3612.

« Le vent, répondit Yayâti, élève aux temps des règles la semence, imprégnée du suc des fleurs jusqu'à la matrice, où le fœtus est conçu : là, exerçant sa puissance sur la matière, il augmente peu à peu l'embryon. 3613.

» Ensuite, l'homme, venant au monde et son corps à peine formé, met déjà son intelligence en œuvre, perçoit les sons avec ses oreilles, distingue les formes avec ses yeux, 3614.

» Les odeurs avec ses narines, les saveurs avec sa langue, les choses palpables avec les nerfs de sa peau, et affirme sa propre existence par toute son âme. C'est ainsi, sache-le, Ashtaka, que le magnanime créateur a disposé les choses ici-bas dans le corps des êtres animés. » 3615.

« L'homme une fois mort, reprit Ashtaka, est, ou brûlé, ou enterré, ou embaumé. Après qu'il a rendu le dernier soupir et qu'il n'existe plus, avec quelle âme forme-t-il ses pensées comme avant *sa mort* ? » 3616.

« L'homme, de qui la vie s'est exhalé dans un dernier souffle, portant devant lui ses bonnes et ses mauvaises actions, répondit Yayâti, le vent par derrière le pousse du corps, qu'il a déserté, lion des rois, dans une autre matrice. 3617,

» Les gens de bien passent dans une noble, les pécheurs dans une vile matrice ; ceux-ci deviennent des insectes ou des oiseaux ; je n'ai aucune envie, prince à la haute dignité, d'en parler davantage. 3618.

» Liés à de tels changements et devenus embryons, ils renaissent quadrupèdes, insectes, bipèdes. Je t'ai exposé tout complètement ; as-tu quelque chose encore à me demander, roi des rois ? » 3619.

« Par quelles œuvres l'homme obtiendra-t-il, mon père, les mondes supérieurs ? Est-ce par la pénitence ? reprit Ashtaka. Est-ce par la science ? Apprends-moi tout ce que je demande ici : dis-moi exactement par quelle route il peut aller dans les mondes purs. » 3620.

« La pénitence, répondit Yayâti, l'aumône, la patience, la compression des sens, la pudeur, la droiture, la compassion pour tous les êtres, sont les sept grandes portes, disent les sages, par où les hommes entrent dans le monde du Swarga. Aveuglés par les ténèbres de l'ignorance native, l'orgueil, au sentiment des gens de bien, est toujours la perte des hommes. 3621.

» L'homme, qui a lu, qui s'estime un docteur, qui use de la science pour détruire la renommée des autres, ne sort pas des mondes périssables et les Védas pour lui ne rapportent aucun fruit. 3622.

» Quatre choses bonnes sont mauvaises par le motif, qui les inspire : l'entretien d'un feu perpétuel par orgueil, le vœu du silence par orgueil, la lecture des Védas par orgueil, la célébration du sacrifice par orgueil. 3623.

» S'il est considéré, un homme véritablement honorable n'en concevra pas de joie ; il ne sentira pas de chagrin, s'il est dédaigné. Les bons dans ce monde-ci sont honorés par les bons ; il n'est pas donné aux méchants de comprendre ce qui est bon. 3624.

« J'ai l'aumône à faire ! » dit celui-ci. « Sacrifie ! » ordonne-t-on à celui-là. « J'ai les Védas à lire ! » se dit l'un ; « Je suis lié par un vœu ! » remarque un autre. Il faut se débarrasser complètement de ces craintes *superstitieuses*.

» Ces vieilles pratiques, ont dit les sages, sont des obstacles jetés dans la route de l'âme. Ce qu'il y a de mieux pour vous, le voici : identifiés avec l'Être absolu[30], aspirez à jouir d'une suprême quiétude en ce monde et dans l'autre. » 3625-3626.

« Comment le maître de maison dans la vie active, reprit Ashtaka, comment le religieux mendiant, comment le brahme, qui exerce les fonctions d'instituteur spirituel, arrivent-ils à l'accomplissement des devoirs ? L'homme, qui va dans les bois habiter un hermitage, est-il placé dans la bonne voie, où l'on assure que marche un grand nombre ? » 3627.

Yayâti répondit : « Le bramâtcharî atteint à la perfection, s'il est adonné à la lecture, s'il est sans négligence, constant, doux et tempéré, appliqué à calmer cette fièvre *de la vie*, levé avant les autres, toujours empressé dans ses devoirs à l'égard de son Gourou, irréprochable dans ses lectures et ses offrandes à tous les êtres. 3628.

» Voici l'antique vertu d'un chef de maison : parvenu à une richesse loyalement acquise, il célébrera des sacrifices, il fera l'aumône à tout moment, il nourrira des hôtes, il ne prendra pas ce qui n'est pas donné par les autres.

» Si l'homme, qui vit de ses propres facultés, qui s'abstient de pécher, qui distribue à autrui ses largesses, qui ne fait de mal à personne, ajoute à ces moyens celui d'habiter anachorète dans les bois, enchaînant ses actions et se refusant la nourriture, il ne peut manquer d'atteindre à la plus haute perfection. 3629-3630.

» Ne cultiver aucun métier, être vertueux, tenir continuellement domptés ses organes des sens, être détaché de tout, ne coucher jamais dans une maison, errer d'un lieu dans un autre, n'avoir aucune estime et nul égard pour les usages : voilà ce qui est le propre du religieux mendiant. 3631.

» Que le sage à l'âme comprimée, qui habite dans les forêts, emploie tous ses efforts à dissiper cette nuit *de l'ignorance*, qui subjugue les mondes et livre les gens de bien au pouvoir de l'amour. 3632.

» Quand l'anachorète des forêts s'est dégagé dans les bois des éléments de son corps, il fait entrer dans la récompense de ses vertus dix de ses aïeux et dix de ses descendants avec lui-même, qui est le vingt-et-unième. » 3633.

« En combien de classes sont les anachorètes ? En combien d'espèces sont les vœux de silence ? Explique-nous cela, s'enquit Ashtaka ; nous désirons le savoir. » 3634.

« Qu'il habite dans la forêt et qu'il ait le village derrière lui, répondit Yayâti ; ou qu'il habite dans le village avec le bois par derrière : ce n'en sera pas moins, souverain des hommes, un anachorète. » 3635.

« Comment, reprit Ashtaka, s'il habite la forêt, peut-il avoir le village, et, s'il habite le village, peut-il avoir le bois derrière lui ? » 3636.

« L'hermite, qui vit dans les bois, répondit Yayâti, s'il n'use pas d'un régime, qui tienne encore au village, fait dire qu'il habite dans les forêts et que le village est derrière lui. 3637.

» On dit de l'anachorète, errant même sans maison, ni feu, ni famille, qu'il demeure au village et qu'il a derrière lui la forêt ; en tant qu'il désire encore un haillon pour couvrir ses parties honteuses, en tant qu'il recherche des aliments, qui soutiennent sa vie. 3638-3639.

» Mais l'anachorète, qui affranchi de tout désir, les sens domptés, renonçant aux soins des choses, astreint sa langue au vœu du silence, atteint nécessairement dans ce monde à la perfection. 3640.

» À qui ne sied-il pas d'honorer cet homme noir aux œuvres blanches, paré, toujours lavé, aux ongles coupés, aux dents pures ? 3641.

» Exténué par la pénitence, amaigri, le sang, les os, la chair desséchés, après qu'il a vaincu celui-ci, il conquiert l'autre monde. 3642.

» Quand l'anachorète, enchaîné au silence, est devenu insensible au plaisir et à la peine, alors, ayant vaincu celui-ci, il conquiert l'autre monde ! 3643.

» Mais quand l'anachorète cherche, comme la vache, sa nourriture avec la bouche, *oh !* c'est alors que le monde entier participe à son immortalité même. » 3644.

« Sire, dit Ashtaka, qui de ces deux coureurs, tels que le soleil et la lune, arrive le premier à la nature des Dieux ! » 3645.

Yayâti répondit :

« Le mendiant, qui habite même au village, sans logis, dans la compression des sens, au milieu des maîtres de maison licencieux, arrive à ce but le premier. 3646.

» Celui, qui, parvenu à un long âge, n'a pas obtenu de transformer son cœur, s'il en est affligé, ce *repentir* est une seconde pénitence, *qui l'épure*. 3647.

» L'homme, qui augmente sans cesse au-delà des bornes son plaisir, est par cela même forcé, ne fit-il rien, de nourrir sans cesse le plaisir des mauvaises œuvres.

» Le devoir, que l'insensé cultive, on le nomme la méchanceté, on le nomme le mensonge ; mais la richesse de l'homme affranchi *des passions*, c'est la droiture, sire, c'est la méditation, c'est ce qui mérite le respect ! » 3648-3649.

« Qui t'a envoyé à cette heure même, sire, comme un jeune messager, paré d'une guirlande, resplendissant, beau à voir ? D'où viens-tu ? reprit Ashtaka. Où doit s'arrêter ta chûte ? Ta station n'est sans doute point la terre ? » 3650.

« La récompense de mes vertus épuisée, maintenant déchu du ciel, reprit Yayâti, à peine aurai-je fini de vous parler que je tomberai sur la terre ! Il faut que j'entre dans ce Naraka terrestre ; et déjà les brahmes, qui veillent à la garde du monde, me pressent de me hâter. 3651.

» J'ai choisi ma chûte près de cette plage des gens de bien ; tous les hommes vertueux se réunissent là ; et c'est une grâce, qu'Indra m'a faite, souverain des hommes, au moment de tomber sur le sol de la terre. » 3652.

« Ne tombe pas dans l'abîme ! reprit Ashtaka. Je te demande, prince, si j'ai des mondes ici, si j'en ai dans l'atmosphère, si j'en ai dans les deux. Je te regarde comme versé dans ce qui touche au devoir. » 3653.

« Lion des rois, sache-le, répondit Yayâti : il y a autant de mondes pour toi dans les deux qu'on peut compter sur la terre de chevaux et de vaches, joints à tous les animaux nés dans les forêts et sur les montagnes. » 3654.

» Ne tombe pas dans l'abîme ! répète Astaka. Je te donne, Indra des rois, ces mondes, que j'ai dans les deux, vas-y promptement, affranchi de ce trouble, soit que l'atmosphère, soit que le ciel les renferme ? » 3655.

« Ce n'est pas un homme de notre sorte, ô le plus grand des rois ; mais un brahme, consommé dans les Védas, répondit Yayâti, qui est digne d'un tel présent. J'ai donné, Indra des rois, comme on doit toujours donner aux brahmes. 3656.

» Puisse le brahme ne vivre jamais dans le malheur ! Puisse toute brahmanî être l'épouse d'un héros, et moi ne pas faire ce que je n'ai jamais fait avant *ce jour !* à plus forte raison, quand je veux faire ici le bien ! » 3657.

Pratardana lui dit à son tour :

« Je te demande, moi Pratardana, à toi, qui portes une beauté digne d'envie, s'il est des mondes à moi, s'il en est dans l'atmosphère, s'il en est dans le ciel. Je te regarde comme versé dans ce qui touche au devoir. » 3658.

« Tu as des mondes nombreux, souverain des hommes, répondit Yayâti, stillants de miel, parfumés du beurre des oblations, heureux, impérissables, qui tour à tour attendent chaque semaine ta présence. » 3659.

« Ne te précipite pas dans l'abîme ! je te donne les mondes, qui sont à moi, lui dit Pratardana. Qu'ils soient les tiens ! vas-y promptement, affranchi de ce trouble, soit que l'atmosphère, soit que le ciel les renferme ! 3660.

« Prince, lui répondit Yayâti, ce que doit aimer un prince d'une âme toujours égale, ce n'est pas le bien-être ; mais la félicité de la contemplation. Un roi sage, que l'arrêt du sort a jeté dans le malheur, ne fera jamais ce qui est mal. 3661.

» Qu'un roi, fixant les yeux sur le devoir, suive la route de la justice, qui mène à la gloire. Un homme tel que moi et de qui le devoir est la pensée ne fera jamais sciemment une chose vile, comme tu m'engages à la faire.

» Il ne fera point une chose, que les autres n'ont pas faite avant lui ; combien plus, s'il désire faire ici ce qui est bien. » A ces mots, Vasoumaî, le plus grand des rois, dit ces paroles au roi Yayâti : 3662-3663.

« Je te demande, Indra des hommes, moi Vasoumat, fils d'Aushadaçvi, s'il est à moi un monde dans le ciel ; s'il en est un, qui me soit assigné dans l'atmosphère. Je te regarde, magnanime, comme versé dans ce qui touche au devoir. » 3664.

« Ce qui est atmosphère, plages du ciel, terre ; ce que le soleil, répondit Yayâti, échauffe de sa chaleur, tant de mondes impérissables, qui sont dans le ciel, attendent un jour ta présence. » 3665.

« Je te donne les mondes, qui sont à moi, reprit Vasoumat ; ne te précipite pas dans l'abîme. Qu'ils soient les tiens ! sage, achète-les par quelques brins d'herbe, si les accepter, c'est pécher pour toi. » 3666.

« Je ne me souviens pas, répondit Yayâti, que j'aie fait en aucun temps un marché dérisoire, ni que j'aie reçu témérairement d'une personne, si je craignais qu'elle ne fût une mineure. Je ne ferai pas ce que d'autres n'ont jamais fait ; combien plus quand je désire faire ici ce qui est bien ! » 3667.

« Reçois-les, sire, à titre de don, reprit Vasoumat, si la vente ne t'agrée pas ; je ne reviendrai pas sur ce don, roi des hommes : que tous ces mondes soient donc à toi ! »

Çivi dit à son tour :

« Je te demande, moi, Çivi, fils d'Ouçînara, s'il est ici des mondes à moi, s'il en est dans l'atmosphère, si le ciel en renferme. Je te regarde comme versé dans ce qui touche au devoir. » 3668.

« Roi des hommes, répondit Yayâti, parce que tu n'as méprisé, ni de paroles, ni de cœur, les bons, qui avaient besoin de tes secours, le ciel renferme pour toi des mondes vastes, impérissables, tonnants et semblables aux éclairs. » 3669-3670.

« Reçois de moi, sire, lui dit Çivi, ces mondes en présent, s'il ne te plaît pas de les acheter. Je ne reprendrai pas le don, que te fais dans ce moment. Les sages ne regrettent jamais de s'être avancés. » 3671.

« De même, Indra des hommes, répondit Yayâti, que tu as une puissance égale à celle d'Indra, de même tes mondes sont-ils égaux avec les siens ; mais je ne me soucie pas d'un monde, qui fut donné à un autre : donc, Çivi, je refuse ce que tu veux me donner. » 3672.

« Si tu refuses nos mondes, parce que chacun de nous, reprit Ashtaka, te donne les siens à part des autres, eh bien ! nous te les donnons tous à la fois et nous irons tous prendre ta place dans le Naraka ! » 3673.

« Tournez vos efforts, répondit Yayâti, au but, dont je suis digne : les hommes de bien se complaisent dans la vérité, et je ne sache pas que j'y aie manqué jamais au temps passé. » 3674.

« À qui sont, reprit Ashtaka, les cinq chars, faits d'or, que nous voyons là ? Portés dans ces véhicules, des hommes pourraient-ils s'élever jusqu'aux mondes éternels ? »

Yayâti répondit :

« Ces cinq chars faits d'or vous porteront dans les cieux : les hommes de bien resplendissent, flamboyants comme la flamme du feu. » 3675-3676.

« Monte dans ces chars, sire, lui dit Ashtaka, et lance-toi dans les cieux ; nous te suivrons, nous ! quand il en sera temps. » 3677.

« C'est avec *nous* tous maintenant, qu'ils doivent rouler de compagnie, répondit Yayâti : vos mérites ont conquis le Swarga ; et voici que se montre à nos yeux la route inconnue aux maladies, qui mène aux palais des Dieux. »

Alors tous ces vertueux rois, continua le narrateur, de monter ensemble dans les chars, de partir, et, se dirigeant vers le Swarga, d'illuminer la terre et le ciel des rayons de leur vertu. 3678-3679.

« Je marche seul, je pense, à la tête de tous, car le magnanime Indra est tout à fait mon ami, observe Ashtaka...

mais !... pourquoi ce fils d'Ouçînara, Çivi, devance-t-il maintenant tous nos chars par la vitesse du sien ?» 3680.

« Ce fils d'Ouçînara, lui répond Yayâti, acheta ce char des Dieux au prix de toute la substance, que *son corps* avait acquise *en grandissant* : c'est pour cela que Çivi marche à votre tête. 3681.

» L'aumône, la pénitence, la vérité, la justice, la patience, la pudeur, la pureté, le désir continuel d'obliger, ces incomparables vertus, sire, ne quittaient jamais la pensée du prince incomparable Çivi. Parce que telle fut sa conduite, parce qu'il a cultivé la pudeur, le char de Çivi précède vos chars. » 3682.

La curiosité poussa de nouveau Ashtaka, reprit Vaîçampâyana, à interroger son aïeul maternel : « Roi des hommes, je t'adresse, lui dit-il, ces questions ; réponds suivant la vérité : D'où viens-tu ? qui es-tu ? de qui es-tu le fils ? Nul autre que toi dans le monde ne peut faire ce que tu as fait ! Es-tu kshatrya ? es-tu un brahme ? » 3683.

Yayâti répondit :

« Je suis Yayâti, fils de Nahousha et père de Poûrou ; je fus sur la terre un monarque universel, et maintenant j'explique aux miens, en présence de vos majestés, moi, votre aïeul maternel, le secret des choses. 3684.

» J'ai conquis toute cette terre ; j'ai donné aux brahmes ce qui la couvre, plusieurs centaines de chevaux, tous de belles formes et propres au sacrifice : ainsi, les Dieux ont eu leur part dans ma piété. 3685.

» J'ai donné aux brahmes le globe entier, plein de chevaux, de vaches, d'or, des richesses les plus précieuses ; je leur ai donné par centaines des milliards de vaches.

» La terre et le ciel furent illuminés de ma vérité, comme le feu brille au milieu des hommes ; je n'ai jamais dit une parole avec mensonge, car les hommes de bien honorent la vérité. 3686-3687.

» Ce que je dis ici à Pratardana, au fils d'Aushadaçvi, comme à toi, Ashtaka, est la vérité. C'est par la vérité qu'il faut honorer tous les mondes, les anachorètes et les Dieux : c'est la pensée de mon âme. 3688.

» Puisse l'homme sans envie, qui annoncera circonstanciellement aux principaux des brahmes que nous avons conquis le Swarga, jouir aussi du monde, où nous allons ! » 3689.

C'est ainsi, reprit Vaîçampâyana, que ce roi si magnanime triompha dans l'épreuve, que ses petits-fils avaient tentée de sa constance ; c'est ainsi qu'abandonnant la terre, pleine de ses grandes actions, il remonta au Swarga, où le porta cette conduite sublime. » 3690.

« Révérend, dit alors Djanamédjaya, je désire connaître les princes, chefs de famille dans la race de Poûrou, suivant leur énergie, suivant leur nombre, suivant leur courage, tels enfin qu'ils furent. 3691.

» Il n'y eut jamais aux temps passés dans cette race un souverain, qui fût privé de vertus, qui fût privé de courage, qui fût privé de postérité. 3692.

» Je désire entendre avec étendue, *anachorète*, qui as thésaurisé la pénitence, l'histoire de ces rois, doués de science et que leur conduite a rendus célèbres. » 3693.

« Eh bien ! répondit Vaîçampâyana, je vais satisfaire à ta question et te nommer ces héros valeureux, colonnes de la race de Poûrou, qui, honorés pour tous les signes de la grandeur, avaient une splendeur égale à celle d'Indra.

» Pravira, Içvara et Râaudrâçva, ces trois héroïques fils, naquirent de Poûrou au sein de Pâaushtî. Pravîra fut ensuite le propagateur de la race. 3694-3696.

L'auguste Manasyou aux yeux de lotus bleu, son fils, eut Çoûrasenî pour mère et fut le défenseur de la terre enclose dans ses quatre extrémités. 3696.

Ces trois enfants de Sâauvirl, Çakta, Sanhanana et Vàgmî, furent les fils de Manasyou ; tous étaient des héros, combattant sur de grands chars. 3697.

Dix fils, habiles archers, Anwagbhânou et les autres, furent conçus du sage Râaudrâçva dans le sein de l'Apsara Miçrakéçî. 3698.

Tous étaient nés sacrificateurs, héros, propagateurs de race, destinés à une vaste renommée ; tous, ils étaient adroits en toutes armes ; tous, ils avaient pour but le devoir : 3699.

Ritchéyou et Kakshéyou, le vigoureux Krikanéyou, Sthandiléyou, Vanéyou et Djaléyou à la grande renommée.

Le robuste et sage Tédjéyou, Satyéyou aussi vaillant qu'Indra, Dharméyou et Sannatéyou, le dixième, qui possédait le courage des Immortels. 3700-3701.

Le docte et vaillant Ritchéyou, appelé d'un autre nom Anâdhrishti, qui était parmi ses frères comme Vâsava entre les Dieux, fut un monarque universel sur la terre.

Anâdhrishti eut pour fils un roi de la plus haute vertu, qui célébra des râdjasoûyas et des açva-médhas ; il avait nom Matinâra. 3702-3703.

Celui-ci eut quatre fils d'une bravoure incalculable : Tansou, Mahat, Atiratha, et Drouhyou à l'incomparable splendeur. 3704.

D'entre eux, ce fut Tansou, qui propagea la race à l'éclatante renommée de Poûrou : il célébra des sacrifices solennels et conquit la terre. 3705.

Le vigoureux Tansou fut père d'Ilina, qui, le plus grand des conquérants, subjugua ce globe entier. 3706.

Ensuite Ilina d'engendrer au sein de Rathantarî cinq fils, tels que les cinq éléments : Doushmanta etlesrois, *ses frères*, 3707.

Deux héros formidables, Pravasou et Vasou. Leur aîné, Djanamédjaya, c'était Doushmanta lui-même. 3708.

De celui-ci est né le fils de Çakountalâ, ce sage Bharata, la source, d'où est sortie la vaste renommée de la race des Bharatides. 3709.

Bharata engendra neuf fils au sein de trois femmes ; mais le roi ne voulut pas les reconnaître, disant : « Ils ne me ressemblent pas ! » 3710.

Alors ces mères en courroux d'envoyer leurs fils dans les demeures d'Yama. Ensuite, la naissance d'un autre fils de ce puissant monarque fut déclarée un mensonge. 3711.

Enfin, Bharata recourut aux *plus* grands sacrifices, et, noble Bharatide, il obtint, grâce à l'assistance de Bharadwâdja, un fils, qui fut appelé Bhoumanyou. 3712.

Puis, l'auguste rejeton de Poûrou, se reconnaissant, ô le plus grand des Bharatides, comme le père de cet enfant, il fit sacrer Bhoumanyou dans la dignité de prince héréditaire. 3713.

Bhoumanyou eut un fils, appelé Divîratha, il engendra au sein de Poushkarinî cinq autres fils : Souhotra, Souhota, Souhavis, Souyadjou et Ritchika. 3714.

Souhotra était leur aîné : il obtint la monarchie des rois de la terre ; il célébra de nombreux sacrifices, des açva-médhas et des râdjasoûyas. 3716.

Souhotra jouissait de la terre entière, vêtue de sa robe des mers, pleine de chevaux, de vaches et d'éléphants, remplie de pierreries diverses. 3716.

Accablée sous le poids immense de ce roi, encombrée de chars, de chevaux et d'éléphants, pullulante d'hommes, on eût dit que la terre allait sombrer *au milieu des airs.*

Alors que le roi Souhotra gouvernait ce globe avec de justes lois, les colonnes destinées aux sacrifices et les arbres sacrés jalonnaient toute la terre par centaines de mille. 3717-3718.

Elle resplendissait en chaque saison d'une abondante moisson de grains et d'hommes. Aîkshvâkî, noble Bharatide, *ô toi*, le souverain de la terre, donna le jour à trois fils de Souhotra : Adjamîtha, Soumîtha et Pouroumîtha.

Adjamîtha fut leur aîné ; c'est en lui que se propagea la race. Il engendra, puissant Bharatide, six fils au sein de trois femmes. 3719-3720-3721.

Dhoûminî fut mère de Riksha ; Nîlî donna le jour à Doushyanta et Paraméshthi ; Djahnou et deux autres, Vradjana et Roûpi, furent les fils de Kéçinî. 3722.

Ces familles de Doushyanta et de Paraméshthi furent toutes établies, sire, dans le Pantchàla ; celles de Djahnou à la splendeur infinie, chez les Kouçikains. 3723.

Riksha, le frère ainé de Vradjana et de Roùpi, fut, dit la tradition, monarque suzerain. De Riksha est né son fils Sambarana, le continuateur de la famille royale. 3724.

Pendant que Sambarana, fils de Riksha, gouvernait la terre, sire, la tradition nous apprend que les peuples furent désolés par de bien grands fléaux. 3725.

Alors diverses et nombreuses calamités ravagent le royaume ; il est en proie aux maladies, à la sécheresse, à la peste, à la famine. 3726.

Les bataillons des ennemis fondent sur les enfants de Bharata. Ébranlant cette terre avec une armée en quatre corps, 3727.

Le roi de Pantchâla, après une rapide conquête du globe, tourna ses forces contre Sambarana et l'écrasa dans les batailles sous le poids de ses dix armées complètes.

Alors, saisi d'une profonde terreur, le roi vaincu s'enfuit devant l'ennemi avec ses femmes, ses ministres, ses fils et la foule de ses amis. 3728-3729.

Il vint habiter dans les jongles du grand fleuve Indus, près d'une montagne, aux lieux, où finit la région du fleuve. Réfugiés dans cette contrée inaccessible, les Bharatides y vécurent de longs temps. Quand ils eurent demeuré là un millier d'années, 3730-3731.

L'auguste rishi Vaçishtha se rendit chez les enfants de Bharata. Ceux-ci, à son arrivée, s'empressent d'aller à sa rencontre et le saluent. 3732.

Tous les Bharatides lui apportent un arghya et l'offrent tout entier avec respect au saint anachorète, éblouissant de splendeur. 3733,

À peine s'était-il assis sur un siège, qu'il était choisi déjà par le roi même : « Que ta révérence soit notre Pourohita. Employons tous nos efforts à reconquérir le royaume ! » 3734.

« Aum ! » répondit Vaçishtha, il promit aux Bharatides ce qu'ils demandaient et sacra dans l'empire sur tous les kshatryas ce rejeton de Poûrou, qui releva, nous dit la tradition, sa puissance dans toute la terre. 3735.

Il revint donc habiter dans la capitale, où Bharata jadis avait demeuré, et força tous les rois de la terre à lui payer de nouveau leurs tributs. 3736.

Ensuite, quand il eut reconquis ce globe entier, le puissant monarque, fils d'Adjamîtha, honora les Dieux avec de grands sacrifices, ornés de nombreux et riches dons pour les brahmes. 3737.

Puis, la fille du soleil, Tapatî mit au monde Kourou, fils de Sambarana, que tous les peuples, sire, adoptèrent à l'envi, disant : « C'est une âme vertueuse ! » 3738.

Ce monarque aux grandes pénitences rendit purs, grâce au mérite de ses macérations, les champs des Kourouides, qui furent appelés de son nom sur la terre le Kouroudjângala. 3730.

La tradition nous dit que la sage Vâhinî lui donna cinq fils, dont voici les noms : Avikshit, Abhishyat, Tchaîtraratha, Mouni et celui, qui eut pour nom Djanamédjaya.

Les fils d'Avikshit furent Parikshit, le vigoureux Çavalâçva, Adirâdja, Virâdja, Çâlmali à la grande force, Outchaîççravas, Bhangakâra et Djitâri, qui fut, dit-on, le huitième. 3740-3741.

Dans la race de ces princes, les plus grands par des mérites nés d'actions purement humaines sont les sept héros, dont le nom de Djanamédjaya ouvre et commence la série. 3742.

Tous les fils de Parîkshit étaient versés dans les choses relatives au devoir. On les appelait : Kakshaséna, Ougraséna et le robuste Tchitraséna. 3743.

Indraséna, Soushéna et Bhîmaséna. Les fils de Djanamédjaya portaient ces noms sur la terre : 3744.

Dhritarâshtra le premier né, Pândou et Vahlîka même, Nishadha à la grande splendeur, le vigoureux Djâmboûnada, 3745.

Koundodara, Padâti et Vasâti, qu'on dit le huitième. Tous étaient versés dans les choses relatives au devoir ; tous se complaisaient dans le bien de tous les êtres. 3746.

Dhritarâshtra eut l'empire. Ses fils étaient Koundika, Hastl, Vitarka, Krâtha et Koundina, le cinquième, 3747.

Haviççravas, Indrâbbaset Boumanyou, qui ne fut jamais vaincu. On dit que Koundika le Dhritarâshtride eut ces trois illustres fils : 3748.

Pratîpa, Dharmanétra et Sounétra même. Entre eux, noble Bharatide, Pratîpa fut célèbre et sans comparaison sur la terre. 3749.

Trois fils naquirent à Pratîpa, ô le plus grand des Bharatides : Dévâpi, Çântanou et l'héroïque Vâhlika. 3750.

De ces frères, Dévâpi se retira dans les bois, conduit par le désir de gagner le prix de la vertu, Çântanou obtint l'empire de la terre, et Vâhlîka fut un héros. 3751.

Il est né dans la race de Bharata, puissant monarque, beaucoup de rois très-vertueux, empereurs de la terre, pleins de courage et semblables aux rishis des Dieux. 3752.

De telle sorte furent ces héros pareils aux Immortels et d'autres encore, nés dans la famille de Manou, increments de la race d'Êla. » 3758.

Djanamédjaya dit :

« J'ai ouï de ta bouche, pieux brahme, la haute origine de mes ancêtres. Tu m'as fait passer en revue les nobles rois de cette race. 3754.

» Cette narration aimable ne vient pas à moi, associée avec un sens frivole ; elle me charme. Que ta révérence veuille donc me dire une seconde fois avec étendue 3755.

» Cette légende céleste de Manou le Pradjâpati. À qui racontée la sainte origine de ces *héros* n'apporterait-elle pas la joie ? 3756.

» Leur gloire, sublime, gonflée, accrue de leur magnanimité, de leurs vertus, de leurs devoirs saintement accomplis, se tient comme la base des trois mondes. 3767.

» Je ne puis me rassasier d'écouter ce récit, où l'on sent comme un goût d'ambroisie, ce narré sur des hommes, qui possédaient la force, le courage, l'énergie ; la vigueur, la puissance et les vertus. » 3758.

Vaîçampâyana répondit :

« Écoute, raconté par moi complètement, sire, ce qu'autrefois j'entendis raconter à Dwaîpâyana, la sainte origine de ta race, sans rien omettre. 3759.

Aditi est la fille de Daksha, le soleil est fils d'Aditi, Manou du soleil. Ilâ est fille de Manou ; Pouroûravas naquit d'ilâ, Ayoush de Pouroûravas, Nahousha d'Ayoush, Yayâti de Nahousha. Yayâti eut deux femmes ; 3660.

La fille d'Ouçanas, *appelée* Dévayânî, et la fille de Vrishaparvan, nommée Çarmishthâ. 3761.

Ici, est un çloka de généalogie : « Dévayânî fut la mère d'Yadou et de Tourvasou ; Çarmishthâ la Vrishaparvanide eut pour fils : Drouhyou, Anou et Poûrou. » 3762.

Yadou est la souche des Yadouides et Poûrou des Pàauravas. 3763.

La femme de Poûrou était nommée Kâauçalyâ. D'elle est né ce Djanamédjaya, qui trois fois célébra l'açva-médha et qui, ayant couronné par des sacrifices la conquête du monde entier, se retira dans l'hermitage des forêts. 3764.

Djanamédjaya eut pour femme Anantâ de Mathourâ. C'est d'elle, que naquit ce Prâtchivat, qui subjugua toute la plage orientale, *prâtchî*, jusqu'aux lieux, où se lève le soleil ; il dût à ces conquêtes le nom de Prâtchivat. 3765.

Il épousa Açmâkî, qu'il rendit mère de Sanyâti. 3766.

Varângî, fille de Drishadvat, fut l'épouse de Sanyâti et la mère d'Ahanyâti. 3767.

Ahanyâti épousa la fille de Kritavîrya, nommée Bhanoumati, de qui est né Sârvabhâauma. 3768.

Celui-ci, ayant célébré des sacrifices en reconnaissance de ses victoires, s'unit à la fille du roi de Kékaya. Elle se nommait Sounandà et le rendit père d'un fils, appelé Djayatséna. 3769.

La Vidarbhaine Souçravâ fut l'épouse de Djayatséna et devint par lui mère d'Avâtchîna. 3770.

Avâtchîna épousa une autre Vidarbhaine, nommée Maryâdâ, qui lui donna pour fils Ariha. 3771.

Ce dernier fut l'époux d'Angî, qu'il rendit mère de Mahâbhâauma. 3772.

Souyajnâ, fille de Prasénadjit, fut mariée à ce Mahâbhâauma, qui eut d'elle Ayoutanâyî. Celui-ci dut son nom aux sacrifices humains, dont il célébra une myriade, *ayouta*. 3773.

Ayoutanâyî épousa la fille de Pritliouçravas, appelée Kâmâ, qui devint par lui mère d'Akrodhana ; 3774.

Lequel eut pour femme une princesse du Kalinga, nommée Karambhâ, d'où est né Dévâtitlii. 3775.

L'épouse de celui-ci fut une Vidarbhaine, qui avait nom Maryâdâ et qui le rendit père d'Ariha. 3776.

Une princesse d'Anga, nommée Soudévâ, fut mariée à cet Ariha, qui eut d'elle un fils appelé Riksha. 3777.

Celui-ci épousa Djvâlâ, fille de Takshaka, au sein de laquelle il engendra Matinâra. 3778.

Douze ans, Matinâra célébra des sacrifices parfaits de qualités en l'honneur de Sarasvatî. Quand le dernier fut accompli, la Déesse elle-même se présenta devant lui ; et *ce mortel*, qu'elle choisit pour son époux, la rendit mère d'un fils, appelé Tansou. 3779.

Ici, est un çloka de généalogie : « Sarasvatî donna Tansou pour fils à Matinâra ; et Tansou engendra son fils Ilina au sein de Râlingî. » 3780.

Ilina eut cinq fils, Doushmanta et ses frères, de Rathântarî. 3781.

Doushmanta épousa Çakountalâ, fille de Viçvamitra, et la rendit mère de Bharata. 3782.

Ici, sont deux çlokas de la généalogie :

« Bhastrâ fut la mère du père, à qui ce fils même doit le jour. Nourris ton fils, Doushmanta, et ne méprise pas Çakountalâ ! 3783.

» Le fils exempte les pères de visiter, roi des hommes, le séjour d'Yama. C'est toi, qui es le père de cet enfant : Çakountalâ n'a dit que la vérité ! » 3784.

De cette obligation du père vint à Bharata son nom. Il épousa la fille de Sarvaséna, roi de Kâçî, appelée Sounandâ, et devint par elle père de Bhoumanyou. 5785.

Une princesse du Daçârha, nommée Vidjayà, fut l'épouse de Bhoumanyou et le rendit père de Souhotra. 3786.

Celui-ci fut marié avec une fille d'Ikshvâkou, appelée Souvarnâ, de laquelle est né Hastî. La ville d'Hastînapoura, fondée par ce dernier, a reçu de lui son nom. 3787.

Hastî épousa une princesse du Trigartta, nommée Yaçodharâ, qui par lui fut mère de Vikounthana. 3788.

Une princesse du Duçârha, appelée Soudévâ, fut mariée à Vikounthana, et le rendit père du prince nommé Adjamîtha ; 3789.

Cent vingt-quatre fils naquirent à cet Adjamîtha de *quatre épouses*, Kêkéyî, Gàndharl, Viçâlâ et Rikshâ. Ces princes furent tous individuellement des chefs de famille ; mais le continuateur de la branche aînée fut ici Sambarana, 3790.

Qui épousa la fille du soleil, nommée Tapatî, dont il eut Kourou. 3791.

Une princesse du Daçârha, appelée Çoubhângî, fut l'épouse de Kourou et lui donna pour fils Vidoûratha. 3792.

Ce dernier épousa une fille du roi de Mathourâ, nommée Sanpryâ, qu'il rendit mère d'Anaçvas. 3793.

Une princesse du Magadha appelée Amritâ, devint la femme d'Anaçvas et lui donna pour fils Parîkshit. 3794.

Ce Parîkshit épousa la fille du *roi* Bahouda, nommée Souyaçâ, qu'il rendit mère de Bhîmaséna. 3795.

Une princesse du Kékaya, appelée Koumârî, fut l'épouse de Bhîmaséna, et Praticravas naquit de ce mariage. 3796.

Pratîpa, fils de Praticravas, épousa Sounandà, fille de Çivi, au sein de laquelle il engendra ces fils : Dévâpi, Çântanou et Vâhlîka. 3797.

Dévâpi se retira dès l'enfance au milieu des bois, et Çântanou monta sur le trône de la terre. 3798.

Ici, est un çloka tiré de la généalogie :

« Tout vieillard, qu'il touche de ses mains, revient à la jeunesse et goûte le plaisir ; c'est de là qu'il fut appelé Çântanou ; telle fut l'origine du nom Çântanou, *sedam* ou *molliens*. 3799.

Çântanou épousa la Gangâ, quasi fille de Bhagîratha, et de ce mariage est né Dévavrata, qu'on appelle aussi Bhîshma. 3800.

Désirant faire une chose agréable à son père, Bhîshma de faciliter à Çântanou les moyens d'épouser Satyavatî, qu'on appelle encore Gandhakâlî *et qui devint sa belle-mère.* 3801.

Elle avait eu de Parâçara un fils avant son mariage : c'est Vyasa-Dwaîpâyana ; elle eut aussi de Çântanou deux autres fils : 3802.

Vitchitravirya et Tchitrângada. De ces deux, Tchitrângada fut tué par un Gandharva sans qu'il eût même atteint la jeunesse, et Vitchitravirya fut élevé sur le trône de son père. 3803.

Il épousa deux filles du roi de Kâçî, Ambikâ et Ambalikâ, l'une et l'autre nées de Kâauçalyâ. 3804.

L'âme de Vitchitravirya ayant abandonné son corps sans qu'il eût de postérité, Satyavatî eut cette pensée : « Il ne faut pas que la race de Dousmantba vienne à s'éteindre. » 3806.

Elle tourna son esprit vers le saint anachorète Dwaîpâyana, et celui-ci, debout devant elle : « Quelle chose, lui dit-il, m'ordonnes-tu de faire ? » 3806.

« Vitchitravirya, ton frère, lui répondit-elle, s'en est allé au Swarga sans laisser de postérité ; eh bien ! songe à lui donner des enfants. » 3807.

« Qu'il en soit ainsi ! » reprit Vyâsa, et l'anachorète d'engendrer au sein de ses veuves trois fils : Dhritarâshtra, Pândou et Vidoura. 3808.

Ensuite Gândhârî mit au monde cent fils du roi Dhritarâshtra dus à une grâce de Dwaîpâyana. 3809.

Quatre de ces Dliritarâshtrides l'emportaient sur tous les autres : Douryodhana, Douççâsana, Vikarna et Tchitraséna. 3810.

Pândou avait deux épouses : Kountî, nommée aussi Prithâ, et Màdrî : c'étaient les deux perles des femmes.

Un jour, Pândou errait à la chasse ; il ne reconnut pas un saint anachorète, joint par l'accouplement avec une antilope et, chose merveilleuse ! changé lui-même en gazelle. Il envoya un dard, qui frappa l'homme, lorsque son désir n'était pas assouvi et que le plaisir de l'amour était incomplet.

« Parce que tu as fait jouer cet arc, dit le blessé par la flèche, et que tu m'as tué avant que j'aie pu savourer le goût de la volupté, toi, qui sais combien est grand ce désir, tu mourras bientôt, tombé dans la même condition et ne pouvant plus satisfaire à ton envie de volupté ! » Pândou aux formes pâles revint sous le poids de cette malédiction et tint ce langage à ses épouses : 3811-3812-3813.

« C'est par ma légèreté que j'ai encouru cette peine. Je comprends : « Les mondes supérieurs, ont écrit les Çâstras, ne sont pas le partage de ceux, qui n'ont pas d'enfants. » — « Mets donc au jour des fils pour moi, » dit-il à Kountî. Celle-ci, autorisée par ces mots, conçut des fils : Youddhishthira d'Yama, Bhîmaséna du Vent, Arjouna du roi des Dieux. 3814.

Pândou joyeux lui dit alors : « Celle, qui partage avec toi le titre de mon épouse, n'a point d'enfants ; eh bien ! qu'elle me donne aussi des fils ! » 3815.

« Qu'il en soit ainsi ! » répondit Kountî. Elle porta cette chose à la connaissance de Mâdrî ; et celle-ci conçut des Açwins Nakoula et Sahadéva. 3816.

Pândou, l'ayant vue parée, arrêta sur elle sa pensée, la toucha et rendit l'âme. 3817.

Elle monta auprès de son époux, couché dans les flammes de son bûcher et dit à Kountî : « Je te confie mes jumeaux ; veille sur eux sans négligence ! » 3818.

Ensuite, les pénitents, ayant conduit les jeunes Pàndouides, accompagnés de Kounti, à Hastinapoura, les font connaître à Bhishma et Vidoura. À peine les ont-ils présentés à toutes les castes, les ascètes disparaissent aux regards des assistants. 3819.

Aussitôt ouïes les paroles des révérends, une pluie de fleurs tomba du ciel et les tambours des Dieux résonnèrent. 3820.

Les *jeunes princes* bien accueillis annoncent la mort de leur père, ils célèbrent ses funérailles avec les honneurs dus à son rang : leurs années depuis l'enfance coulent dans Hastinapoura, mais Douryodhana ne peut endurer leur habitation dans cette ville. 3821.

Scélérat, inspiré d'une pensée de Démon, il résolut de les exterminer par différents moyens ; mais leur vie fut sauvée par le *Destin*, qui les réservait aux choses de l'avenir. 3822.

Ensuite Dhritarâshtra, *soufflé* par l'artifice, les envoya habiter Vâranâvata et la *proposition* de ce voyage leur fut agréable. 3823.

Là, on tenta de les brûler dans une maison de laque ; mais on ne le put, grâce aux conseils de Vidoura. De-là, après qu'ils eurent tué au milieu de ces entrefaites le Démon Hidimba, ils passèrent à Ékatchakra. 3824.

Ils se rendent dans la ville des Pantchâlains, après qu'ils ont tué un Rakshasa, nommé Vaka, dans celle d'Ékatchakra ; 3825.

Et reviennent dans leur pays, après qu'ils ont obtenu pour épouse la princesse Drâaupâdî. 3826.

Rendus au bonheur, ils deviennent pères : Youddhishthira de Prativindhya, Bhîmaséna de Soutasoma, Arjouna de Çroutakîrtti, Nakoula de Çatânîka et Sahadéva de Çroutakarman. 3827.

Youddhishthira obtient dans un swayambara la fille de Govâsana, roi de Çivi. Elle se nommait Dévikâ et lui donna un fils, appelé Yâaudhéya. 3828.

Bhîmaséna épousa dans Kâçi Balandhâra, conquête de sa vigueur, qui le rendit père d'un fils, nommé Sarvaga.

Arjouna dans un voyage à Dwâravatî reçoit la main de Soubhadrâ aux nobles paroles, la sœur de Vâsoudéva ; revient heureux avec elle dans son pays et la rend mère d'un fils, Abhimanyou, doué des plus riches qualités et cher à Vâsoudéva. 3829-3830.

Nakoula épousa Karénoumatî, fille du roi de Tchédi ; il en eut un fils appelé Niramitra. 3831.

Sahadéva obtint dans un swayambara une princesse de Madra, nommée Vidjayâ. Elle était fille de Dyoutimat, roi de Madra, et lui donna un fils, qu'on appelait Souhotra.

Avant même ces temps, Bhîmaséna avait engendré au sein de Hidimbâ un fils, qui fut le Rakshasa Ghatautkatcha. 3832-3833.

Tels sont les onze fils des Pandouides. Entre eux, Abhimanyou fut le continuateur de la race. 3834.

Il épousa Outtarâ, fille de Virâta. Elle fut mère d'un fruit mort avant sa naissance. Kountî le reçut dans son giron selon l'ordre de Vâsoudéva, le plus grand des hommes : « Je rendrai la vie, dit-il, à cet embryon de six mois ! » 3835.

Cet enfant né avant terme, de qui la force, l'énergie, la vitalité étaient supprimées, et qu'une flèche ignée avait brûlé au sein de sa mère, vécut de sa vie propre, grâce à l'adorable Vâsoudéva, qui, l'ayant ressuscité, dit ces paroles : « Comme il est né après que sa famille a péri, *parikshinai koulai*, il aura nom Pârikshit. 3836.

Ce Parîkshit épousa Mâdravatî, ta mère, de qui est née ta majesté, Djanamédjaya. 3837.

Deux fils, Çatânîka et Çankoukarna, naquirent du brillant Çatânîka au sein de Vapoushtamâ ; mais la Vaîdéhî n'eut qu'un fils, Açvamédhadatta. 3838.

Ici, j'ai fini de t'exposer la race de Poûrou et des Pândouides ; » race opulente, sainte, purificatrice au plus haut degré, dont les brahmes enchaînés à leurs vœux doivent écouter sans cesse le récit. Immédiatement après eux, il faut qu'elle soit écoutée et lue par les kshatryas, qui se complaisent dans leurs devoirs et sont voués à la défense des créatures ; elle doit l'être également par les vaîçyas et par les çoûdras eux-mêmes, qui ont la foi et sont dociles aux trois castes supérieures. 3839.

Les hommes aux âmes domptées, sans envie, bienveillants, adonnés aux Védas, qui écouteront ou liront cette sainte histoire complètement, auront conquis le Swarga et les mondes de la pureté : ils méritent à jamais les honneurs et les hommages des autres hommes, des brahmes et des Dieux ! 3840.

Oui ! les brahmes et ceux des autres castes, qui, pleins de foi, libres d'envie, bienveillants, versés dans les Védas, écoutent ce pur et sublime Bhârata, que l'auguste Vyâsa a récité le premier, ont tous conquis le Swarga ; ils sont heureux et ne sont jamais à plaindre en toutes les choses faites ou à faire. 3841.

Ici, vient un çloka *final* : « Ce poème sublime, purificateur, qui marche avec les Védas, qui donne la richesse, la renommée, une longue vie, doit être écouté par ceux, qui sont maîtres de leur âme ! » 3842.

Vaîçampâyana dit :

« Il fut un roi souverain de la terre, né dans la race d'Ikshvâkou. Mahâbhisha, c'est ainsi qu'on l'appelait, ne dit jamais une parole de mensonge ; il avait l'héroïsme de la vérité. 3843.

Ce prince avait rassasié le monarque des Immortels avec une centaine de râdjasoûyas et un millier d'açva-médhas, qui lui avaient mérité l'entrée du Swarga. 3844.

Un jour, les Dieux étaient venus en visite chez Brahma : là, étaient les râdjarshis et le roi Mahâbhisha. 3845.

Tandis que la Gangâ, reine des rivières, s'avançait vers l'antique aïeul des créatures, le Vent souleva sa robe, semblable au clair de lune. 3846.

Vite, les troupes des Immortels baissent leurs yeux à terre ; mais le râdjarshi Mahâbhisha osa hardiment regarder la belle rivière. 3847.

L'adorable Brahma dit au saint roi, plongé dans cette distraction : « Tu renaîtras parmi les mortels ; ensuite, tu rentreras dans nos mondes. » 3848.

Alors Mahâbhisha, ayant passé en revue dans sa pensée tous les rois, opulents de pénitence, choisit Pratîpa à la splendeur immense pour son père. 3849.

La plus sainte des rivières vit le monarque ébranlé dans sa constance ; et, rêveuse elle-même, la Gangâ de porter sur lui sa pensée. 3850.

À son retour, elle rencontra, chemin faisant, sire, les Vasous, Dieux habitants du ciel, le corps tout défait, et plongés dans un grand accablement d'esprit. 3851.

Quand la plus noble des rivières les vit sous des formes tellement déchues, elle de les interroger : « Pourquoi votre beauté est-elle ainsi détruite ? Sans doute, la félicité des habitants du ciel n'a reçu aucun échec ? » 3862.

« Nous avons été maudits, éminente rivière, lui répondirent les Dieux, par le magnanime Vaçishtha irrité pour une légère offense. 3853.

» Un jour, le soir, Vaçishtha était assis et nous avons étourdiment sauté par-dessus lui, sans le voir : « Allez naître, nous cria-t-il en colère, dans un giron maudit ! »

» Il est impossible de mettre obstacle à ce qui fut dit une fois par le saint, de qui la bouche commente les Védas. Change-toi donc en une fille de Manou et enfante sur la terre les Vasous pour tes fils. 3854-3855.

» Épargne-nous, limpide rivière, d'entrer au sein des filles de Manou ! » À ces mots des Vasous, elle répondit : « Oui ! » et leur tint ce langage : 3856.

« Quel homme, le plus vertueux des mortels, sera là-bas votre père ? » 3857.

« Il y aura dans le monde des hommes, répondirent les Vasous, un roi fils de Pratîpa, qui rendra fameux sur la terre le nom de Çântanou : c'est lui, qui sera notre père. »

« Mon sentiment, Dieux sans péché, reprit la Gangâ, sympathise avec ce que vous me demandez : je ferai donc cette chose, agréable pour lui et désirée par vous. »

« Veuille bien jeter, aussitôt qu'ils seront nés, lui dirent ces Vasous, tes enfants au milieu des eaux, afin que notre dette soit promptement acquittée dans ce monde, autour duquel marchent les deux autres. 3858-3859-3860.

« Je ferai ainsi, répondit la Gangâ ; mais il faut qu'il puisse au moins lui rester un fils, afin qu'il ne soit pas trompé dans son mariage avec moi, qui aura pour but l'acquisition d'un fils.» 3861.

« Chacun de nous, reprirent les Vasous, donnera à cet enfant la huitième partie de sa force individuelle. Ce fils, qu'il désire, aura donc une telle vigueur. 3862.

« Mais on ne verra pas naître ensuite une postérité de lui parmi les mortels ; ce fils si robuste n'aura donc pas de fils. » 2863.

Ces conditions ainsi réglées avec la Gangâ, les Vasous d'une âme joyeuse s'en allèrent des côtés, où les dirigea leur pensée. 3864.

Le roi Pratîpa, continua le narrateur, signalait sans relâche sa bonté pour toutes les créatures ; il vint aux portes de la Gangâ, où il resta plusieurs années assis, murmurant la prière. 3865.

La Gangâ, revêtue des formes d'une femme, distinguée par sa beauté et portant les charmes les plus capables de séduire, sortit de ces ondes et, charmante de visage, spirituelle, armée d'une beauté céleste, elle s'approcha du saint roi, occupé à lire les Védas, et vint s'asseoir sur sa cuisse droite, semblable à un arbre çala. 3866-3867.

Pratîpa, le monarque suzerain de la terre, dit à l'illustre Déesse : « Que puis-je faire d'agréable, noble dame, qui soit l'objet de ton désir ? » 3868.

« Je t'aime, répondit la femme ; rends-moi, sire, amour pour amour. Repousser les femmes, remplies d'amour, est une chose blâmée par les sages. » 3869.

« Je n'irai pas d'amour vers l'épouse d'un autre, dit Pratîpa, ni vers une femme, qui n'est pas de ma caste : tel est mon devoir et tel est mon vœu. » 3870.

« Je ne suis pas une femme vulgaire, vers qui il ne faut point aller, à laquelle on ne doit jamais parler, répondit la femme. Je t'aime, sire, aime-moi, qui suis une noble dame, une vierge divine. » 3871.

Pratîpa reprit : « Je dois m'abstenir de la chose, à laquelle tu m'invites ; autrement, ma mort expierait un plaisir, goûté dans la confusion des devoirs. 3872.

» Tu es venue t'asseoir, toi, que je tiens embrassée, noble dame, sur ma cuisse droite ; sache, *belle* timide, que c'est le siège des enfants et des brus. 3873.

» La cuisse gauche est celle, dont la jouissance appartient aux amantes ; et c'est elle, que tu as laissée : je ne puis donc, noble dame, goûter l'amour avec toi ! 3874.

» Sois ma bru, femme charmante ; je te choisis pour la fiancée de mon fils : en effet, belle nymphe, tu es venue prendre sur mes genoux le côté des brus. » 3875.

« Qu'il en soit ainsi ! ô toi, qui sais le devoir, lui répondit la femme ; j'irai par dévouement pour toi dans cet illustre famille des Bharatides. 3876.

» Vous, qui êtes les princes de la terre, vous dirigez vos pas sans dévier sur un sentier de vertus, qu'il me serait impossible de citer en des centaines d'années.

» Célèbres sont les vertus de ta race ; mais j'élèverai encore sa qualité de bonté dans un très-haut degré, saint roi, sous la condition que ton fils ne saura jamais rien de tout cela. 3877-3878.

» Habitant ainsi *dans ta famille*, je rassasierai ton fils de volupté et ton fils obtiendra le Swarga même par des fils aimables et vertueux. » 3879.

Sire, Pratipa consentit, reprit Vaîçampâyana ; la Gangâ disparut aussitôt, et le roi attendit la naissance d'un fils en songeant à cette aventure. 3880.

Dans ce temps même, ce rejeton de Kourou, ce prince des kshatryas s'infligea avec son épouse une grande pénitence dans la vue d'obtenir un fils. 3881.

Mahâbrisha renaquit, fils de ces deux vieillards, et, comme il était né d'un homme vainqueur de ses passions, *çânta*, il fut appelé Çântanou. 3882.

N'ayant pas oublié qu'il avait déjà conquis par ses œuvres les mondes impérissables, Çântanou, le plus vertueux des Kourouides, s'occupa d'œuvres saintes. 8883.

Quand il fut devenu un jeune homme, Pratîpa dit à son fils : « Une femme est venue jadis me trouver, Çântanou, au sujet de ta félicité. 3884.

» Si elle vient te voir en secret, mon fils, cette noble dame, cette femme céleste, pleine d'amour, riche de beauté et amenée par l'envie d'obtenir un fils, 3885.

» Il ne faudra pas lui faire ces questions : « Qui es-tu, femme charmante ? De qui es-tu fille ? » Il ne faudra pas l'interroger sur aucune chose, qu'elle fera. Contente-toi de lui rendre amour pour amour. C'est là mon ordre, jeune homme sans péché. » Il dit : 3886.

Et, quand il eut donné ces instructions à son fils Çântanou, reprit Vaîçampâyana, le roi Pratîpa le sacra sur le trône à sa place, et se retira anachorète au milieu des forêts. 3887.

Le sage monarque Çântanou d'une splendeur égale à celle des Dieux aimait passionnément la chasse et parcourait continuellement les bois. 3888.

Le plus vertueux des rois abattait et les buffles et les gazelles ; il errait sans escorte sur les rives de la Gangâ, hantées des Siddhas et des Tchâranas. 3889.

Un jour, le puissant monarque vit là une femme du plus haut parage, flamboyante de toute sa personne et telle qu'on eût dit une autre Lakshmî, visible sur la terre. 3890.

Tout en elle était charmant : elle avait de jolies dents, elle était ornée de parures célestes, elle portait une robe d'un tissu délié, elle brillait d'une splendeur égale à celle d'une corolle de lotus ; *enfin*, elle était seule. 3891.

A son aspect, tout son poil se hérissa de plaisir. Le roi, admirant une beauté si parfaite, la buvait de ses yeux, et ne pouvait en rassasier la soif. 3892.

La belle dame, éprise de tendresse à la vue du roi, qui se promenait dans sa grande splendeur, ne pouvait *également* se rassasier d'un spectacle si aimable. 3893.

Le roi dit, la caressant d'une voix douce : « Belle à la jolie taille, Déesse ou Danavî, Gandharvî peut-être ou Apsarâ, qui que tu sois, Yakshî, Pannagî ou fille de Manou, je t'en supplie, femme charmante, toi, qui ressembles à une fille des Dieux, sois mon épouse ! » 3894-3896.

A ces paroles du roi, accompagnées d'un sourire doux et charmant, la séduisante femme s'approcha, car elle se rappelait ce qu'elle avait promis aux Vasous ; 3896.

Et d'une voix, qui remplit de joie le cœur du monarque : « Je serai ton épouse, soumise à ta volonté, souverain de la terre, lui dit-elle. 3897.

» Mais, quelque chose que je fasse, sire, ou bien ou mal, promets de ne pas m'empêcher et de ne rien dire, qui me soit désagréable. 3898.

» Si tu restes fidèle à ces conditions, je ne cesserai pas d'habiter chez toi ; mais, si tu m'empêches dans une action, ou si tu m'adresses un mot amer, je te quitterai, n'en doute pas ! » 3899.

« Qu'il en soit ainsi ! » répondit Çântanou. Alors, ayant obtenu le plus grand des rois, ô le plus vertueux des Bharatides, elle en ressentit une joie incomparable. 3900.

Le sage Çântanou s'approcha d'elle et goûta l'amour dans ses bras : « Il ne faut pas lui faire de questions, il ne faut lui rien dire, » pensait-il. 3901.

Le monarque de la terre se réjouissait en lui-même de son *affectueux* service, de ses qualités, de sa générosité, de sa beauté, de sa constance dans la bonne conduite.

En effet, quand la rivière, dont les eaux coulent dans trois lits, la Déesse Gangâ d'une beauté céleste, se fut créé un corps humain charmant, devenue une femme de noble caste, elle fut une épouse assidue auprès de son époux, le roi des rois, le prince d'une splendeur égale à celle du roi des Dieux, Çântanou, de qui l'amour n'était jamais éloigné de la jouissance. 3903-3904.

Le roi prenait plaisir à tout ce qu'elle faisait pour l'amuser par de ravissantes danses, des coquetteries, des habiletés d'amour et de luxure. 3905.

Le plus haut des souverains ne s'apercevait pas, si grand était son attachement à la volupté, que beaucoup de mois, de saisons, d'années avaient déjà passé. 3906.

Au milieu même de ces jeux avec elle au gré de son amour, le roi des hommes la rendit mère de huit fils, semblables à des Immortels. 3907.

Aussitôt né, Bharatide, elle précipitait chaque enfant au milieu des ondes : « Je t'aime ! » et, disant ces mots, elle de les plonger dans le fleuve. 3908.

Ces *noyades* alors n'étaient pas agréables au roi Çântanou ; mais le puissant monarque n'osait rien dire, tant il craignait qu'elle ne l'abandonnât ! 3909.

Enfin, à la naissance du huitième fils, le roi, qui voulait sauver son enfant, dit, frappé de douleur, à son épouse, qui riait déjà : 3910.

« Ne le tue pas ! « Qui es-tu et de qui es-tu fille ? dira-t-on. Pourquoi détruit-elle ses enfants ? » Tu as fait une action fort blâmée : infanticide, tu as commis un bien grand forfait ! » 3911.

« Père sensible, dit la femme, je ne tuerai pas ton fils, ô le meilleur des pères ! Rompue soit donc mon habitation chez toi ! car l'injure, que tu m'as faite, vient de la briser.

» Je suis la Gangâ, fille de Jahnou, hantée par les troupes des grands saints ; j'ai demeuré avec toi pour le succès d'une chose dans les affaires des Dieux. 3912-3913.

» Ces enfants sont les huit Vasous, Déités éminentes, à la grande vigueur, tombées dans la condition humaine sous le coup d'une malédiction de Vaçishtha. 3914.

» Ils n'ont pas d'autre père que toi sur la terre, et nulle femme, si ce n'est moi, ne fut leur mère dans ce monde-ci.

» Je suis passée dans la nature humaine afin d'y être la mère de ces huit Vasous ; toi, par le mérite de les avoir engendrés ici-bas, tu as conquis les mondes impérissables. 3915—3916.

» J'avais promis à ces Dieux, que j'observerais cette condition : « Aussitôt venu au monde, avais-je dit, j'affranchirai chaque nouveau-né de la nature humaine ? »

» Les voici donc libérés de la malédiction du magnanime Apava. Adieu ! je m'en vais ; protège ce fils, destiné à de grandes austérités ! 3917-3918.

» Désormais je ferai mon habitation à côté des Vasous : sache que ce fils né de moi t'est donné par la Gangâ. »

Çântanou dit :

« Quel est ce personnage, nommé Apava ? Quelle offense les Vasous avaient-ils faite à cet homme, dont la malédiction les força tous à renaître dans une matrice humaine ? 3919-3920.

» Ce jeune enfant, que tu me donnes, il n'habitera pas au milieu des hommes ! Qu'a-t-il fait, qui mérite ce châtiment ? 3921.

» Ces Vasous, qui sont les maîtres de l'univers entier, pourquoi renaissaient-ils parmi les hommes ? Raconte-moi cela, fille de Jahnou. » 3922.

A ces mots, reprit Vaîçampâyana, la Déesse, fille de Jahnou, la Gangâ tint ce langage au roi Çântanou, son époux, le plus grand des hommes : 3923.

« L'anachorète appelé Vaçishtha, que Varouna jadis obtint pour fils, est également nommé Apava, ô le plus vertueux des Bharatides. 3924.

» Son pieux hermitage était situé sur un flanc du Mérou, le roi des montagnes, lieu rempli d'oiseaux et de gazelles, embelli de fleurs en toutes les saisons. 3925.

» Dans ce bois aux ondes, aux racines, aux fruits délicieux, ce Varounide, le plus vertueux des hommes vertueux, noble Bharatide, cultiva la pénitence. 3926.

» Le Varounide à l'âme juste obtint de Kaçyapa, ô fils de Bharata, pour en extraire le beurre de ses oblations, cette vache, Déesse, fille de Daksha, qui est nommée Sourabhi, la plus excellente des mamelles, d'où l'on peut traire les objets de tous les désirs, et qui est née comme une grâce faite au monde. 3927-3928.

» La vache, habitant ce bois d'ascètes, peuplé d'âmes innocentes, se promenait alors, exempte de crainte, en ces lieux amœnes et purs. 3929.

» Un jour, tous les Vasous, Agni et ces autres Dieux, vinrent, puissant Bharatide, en cette forêt, hantée par les Dévarshis. 3930.

» Ils se promenèrent dans ce bois de tous côtés avec leurs épouses ; ils y goûtèrent le plaisir des jeux dans les bocages sur les montagnes suaves. 3931.

» Là, errante dans ce bois, ô toi, qui possèdes le courage de Vâsava, l'épouse d'un Vasou, Déesse à la jolie taille, vit cette vache, 3932.

» Appelée Nandinî, la plus grande des vaches laitières, du pis desquelles on trait l'accomplissement de tous les désirs. Alors, Indra des rois, saisie d'admiration, la Déesse, comblée de toutes les richesses de la beauté, 3933.

» Montra à Dyau cette vache luisante, grasse, aux yeux de taureau, à la queue bien velue, aux beaux ongles, au superbe veau, douée enfin de toutes les qualités et d'une nature supérieure. 3934.

» Ainsi comblée de perfections, Vasounandinî, Indra des rois, noble enfant de Poûrou, apparaissait jadis aux yeux du Vasou. 3935.

» Sire, ô toi, qui possèdes la force du roi des rois des éléphants, Dyau, à la vue de cette vache divine et douée d'une telle beauté, répondit en ces termes à son épouse :

« C'est, femme à la jolie taille, la sublime vache aux yeux noirs, Déesse elle-même, de l'anachorète, fils de Varouna, auquel appartient cette forêt merveilleuse. 3936-3937.

» Le mortel, qui boirait le suave lait de cette vache, nymphe à la taille élégante, vivrait dix mille années, sans voir se faner sa jeunesse. » 3938.

» À peine eut-elle ouï ces mots, la Déesse à la taille charmante, aux membres jolis, répondit, ô le plus grand des rois, à son époux flamboyant de splendeur : 3939.

» J'ai dans le monde des enfants de Manou une amie, fille d'un roi ; elle se nomme Djitavatî ; elle est douée de jeunesse et de beauté ! 3940.

» Illustre dans le monde humain pour la perfection des formes, c'est la fille du sage Ouçînara, le saint roi, enchaîné aux lois de la vérité. 3941.

» Hâte-toi d'amener vers moi cette vache et son veau, que je désire pour elle, Dieu fortuné, accroissement de la vertu, ô le meilleur des Immortels ; 3942.

» Afin que mon amie, ayant bu de son lait, ô toi, qui donnes l'honneur, soit la seule parmi les hommes exempte de maladie et de vieillesse. 3943.

» Veuille bien me faire ce plaisir, illustre et fortuné *Dieu* : il n'est rien, qui puisse m'être plus agréable d'aucune manière. » 3944.

» À ces paroles, Dyau, voulant faire une chose, qui, fût agréable à cette Déesse, enleva la céleste vache, aidé par le Feu et ses autres frères. 3945.

» Dyau ne pouvait soutenir l'aspect de la douloureuse pénitence, que s'infligeait l'anachorète, il n'en ravit pas moins sa vache sur l'ordre de cette femme aux yeux couleur des pétales du lotus bleu, et ne songea pas qu'il se jetait dans un précipice. 3946.

» Revenu de la grande forêt, où il était allé cueillir des fruit», quand il rentra dans son hermitage, le Varounide n'y trouva plus sa vache. 3947.

» L'anachorète aux riches pénitences, à la magnifique intelligence, eut beau chercher sa vache dans les bois, ses recherches n'aboutirent point à la trouver. 3948.

» Enfin, portant le regard de sa vue céleste dans l'inconnu, il vit alors que les Vasous avaient enlevé sa vache ; et, tombant sous le pouvoir de la colère, il maudit aussitôt les ravisseurs ; 3949.

« Parce que les Vasous m'ont dérobé la vache bonne laitière à la queue bien velue, ils renaîtront tous au nombre des hommes : il n'y a là aucun doute ! » 3950.

» Le vénérable Apava, le plus vertueux des anachorètes, tombé sous le pouvoir de la colère, maudit ainsi les Vasous, ô le plus grand des Bharatides. 3951.

» Une fois jetée cette malédiction, le saint, riche de pénitences, appliqua de nouveau son esprit à ses macérations. C'est ainsi que, saisi de courroux, le brahmarshi à la grande puissance avait maudit les huit Dieux Vasous. 3952.

» Ces magnanimes, quand ils surent l'imprécation fulminée contre eux, revinrent à l'hermitage et se présentèrent devant le rishi. 3953.

» Mais leurs supplications, roi des rois, ne réussirent point à ramener sur les Vasous la bienveillance du plus vertueux des rishis, 3954.

» De cet Apava, consommé dans tous les devoirs, ô le plus grand des hommes. 3955.

» Vous, Dhara et les autres, que j'ai maudits, vous obtiendrez tous, au bout d'une seule année, la délivrance de cette malédiction, répondit le solitaire à l'âme juste.

» Mais ce Dyau, de qui la faute attira sur vous mon imprécation, habitera dans le monde des hommes un long espace de temps. 3956-3957.

» Je ne veux pas faire un mensonge des paroles, que je vous ai dites dans ma colère. Ce magnanime n'aura pas d'enfants parmi les hommes. 3958.

» Il sera une âme vertueuse, versé dans tous les Çâstras, dévoué au bien et à la joie de son père, il renoncera au plaisir des femmes. » 3959.

» Après qu'il eut ainsi parlé à tous les Vasous, le grand anachorète s'en alla, et ces Dieux vinrent de compagnie me trouver. 3960.

» Ils me demandèrent cette grâce, que je leur accordai, sire : « *Sois notre mère*, Gangâ ! et, à la naissance de chaque enfant, jette-le aussitôt dans les ondes ! » 3961.

» C'est ainsi que j'ai fait exactement et complètement, ô le plus vertueux des rois, pour libérer ces maudits du monde des hommes. 3962.

» Seul, aux termes de la malédiction, royal enfant de Bharata, ô le plus grand des rois, Dyau, *c'est-à-dire*, ce nouveau-né, coulera une longue vie dans le monde des hommes. » 3963.

A peine eut-elle achevé ce récit, la Déesse, reprit Vaîçampâyana, disparut aussitôt et, emportant son enfant, elle s'en alla où elle voulut. 3964.

Ce héros, qui fut appelé Dévavrata, fils de la Gangâ et de Çântanou, supérieur en qualités à Çântanou même, était donc le Vasou nommé Dyau. 3965.

Çântanou, accablé de chagrin, s'en retourna lui-même dans sa ville. Je vais raconter les hautes vertus de ce roi Çântanou et la générosité de ce magnanime prince Bharatide, de qui l'histoire est justement dite un resplendissant Bhârata. 3966-3967.

Le sage roi Çântanou à l'âme juste, honoré des Dieux et des râdjarshis, continua le narrateur, était connu dans tous les mondes sous le nom de Satyavâtch, *le Véridique*.

La répression des sens, l'aumône, la patience, la raison, la pudeur, la constance, une énergie supérieure n'étaient jamais absentes de ce roi Çântanou à l'éminente bonté. 3968-3969.

Doué de telles qualités et versé dans les choses de l'intérêt et du devoir, ce monarque était le soutien de la race Bharatide et du monde entier. 3970.

Son cou ressemblait à la conque, il avait de larges épaules, une force d'éléphant ivre, des trésors pleins de richesses, et possédait tous les signes, qui présagent un puissant monarque. 3971.

Les hommes, ayant vu la conduite toujours la même de ce roi glorieux, en avaient donné cette définition : « C'est le devoir, supérieur à l'intérêt et à l'amour. » 3972.

Telles étaient les qualités du magnanime Çântanou, le roi des hommes : aucun prince dans le monde n'était son égal en vertu. 3973.

Aussi les rois avaient-ils sacré eux-mêmes dans la monarchie sur tous les rois ce prince attaché à la vertu et le plus excellent de tous ceux, qui soutenaient le devoir.

Sans guerres, sans craintes, sans chagrins, réveillés du songe des plaisirs, les rois avaient accepté pour maître le continuateur de la race des Bharatides. 3974-3975.

Gouvernés par ce glorieux monarque d'une splendeur égale à celle de Çakra, les rois s'adonnaient aux actes de piété, à l'aumône, aux sacrifices ; et, dans ce monde, commandé par des rois, à la tête desquels trônait Çântanou, la compression de toutes les castes assurait l'excellence du devoir. 3976.

Les kshatryas honoraient les brahmes, les vaîçyas étaient soumis aux kshatryas ; les çoûdras, attachés aux brahmes et aux kshatryas, honoraient les vaîçyas. 3977.

Il habitait dans Hastinapoura, la charmante ville des Kourouides, et de-là il envoyait ses ordres à toute la terre jusqu'à l'océan, sa limite. 3978.

Droit, véridique, versé dans le devoir, égal au roi des Dieux, il était environné d'une éminente prospérité, qu'il devait à la méditation, la pénitence, la vertu et l'aumône.

Semblable au soleil pour la splendeur, égal en rapidité à la vitesse du vent, pareil à la mort dans sa colère, et tel que la terre pour la patience, il était d'un aspect aimable, qui haïssait de cacher ses *intimes* émotions. 3979-3980.

Sous le règne de Çântanou, sire, jamais la mort ne fut donnée aux oiseaux, aux gazelles, aux sangliers, ni aux bestiaux. 3981.

Dans cette monarchie, où l'excellence de la vertu avait pour sa base la sainte écriture, Çântanou, libre de passion et d'amour, gouvernait d'une âme égale tous les êtres.

Les actes de la vie commençaient par les sacrifices aux Mânes et aux Dévarshis. Jamais le crime ne coûta la vie à qui que ce soit des êtres animés. 3982-3983.

Ce roi était un vrai père pour les malheureux, les affligés et tous les êtres condamnés à vivre sous des formes d'animaux. 3984.

Sous le règne de ce prince, le plus vertueux des Kourouides et le suzerain, auquel obéissaient les rois des rois, la parole n'exprimait que la vérité et l'âme se portait d'elle-même au devoir et à l'aumône. 3985.

Le fils de Çântanou et de la Gangâ, l'ancien Vasou, nommé Dévavrata, était d'une telle beauté, de telles mœurs, d'une telle conduite, d'une telle renommée. Il ne goûta jamais la volupté dans les bras des femmes seize et huit années, jointes à huit et quatre autres ; il aimait à parcourir les forêts. 3986-3987.

C'était un *héros* à la grande force, à la grande âme, au grand courage, au grand char ; il était habile dans toutes les armes, il excellait sur tous les princes. 3988.

Poursuivant un jour sur les rives de la Gangâ une gazelle, qu'il avait blessée, le roi vit les eaux de la Bhâgirathî bouillonner *tout à coup dans un certain endroit.*

A cette vue, le roi Çântanou se mit à penser : « Pourquoi ce bouillonnement ? Ne serait-ce pas la plus belle des rivières, qui va m'apparaître à cette heure comme elle s'est montrée jadis ? » 3989-3990.

Ensuite, comme le magnanime en cherchait la cause, il vit *sortir du fleuve* un grand jeune homme, doué de beauté et d'un aspect charmant. 3991.

Il brandissait, comme le Dieu Pourandara, un arc céleste, et, dans une attitude héroïque, il couvrait tout le Gange de ses flèches acérées. 3992.

A la vue du fleuve tout voilé de ses flèches, à la vue de son action plus qu'humaine, le monarque resta devant lui saisi d'étonnement. 3993.

Le sage Çântanou n'avait pu voir son fils qu'un instant à l'heure, où celui-ci était né ; il ne s'en rappelait pas le souvenir de telle sorte qu'il pût en ce moment reconnaître son fils dans ce jeune homme. 3994.

L'inconnu à la vue de son père le frappa de stupeur au moyen de la magie et, ce prodige opéré, il disparut aussitôt. 3993.

Quand il vit cette merveille, le roi Çântanou de soupçonner que c'était son fils et de crier à la Gangâ : « Montre-toi ! » 3996.

À l'instant la Gangâ apparaît, éclatante d'une beauté suprême et tenant par la main droite ce jeune prince, magnifiquement paré. 3997.

Ornée de ses divins atours, vêtue de sa robe sans poussière, Çântanou ne la reconnaissait pas, bien qu'il l'eût vue jadis. 3998.

« Voici, dit-elle, ce huitième fils, qu'autrefois, sire, tu engendras en mon sein ; le voici devenu, puissant roi, le plus habile de tous ceux, qui savent manier les armes.

» Prends ce fils, que j'ai élevé, sire ; reçois-le, seigneur, et conduis-le dans ton palais, tigre des hommes. 3999-4000.

» Il a étudié les Védas et les Angas sous la direction de Vaçishtha ; il est plein d'énergie. Il sait manier les armes ;

c'est le plus excellent des archers, il est égal au roi des Dieux dans les batailles. 4001.

» Il est tenu en grande estime chez les Dieux et les Asouras : Ouçanas n'ignore pas que ton *fils* sait entièrement le Çâstra. 4002.

Le fils d'Angiras, à qui les Dieux et les Démons rendent hommage, sait lui-même que le Çàstra avec les Angas et les Oupângas, est contenu tout entier dans ce jeune héros, ton fils magnanime aux longs bras. L'auguste rishi. fils de Djamadagni, inaffrontable aux ennemis, Râma sait que l'Astra-véda est renfermé dans ton fils tout entier. Héros, conduis en ton palais ce héros, ton fils, que je te donne excellent archer, sire, et consommé dans les choses de l'intérêt et du devoir des rois. » 4003-4004-4005.

Ainsi congédié par elle, reprit Vaîçampâyana, Çântanou de retourner à sa ville, accompagné de son fils, resplendissant comme le soleil. 4006.

Le rejeton de Poûrou, arrivé dans sa capitale, ressemblante à la cité de Pourandara, se crut dans sa pensée en possession du précieux objet de tous ses désirs. 4007.

Ensuite, il lit sacrer au milieu des citadins comme roi de la jeunesse ce fils magnanime, rempli de qualités, inspirant la sécurité pour les choses de l'empire. 4008.

Le glorieux fils de Çântanou se concilia par sa conduite, chef des Bharatides, l'affection des citadins, du royaume et de son père. 4009.

Le monarque à la valeur sans mesure vécut ainsi quatre années heureux avec son fils. 4010.

Un jour qu'il était allé dans un bois au voisinage de la rivière Yamounâ, il sentit une odeur suave, qu'on n'aurait su définir. 4011.

Il porta çà et là ses pas, cherchant la cause de ce parfum, et vit une jeune fille de pêcheur à la beauté divine.

À peine l'eut-il vue qu'il interrogea la fille aux yeux noirs : « Qui es-tu ? De qui es-tu fille ? Que désires-tu faire, *belle* timide ? » 4012-4013.

« Je suis une fille de pêcheur, lui répondit-elle ; j'ai pour métier de conduire une barque sous les ordres de mon père, le magnanime roi des pêcheurs, s'il te plaît. »

Le roi Çântanou, voyant cette beauté divine, jointe aux parfums, qu'exhalait cette suavité de formes, s'éprit d'amour pour la jeune pêcheuse. 4014-4015.

Il s'en alla trouver son père, la demanda en mariage et fit des questions au pêcheur touchant l'origine de sa fille.

Le roi des pêcheurs répondit au roi des hommes ;

« Cette fille de noble caste me fut donnée à peine née pour la donner moi-même à un époux. Je tiens dans mon cœur une certaine pensée ; écoute-la, monarque des hommes. 4017.

» Puisque tu me demandes cette jeune fille pour ta légitime pouse, fais donc avec moi une convention sur la vérité, car ta bouche n'a menti jamais, homme sans péché. 4018.

» Je te donnerai cette jeune fille à une condition, sire, car je ne puis trouver nulle part un fiancé égal à toi. »

« Quand tu m'auras dit ta demande, reprit Çântanou, je prendrai une résolution, pêcheur. Je te donnerai la chose, si elle est *donnable* ; mais je ne donnerai jamais ce qu'on ne doit pas donner. » 4019-4020.

« Monarque de la terre, dit le pêcheur, le fils né d'elle sera le roi, qu'on doit sacrer après toi sur le trône, lui, sire, et non aucun autre ! » 4021.

Il ne plut pas à Çântanou, reprit Vaîçampâyana, d'accorder, fils de Bharata, sa demande au pêcheur, tout brûlé qu'il fût par un violent amour. 4022.

Le roi de la terre, que l'amour avait blessé au cœur, revint à Hastinapoura, la pensée toute occupée de sa jeune pêcheuse. 4023.

Un jour, Dévavrata, son fils, se présenta devant Çântanou, qu'il trouva plongé dans ses rêveries et noyé dans sa douleur ; il tint ce langage à son père : 4024.

« Tous les rois sont de toutes parts soumis pour le bonheur de ta majesté ; pourquoi donc, toujours affligé, soupires-tu continuellement ici ? 4025.

» Absorbé dans tes pensées, tu ne m'adresses pas un seul mot, sire ; tu ne sors plus à cheval, tu es pâle, maigre ; ta *fraîcheur* s'est fanée. 4026.

» Je désire connaître ta maladie afin que je puisse y porter le remède. » A ces paroles de son fils, Çântanou répondit : 4027.

» Sans doute, je suis abîmé dans mes pensées : écoute circonstanciellement quelle en est la cause. Tu es mon seul fils dans une grande famille, rejeton de Bharata.

» Tu as sans cesse les armes à la main, tu es sans cesse dans l'exercice du courage, et je pense, mon fils, à la fragilité de la vie humaine. Si tu éprouvais un malheur, fils de la Gangâ, il n'y aurait plus moyen d'exister pour notre famille. 4028-4029.

» Sans doute, un fils comme toi vaut mieux que cent, et je ne puis inutilement épouser de nouvelles femmes.

» Je désire la perpétuité de ma race ; mais, n'en sois pas offensé, les hommes versés dans les devoirs ont dit : « Avoir un seul fils, c'est n'avoir pas d'enfants. » 4030-4031.

» Le feu sacré sur l'autel domestique, les trois Védas, la science, une postérité impérissable *dans une fille*, tous ces avantages ne valent point la seizième partie d'un fils.

» De telles choses parmi les hommes peuvent être, dit-on, suppléées toutes par des fils. Le manque d'un *autre* fils me jette dans l'incertitude. 4032-4033.

» *Un fils*, c'est le Véda éternel des Pourânas et des Dieux. Mais toi, fils de Bharata, tu es un héros, *ton cœur* est toujours bouillant, *tes mains* portent continuellement des armes, et la mort ne peut venir pour toi d'une autre part que de la guerre. 4034.

» Je suis tombé dans une cruelle angoisse. Si tu périssais, comment *notre famille* pourrait-elle subsister ? Ici, mon fils, je t'ai raconté entièrement la cause de ma douleur. » 4035.

Quand il eut écouté complètement, reprit Vaîçampâyana, toutes les raisons du monarque, Dévavrata d'une haute intelligence appliqua sa science à la réflexion.

Il s'en alla donc au plus vite chez le vieux ministre, zélé pour son père, et, dès son arrivée, lui demanda quelle origine avait l'affliction du roi. 4036-4037.

Celui-ci répondit circonstanciellement aux questions du prince des Kourouides ; il raconta, puissant Bharatide, la demande en mariage et indiqua la jeune fille. 4038.

Ensuite, accompagné des *plus* riches kshatryas, Dévavrata se rendit chez le roi des pêcheurs et demanda lui-même la jeune fille pour son père. 4039.

Le pêcheur le reçut suivant l'étiquette, le traita avec honneur, le fit asseoir et lui dit ces mots, fils de Bharata, dans cette réunion de kshatryas : 4040.

« Tu es pour Çântanou un suffisant défenseur, tu es son fils, tu es le meilleur de tous ceux, qui manient les armes. Quels discours te tiendrai-je, chef des Bharatides ? 4041.

» Qui, s'il avait échoué dans la proposition d'un mariage tel, assorti, et duquel on peut se glorifier, n'en ressentirait de la douleur, fût-il Indra même en personne ?

Il La noble Satyavatî est née d'une royale semence, c'est la fille d'un prince, égal à vous-mêmes par ses qualités et qui, plusieurs fois, mon fils, m'a parlé *ainsi* de ton père : « Ce monarque vertueux est digne d'épouser Satyavatî. » 4042-4043-4044.

» J'ai refusé jadis Satyavatî au plus vertueux des saints, le Dévarshi Asita[31], passionnément amoureux d'elle. 4045.

» Je vais te parler un peu, roi des hommes, en père de la jeune fille. Le danger est uniquement ici de m'attirer l'inimitié d'un être puissant. 4046.

» Mais de qui que tu sois l'ennemi, Asoura ou Gandharva, il ne conservera jamais long-temps sa vie, fléau des ennemis, dans ta colère. 4047.

» Tel est ici, prince, avec ta permission, fléau des ennemis, le danger dans le refus ou le don, sache-le, et il n'y en a pas d'autre. » 4048.

A ces mots, reprit Vaîçampâyana, le rejeton de Bharata, le fils de la Gangâ répondit en ces termes dans l'intérêt de son père au milieu des kshatryas, qui prêtaient l'oreille : 4049.

« 0 le meilleur des hommes sincères, reçois de moi cette promesse, que je ne ferai pas mentir : personne de ceux, qui sont nés ou qui sont à naître, n'aura jamais la force de prononcer une telle parole. 4050.

» J'agirai de la manière, que tu as dite : nous aurons comme roi le fils, qui naîtra de ta fille. » 4051.

Le pêcheur, qui voulait *encore*, chef des Bharatides, augmenter les difficultés au sujet du royaume, répondit à ces mots : 4052.

« Souverain à l'âme juste, tu es devenu le protecteur de Çântanou et c'est à toi, qu'il devra la main de ma fille, prince à la splendeur infinie. 4053.

» Mais voici une parole, ami, qu'il te faut accomplir : écoute-la ; je vais te parler, dompteur des ennemis, avec le cœur des pères de jeunes filles à marier. 4054.

» Ce que tu viens de promettre à l'égard de Satyavatî au milieu de ces kshatryas est bien digne de toi, prince dévoué au devoir de la vérité. 4055.

» Il ne pouvait en être différemment ; il n'y a là-dessus aucun doute, guerrier aux longs bras ; mais ce qui nous tient encore ici dans le doute, c'est qu'il ne te vienne des enfants. » 4056.

À peine eut-il connu, sire, le sentiment du pêcheur, le héros, adonné au devoir de la vérité, se lia d'une promesse dans son désir de faire le bonheur de son père ; 4057.

« Roi des pêcheurs, dit le fils de la Gangâ, écoute ces paroles de moi, que je prononce dans l'intérêt de mon père au milieu de ces kshatryas, qui m'écoutent, ô le plus grand des rois. 4058.

» De même que tout à l'heure j'ai renoncé au royaume entier ; ainsi, défenseurs des hommes, je prends à l'instant même cette résolution sur des fils. 4059.

» Je jure que dès ce jour, pêcheur, j'observerai le vœu de continence et que, sans être père, j'obtiendrai les mondes impérissables du ciel ! » 4060.

À ces mots, le poil hérissé d'admiration, le pêcheur à l'âme juste de s'écrier : « Impossible de refuser maintenant ! » 4061.

Aussitôt les chœurs des rishis, les Dieux et les Apsaras versèrent du haut des airs une pluie de fleurs et dirent : « Qu'il soit donc appelé Bhîshma[32] ! » 4062.

Ensuite, il dit à l'illustre jeune fille au nom de son père ; « Monte sur mon char, ma mère ; allons à tes palais ! » 4063.

A ces mots, reprit Vaiçampâyana, il fit monter la noble fille dans le char et, entré dans Hastinapoura, il annonça cet événement à son père. 4064.

Les princes de vanter cette action, difficile à faire, et tous, soit individuellement, soit réunis, ils dirent : « C'est bien être Bhîshma ! » 4065.

Quand il eut appris ce noble trait de Bhîshma, le roi Çântanou joyeux accorda à ce magnanime la grâce de ne mourir qu'à sa volonté. 4066.

Après la célébration du mariage, sire, continua le narrateur, le roi Çântanou établit dans son gynœcée la belle jeune fille. 4067.

Ensuite naquit d'elle à Çântanou un fils, le prince valeureux, l'intelligent héros, nommé Tchitrângada. 4068.

L'énergique seigneur engendra un autre fils, grand archer, au sein de Satyavatî ; ce fut le roi, qu'on appelait Vitchitravîrya. 4069.

Ce prince n'avait pas encore atteint la puberté, quand le sage monarque Çântanou passa dans l'empire de la mort. 4070.

Aussitôt que son père fut monté au Swarga, Bhîshma, fidèle au pacte fait avec Satyavatî, fit asseoir sur le trône Tchitrângada. 4071.

Poussé de son héroïsme, celui-ci renversa tous les princes ; il n'estimait personne égal à lui-même. 4072.

Alors Toulya, le puissant roi des Gandharvas, s'avança contre ce *terrible* ennemi, qui jetait à ses pieds les hommes, les Asouras et les Dieux. 4073.

Une bien grande bataille fut engagée dans le Kouroukshétra entre ces deux puissants rivaux, le chef des Gandharvas et celui des Kourouides ; un combat, qui dura trois années, couvrit de sang les bords de la rivière Sarasvatî. 4074.

Dans ces champs de carnage tumultueux et couverts sous des pluies de flèches, le Gandharva, supérieur en magie, tua ce héros, le plus éminent des Kourouides.

Après qu'il eut immolé ce puissant monarque, après qu'il eut plongé dans la mort ce vaillant Tchitrângada, le Gandharva de s'en retourner au ciel ; 4075-4076.

Et le prince, fils aîné de Çântanou, Bhîshma de célébrer les funérailles du roi à la splendeur immense, tombé sous les coups de l'ennemi. 4077.

Le héros aux longs bras de sacrer immédiatement sur le trône de Kourou Vitchitravirya, enfant alors, qui n'avait pas encore atteint l'âge de puberté. 4078.

Docile aux paroles de Bhîshma, Vitchitravîrya le mahâradja gouvernait l'empire de son père et de ses aïeux.

Ce roi honorait, comme il séait au devoir, et protégeait le fils de Çântanou, Bhîshma, versé dans les Traités du devoir. 4079-4080.

Après la mort de Tchitrângada et durant l'enfance de son frère, continua le narrateur, ce fut, rejeton de Kourou, ce fut Bhîshma, qui, fidèle à la promesse donnée à Satyavatî, défendit l'empire. 4081.

Quand il vit que son frère était arrivé à la jeunesse, Bhîshma, le plus excellent des sages, appliqua son esprit à la pensée de marier Vitchitravîrya. 4082.

Il vint à ses oreilles, sire, que les trois filles du roi de Kâçî, belles comme des Apsaras, allaient de compagnie célébrer un swayambara. 4083.

Alors ce prince victorieux des ennemis et le plus habile des hommes, qui possèdent un char, s'en alla dans son char, avec l'approbation de sa *belle*-mère, à la ville de Vàrânaçî. 4084.

Le fils de Çântanou y vit les princesses et les rois, qui s'étaient rendus là joyeux de tous les côtés. 4085.

Tandis que les noms des rois étaient proclamés de tous les côtés *dans l'enceinte,* le noble Bhîshma choisit lui-même en ce moment les jeunes filles *pour son frère.*

Bhîshma, le plus vertueux des ravisseurs, ayant fait monter les princesses dans son char, adressa d'une voix de tonnerre ces paroles à tous les rois : 4087.

« Obtenir, distingué par ses qualités, une jeune fille, après qu'on l'a demandée et qu'habillé de fête on a distribué des présents, selon ses facultés, est l'union recommandée par les sages. 4088.

» Les uns donnent une fiancée pour une couple de bœufs ; les autres, séduits par le récit des richesses du fiancé ; il en est, qui arrachent le consentement par la force ; 4089.

» Ceux-là par un viol de la vierge sans méfiance, ceux-ci l'obtiennent de plein gré ; d'autres épousent suivant les règles en présence du feu. 4090.

» Une illustre et huitième forme de mariage est le swayamvara, aimé des poètes. Les kshatryas vantent, ils épousent la femme, qu'on y enleva de force : « C'est la plus excellente ! » ont dit ceux, qui dissertent sur le devoir.

« Rois de la terre, j'ai envie d'enlever ici les trois jeunes filles par la force. Employez toutes vos puissances à l'encontre, et déployez tous vos efforts pour la victoire ou la défaite ! 4091-4092.

» Souverains du globe, je vous attends de pied ferme et l'âme déterminée au combat ! » C'est ainsi que l'énergique

Bhîshma parla aux monarques de la terre et au roi de Kâçi lui même. 4093.

Le rejeton de Rourou fit monter toutes ces princesses dans son char, les salua et, quand il eut auprès de lui ces trois sœurs, il s'avança rapidement. Aussitôt tous les rois de s'élancer, pleins de colère, battant leurs bras et se mordant les lèvres. 4094.

Bien grand alors fut le trouble de ces guerriers, qui à la hâte se dépouillaient des ornements et se revêtaient des armures. 4095.

ÀA voir de tous les côtés, Djanamédjaya, cet échange de parures et de cuirasses, fait par des hommes, recevant les armures et donnant les joyaux ou recevant les joyaux et donnant les armures, çà et là dispersés, on aurait dit la chûte des étoiles. Ces héros, les yeux rouges de colère, les sourcils froncés de fureur, munis enfin de toutes les armes, s'élancent dans leurs chars aux chevaux toujours attelés, aux cochers toujours prêts, et courent sur les traces du ravisseur, qui fuyait. Ensuite, Bharatide, un combat de s'engager entre eux et lui ; 4096-4097-4098-4099.

Combat tumultueux, épouvantable, d'un seul contre plusieurs. Ils décochèrent simultanément contre lui dix milliers de flèches ; mais Bhîshma de les couper vite dans le trajet, avant qu'elles ne fussent arrivées au but, avec une effroyable averse de ses flèches. 4100.

Ensuite tous ces rois, l'ayant environné de tous les côtés, inondèrent le héros avec une pluie de traits comme les nuées inondent une montagne. 4101.

Mais lui, après qu'il eut arrêté avec ses dards cette averse de traits, il perça tous les rois avec des sagettes, lancées trois par trois. 4102.

Alors chacun d'eux, l'un après l'autre, le blessa de cinq flèches ; et Bhîshma ripostant les vainquit avec d'autres décochées deux par deux. 4103.

C'était une bataille effroyable, tumultueuse, où les lances de fer se croisaient avec les flèches, sous les yeux des héros du monde, et semblable au combat des Asouras et des Dieux. 4104.

Bhîshma tranchait par centaines et par milliers dans cette bataille les arcs, les cimiers des étendards, les armures et les têtes. 4105.

Les ennemis admiraient eux-mêmes sa légèreté à manœuvrer son char dans le combat, à laquelle il devait d'échapper à des hauts faits, non autres que sur-humains.

La victoire obtenue dans cette bataille, le Bharatide, supérieur à tous ceux, qui portent les armes, reprit sa route, accompagné des jeunes princesses, vers la cité des Bharatides. 4106-4107.

Ensuite, sire, le monarque au grand char, à l'intelligence outre mesure, Çâlva s'approcha par derrière dans le combat vers le fils de Çântanou, Bhîshma ; 4108.

Tel qu'un éléphant chef d'un troupeau et le premier des plus forts, arrivé prés d'une éléphante, plonge ses défenses dans la croupe d'un autre éléphant, *son rival*. 4109.

« Arrête ! arrête, amant des femmes ! » criait à Bhîshma le roi de la terre, Çâlva aux longs bras, excité par la colère. 4110.

Troublé par la colère à ces paroles et flamboyant comme un feu sans fumée, le tigre des hommes, Bhîshma, qui broie la force des ennemis, 4111.

Tenant son arc bandé à la main, creusant son front de rides, et l'émotion de la crainte bannie de son cœur, n'oublia pas le devoir du kshatrya. 4112.

Le héros fit retourner son char contre Çâlva ; et tous les rois, à la vue de cette volte-face, devinrent les spectateurs de la lutte entre Çâlva et Bhîshma. 4113.

Tels que deux taureaux vigoureux, doués de force et de courage, si entre eux survient une génisse, rien ne peut les empêcher de s'approcher l'un de l'autre en mugissant. 4114.

Tout à coup le roi Çâlva, le plus vaillant des hommes, inonda le fils de Çântanou, Bhîshma, de ses rapides flèches par centaines de mille. 4115

À la vue de Bhîshma, que Çâlva le premier avait assailli, l'admiration saisit les rois et : « Bien ! bien ! » crièrent-ils. 4116.

À l'aspect de son agilité dans le combat, les princes de la terre joyeux de féliciter Çâlva, le puissant monarque, de toutes leurs voix. 4117.

Saisi de colère à l'audition de ces discours, le conquérant des villes ennemies, Bhîshma, le fils de Çântanou, s'écria :

« Attends ! attends ! » 4118.

Il dit en fureur à son cocher : « Vas où est ce roi afin que je le tue à l'instant, comme Garouda tue un serpent ! » 4119.

Le rejeton de Kourou décoche aussitôt le trait de Varouna et broie d'un seul coup quatre chevaux de Çâlva, l'auguste roi de la terre. 4120.

Il arrête avec ses flèches, tigre des rois, les flèches du monarque ennemi et tue son cocher. 4121.

Le fils de Çântanou, ô le plus vertueux des princes, Bhîshma immole avec le trait d'Indra les plus grands de ses coursiers à la cause des jeunes filles. 4122.

Il triomphe enfin du plus éminent des rois, auquel Bhîshma laisse la vie avec la liberté. Aussitôt, puissant Bharatide, Çâlva reprit le chemin de sa capitale ; 4123.

Et dès-lors ce *noble* souverain administra son royaume avec justice. Les rois, conquérants des villes ennemies, que l'envie d'assister au swayamvara avait amenés dans ce pays, s'en retournèrent chacun dans ses états. 4124.

Après qu'il eut ainsi conquis les jeunes princesses, le plus vertueux des ravisseurs, Bhîshma de s'en revenir à Hastinapoura, où régnait le Kourouide, *son noble frère*.

Là, Vitchitravîrya à l'âme juste gouvernait cette terre, comme l'avait gouvernée Çântanou, son père, le rejeton de Kourou et le plus vertueux des rois. 4125-4126.

Ce monarque, en peu de temps, soumit à sa domination les bois, les fleuves, les montagnes et les arbres divers. 4127.

Son inappréciable vaillance abattit dans la guerre des ennemis invulnérables : c'est vers lui que le fils de la Gangâ conduisit les filles du roi de Kâçi, 4128.

Comme ses brus, comme ses sœurs cadettes, comme ses filles mêmes. Les ayant reçues *de leur père*, l'honnête guerrier revint avec elles chez les Kourouides. 4129.

Le guerrier aux longs bras les amenait par le désir de faire une chose agréable à son frère. Bhîshma donna à Vitchitravîrya, le frère aîné à son frère puîné, ces princesses douées de toutes les qualités, conquêtes de sa valeur. Quand ce héros, connaissant le devoir, eut accompli, en se conformant au devoir, cet exploit surhumain, il commença les noces de Vitchitravîrya, son frère. 4130-3131.

Sage, il en avait arrêté la résolution de concert avec Satyavatî. Alors Dhaçatî, la fille aînée du roi de Kâçi tint ce langage à Bhîshma au moment de célébrer le mariage :

« Avant *notre enlèvement*, j'avais déjà choisi dans ma pensée le roi de Sâauma pour mon époux ; il m'avait également choisie avant pour sa femme, et c'était le désir de mon père. 4132-4133.

» C'est Çâlva, que je devais prendre *au milieu des rois* dans ce swayamvara. Maintenant que tu le sais, ô toi, qui sais le devoir, pratique ce devoir dans sa vérité. » 4134.

A ces mots de la jeune fille, dans l'assemblée des brahmes, le héros appliqua sa pensée, comme il convenait, à cette affaire. 4135.

Versé dans les choses relatives au devoir, il discuta la question avec les brahmes consommés dans les Védas et congédia Ambâ, la fille aînée du roi de Kâçi. 4136.

Bhîshma donna *les deux autres* Ambikâ et Ambalikâ pour épouses à son frère puîné Vitchitravîrya, suivant les formes enseignées par les rites. 4137.

Le prince juste, fier de sa jeunesse et de sa beauté, ayant reçu leurs mains, livra toute son âme à l'amour.

Elles étaient grandes, elles avaient une carnation d'azur, les cheveux noirs et bouclés, les ongles hauts et rouges, les seins et les hanches potelés. 4138-4139.

Les deux belles et nobles femmes honoraient Vitchitravîrya : « L'époux, que nous avons obtenu, pensaient-elles constamment, est le portrait de son âme ! » 4140.

Semblable aux deux Açwins en beauté, égal aux Dieux en courage, il agitait en secret le cœur de toutes les femmes. 4141.

Le roi Vitchitravîrya avait goûté sept années de plaisir avec ses *deux épouses*, quand une consomption pulmonaire le saisit, encore tout jeune. 4142.

Malgré tous les efforts de ses amis joints à ceux des *plus* habiles médecins, l'héritier de Kourou descendit au séjour d'Yama comme le soleil sur le mont Asta. 4143.

Plongé dans la tristesse de ses pensées, accompagné des prêtres et des grands, le vertueux fils de la Gangâ, Bhîshma, en sympathie avec les sentiments de Satyavatî, fit célébrer suivant les rites toutes les cérémonies funèbres du roi Vitchitravîrya. 4144-4145.

Ensuite, rejeton de Bharata, continua le narrateur, Satyavatî consternée, malheureuse, regrettant son fils, ayant terminé les obsèques avec ses brus et les ayant consolées, promena ses yeux sur le devoir, sur la famille du père, sur la famille de la mère ; puis, l'éminente et noble dame tint ce langage au fils de la Gangâ, ce Bhîshma, le plus vaillant de tous ceux, qui ceignaient les armes : 4146-4147.

« En toi seul maintenant résident les oblations funèbres, la gloire, la postérité de Çântanou, l'héritier de Kourou, ce prince fameux, toujours dans le devoir. 4148.

» Comme une longue vie est assurée, comme l'entrée du ciel est assurée à l'homme, qui a fait une bonne œuvre ; ainsi le devoir est-il assuré en toi, *prince* véridique. » Homme du devoir, tu sais les devoirs dans leurs abrégés et leurs développements ; tu sais les diverses traditions, les Védas et les Angas complètement. 4149-4150.

» Je vois ta constance dans le devoir, ta conduite à l'égard de ta famille, ton élévation dans les malheurs, comme je verrais celles d'Indra même et d'Angiras. 4151.

» Je reprends donc courage en toi, ô la plus forte colonne du devoir : je te confie l'exécution d'une chose ; écoute-la et veuille bien la faire. 4152.

» Mon fils, ton héroïque frère, celui, que tu aimais, mon fils encore enfant est allé dans le Swarga, ô le plus grand des hommes. 4153.

» Voici les deux charmantes épouses de ton frère, les filles du roi de Kâçi, douées de jeunesse et de beauté, les amours de ton frère, noble Bharatide. 4154.

» Engendre, suivant mon ordre, des fils en elles pour la continuation de notre famille : guerrier aux longs bras, veuille bien accomplir ce devoir. 4155.

» Monte sacré sur le trône, gouverne la race de Bharata, unis-toi à des épouses suivant la loi et ne précipite pas tes aïeux dans les enfers ! » 4156.

Sollicité ainsi par sa belle-mère et par ses amis, reprit Vaîçampâyana, le vertueux héros articula ces mots, réponse dictée par la vertu même : 4157.

« Sans nul doute, ma mère, ce que tu dis est le premier devoir ; mais tu sais quelle solennelle promesse m'interdit, à moi, d'être père. 4158.

» Tu sais que c'est le prix, dont j'ai payé ta main : je renouvelle ici, Satyavatî, cette promesse, qui restera une vérité ! 4159.

» Je pourrais abandonner les trois mondes, ou l'empire sur les Dieux, ou quelque chose même de plus grand que l'un et l'autre ; mais la vérité, jamais ! 4160.

» La terre abandonnerait l'odeur et les eaux la saveur, inhérentes à leur substance : la lumière abandonnerait la forme et lèvent la faculté de sentir les choses palpables.

» Le soleil abdiquerait sa clarté et le feu sa chaleur, l'air cesserait d'être le véhicule du son et la lune renoncerait à ses rayons froids ; 4161-4162.

» Indra quitterait sa vaillance et le Dieu des morts sa justice, avant que je pusse me résoudre jamais à me séparer de la vérité ! » 4163.

À ces paroles, que son fils avait prononcées avec la chaleur d'une immense énergie, Satyavatî, sa mère, fit immédiatement cette réponse à Bhîshma : 4164.

« Ô toi, qui possèdes la force de la vérité, je connais ta constance inébranlable dans la vérité, ô toi, qui, ne désirant pas moins que les trois mondes, en as fait le sacrifice par ta fermeté. 4165.

» La promesse, que tu as faite pour m'obtenir *de mon père*, est une vérité, je le sais ; mais considère que l'infortune a des devoirs, et veuille porter le joug, que t'imposent tes aïeux. 4166.

» Agis de telle sorte, fléau des ennemis, que le fil de notre famille ne soit pas brisé, que le devoir subsiste et que tes amis soient heureux. » 4167.

Bhîshma répondit en ces termes à la veuve ainsi malheureuse, se désolant, regrettant son fils et entraînée hors du devoir : 4168.

« Reine, fixe tes yeux sur le devoir, et n'attire pas la mort sur nous tous ; on ne loue pas dans les vertus du kshatrya la chûte de la vérité. 4169.

» Je te dirai ceci : autant le devoir du kshatrya sera impérissable au cœur d'un roi, autant la race de Çântanou sera indestructible sur la terre. 4170.

» Écoute une histoire du monde, fixe les yeux sur elle et conforme-lui ta conduite avec les savants archibrahmes, versés dans les choses relatives au devoir de l'infortune. »

Il continua en ces termes :

« Jadis la hache de Râma le Djamadagnide, qu'avait irrité la mort de son père, ôta la vie au puissant monarque Haîhaya. 4171-4172.

» Il trancha les dix mille bras d'Arjouna ; et le devoir, usité dans le monde, devint par là sans doute infiniment difficile à pratiquer. 4173.

» Il prit de nouveau son arc et, monté sur son char, il vainquit la terre et consuma plus d'une fois la race des kshatryas avec les grandes flèches, que son arc décochait.

» Ainsi vingt-sept fois jadis le magnanime Bhargavain dépeupla de kshatryas la terre avec ses traits variés. 4174-4175.

» Quand le grand anachorète eut ainsi détruit les kshatryas dans le monde, les brahmes, consommés dans les Védas, de procréer pour eux des enfants. 4176.

» Les veuves des kshatryas, ayant solidement affermi le devoir dans leur âme, étaient venues trouver les brahmes suivant cette décision des Védas : « Le fils, né du mariage, etc. » 4177.

» On vit de cette manière inusitée la régénération des kshatryas dans le monde et leur caste renaquit alors plus élevée. Je vais encore te raconter ici une antique histoire.

» Il y eut jadis un sage rishi, appelé Outathya ; il avait une épouse, jouissant de la plus haute estime et nommée Mamatâ. 4178-4179.

» Vrihaspati à la grande splendeur, le pourohita des habitants du ciel, était le frère puiné d'Outathya : il poursuivit Mamatâ de son amour. 4180.

» Celle-ci dit à son beau-frère, le plus éloquent des hommes, qui parlent bien : « Je suis enceinte de ton frère ainé ; cesse donc ! 4181.

» Ce fils d'Outathya, qui est encore dans mon sein, y a lu déjà l'un après l'autre, éminent Vrihaspati, les Védas et leurs six Angas. 4182.

» Ta semence ne peut être sans fruit ; et c'est chose impossible de mettre ici deux *enfants* : veuille donc bien t'abstenir de plaisir en ce moment. » 4183.

» Malgré ces paroles, Vrihaspati, enivré d'amour et l'intelligence tout à fait troublée, ne put alors se contenir. 4184.

» Il satisfit son désir avec la femme, qui était sans désir ; mais, à l'instant où la semence allait s'échapper, l'embryon dans le sein de sa mère lui dit : 4185.

« Oh ! ne laisse pas sortir, mon ami, ta semence ! il est impossible de mettre ici deux enfants : ma place, révérend, n'est pas grande, et je suis arrivé ici avant toi ! 4186.

» La semence de ta révérence ne serait pas stérile : ainsi veuille bien ne pas me causer de la gêne ! » Mais, sans écouter ces paroles de l'embryon, Vrihaspati 4187.

» Assouvit complètement son désir en Mamatâ, la belle aux yeux charmants. Alors, s'étant aperçu que le sperme allait jaillir, l'anachorète embryon de fermer avec ses deux pieds la route à la semence de Vrihaspati. 4188.

» Elle, repoussée et n'ayant pas obtenu sa place, de tomber tout à coup sur la terre, et Vrihaspati en fut irrité. 4189.

» Voyant la semence tombée, l'auguste rishi, plein de fureur, menaça l'embryon, fils d'Outathya, et lança contre lui cette malédiction : 4190.

« Parce que dans un tel moment, qui est le désir de toutes les créatures, tu m'as dérangé avec de telles paroles, à cause de cela, dis-je, tu entreras *à ta naissance* en de longues ténèbres ! » 4191.

« Le saint naquit aussi resplendissant que Vrihaspati et fut nommé Dîrghatamas par suite de cette malédiction, qu'avait jetée sur lui Vrihaspati à la vaste renommée. 4192.

» Il était aveugle de naissance, savant déjà et versé dans les Védas ; il obtint par la science une épouse, jeune brahmanî, douée de beauté et nommée Pradwéshî. 4193.

» Il engendra des fils, Gâautama et ses frères, pour l'accroissement de la famille et la continuation de la race du rishi Outathya. 4194.

» C'était un anachorète à l'âme juste, au grand cœur, parvenu à la rive ultérieure du Véda et des Védângas, qui avait lu entièrement le Godharma et les Sâaurabhéyas. Plein de foi, il commença dès alors à officier, mais avec une incertitude, causée par la cécité. 4195.

» Voyant qu'il n'avait pas une limite certaine, les plus excellents des solitaires, habitants des hermitages, de s'écrier tous avec colère, aveuglés par la démence : 4190.

« Oh ! oh ! voici un brahme, incertain dans sa limite ; il n'est pas digne d'habiter un hermitage : aussi nous l'abandonnons tous, cet homme, de qui l'âme est souillée de fautes. » 4197.

» Telles étaient les paroles, qu'ils s'entredisaient ; et son épouse, qu'il avait rendue mère, ne se félicita pas de l'anachorète Dîrghatamas, son époux, dans cette occasion : « Est-ce que tu me hais, mon époux, se disait-elle, moi ton épouse qui te hais ? » 4198.

» Pradwéshî lui dit : « Un époux est appelé *bhartâ* à cause de la nourriture, *bharana*, qu'il doit à sa femme ; ou *pati*, en vertu de la protection, *pâlana*, qu'il doit à son épouse ; mais cette nourriture, n'est-ce pas moi, qui te l'ai donnée jusqu'ici, aveugle, comme à ton fils, *que je porte à mon sein ?* 4199.

» Je suis épuisée de fatigue, hermite aux grandes pénitences ; je ne puis te nourrir ainsi toujours ! » À ces paroles de son épouse, reprit Bhîshma, le saint, pénétré de colère, fit alors cette réponse à Pradwéshî, qui tenait son fils : « Porte-le dans une famille de kshatryas, et tu mendieras une aumône de leur charité. » 4200.

» Pradwéshî répliqua : « Je n'aurai jamais envie, brahme, d'une richesse, cause de peines, donnée par toi ; agis suivant mon désir, roi des brahmes : que je ne sois plus, comme devant, obligée de subvenir à la nourriture ! »

« Je plante désormais une borne dans le monde, reprit Dirghatamas. Tant que la vie animera ses membres, la femme ne peut avoir qu'un seul époux. 4201-4202.

» Que son époux vive, ou ne soit plus, elle n'obtiendra pas un autre époux. La femme, qui passera dans les bras d'un autre homme, tombera dans le péché, sans nul doute. Que les femmes sans époux, qui violeront cette règle, ne goûtent jamais que de stériles plaisirs, eussent-elles tous les trésors du monde ! 4203.

» Puissent la honte et les reproches les accompagner sans cesse ! » A ces paroles du saint, la brahmanî, vivement irritée, parla ainsi : « Qu'on mène dans le Gange cet enfant ! » 4204.

» Aussitôt, aveuglés par la démence et la cupidité, ses fils, Gâautama et les autres, environnent leur père avec les bois liés d'un radeau, qu'ils abandonnent à la merci de la Gangâ. 4205.

« A quoi bon, disaient-ils, nourrir ce vieillard aveugle ? » Et, remportant avec eux cette pensée, les méchants de s'en revenir à leur maison. 4206.

» Le brahme aveugle navigua sur le radeau à l'aventure en suivant le fil des ondes, et visita mainte et mainte région. 4207.

» Mais un roi, nommé Bali, le plus vertueux de tous les hommes, qui savent le devoir, étant venu au Gange pour ses ablutions, le vit amené près de lui par le courant des eaux. 4208.

» Bali, âme juste et qui possédait l'héroïsme de la vérité, le recueillit et, quand il eut appris ce qu'il était, le choisit pour en avoir des fils[33]. 4209.

« Vertueux anachorète, lui dit-il, ô toi, qui donnes l'honneur, veuille bien engendrer au sein de mes épouses, à l'accroissement de ma race, des fils versés dans les choses relatives au devoir. » 4210.

» A ces mots : « Oui ! » répondit le resplendissant hermite ; et le monarque alors de lui envoyer Soudéshnâ, son épouse. 4211.

» La reine, sachant qu'il était vieux et aveugle, n'y alla point ; mais elle envoya au vieillard sa sœur-de-lait. 4212.

» Le saint à l'âme juste engendra onze fils, Kâkshîvada et ses frères, au sein de cette femme, qui appartenait à la caste des çoûdras. 4213.

» Quand le roi vit tous les fils, Kâkshîvada et les autres, du récitateur des Védas : « Ce sont mes fils ? » dit-il au rishi. 4214.

« Non ! lui répondit le maharshi, ce sont les miens ! Kâkshîvada et ses frères sont nés, conçus de moi au sein d'une çoudrâ. 4215.

» Soudéshnâ, ta royale épouse, vit que j'étais vieux et aveugle ; elle me dédaigna et me donna, l'insensée ! une çoudrâ, sa sœur-de-lait. » 4216.

» Alors Bali supplia de nouveau le plus vertueux des anachorètes et lui renvoya Soudéshnâ, son épouse. 4217.

» Quand Dîrghatamas eut palpé ses membres, il dit à la reine : « Ma semence va te rendre mère de jeunes princes, qui auront l'éclat du soleil. 4218.

» Anga, Vanga, Kalinga, Poundra et Souhma seront tes fils. » Des contrées illustres furent appelées de leurs noms sur la terre. 4219.

« Anga donna son nom à la région d'Anga ; Vanga à celle de Vanga ; Kalinga à la terre de Kalinga. Les Poundras ont pris le nom de Poundra, et les Souhmas furent appelés ainsi du cinquième d'entre eux, Souhma. De cette manière naquit jadis du grand rishi la race illustre de Bali. 4220-4221.

» D'autres kshatryas à la grande force, aux grandes flèches, pleins de courage, qui avaient la science du devoir le plus élevé, naquirent ainsi des brahmes sur la terre. Maintenant que tu as écouté cette *histoire,* agis selon tes désirs, ma mère, dans le cas, dont il s'agit. » 4222.

Bhîshma reprit :

« Je vais encore te dire le moyen pour un accroissement dans la famille de Bharata : écoute-le de ma bouche avec attention, ma mère. 4223.

» Que l'on invite à grand prix d'or un brahme plein de qualités et qu'il procrée des fils à Vitchitravîrya dans les épouses du feu roi. » 4224.

Ensuite, dit Vaîçampâyana, Satyavatî tint à Bhîshma ce langage avec pudeur, d'une voix hésitante et comme en riant : 4225.

« Ce que tu as dit, vaillant rejeton de Bharata, est la vérité : je vais te parler avec confiance pour la continuation de notre race. 4226.

» Il est impossible que l'on ne te dise rien de moyens semblables, que le devoir autorise dans l'infortune ; car, pour notre famille, tu es le devoir, tu es la vérité, tu es la voie suprême. 4227.

» Agis donc, sans tarder, aussitôt ouï mon véridique récit. Jadis, j'ai conduit une barque pour le service de mon père, soumis au devoir. 4228.

» Un jour, — j'étais arrivée à ceux de la première jeunesse, — Parâçara, le sage paramarshi, le plus excellent des brahmes, versés dans les devoirs, vint à ma barque, désirant passer la rivière Yamounâ. 4229.

» Tandis qu'il traversait le cours d'eau, l'auguste anachorète, consumé par l'amour, s'approcha de moi et, débutant par un mot de flatterie, m'adressa des paroles caressantes. 4230.

» Redoutant sa malédiction, craignant mon père, je n'eus point la force de le repousser, tentée surtout, fils de Bharata, par des offres de grâces, qui ne sont pas très-faciles à obtenir. 4231.

» Il triompha de moi enfant et, dans ma barque même, ayant couvert le monde de ténèbres, il me réduisit par la force sous sa puissance. 4232.

» J'avais autrefois une forte et désagréable odeur de poisson, le saint m'en délivra et me donna ce délicieux parfum, que j'exhale aujourd'hui. 4233.

» Ensuite l'anachorète, ayant purifié mon sein dans une île de cette rivière, me dit lui-même : « Je te rends ta virginité ! » 4234.

» Le fils de Parâçara, cet enfant, que j'ai mis au monde alors que j'étais encore fille, est un grand ascète, un grand saint ; il est appelé Dwaîpâyana. 4235.

» Cet auguste rishi a distribué, *vyâsa*, le Véda en quatre parties, grâce à ses austères études ; c'est de là que lui vint le nom de Vyâsa dans le monde ; il doit celui de Krishna à sa noirceur. 4236.

» Il est véridique, adonné à la quiétude, plein d'énergie, lavé de toute souillure : à peine fut-il né que, déjà grand, il s'en est allé avec son père. 4237.

» Sans doute, sur mes ordres et sur les tiens, ce brahme d'une splendeur incomparable voudra bien engendrer au sein des épouses de son frère une illustre postérité. 4238.

» Il m'a dit : « Souviens-toi de moi dans les infortunes ! » Si tu le désires, Bhîshma, guerrier aux longs bras, je vais reporter vers lui mon souvenir ; 4239.

» Car, avec ta permission, ce brahme aux grandes pénitences doit nécessairement, Bhîshma, engendrer des fils au sein des épouses de Vitchitravîrya. » 4240.

À cette légende du grand saint, Bhîshma, portant ses mains jointes au front, Bhîshma, qui estime l'association de ces trois choses : l'intérêt, l'amour et le devoir, l'intérêt comme lié à l'intérêt, le devoir comme lié au devoir et l'amour comme lié à l'amour, mais chacun à part comme ennemi des autres, le prince sage et ferme, appliquant sa pensée, eut bientôt arrêté une résolution, qu'il fit connaître en ces termes : 4241-4242.

« Ce qu'a dit ta majesté est associé au devoir ; c'est une chose utile à notre maison ; ce moyen de salut me plaît beaucoup. » 4243.

Son idée ayant donc obtenu l'approbation de Bhîshma, reprit Vaîçampâyana, Satyavatî de tourner sa pensée vers l'anachorète Krishna-Dwaîpâyana. 4244.

Le sage récitait le Véda, quand il connut la pensée de sa mère, il se manifesta aussitôt à ses yeux, rejeton de Kourou, sans qu'il eût reçu d'elle aucun message. 4245.

La pêcheuse, *devenue reine*, lui offrit ses révérences dans les formes, que prescrivait l'étiquette, le serra dans ses bras, versa des larmes et l'en arrosa des ruisseaux, elle, qui n'avait pas vu son fils depuis long-temps. Après qu'il eut mouillé sa désolée mère avec les eaux de ses yeux, Vyâsa, le fils aîné de Satyavatî, s'inclina devant elle et lui tint ce langage : 4246-4247.

« Je suis venu faire ce que désire ta majesté. Donne-moi tes ordres, ô toi, qui sais la vraie nature du devoir : que ferai-je, qui te soit agréable ? » 4248.

Ensuite l'archi-brahme du palais vint offrir ses hommages au paramarshi, qui les reçut suivant l'étiquette, précédés par les formules des prières. 4249.

Les respects, dont il était ainsi comblé à la suite des mantras, en observant les règles consacrées, le ravirent de joie et, quand il eut pris place sur un siège, sa mère lui demanda s'il jouissait d'une santé inébranlable. 4250.

Aussitôt après, Satyavatî, fixant les yeux sur lui, de parler en ces termes : « Poète, la naissance d'un fils est le bien commun du père et de la mère. 4251.

» La mère est maîtresse de lui au même degré que le père en est le maître : il n'y a nul doute, c'est une règle établie. De même que tu es mon fils premier né, ainsi brahmarshi, Vitchitravîrya était le plus jeune de mes fils. Le même lien, qui unit Bhîshma au père du *feu roi*, t'unit également, toi ! à la mère *de Vitchitravîrya*. 4252-4253.

» Ce fils de Çântanou, ce frère de Vitchitravîrya, lui, qui, gardien de la vérité, a l'héroïsme de la vérité, attache son esprit à l'administration du royaume et non, comme tu le crois, mon fils, à la pensée d'avoir lui-même des fils.

» D'après ces considérations et quand tu m'auras entendue, veuille bien faire à la parole de Bhîshma et sur mon ordre, par humanité et par compassion, ce que je vais te dire, mortel sans péché, pour la continuation de notre famille dans la postérité de ton frère et pour la conservation de tous les êtres. Les épouses de ton frère puîné ressemblent aux filles des Immortels. 4254-4255-4256.

» Elles sont douées de jeunesse et de beauté, elles étaient les amours de ton frère. Engendre légalement avec elles, pour sa lignée et sa race, tu en es capable, mon fils, des enfants assortis à la famille de ton frère. » 4257.

« Tu sais le devoir, Satyavatî, le supérieur aussi bien que l'inférieur, lui répondit Vyâsa ; mon âme est ainsi toute disposée, ô femme d'une grande science, au devoir, que tu réclames de moi. 4258.

» Suivant ton ordre et visant au devoir, je ferai donc la chose, que tu désires ; car c'est la règle éternelle.

» Je vais engendrer pour mon frère des fils semblables à Mitra et à Varouna ; mais que les reines se soumettent au vœu, que je leur enseigne à cette heure même. 4259-4260.

» Elles observeront la pureté une année entière, car aucune femme, qui ne s'est pas liée d'un vœu, ne doit recevoir mes embrassements. » 4261.

« Fais de telle sorte, répliqua Satyavatî, que la reine conçoive un fruit à l'instant même ; car, dans un état sans roi, le peuple sans défenseur est détruit, 4262.

» Toutes les cérémonies expirent et la pluie ne tombe plus du ciel. 4263.

» Comment un royaume sans roi peut-il subsister ? Dépose donc un germe, seigneur, et Bhîshma élèvera. »

» S'il faut, reprit Vyâsa, donner des fils à mon frère avant ce temps révolu, qu'ils portent sur eux ce qu'il y aura d'étrange en leurs mères *au moment de notre union* : c'est là pour moi un vœu suprême. 4264-4265.

» Le corps de Kâauçalyâ, ce palais de la beauté, peut-il recevoir mes caresses, *eh bien !* qu'à l'instant même elle conçoive de moi un fils très-distingué ! » 4266.

Alors, quand il eut parlé ainsi, continua le narrateur, Vyâsa à la grande splendeur ajouta ces mots à Satyavatî : « Que Kâauçalyâ, parée et vêtue d'une robe pure, attende sur un lit le moment de s'unir à moi ! » Il dit, et l'anachorète disparut. Ensuite la reine vint en secret s'aboucher avec sa bru, 4267-4268.

Et lui tint ce langage utile, honnête, rempli de sens : « Kâauçalyâ, écoute bien ce que je vais te dire ; c'est le devoir, qui inspire mes paroles. 4269.

» L'extinction des Bharatides est une chose évidente. Le sage Bhîshma, qui vit la ruine menacer la race de son père, et la perte de mon bonheur déchirer mon *âme*, a tourné pour moi sa pensée vers les moyens d'accroître cette famille. Mais cette pensée, elle dépend toute de toi. Fais-moi obtenir, ma fille, l'objet de mon désir ; ressuscite la famille éteinte des Bharatides. 4270-4271.

» Mets au monde, femme ravissante, un fils d'une splendeur égale à celle du roi des Dieux ; c'est lui, qui portera le timon pesant du royaume de notre famille. »

Après qu'elle eut persuadé un peu avec des raisons empruntées au devoir cette princesse, qui marchait elle-même dans le sentier du devoir, elle rassasia de festins les hôtes, les brahmes, les rishis et les Dieux. 4272-4273.

Ensuite, reprit Vaîçampâyana, quand l'époque sanguine du mois fut arrivée, Satyavatî fit entrer l'épouse dans un lit au sortir du bain et lui dit lentement ces paroles : 4274.

« Kâauçalyâ, tu as un jeune beau-frère ; tu recevras ses caresses aujourd'hui : attends-le sans négligence ; il viendra cette nuit. » 4275.

À ces mots de sa belle-mère, la princesse, couchée dans un lit pur, de promener alors ses pensées sur Bhîshma et les autres seigneurs issus de Kourou. 4276.

Ensuite le rishi aux véridiques paroles, de qui la première visite était assignée à la jeune Ambikâ, entra dans son appartement avec des flambeaux allumés. 4277.

La reine, à la vue de cet anachorète noir, au djatâ mordoré, aux yeux enflammés, à la barbe jaunissante, ferma aussitôt les yeux. 4278.

Il goûta le plaisir avec elle dans le désir de faire une chose agréable à sa mère ; et, saisie de crainte, la fille du roi de Kaçi n'osa pas le regarder. 4279.

La reine-mère survint avant que Son fils ne fût sorti, et Satyavatî lui demanda : « Naîtra-t-il d'elle, mon fils, un jeune prince, accompli de qualités ? » 4280.

À ces paroles de sa mère, le fils de Satyavatî, Vyâsa, de qui l'âme était supérieure aux impressions des sens, lui répondit, poussé par le Destin : 4281.

« Il sera éminent, docte, le plus vertueux des râdjarshis, doué d'une haute bravoure, d'une vaste intelligence et d'un souffle de vie égal à celui d'une myriade d'éléphants.

» Il aura des fils magnanimes au nombre de cent ; mais, par la faute de sa mère, il naîtra aveugle ! » 4282-4283.

À peine eut-elle ouï ces paroles, que la mère dit à son fils : « Un monarque aveugle, homme riche de pénitences, ne sied point à la famille des Kourouides. 4284.

» Veuille bien donner à la race de Kourou un second roi, incrément de la lignée paternelle et qui puisse défendre la famille de ses parents. » 4285.

« Oui ! » répondit l'anachorète à la vaste renommée ; et, cette promesse donnée, il sortit. Kâauçalyâ, au temps révolu, mit au monde le fils aveugle. 4286.

Ensuite la reine, ayant parlé à sa deuxième bru, fit venir le saint par le même moyen que devant, dompteur des ennemis. 4287.

Le grand saint vint à elle de sa manière accoutumée ; il s'approcha d'Ambalikâ ; mais elle, à la vue du rishi, 4288.

Elle perdit ses couleurs, Bharatide, elle devint semblable à un éléphant blanc, et, l'ayant vue troublée, saisie de crainte, semblable à un éléphant blanc, 4289.

Vyâsa, le fils de Satyavatî, lui tint ce langage : « Parce que tu es tombée dans la pâleur, en me voyant ici dépourvu de beauté, 4290.

» À cause de cela, dame au charmant visage, ce fils, que tu viens de concevoir, il sera pâle ; et c'est de là que lui viendra sur la terre son nom de Pândou, *le pâle.* »

Ces mots dits, le plus vertueux des rishis, le révérend sortit, et Satyavatî, l'ayant vu hors de la chambre, fit des questions à son fils. 4291-4292.

Alors, il dit à sa mère la pâleur, qu'aurait ce nouvel enfant, et sa mère lui demanda encore un autre fils. 4293.

« Oui ! » répondit le maharshi à sa mère : ensuite, le temps de sa gestation accompli, la jeune reine mit au monde le royal enfant, 4294.

Éclatant de la plus grande beauté, mais portant tous les caractères de la pâleur, auquel sont nés pour fils les cinq héros Pândouides. 4295.

Ensuite, au retour d'une époque sanguine, la reine-mère annonça une visite de l'anachorète à l'épouse aînée ; mais elle, semblable à une fille des Dieux, se rappelant quelles étaient l'odeur et la forme du grand saint, désobéit par crainte à son ordre. Ayant revêtu de ses parures une esclave aussi belle qu'une Apsara, 4296-4297.

La fille du roi de Kâçi l'envoya au solitaire. Celle-ci alla au-devant du rishi arrivant et lui fit sa révérence. 4298.

Elle n'entra dans la chambre qu'avec sa permission, le traita avec honneur, le servit ; et l'anachorète se rassasia de plaisir en tête-à-tête avec elle dans les jouissances de l'amour. Après qu'il eut possédé cette jeune fille, le grand solitaire se levant ; « Tu ne seras plus esclave, lui dit-il. Ce germe fortuné, qui est tombé dans ton sein, ma belle, sera un homme juste dans le monde et le plus distingué de tous les êtres doués de l'intelligence. » 4299-4300.

Ce fils de Krishna-Dwaîpâyana, ce frère du *roi* Dhritarâshtra et du magnanime Pândou, naquit et fut appelé Vidoura. 4301.

C'était Yama lui-même incarné sous les formes de Vidoura à la suite d'une malédiction, jetée sur lui par le magnanime Màndavya ; Yama, qui sait la vérité des Choses, exempt de colère et d'amour ! Krishna-Dwaîpâyana fit connaître à Satyavatî la fraude, commise envers lui-même, et la naissance du fils de la çoûdrâ. Après qu'il eut payé sa dette au devoir, après cette nouvelle conférence avec sa mère et l'annonce du fils, conçu par l'esclave, l'anachorète disparut. 4302-4303.

Tels sont les fils, incréments de la race de Kourou, semblables aux rejetons des Dieux, qui naquirent de Krishna-Dwaipâyana au sein des veuves de Vitchitravîrya. » 4304.

Djanamédjaya dit :

« Quelle action avait donc faite Yama pour mériter une malédiction ? De quel brahmarshi vint cette malédiction, qui l'avait forcé de naître dans le sein d'une çoudrâ ? »

Vaîçampâyana répondit :

« Il y eut un brahme illustre sous le nom de Mândavya : il était plein de constance, il connaissait tous les devoirs ; il était inébranlable dans la pénitence et la vérité. » 4305-4306.

Ce grand ascète aux grandes macérations se tenait, enchaîné au vœu du silence et les bras toujours levés en l'air, au pied d'un arbre, à la porte de son hermitage.

Après qu'il fut resté dans cette pénitence un long espace de temps, des voleurs vinrent à son hermitage, chargés de butin, qu'ils avaient enlevé. 4307-4308.

Ces brigands étaient talonnés par une violente peur des gardes, puissant Bharatide, ô le plus grand des Kourouides. Ils déposèrent leur vol dans la chaumière de l'hermite et s'y cachèrent de crainte, avant que la force *publique* ne fût arrivée. À peine s'étaient-ils mis à couvert que la troupe des gardes 4309-4310.

Survint à la poursuite des voleurs. Elle vit l'anachorète et, sire, elle interrogea l'homme riche en pénitence dans l'état, où il se trouvait : 4311.

« Quel chemin ont pris les voleurs, ô le plus vertueux des régénérés ? *Dis*, brahme, afin que nous allions plus vite en suivant cette route ! » 4312.

Aux gardes, qui parlaient ainsi, le riche de pénitences ne répondit pas une seule parole, sire, ou bonne, ou mauvaise. 4313.

Ensuite les hommes du roi, ayant fouillé l'hermitage, y trouvèrent les brigands cachés et même leur butin.

Alors un soupçon vint aux gardes touchant l'anachorète, et, l'ayant lié, ils l'accusèrent, lui et les voleurs, devant le roi. 4314-4315.

Le monarque de le condamner avec ces larrons : « Qu'on le mette à mort ! » dit-il ; et les soldats fichèrent sur un pal l'homme aux grandes pénitences, qui leur était inconnu. 4316.

Après que les gardes eurent élevé l'anachorète sur le pieu fatal, ils ramassèrent le butin et s'en revinrent au palais du roi. 4317.

L'homme juste resta long-temps fixé au pal sans nourriture et la mort ne venait pas encore au saint brahme. Il conservait le souffle de la vie ; *son infortune* rassembla les saints *autour de lui* : les anachorètes, éprouvés par la pénitence, ressentaient une douleur extrême de voir ce magnanime au bout du pal et tourmenté par un tel supplice. La nuit, transformés en oiseaux, ils volaient de compagnie, Bharatide, *vers le brahme empalé*. 4318-4319-4320.

Se montrant à lui selon leurs facultés, ils interrogeaient le plus grand des brahmes : « Nous désirons apprendre quel forfait commis, brahme, t'a conduit ici au supplice effroyable du pal ? » 4321.

Ensuite, reprit Vaîçampâyana, le plus éminent des anachorètes fit cette réponse aux brahmes opulents de pénitences ; « J'irai chez le roi des morts m'informer de cette faute, *que j'ignore* ; car *c'est lui-même et* non un autre, qui m'inflige ce châtiment ! » 4322.

L'ayant vu de cette manière après beaucoup de jours écoulés, les gardes s'en furent annoncer au roi comment la chose se passait. 4323.

Ce rapport entendu, le monarque en délibéra avec ses ministres et vint demander son pardon au plus vertueux des saints cloué sur le pal. 4324.

« Je te supplie, ô le plus excellent des rishis, dit le roi, de me pardonner cette offense, que j'ai commise envers toi par ignorance et par folie ; ne veuille pas en garder aucun ressentiment contre moi. » 4325.

À ces mots du roi, l'anachorète pardonna, et le roi fit descendre du pal l'homme, qui avait pardonné. 4326.

Quand il eut fait enlever le patient de la cime du pal, il voulut arracher le *terrible* pieu, et, n'ayant pu le déraciner, il coupa ce pal à son pied. 4327.

Au même instant où le pal disparut, l'hermite exhala son dernier soupir ; il avait conquis, par cette torturante épreuve, les mondes, que d'autres ont tant de peine à conquérir. 4328.

Il est célébré dans les mondes sous le nom d'Anîmândavya. Le brahme, qui voyait par le sens intime l'âme universelle, descendit au palais d'Yama. 4329.

Il vit le roi des morts assis sur le trône et lui adressa ces mots : « Quelle mauvaise action ai-je commise à mon insu, 4330.

» Pour le fruit de laquelle j'ai mérité une telle récompense ? Dis-moi promptement la vérité : tu verras de quelle force est ma pénitence ! » 4331.

Yama lui répondit :

« Tu fis entrer, jeune enfant, une aiguille dans la queue des sauterelles : ton supplice, homme riche de macérations, fut la conséquence de cette action. » 4332.

« Tu as puni d'un grand châtiment une petite faute, reprit Anîmândavya ; c'est pourquoi, Yama, tu naîtras homme au sein d'une femme esclave ! 4333.

» J'établis désormais cette limite dans le monde pour le lever du fruit des œuvres : jusqu'à l'âge de quatorze ans, il ne sera point tenu compte du péché ; mais, après ce temps, le mal sera compté comme péché à quiconque l'aura commis ! » 4334.

Voilà pour quelle faute, reprit Vaîçampâyana, le Dieu Yama, suivant la malédiction de ce magnanime, était né sous les formes de Vidoura dans le sein d'une çoûdrâ ;

Vidoura, consommé dans les questions sur l'intérêt et le devoir, exempt de colère et d'amour, voué à la quiétude, doué d'une vue infinie et qui trouvait son bonheur à faire celui des Kourouides. 4335-4336.

Après la naissance des trois jeunes princes, le Kouroudjângala, le Kourava et le Rouroukshétra, ces trois peuples s'accrurent. 4337.

La terre se hérissait de moissons, les fruits étaient pleins de saveur, Indra versait les pluies dans leur saison, les arbres étaient chargés de fruits et de fleurs. 4338.

Les attelages étaient remplis d'ardeur, les oiseaux et les gazelles toujours dans la joie ; les guirlandes exhalaient un doux parfum, les fruits abondaient en sucs exquis.

Les cités regorgeaient d'ouvriers et de marchands ; les guerriers, les savants et les gens de bien vivaient heureux. 4339-4340.

Il n'y avait aucun voleur ; il n'y avait pas d'homme, pour qui le vice eut des attraits : l'âge d'or coulait dans tous les pays de ces royaumes. 4341.

On voyait prospérer les sujets, pleins d'une mutuelle affection, voués à l'observance de la vérité, adonnés aux sacrifices et cultivant le devoir. 4342.

Les hommes affranchis d'avarice, exempts de colère et d'orgueil, échangeaient un salut réciproque, et la vertu régnait dans son excellence. 4343.

La capitale, remplie comme une grande mer, resplendissait, ornée de grandes portes, d'arcades et de portiques, semblables à des masses de nuages. 4344.

Encombrée par des centaines de palais, on eût pensé voir la ville du grand Indra. Les citoyens dans la joie se divertissaient en des bois charmants, sur des plateaux de montagnes embellis de lacs et de viviers, dans les bocages, au sein des rivières. 4345.

Les Kouravas du septentrion, s'étudiant à imiter l'union des Dévarshis et des Tchâranas, se promenaient avec les Kouravas du Midi. 4346.

Il n'y avait pas un seul malheureux, il n'y avait aucune femme veuve dans cette délicieuse contrée, dont la population se multipliait sous les enfants de Kourou. 4347.

IL y avait des collèges de brahmes avec des puits, des étangs, des jardins et des salles d'assemblée : tous les jours en ce royaume étaient des fêtes, célébrées dans l'abondance de toutes choses. 4348.

C'était une contrée suave, jalonnée de colonnes victimaires et d'arbres consacrés, où régnait une prospérité supérieure à celles des plus grands empires. Dans ce royaume, que Bhîshma protégeait de tous les côtés avec les armes de la loi, roulait continuellement, sire, le cercle des devoirs, auquel Bhîshma lui-même avait donné sa première impulsion. 4349-4350.

Citadins et villageois, tous suivaient avec une extrême attention les choses entreprises par les magnanimes jeunes princes. 4351.

Dans les palais des principaux Kourouides ou dans les maisons des citadins, on entendait ces paroles de tous les côtés, roi des hommes : « Qu'on lui lasse l'aumône !... Qu'on lui donne à manger ! » 4352.

Bhîshma, depuis leur naissance, ne cessa de veiller comme un père sur Dhritarâshtra, Pândou et Vidoura à la haute intelligence. 4353.

Consacrés par toutes les cérémonies, initiés à toutes les lectures, instruits à surmonter la fatigue, ils entrèrent ainsi dans l'adolescence. 4354.

Ils avaient lu complètement les Traités sur la politique, ils étaient versés dans les Védas et la science de l'arc, dans l'art de conduire et dresser un éléphant, de combattre avec la massue, le bouclier et l'épée. 4855.

Ils connaissaient la vérité des Védas et des Védângas ; ils étaient familiarisés avec les histoires, les Pourânas et mainte science ; ils avaient sur toutes choses des idées certaines. 4356.

Le vaillant Pândou surpassait tous les hommes par son adresse à l'arc ; nul autre n'égalait la vigueur du roi Dhititarâshtra. 4357.

Mais il n'y avait pas un être enchaîné au devoir et parvenu au plus haut degré de la sagesse, qui fût à la hauteur de Vidoura dans les trois mondes. 4358.

Quand on vit comme arrachée au tombeau la race éteinte de Çântanou, cette pensée circula au milieu du monde dans tous les royaumes : 4359.

« Les filles du roi de Kâçi excellent sur toutes les mères de héros, le Kouroudjângala sur toutes les contrées, Bhîshma sur tous ceux, qui ont la science du devoir, et la ville, qui tire son nom dés éléphants, *Hastinapoura*, sur toutes les cités. » 4360.

Dhritarâshtra ne monta pas sur le trône parce qu'il était aveugle, ni Vidoura, paice qu'il était le dernier né ; ce fut donc Pândou, qui reçut le royaume. 4361. Un jour, Bhîshma, le plus instruit des hommes versés dans la science politique, adressa à Vidoura, initié dans la vraie nature du devoir, ce discours assorti aux convenances : 4362.

« Notre illustre race, justement élevée par ses qualités, possède l'empire sur la terre et commande à tous les autres monarques. 4863.

» Notre famille, conservée jadis par des rois magnanimes et connaissant le devoir, n'ira jamais à sa perte ici-bas. 4364.

» Satyavatî, le généreux Vyâsa et moi, nous l'avons de nouveau fondée en vous, rejetons de famille. 4865.

» Il nous faut agir, toi, sans doute, et moi, de manière que cette famille croisse encore plus, comme l'Océan.

» J'ai entendu parler d'une jeune fille, née dans la race d'Yadou, très-convenable à notre maison, et fille de Soubala, ainsi qu'elle est issue du souverain, qui règne à Madra. 4866-4367.

» Il y a là de tous les côtés, mon fils, des jeunes filles nobles et belles, et des princes de kshatryas convenables pour une alliance avec nous. 4368.

» C'est parmi eux qu'il faut choisir afin de propager notre lignée ; je pense ainsi, Vidoura, si tu ne penses autrement, toi, qui est le meilleur des hommes sages. » 4369.

« Ton excellence est notre père, lui répondit Vidoura ; ton excellence est notre mère ; ton excellence est notre plus grand instituteur ; fais-donc toi-même, tes réflexions terminées, ce qui est pour le bien de notre famille. »

Ensuite, reprit Vaîçampâyana, le *fils aîné de Çântanou* conféra avec ses brahmes sur Gândhâr !, la fille de Soubala, et se rendit propice le donateur des grâces, le Dieu Çiva, qui arrache l'œil de la prospérité. 4370-4371.

« La belle Gândhârî obtint la grâce d'avoir une centaine de fils ! » Ainsi parla suivant la vérité Bhîshma, *tel que* le grand aïeul des Kourouides. 4372.

Il envoya donc un ambassadeur au roi du Gândhâra. La première pensée de Soubala à cette demande fut celle-ci, rejeton de Bharata : « Dhritarâshtra est aveugle ! « Puis, quand il eut arrêté son esprit sur la famille, la gloire et la richesse du jeune prince, il accorda à Dhritarâshtra la main de Gândhârî, élevée à marcher dans le sentier du devoir. 4373-4374.

Mais son infirmité, Bharatide, était venue aux oreilles de Gândhârî ; elle avait également appris que son père et sa mère désiraient la donner pour fiancée au prince aveugle. 4375.

Elle prit alors un voile, qu'elle plia, sire, en plusieurs doubles et l'attacha devant ses yeux, enchaînant sa vie par le vœu de *ne plus voir cette lumière, dont* son époux *était privé* : 4376.

« Pour qu'il ne m'arrive pas de reprocher à mon époux son malheur I » dit-elle, ayant ainsi formé sa résolution. Sur ces entrefaites, le fils du roi de Gândhâra, Çakouni, s'étant lui-même rendu 4377.

Chez les Kourouides, accompagné de sa sœur éclatante de fraîche jeunesse et de beauté, donna cette princesse dans une magnifique toilette à Dhritarâshtra 4378.

Et fit célébrer le mariage avec l'assentiment de Bhishma, La princesse une fois remise avec une suite convenable à son rang, le héros de retourner à sa ville après qu'il eut reçu en échange des siennes les salutations de Bhîshma.

Gândhârt à la jolie taille, petit neveu de Bharata, fit naître la joie chez tous les Kourouides par ses manières, ses vertus et son caractère. 4379-4380.

Elle se concilia par sa bonne conduite l'estime de tous les gourous et, toute absorbée dans l'amour de son époux, jamais cette femme chaste ne parla de sa voix à nul des autres hommes. 4381.

Le chef des Yadouides, nommé Çoûra, fut le père de Vasoudéva, reprit Vaîçampâyana : il avait une fille, nommée Prithâ, incomparable en beauté sur la terre. 4382.

Çoûra aux paroles véridiques avait accordé, ami à son ami, le magnanime Kountibhodja, qui n'avait pas d'enfants, Bharatide, et qui désirait cette faveur, une fille aînée, sous la promesse, à laquelle ce neveu de son père s'engagea publiquement, de lui donner le premier enfant, qui naîtrait de ce mariage. 4383.

Prithâ *ou Kountî*, dans le palais de son père, était chargée de recevoir les hôtes, qui venaient y demander l'hospitalité. Elle eut occasion de servir là un brahme sévère aux vœux accomplis. 4384.

On sait que c'était Dourvâsas aux desseins mystérieux, qui enchaîne *les hommes* dans le devoir. Elle plut par tous ses efforts au brahme austère, à l'âme domptée. 4385.

L'anachorète donna donc à la jeune fille un mantra accompagné de magie pour lui servir au besoin dans l'infortune, et dit ces paroles : 4386.

« Quel que soit le Dieu, que tu fasses venir par la vertu de ce mantra, tu obtiendras un fils de sa puissance. »

Piquée de curiosité à ces mots du brahme comme une jeune fille, qu'elle était, l'illustre Kountî offrit une oblation au Dieu Soleil. 4387-4388.

Elle vit tout-à-coup le soleil, conservateur du monde, venir du ciel en personne, et la vierge, à la vue de cette merveille, resta stupéfaite. 4389.

Le soleil-Dieu s'approcha d'elle et lui dit : « Me voici ! Parle, belle aux yeux noirs ! Que ferai-je pour toi ? »

« Je ne sais quel brahme, lui répondit Kountî, m'a donné, destructeur des ennemis, une grâce et un charme ; j'ai fait cette invocation, seigneur, désireuse de connaître ce qu'il en était. 4390-4391.

» *Pardonne-moi* cette faute, je t'en supplie, courbant ma tête ; car il faut toujours défendre les femmes, fussent-elles continuellement bien coupables. » 4392.

« Je sais tout cela, reprit le soleil, et que Dourvâsas t'a fait présent d'une grâce ; bannis cette crainte, et viens ici dans mes bras. 4393.

» Je ne puis m'être fait voir en vain, et tu m'as appelé, fille charmante. La faute serait ici, belle craintive, dans une évocation sans but : il n'y a là-dessus aucun doute ! »

Le soleil, Bharatide, lui répéta les mêmes choses en différentes manières, jetant un mot caressant à la tête de ses paroles ; mais la princesse à la jolie taille ne voulait pas et disait toujours : « Je suis une vierge. » 4394-4395.

Alarmée dans sa pudeur, effrayée du côté de ses parents, l'illustre *jeune fille refusait* ; et le soleil, puissant Bharatide, lui dit encore ces paroles : 4396.

« Par une grâce de moi, reine, il ne sera fait aucun tort à ta *virginité*. » Quand il eut ainsi parlé à la fille du roi de Kountî, le soleil, qui opère la manifestation de toutes les choses, goûta le plaisir avec elle. Alors fut conçu un héros, embryon divin, fortuné, beau, toujours couvert de sa cuirasse et le plus brave de tous ceux, qui portent les armes. 4397-4398.

De là naquit ce fils du soleil, qui portait une cuirasse naturelle, de qui le visage resplendissait de ses boucles-d'oreille natives, et qui fut connu dans tous les mondes sous le nom de Karna. 4399.

Le Dieu à l'éblouissante lumière, le plus puissant des êtres, qui échauffent, rendit à la jeune Kountî sa virginité et, cette restitution faite, il s'en revint au ciel. 4400.

L'âme consternée à la vue de son nouveau-né, la Vrishnide de songer attentivement au parti, qui serait le meilleur à prendre. 4401.

Alors, cachant sa faute par crainte de ses parents, Kountî abandonna au milieu des eaux son enfant à la grande force. 4402.

Le cocher héréditaire du roi, l'illustre époux de Râdhâ, recueillit ce nouveau-né, *que sa mère avait* délaissé dans les ondes et l'adopta avec son épouse. 4403.

Ils firent de concert un nom pour cet enfant : « Appelons *Vasoushéna*[34], dirent-ils, ce petit *inconnu*, qui est né ainsi comblé de richesse. 4404.

Vigoureux en grandissant, il s'étudiait à manier toutes les armes ; plein d'énergie, il s'approcha du soleil jusqu'à l'extrême bord de sa chaleur. 4405.

Dans le temps, où ce héros sage récitait la prière à voix basse, il n'existait rien sur la surface de la terre, qu'il exceptât de ses dons aux brahmanes. 4406.

Indra, métamorphosé en brahme, s'approcha de lui, mendiant une aumône et, pour le plaisir de faire une chose utile à Phâlgouna, lui demanda sa cuirasse. 4407.

Karna aussitôt retranche de son corps sa cuirasse naturelle et, les mains jointes au front, la donne à Çakra sous les formes d'un brahme. 4408.

Le roi des Immortels, le souverain des Dieux, charmé de cette action du héros, lui offrit en retour une lance de fer et lui tint ce langage : 4400.

« Un seul être, que tu voudras tuer avec cette arme, cessera de vivre à l'instant, quel qu'il soit des Dieux, des Asouras, des hommes, des Gandharvas, des Nâgas ou des Rakshasas. » 4410.

Le premier nom, que ce *fils de Kountî* porta sur la terre, fut celui de Vasoushéna ; ensuite, il fut appelé Karna, et cette dernière action lui fît donner le nom de Vaîkartana.

Prithâ aux grands yeux, la fille de Kountibhodja, continua le narrateur, était une femme aux grandes observances, bien douée des qualités de la forme et du caractère, un bosquet de vertus. 4411-4412.

Certains rois demandèrent la main de cette illustre vierge, riche de jeunesse et de beauté, possédant au plus haut degré les qualités de la femme. 4413.

Mais la princesse fut donnée par le roi Kountibhodja, son père, dans un swayamvara, où furent invités les monarques des hommes, ô le plus vertueux des rois. 4414.

L'intelligente fille remarqua Pândou, le souverain des souverains, le plus vertueux des Bharatides, assis sur l'amphithéâtre au milieu de ces princes ; 4415.

Pândou à la vaste poitrine, à la grande force, aux yeux de taureau, à la fierté de lion, effaçant, comme le soleil, les splendeurs de tous les rois. 4416.

À la vue de Pândou, le plus excellent des hommes, qui se tenait sur l'amphithéâtre dans l'assemblée des rois comme un second Indra, la belle et charmante fille de Kountibhodja sentit se troubler son cœur. 4417.

Alors Kountî, l'âme pour la première fois agitée, tout le corps enveloppé d'amour, suspendit, en rougissant de pudeur, sa guirlande sur l'épaule du roi. 4418.

Dès qu'ils virent Pândou honoré par ce choix de Kountî, les rois s'en allèrent tous, comme ils étaient venus, sur des chevaux, des éléphants ou des chars. 4419.

Ensuite son auguste père, sire, fit célébrer le mariage ; et le rejeton de Kourou, comblé d'une félicité sans mesure, fut uni à la fille de Kountibhodja comme Maghavat à Pâaulomî. Quand le puissant monarque Kountibhodja eut accompli ce mariage, il renvoya dans sa capitale, Indra des rois, ô le plus vertueux des Kourouides, le *jeune époux* honoré de mainte et mainte richesse. 4420-4421-4422.

Le descendant de Kourou, ce roi Pândou, chanté par ses bardes, comblé de bénédictions par les maharshis et les brahmes, environné d'une nombreuse armée, dont les vexillaires tenaient différents étendards, arriva aux portes de sa ville, où il installa Kountî, son épouse, dans son palais. 4423-4424.

Ces choses faites, reprit Vaîçampâyana, le fils de Çântanou, le sage Bhîshma de tourner sa pensée vers un autre hymen pour l'illustre Pândou. 4426.

Accompagné des vieillards, ses ministres, des grands rishis, des brahmes et d'une armée en quatre corps, il se rendit à la ville du roi de Madra. 4426.

À peine eut-il appris l'arrivée de Bhîshma, le noble roi des Vâhlîkas se porta à sa rencontre, lui rendit ses hommages, l'introduisit dans sa ville, 4427.

Lui donna un splendide siège, de l'eau pour se laver les pieds, un arghya, le bassin de lait caillé, arrosé de miel, et lui demanda la cause de sa venue. 4428.

Le rejeton de Kourou, Bhîshma répondit au roi de Madra : « Sache, dompteur des ennemis, que je suis venu te demander une jeune fille en mariage. 4429.

» J'ai ouï parler de l'illustre et vertueuse Mâdrî, sœur de ta majesté ; je te demande sa noble main pour Pâadou.

» Tu es d'une condition assortie pour une alliance avec nous ; nous le sommes pour une alliance avec toi : prends en considération cette chose ; puis, accepte-nous suivant l'étiquette. » 4430-4431.

Après ces paroles de Bhîshma, le roi de Madra lui fit cette réponse : « Certes ! il n'existe pas *au monde* un autre époux, que je doive te préférer : tel est mon sentiment.

» Je ne puis rien transgresser des usages, que les meilleurs des rois, mes devanciers, ont bien ou mal établis dans cette famille. 4432-4433.

» Assurément, tu ne les ignores pas ; on n'en peut douter ; il n'est donc pas inconvenant que je dise, ô le plus vertueux des princes : « Donne un présent de noces. »

» C'est pour nous une loi de famille, exterminateur des ennemis ; c'est une règle suprême : je ne puis donc, héros, te répondre encore d'une manière, qui ne soit pas incertaine. » 4434-4435.

Bhîshma, le souverain des hommes, parla en ces termes au roi de Madra : « C'est une loi première, sortie de la bouche, sire, de Swayambhou lui-même. 4436.

» Tu ne pèches en rien ici ; c'est une disposition établie par tes aïeux : la borne, qu'ils ont dressée pour toi, Çalya, n'est pas mal vue des sages. » 4437.

À ces mots, le resplendissant fils du Gange donna par milliers à Çalya de l'or brut et travaillé, différentes sortes de pierreries ; il fut magnifique en présents de chars, de chevaux, d'éléphants, de vêtements, de parures, de joyaux, de perles et de corail. 4438-4439.

Quand il eut reçu toutes ces richesses, Çalya, l'âme contente donna, splendidement parée, sa sœur au prince des Kourouides. 4440.

Le fils du fleuve, le sage Bhîshma partit, emmenant Mâdrî, et, bientôt après, il fit sa rentrée dans la ville d'Hastinapoura. 4441.

Ensuite, dans un jour désiré, dans une heure estimée favorable, Pândou, le roi des hommes, prit la main de Mâdrî suivant les rites. 4442.

Ce mariage célébré, le monarque issu de Kourou établit sa noble épouse dans son magnifique palais. 4443.

Là, se promenait avec ses deux épouses, Kountî et Mâdrî, l'Indra et le plus vertueux des rois au gré de son amour, au gré de son plaisir. 4444.

Après qu'il se fut diverti treize nuits, seigneur, le roi Kourouide, Pândou sortit de sa capitale avec le désir de subjuguer *la terre*. 4445.

Le corps incliné, il salua les vieillards, à la tête desquels était Bhîshma, le noble Dhritarâshtra et les autres chefs des Kourouides. 4446.

Ses adieux terminés, le roi, ayant reçu congé d'eux, se mit en marche, comblé des bénédictions jointes aux formules pour attacher la bonne fortune à sa personne. 4447.

Ambitieux de conquérir la terre, le monarque, semblable à un enfant des Dieux, s'avança, environné d'une grande armée et suivi par un fleuve de chars, d'éléphants et de chevaux. 4448.

Pândou attaqua des ennemis en grand nombre avec ses bataillons ardents et bien nourris. Il affronta d'abord les Daçârnas, souillés de péchés. Ils furent vaincus en bataille par ce lion des rois, enveloppé de la gloire des Kourouides. 4449.

Ensuite, mais en vain défendu par une armée portant des étendards de mainte sorte, puissante par le nombre de ses éléphants et de ses chevaux, toute regorgeante de chars et de fantassins, 4450.

Dîrgha, le roi du Magadha, l'oppresseur d'une foule de rois, Dîrgha, fier de sa grande vigueur, fut tué dans son palais même. 4451.

Après qu'il eut enlevé son trésor, ses attelages et ses chars en nombre infini, Pândou marcha contre Mithilâ et vainquit les Vidéhains sur un champ de bataille. 4452.

Il fonda, roi des hommes, par son courage et la force de son bras, la gloire des Kourouides chez les peuples du Kâçi, du Souhma et du Poundra. 4453.

À peine s'étaient-ils approchés de Pândou, le dompteur des ennemis, les souverains de la terre étaient aussitôt consumés par ce brasier, qui avait, pour lumière, ses armes et, pour flamme, ses flèches aiguës. 4454.

Les armées des rois furent battues par les armées de Pândou, qui tailla leurs forces en pièces, les courba sous sa puissance et les attela au char de Kourou. 4455.

Tous les princes de toutes les contrées furent vaincus par lui, et, tel que Pourandara au milieu des Immortels, ils regardaient ce héros comme le seul maître sur la terre. 4456.

Les souverains, le corps incliné et les mains réunies au front, s'approchèrent tous de lui, apportant leurs joyaux divers, 4457.

Les pierreries, les perles, le corail, l'or, un argent énorme, les éléphants, la perle des chars et la perle des vaches, 4458.

Les ânes, les chameaux, les buffles, tout ce qu'ils possédaient en chèvres et en brebis, les plus superbes tapis, les plus riches pelleteries, les plus magnifiques étoffes. Le monarque d'Hastinapoura reçut tous ces trésors. 4459.

Pândou s'en revint avec ses chariots, joyeux *d'une telle fortune,* pour semer la joie dans ses royaumes et dans la cité, qui tire son nom des éléphants. 4460.

Il avait ressuscité la voix éteinte de la gloire du sage Bharata et de Çântanou, le lion des rois. 4461.

« Ceux, qui jadis ont pillé les royaumes de Kourou et qui ont enlevé les richesses de Kourou, le lion d'Hastinapoura, Pândou les a rendus nos tributaires ! » 4462.

Ainsi, joyeux et l'âme contente, s'écriaient de concert les princes et les ministres du roi avec les citadins et les campagnards. Tous, Bhîshma, à leur tête, de se porter au-devant du monarque arrivé. 4463.

Quand ils eurent parcouru une assez longue route loin des maisons d'Hastinapoura, ils virent avec transport la terre couverte de nombreuses et diverses richesses, 4464.

Grandes ou petites, et traînées sur différents véhicules, d'éléphants, de chars, de chevaux, de vaches, de chameaux et de brebis. 4465.

Les Kourouides s'étant approchés avec Bhîshma n'y voyaient aucune fin. Le fils de Kâauçalyâ se prosterna aux pieds du *prince, qu'il regardait* comme son père, 4466.

Lui rendit les honneurs qu'il méritait, et salua les habitants de la ville avec ceux des campagnes. Bhîshma, embrassant ce fils revenu victorieux et qui avait mis en poudre le royaume des ennemis, versa des larmes de joie. Réjouissant de tous côtés les citadins, Pândou entra dans Hastinapoura au grand bruit des tambourins, des conques et de cent autres instruments de musique. 4469-4470.

Avec l'agrément de *son frère aîné* Dhritarâshtra, Pândou, continua le narrateur, offrit à Bhîshma et à Satyavatî, sa mère, les richesses conquises par son bras. 4471.

Ce prince à l'âme juste envoya de ses richesses à Vidoura ; il rassasia de ses richesses tous ses amis. 4472.

Il combla, noble Bharatide, des brillantes choses, prix de ses victoires, Satyavatî, Bhishma et l'illustre Kâauçalyâ.

Embrassant ce monarque à la splendeur infinie, Kâauçalyâ, sa mère, ne fut pas moins heureuse que Pâaulomî serrant Djayat dans ses bras. 4473-4474.

Ensuite Dhritarâshtra offrit de grands sacrifices et célébra des centaines d'açva-médhas, où les victoires du héros contribuaient pour des centaines de mille dons aux prêtres officiants et brahmanes assistants. 4475.

Alors, chef des Bharatides, accompagné de Kountî et de Mâdrî, Pândou, foulant aux pieds la paresse, coula sa vie au milieu des forêts. 4476.

Désertant le séjour des palais et ses couches splendides, toujours dans les bois, il se livrait continuellement à l'exercice de la chasse. 4477.

Il parcourait au midi un flanc délicieux du mont Himâlaya et faisait sa demeure au sein de cette montagne en des bois plantés de grands çâlas. 4478.

Égarant ses pas dans la forêt entre Kountî et Mâdrî, Pândou resplendissait comme le superbe éléphant d'Indra placé entre deux belles éléphantes. 4479.

À l'aspect de l'héroïque et royal Bharatide, accompagné de ses deux épouses, portant un cimeterre, un arc, des flèches, revêtu d'une admirable cuirasse, habile à manier les plus grandes armes : 4480.

« C'est un Dieu ! » pensaient tous les habitants des bois. Tandis qu'il errait dans ces forêts, des hommes actifs, sans paresse, stimulés par Dhritarâshtra, de lui apporter *divers* aliments et les choses, qui étaient l'objet de son désir. 4481.

Dans cet intervalle, il vint aux oreilles du fils de la rivière que le roi Dévaka avait une fille, nommée Pârasavî, douée de jeunesse et de beauté. 4482.

Le prince Bharatide, l'ayant demandée en mariage et menée *dans sa ville*, célébra les noces de Vidoura à la haute intelligence avec cette *noble vierge*. 4483.

Ce rejeton de Kourou la rendit mère de fils, semblables à lui-même pour les vertus et doués de modestie. 4484.

Ensuite Dhritarâshtra, continua le narrateur, engendra cent fils au sein de Gândhârî et un par-dessus la centaine au sein d'une vaîçyâ. » 4485.

Djanamédjaya dit :

« Comment, ô le plus vertueux des brahmes, une centaine de fils est-elle née de Gândhârî ? En combien de temps ? Et quelle fut ensuite leur vie ? 4486.

» Comment Dhritarâshtra n'eut-il qu'un fils de cette vaîçyâ ? Et comment Dhritarâshtra revint-il à cette Gândhârî, une telle épouse, qui marchait dans le devoir et lui conservait sa bienveillance ? 4487.

» Après que le magnanime anachorète eut jeté sa malédiction sur le vertueux Pândou, comment les Dieux ont-ils rendus celui-ci père de cinq fils héroïques ? 4488.

» Raconte-moi ces choses avec étendue, suivant la convenance, docte pénitent : je ne suis pas rassasié encore d'écouter les histoires de mes parents. » 4489.

Vaîçampâyana répondit :

« *Un jour que* Dwaîpâyana était arrivé tout épuisé de fatigue et de faim, il trouva du soulagement auprès de Gândhârî ; et Vyâsa l'en récompensa par le don d'une grâce. Elle choisit pour sa grâce cent fils, tels que son époux lui-même. Quelque temps après, elle reçut un germe de Dhritarâshtra. 4490-4491.

Deux années, Gândhârî sans enfant porta le fruit déposé en elle : ensuite, elle tomba dans le chagrin, à la nouvelle qu'il était né à Kountî un fils d'une splendeur égale à celle du soleil enfant. Elle remarqua la dureté de son ventre et se mit à songer, 4492.

Folle de chagrin, elle ordonna de frapper à grands coups sur son abdomen à l'insu de Dhritarâshtra. 4493.

Ce qu'elle portait depuis deux années dans le sein commence enfin à sortir ; mais ce qui vient au jour est seulement une masse de chair compacte, semblable à une boule de fer. 4494.

À cette nouvelle, Dwaîpayana se rend au palais en toute hâte. Le plus excellent des victorieux voit cette boule faite de chair. 4495.

« Pourquoi as-tu voulu faire cela ? » dit le grand saint à la fille de Soubala ; et celle-ci de lui raconter son vrai sentiment : 4496.

« Apprenant qu'il était né à Kountî un fils aîné, d'une splendeur égale au soleil, répondit Gândhârî, j'ai fait alors, saisie de la plus vive douleur, frapper sur mon ventre. 4497.

» Tu m'avais accordé jadis une centaine de fils, et ce que voici né, au lieu des cent fils, est seulement une boule de chair. » 4498.

« C'est la vérité, fille de Soubala, reprit Vyâsa, et il n'en sera jamais autrement ; il ne m'est pas arrivé de dire avant ce jour une fausseté pour des choses indifférentes : à plus forte raison, quand elles sont d'importance. 4499.

» Qu'on dispose au plus vite cent urnes pleines de beurre clarifié ; qu'on veille à la garde de ces vases en des lieux bien défendus, et fais arroser ce caillou de chair avec des eaux froides ! » 4500.

Cette boule arrosée, dit Vaîçampayana, se divisa en cent portions ; il y en eut, suivant l'addition, roi des hommes, une en sus de cent. Chacune d'elles était un embryon aussi grand que la première phalange du pouce. « Vyâsa » mit l'une après l'autre, sire, à mesure que la révolution du temps les détachait, ces parts de la boule de chair au sein des vases, et il en disposa la garde en des lieux bien surveillés. 4501-4502-4503.

Le révérend dit encore à la fille de Soubala ; « Il faut ouvrir ces vases en tel temps. » 4504.

Après que le sage anachorète eut parlé ainsi et donné ses ordres, il revint au mont Himalaya continuer le cours de ses pénitences. 4505.

Le premier, qui vint au jour dans l'ordre de ces enfants, était le prince Douryodhana ; mais le noble Youddhishthira était son aîné par l'antériorité de sa naissance.

Ceci fut raconté à Bhîshma et au sage Vidoura : le jour même que vint au monde le terrible Douryodhana, naquit aussi le vigoureux Bhîma aux longs bras. 4506-4507.

Le fils de Dhritarâshtra était à peine né, sire, qu'il se mit à crier et pousser des clameurs semblables aux braiements des ânes. 4508.

Ceux-ci, les corbeaux, les vautours, les chacals lui répondirent ; les vents soufflèrent *avec fureur* et les plages du ciel parurent comme incendiées. 4509.

Alors Dhritarâshtra, ayant convoqué les brahmes en grand nombre, Bhîshma et Vidoura, ses autres amis et tous les enfants de Kourou, leur tint ce langage : « L'incrément de notre famille, le fils du roi, Youddhishthira est l'aîné ; cette qualité lui donne l'empire ; il n'y a rien ici, qui soit à blâmer par nous ; mais cet enfant montera-t-il sur le trône immédiatement après lui ? Dites-moi dans la vérité ce qu'il y a de sûr à cet égard. » 4510-4611.

À la fin de ces paroles, fils de Bharata, les carnassiers de rugir à tous les points de l'espace, et d'horribles chacals hurlèrent de sinistres augures. 4512.

Voyant de tous les côtés ces présages épouvantables, les brahmes, sire, et Vidoura à la grande sagesse lui répondent : 4513.

« Suivant ces pronostics effroyables, qui se manifestent à la naissance de ton fils aîné, puissant monarque des enfants de Manou, 4514.

» Il est évident que ton fils sera le destructeur de sa famille. Si tu veux sauver ta race, il te faut l'abandonner ; le garder, c'est attirer sur elle un grand désastre. 4515.

» Que la centaine de tes fils, monarque de la terre, soit diminuée d'une unité. Fais un sacrifice de lui seul, Bharatide, si tu désires la paix. 4416.

» Assure avec une seule victime la félicité de ta famille et du monde. *Les sages ont dit :* « Qu'on immole un seul homme pour le salut d'une famille, qu'on immole une famille pour le salut d'un village, qu'on immole un village pour le salut d'une province, qu'on immole la terre pour le salut de son âme ! » C'est ainsi que lui parlèrent Vidoura et les plus grands des brahmes ; mais son cœur, plein de tendresse pour ses fils, empêcha le monarque de suivre ce conseil. 4617-4518.

L'espace d'un mois s'étant écoulé, sire, il naquit à Dhritarâshtra une centaine entière de fils et une fille par-dessus la centaine. 4519.

Tandis que son ventre distendu par la grossesse tenait Gândhârî dans les souffrances, le puissant Dhritarâshtra était servi par une femme de la caste des vaïçyas. 4520.

Dans cette année même, le sage prince, l'illustre Youyoutsou naquit d'elle et de son royal maître. » 4521.

Djanamédjaya dit :

« Tu viens d'exposer l'origine des cent fils de Dhritarâshtra, mais tu n'en as point dit les noms et celui de la jeune fille. 4522.

» Youyoutsou était fils d'une vaîçyâ et la jeune fille était comptée en sus de la centaine. C'est ainsi que fut accomplie, homme sans péché, cette parole du maharshi à la grande splendeur, Vyâsa : « Cent fils naîtront à la fille de Gândhâra ! » De quelle manière la jeune fille est-elle née ? Parle-moi d'elle maintenant. 4523—4524.

» Dis-moi si ce fut le maharehi, qui fit de la boule cent morceaux et si Gândhârî n'eut jamais d'autres enfants.

» Raconte-moi exactement ici comment eut lieu cette naissance de Douççalâ : j'ai là-dessus, grand saint, la plus vive curiosité. » 4525-4526.

« La question, telle que tu la précises, n'est pas déplacée, fils de Pândou, répondit Vaîçampâyana, et voici ma réponse. 4527.

Le révérend aux grandes pénitences arrosa d'eau froide et mit en morceaux lui-même cette boule de chair. Ce partage fut exécuté, sire, comme par la main d'une nourrice : il déposa ensuite une à une ces portions en des vases remplis de beurre clarifié. 4628-4529.

Tandis qu'il s'occupait de ces choses, la vertueuse et noble Gândhàri au vœu bien constant songeait aux moyens de s'associer la tendresse d'une fille. 4530.

« J'aurai une centaine de fils, pensait la reine en son esprit ; il n'y a ici nul doute : l'anachorète n'a jamais parlé autrement. 4531.

» Si la part en sus des cent pouvait être une fille, enfant plus jeune *que ses frères*, j'en aurais une joie extrême !

4532.

» Sans doute, mon époux n'a pas besoin d'une fille pour lui donner un fils, qui le fasse monter dans les mondes supérieurs ; mais il n'est rien, qui inspire aux femmes plus de joie que ne leur en cause un gendre.

» Si elle pouvait donc être une fille cette portion, qui est en sus des cent, je serais au comble de mes vœux, environnée de fils et de filles ! 4533-4534.

» Si j'ai dans la vérité, soit cultivé la pénitence, soit exercé l'aumône, ou offert des oblations, ou satisfait mes directeurs, qu'elle soit donc une fille, cette portion ! »

Dans ce même instant, le révérend Krishna-Dwaîpâyana, le plus vertueux des saints, ayant partagé lui-même cette boule de chair, en avait compté les morceaux et, trouvant un cent complet de portions, il dit à la fille de Soubala : 4535-4536.

« La centaine est complète ! ma parole n'aura donc pas été vaine. Mais voici une part, qui reste en sus des cent : qu'elle serve de substance pour une fille ! 4537.

» Elle sera une fille bien douée, comme tu le désires. » Ensuite l'homme aux grandes pénitences fit apporter un autre vase de beurre clarifié ; 4538.

Et l'anachorète, opulent de macérations, y déposa la part destinée pour être une fille. Ici, Bharatide, finit mon récit sur la naissance de Douççalâ : dis-moi, Indra des rois, que ferai-je encore pour ton plaisir ? » 4539.

Djanamédjaya reprit :

« Dis-moi, suivant leur succession, individu par individu, les noms des fils aînés et puinés de Dhritarâshtra.

Vaîçampâyana répondit :

« Douryodhana, le prince Youyoutsou et Douççâsana, Doussaha, Souççala, Djalasandha, Sama, Saha, 4540-454 !

Vindânou et Vinda, Dourdharsha, Soubâhou, Douspradharshana, Dourmarshana et Dourmoukha, Doushkarna et Karna lui-même, 4542.

Vivinçati, Vikaima, Çala, Sattwa, Soulotchana, Tchitra et Oupatchitra, Tchitrâksha à l'arc merveilleusement beau, 4543.

Dourmada et Dourvigâha, Vivitsou au charmant visage, Oûrnanâbha, Sounâbha, Nanda et Oupanandaka, 4544.

Tchitravâna, Tchitravarman et Souvarman, Dourrimotchana, Ayobâhou, Mahâbâhou, Tchitrânga et Tchitrakoundala, 4545.

Bhîmavéga, Bhîmavala, Valâkî et Balavarddhana, Ougrâyoudha, Soushéna, qui portait l'aiguière de l'étudiant[35], et Mahodara, 4546.

Tchitrayoudha, Nishangî et Pâçî, et Vrindâraka, Drithavarman, Drithakshattra, Somakirtti et Anoûdara,

Drithasandha, Djarâsandha et Satyasandha, Sada et Souvâk, Ougraçravas, Ougraséna, Sénâni, difficile à vaincre, 4647-4548.

Aparâdjita, Koundaçayî, Viçâlâksha, Douradhara, Drithahasta, Souhasla, Vâtavéga et Souvartchas, 4549.

Adityakétou-Bahvâçî, Nâgadatta et Ougrayâyi même, Kavatchî, Rralhana, Kounda, Koundadhara et Dhanourdhara, 4550.

Les deux héros Ougra et Bhîmaratha, Vîrabâhou, Aloloupa, Abhaya, Râaudrakarman et Dritharathâçraya, Anâdhrishya, Koundabhédî, Virâvî, Tchitrakoundala, Praraatha et Pramathî, le vigoureux Dirgharoma, 4551-4652.

Dîrghabâhou et Mahâbâhou, Vyoûthorou, Kanakadhwadja, Koundâçî, Viradjas et Douççalâ, qui est la cent-et-unième. 4553.

Voilà, sire, les cent fils et la fille en sus des cent. Sache, roi, que l'ordre des naissances est le même que la succession des noms. 4554.

Tous furent des héros combattant sur des chars, tous étaient versés dans les choses de la guerre, tous étaient instruits dans les Védas, tous étaient experts à manier toutes les armes. 4555.

Dhritarâshtra, le temps venu, ayant considéré *leur âge*, donna suivant les rites à tous des épouses assorties, auguste roi de la terre. 4556.

Arrivée à l'époque nubile, Douççalâ, chef des Bharatides, fut mariée elle-même à Djayatratha par le puissant monarque Dhritarâshtra. » 4557.

« La bouche de ta sainteté, accoutumée à réciter les Védas, interrompit Djanamédjaya, vient de me raconter la sublime naissance de ces hommes, fils de Dhritarâhstra ;

naissance, qui cependant n'eut rien d'humain et fut l'œuvre d'un rishi. 4558.

» Tu m'as dit même leurs noms individuellement. Raconte-moi aussi, brahme, ce que tu as ouï dire touchant les fils de Pândou. 4559.

» Tous ils étaient magnanimes et vaillants comme le roi des Immortels : c'étaient en effet des portions des Dieux, as-tu dit toi-même, en parlant de la descente de ces fractions divines sur la terre. 4560.

» Raconte-moi, Vaîçampâyana, je désire l'entendre, toute la naissance de ces hommes aux actions plus qu'humaines. » 4561.

« Tandis que le roi Pândou errait dans les grands bois, peuplés de tigres et de gazelles, répondit Vaîçampâyana, il vit une magnifique antilope mâle, occupé à saillir une antilope, sa femelle. 4562.

Pândou les transperça l'une et l'autre de cinq flèches rapides, aiguës, aux bonnes ailes, aux empennures d'or. C'était, sire, le fils d'un saint à la vive lumière, à la grande énergie, aux richesses de pénitence, qui s'accouplait sous la forme d'une gazelle avec son épouse, *revêtue* d'une forme semblable. *4563-4564.*

Attaché avec sa gazelle, il tomba au même instant, les sens troublés, sur la terre, et poussa des gémissements articulés d'une voix humaine. 4565.

La gazelle mourante lui dit : « Les hommes, qui se font un plaisir de pécher, quelque abandonnés qu'ils soient par la raison, dans les moments où l'amour et le ressentiment les enivre, s'abstiennent *néanmoins* de répandre le sang humain. 4566.

» La science ne détruit pas le Destin ; c'est le Destin, qui détruit la science ; les choses, que le Destin embrasse, ne tombent pas sous l'intelligence de l'ignorant. » 4567.

» Comment toi, rejeton de Bharata, né dans la famille princière de ces hommes, qui vécurent l'âme toujours attachée au devoir, as-tu pu laisser ton esprit s'égarer sous l'empire de l'amour et de la cupidité ? » 4568.

« Les hommes, qui ont pour état de tuer les ennemis, répondit Pândou, ont aussi le droit, est-il écrit, de tuer les gazelles. Ne veuille donc pas me blâmer par ton ignorance des fonctions attribuées aux rois. 4569.

» Une sentence condamne à mort les gazelles, soit qu'elles ne cachent personne, soit qu'elles déguisent par magie un être humain. C'est la fonction des rois : pourquoi donc me blâmes-tu ? 4670.

» Tandis qu'Agastya habitait dans la grande forêt, il célébra un sacrifice assis et donna la chasse aux Divinités de ces bois, métamorphosées en gazelles. 4571.

» Comment nous blâmes-tu de ce devoir, quand son autorité nous justifie ? Agastya dans ses incantations n'a-t-il pas sacrifié avec la moelle de vos os ? » 4572.

« Les hommes lancent des flèches, reprit l'antilope, sans s'inquiéter si les victimes sont ou non des ennemis : ne vante-t-on pas comme une prouesse la mort, qui vient de leurs blessures ! » 4573.

« Ils tuent par la force avec divers instruments destructeurs, repartit Pândou, la proie, qui se montre, soit-elle ou non sur ses gardes : pourquoi, gazelle, me blâmes-tu ? » 4574.

« Je ne te blâme pas de tuer pour toi des gazelles, reprit l'antilope ; mais n'aurais-tu pas dû par bonté prendre ici en considération que je goûtais un instant de volupté ?

» Quel homme sage voudrait tuer au milieu des bois une gazelle dans le moment, si bon pour toutes les créatures et désiré de tous les êtres, où elle savoure le plaisir d'un accouplement ? 4675-4576.

» L'union, que je goûtais dans cette gazelle, Indra des hommes, tu l'as rendue sans fruit afin de produire… *Quoi ?*… le fruit d'un profit humain ! 4577.

» Cette action, monarque issu de Kourou, n'est pas digne de toi, né dans la famille de ces Pâauravas aux exploits infatigables. 4578.

» C'est là, rejeton de Bharata, un acte cruel, bien grand, qui enlève le ciel, qui ravit la gloire, injuste et blâmé dans tous les mondes. 4579.

» Ô toi, qui n'ignores pas la vérité des choses et les devoirs enseignés dans les Çâstras, toi, qui savais combien le plaisir des femmes est supérieur *à tous les autres*, il ne te séait pas à toi, qui sembles un Immortel, de commettre une telle action, qui brise le chemin du ciel.

» C'est à toi, ô le plus vertueux des princes qu'il appartient de réprimer les pécheurs, les malfaiteurs, les hommes rejetés des trois castes. 4580-4581.

» Que t'avais-je fait, ô le meilleur des hommes ? Et tu m'as frappé, sire, moi anachorète inoffensif, qui fais ma nourriture de fruits ou de racines, qui n'ai d'une gazelle que la forme, 4582.

» Qui habite continuellement au milieu des bois et me suis adonné à la quiétude ! Parce que tu m'as fait du mal, je te maudis ! 4583.

» Sur toi, qui nous a traitées l'une et l'autre avec cruauté, tombera, mettant fin à ta vie, une condition pareille à la mienne ! Tu sentiras la fureur de l'amour, sans que tu puisses l'apaiser ! 4584.

» Je Suis un hermite appelé Hikindama, que sa pénitence fit estimer ; c'est par pudeur pour les hommes que, m'étant fait gazelle, je goûtais la volupté avec mon épouse, métamorphosée en gazelle. 4585.

» Devenu antilope *à mon gré*, j'erre avec les antilopes dans la forêt épaisse. Néanmoins, grâce à ton ignorance, ce meurtre ne te sera pas imputé à brahmanicide ; 4586.

» Car tu m'as tué, quand je portais, délirant d'amour, les formes d'une gazelle. Mais voici, homme irréfléchi, le fruit, que tu recueilleras de cette action : 4587.

» À l'heure, où tu auras obtenu, fou d'amour, de serrer ton épouse entre tes bras, tu tomberas dans cette condition même au séjour des morts ! 4588.

» L'épouse avec laquelle, au temps de la mort, tu cherchais à goûter le plaisir, te suivra par dévouement, ô le plus intelligent des êtres, quand tu seras arrivé dans la ville du roi des morts, d'où il est impossible de sortir à toutes les créatures. 4589.

» Tel que j'étais entré dans le plaisir, quand je tombai dans la douleur : tel il en sera pour toi : à peine atteinte la rive du plaisir, le malheur fondra également sur toi. » 4590.

Ces paroles dites, reprit Vaîçampâyana, la gazelle en proie à la plus vive douleur abandonna la vie et Pândou au même instant fut saisi du plus profond chagrin. 4591.

Quittant l'animal trépassé, le monarque avec son épouse, accablé de tristesse, malade de regrets, le pleura comme il eût fait d'un parent. 4592.

Il dit alors :

« Malgré qu'ils soient nés dans une famille d'hommes vertueux, les insensés, égarés dans les filets de l'amour, sont, hélas ! conduits par leurs œuvres dans une voie funeste ! 4503.

» L'âme de mon père, tant qu'il fut un enfant, resta constamment fixée dans le devoir ; mais ensuite, livrant son cœur à l'amour, il trouva dans cette passion, ai-je ouï dire, une mort prématurée. 4594.

» Le vénérable Krishna-Dwaîpâyana en personne, ce rishi à la voix enchaînée, m'engendra au sein de la veuve du roi libertin. 4595.

» Abandonné par les Dieux, courant la chasse à la ronde sous l'impulsion du destin, une pensée vulgaire m'a fait tomber aujourd'hui dans l'infortune du roi. 4596.

» Une vie dissolue est une grande chaîne, je prends la résolution de m'en délivrer : je suivrai désormais le genre de vie excellent, immortel de *Vyâsa*, mon père. 4597.

» Je m'attacherai d'un lien serré à la pénitence ; j'irai donc anachorète en ces hermitages, les cheveux rasés, demandant l'aumône, toujours seul, m'asseyant solitaire, tantôt sous l'un, tantôt sous un autre des arbres ; 4598.

» Couvert de poussière, habitant sous une cabane déserte, ou faisant mon habitation à la racine des arbres, ayant renoncé à toutes choses, agréables ou non, 4599.

» Ne m'affligeant, ne me réjouissant pas, voyant des mêmes yeux le blâme ou l'éloge de moi, sans cortège, sans bénédictions répandues sur moi, sans aucunes salutations, qui me soient offertes, 4600.

» Ne me riant de personne, ne fronçant jamais le sourcil, n'ayant jamais que des paroles gracieuses, faisant mon seul plaisir du bien de toutes les créatures. 4601.

» Ne causant de mal à nulle des choses mobiles et immobiles, prisant les quatre classes comme mes enfants, et toujours égal envers tous les êtres animés : 4602.

» Demandant l'aumône une seule fois *le jour* à cinq ou dix familles, jeûnant, si je n'ai pu mendier, mangeant très-peu de nourriture ; et jamais, si l'aumône ne m'en a été faite avant ; 4603.

» N'allant pas tendre même à d'autres une main cupide, après que j'aurai compté sept refus ; mais, homme aux grandes pénitences, conservant le même visage partout, soit qu'on me donne, soit qu'on ne me donne pas.

» Voilà, *je suppose*, deux hommes. Si le premier me casse un bras et que le second m'arrose l'autre bras de santal, je ne penserai pas du bien de celui-ci, du mal de celui-là. 4604-4605.

» Sans amour et sans haine pour la vie ou la mort, je ne ferai jamais rien comme si je voulais vivre ou comme si je voulais mourir. 4606.

» Toutes les choses quelconques pour le bien-être dans la vie, qu'un homme peut faire, n'auront à mes yeux que la valeur d'un clin-d'œil ou moins. 4607.

» Ayant abandonné tous les objets des sens au milieu des choses incertaines, libre des soins, qui tenaient à mes fonctions, mon âme bien lavée des souillures, 4608.

» Affranchi de tous les péchés, dégagé de tous les filets, ne restant plus, semblable auvent, sous la puissance d'aucune chose, quelle qu'elle puisse être, 4609.

» Marchant de cette manière sans relâche avec une telle constance, entré dans une route fermée à la crainte, je ferai enfin mourir mon corps. 4610.

» Que je n'aille pas dans une voie bien malheureuse, affligée par le châtiment de ma virilité anéantie ; mais que, grâce à ma vertu, ayant, *de mon plein gré*, déposé ma virilité, j'entre de moi-même dans la route douée de l'immortalité ! 4611.

» Noble ou non, l'homme adonné à l'amour, qui voit d'un œil mauvais les choses d'une autre manière, adopte un genre de vie, qui le mène à la route des chiens. »

À ces mots, reprit Vaîçampâyana, le roi, poussant de profonds soupirs, accablé de la plus vive douleur, fixant les yeux sur Kountî et Mâdrî, tint ce langage à ses deux femmes : 4612-4613.

« *Allez trouver* Kâauçalyâ, le prince de sang mêlé Vidoura, avec ses parents, la noble Satyavatî, Bhîshma et les pourohitas du roi, 4614.

» Les brahmes magnanimes, les prêtres officiants aux vœux accomplis, et les plus grands des citadins, qui vivent là sous notre protection, rendez-vous-les tous favorables et dites-leur : « Pândou s'est exilé *pour toujours* dans les forêts ! » 4615.

À ces mots de leur époux, l'âme résolue à demeurer au milieu des bois, Kountî et Madrî lui répondent ainsi de concert : 4616.

« Certes ! il est d'autres conditions, chef des Bharatides, où tu peux te macérer dans une grande pénitence avec nous tes épouses légitimes. 4617.

» Tu obtiendras *là* une grande récompense céleste parce que tu auras pu t'affranchir du corps, et tu deviendras, sans nul doute, le maître du Swarga. 4618.

» Secouant l'empire des cinq organes des sens, l'esprit appliqué à la conquête du monde de notre époux, désertant le plaisir et l'amour, nous cultiverons nous-mêmes une large pénitence. 4619.

» Mais, si tu nous abandonnes, monarque à la vaste science, nous abandonnerons la vie : il n'y a là aucun doute. » 4620.

Pândou leur dit :

« vous êtes vraiment affermies dans cette résolution associée au devoir, je suivrai le propre genre de vie éternel de *Vyâsa*, mon père. 4621.

» Renonçant aux aliments et aux plaisirs des villes, pratiquant une austère pénitence, j'irai dans la grande forêt, vêtu d'un valkala, faisant ma seule nourriture de racines et de fruits, 4622.

» Versant au soir et au matin les oblations dans le feu, touchant l'eau à l'aurore et au crépuscule, portant mes cheveux en gerbe, une peau ou l'écorce des arbres en guise de vêtements ; 4623.

» Endurant le froid, le vent, le soleil ; méprisant la faim et la soif ; desséchant mon corps par une cruelle pénitence ; 4624.

» Adonné à la solitude, absorbé dans la méditation, vivant de choses mûres ou non mûres, rassasiant les Dieux et les mânes de fruits sauvages, d'eau et de prières ;

» Offrant l'aspect d'un anachorète des bois, je ne ferai jamais aucune chose, qui soit désagréable aux chefs de maison, combien moins aux villageois. 4625-4626.

» Ainsi toujours désirant une règle de plus en plus dure, je pratiquerai la règle austère des Traités de la vie des bois, tant que je n'aurai pas fait mourir enfin mon corps. » 4627.

Après que le roi Pândou, reprit Vaîçampâyana, après que le rejeton de Kourou eut parlé de cette manière et que, rejetant son diadème, son nishka, ses bracelets, ses pendeloques, ses vêtements de grand prix et les parures de ses femmes, il eut donné tout aux brahmes, il ajouta ces nouvelles paroles : 4628-4620.

« Rendez-vous à la ville et dites : « Le déscendant de Kourou, Pândou, renonçant aux richesses, à l'amour, au plaisir, à la plus haute volupté, est parti comme ascète avec ses deux femmes pour les bois. » 4630.

Ensuite, les serviteurs et les suivants du monarque, ayant ouï les diverses paroles attendrissantes de ce lion des Bharatides, poussent des clameurs désolées, épouvantables, et s'écrient autour de lui : « Hélas ! hélas ! »

Versant des larmes brûlantes, ils quittent le souverain de la terre et, chargés de toutes ses richesses, ils se rendent à la hâte dans la ville de Nâgapoura. 4631-4632.

Arrivés là, ils racontent l'aventure du magnanime roi, et remettent les différents joyaux du prince. 4633.

Quand il eut appris d'eux ce qui était survenu dans la grande forêt, Dhritarâshtra, le meilleur des hommes, déplora *l' infortune de* Pândou. 4634.

« Il ne lui arrivera plus jamais de goûter le plaisir d'un siège ! » pensait-il, envahi par le chagrin au malheur de son frère. 4635.

De-là, rejeton de Kourou, le fils des rois, Pândou, se nourrissant de racines et de fruits, s'en alla, accompagné de ses épouses, au mont Nâgaçata. 4636.

Il arriva au Tchaîtraratha, il franchit le Kâlakoûta, il traversa l'Himavat et marcha vers le Gandhamâdana. Défendu par les grands êtres, les Siddhas et les saints du plus haut rang, il habita, puissant roi, sur les plateaux unis ou les flancs raboteux *de ces montagnes*. 4637-4638.

Parvenu, sire, au lac Indradyoumna et lorsqu'il eut franchi le Pic-des-Gygnes, ascète il se macéra sur le Çataçringa. 4639.

Là, persistant, continua le narrateur, dans la plus vigoureuse pénitence, l'énergique ascète offrit un agréable spectacle aux troupes des Siddhas et des Tchâranas.

Docile, la bouche vide de paroles orgueilleuses, l'âme comprimée, Bharatide, les sens vaincus, dirigeant ses efforts à conquérir le ciel par sa vigueur, 4640-4641.

Il était le frère, il était l'ami de tous, quels qu'ils fussent, et les autres saints le protégeaient comme un fils.

Parvenu, après un long espace de temps, au mérite d'une pénitence immaculée, Pândou fut, chef des Bharatides, égal aux Brahmarshis. 4642-4643.

Or, les rishis aux vœux parfaits et les maharshis, désireux de voir Brahma, s'étaient mis tous en route de compagnie, la nuit d'une nouvelle lune. 4644.

Les ayant vus s'avancer ensemble, Pândou leur dit : « Où se rendent vos saintetés ? Dites-le-moi, ô vous, les plus distingués des êtres, qui sont doués de la parole. »

Les saints répondirent :

« Il y a dans le monde de Brahma, aujourd'hui, une grande assemblée de magnanimes Dieux, Rishis et Pitris à la grande âme ; nous y allons, désireux de voir l'Être-existant-par-lui-même. » 4645-4646.

À ces mots, reprit Vaîçampâyana, Pândou se lève à la hâte, brûlant de faire ce voyage avec les maharshis. Impatient d'arriver à la rive ultérieure du Swarga, il dirige de la cime du Çataçringa ses yeux vers le septentrion et se met en route avec ses deux épouses. Les ascètes lui dirent : 4647.

« En montant de plus en plus, la face au nord, vers le roi des monts, nous voyons sur la montagne ravissante beaucoup de régions inaccessibles : 4648.

» La terre des jeux pour les Dieux, les Gandharvas et les Apsaras, couverte par des centaines de palais et résonnante de leurs chansons ; 4649.

» Les jardins à surface plane ou montueuse de Kouvéra ; les forêts touffues de la montagne, sur les flancs de laquelle roulent de grandes rivières. 4650.

» Il y a des lieux couverts d'une neige éternelle, où l'on ne voit ni arbres, ni quadrupèdes, ni volatiles : ici, sont de grandes cavernes ; là, sont des escarpements insurmontables. 4651.

» Un oiseau ne peut venir dans ces lieux, combien moins les autres animaux ! Le vent y marche seul avec les paramarshis des Siddhas. 4652.

» Comment ces filles de roi marcheront-elles dans cette haute montagne ? N'y viens pas, taureau des Bharatides ; n'expose pas à la mort ces princesses, qui ne méritent pas l'infortune ! » 4653.

« Les saints ne nomment pas dans le Swarga, répondit Pândou, la porte de celui, qui n'a pas d'enfants : cette idée, je vous le dis ! me déchire, moi, qui n'ai pas d'enfants ! 4654.

» Je n'ai point acquitté cette dette d'un fils et j'en suis consumé de douleur, hommes riches de pénitence ; car la perte d'une postérité entraine assurément la perte des pères ; telle est la décision. 4655.

» Les hommes naissent liés à quatre dettes sur la terre à l'égard des hommes, des anachorètes, des Dieux et des mânes : ils doivent les acquitter devant la loi. 4656.

» L'homme, qui ne songe point à ces dettes, quand il est à propos, n'entre pas dans les mondes supérieurs : ainsi l'ont déclaré ceux, qui savent les devoirs. 4667.

» Qu'il plaise aux Dieux par des sacrifices, aux anachorètes par sa pénitence et ses prières à voix basses, aux mânes de ses aïeux par des fils et des çrâddhas, aux hommes par sa bonté. 4658.

» J'ai payé ma dette suivant la loi aux hommes, aux anachorètes et aux Dieux : le mal que peut amener l'infraction à ces trois devoirs est annulé en moi. 4659.

» Mais je n'ai pas encore payé ma dette à mes aïeux par un fils, *vénérables* ascètes : je suis donc venu, pour obtenir une postérité, dans ces lieux, où sont engendrés les plus grands des hommes. 4660.

Comment me naitra-t-il un fils avec cette mienne épouse, ainsi que la veuve de mon père m'a conçu d'un grand saint ? »

« Un fils pur, exempt des péchés, semblable aux Dieux, lui dirent les rishis, est déjà en elle : nous le voyons, sire, de notre œil céleste. 4661-4662.

» Produis, grâce à tes œuvres, souverain des hommes, ce fils, que t'accordent les Destins : l'homme sage et ferme reçoit *du ciel* une récompense assurée. 4663.

» Veuille bien, sire, diriger tes efforts vers ce fruit, que nous entrevoyons déjà, car tu as obtenu un fils agréable et doué de toutes les qualités. » 4664.

Après qu'il eut entendu ces paroles des ascètes, reprit Vaîçampâyana, Pândou tomba dans la rêverie, sachant qu'il avait été frappé d'impuissance par la malédiction de la gazelle. 4565.

Il dit en ce lieu désert à l'illustre Kountî, sa légitime épouse : « Applique tes efforts dans mon infortune à la conception d'un fils. 4666.

« Une gloire dans les mondes associée au devoir, » c'est ainsi, Kountî, que les sages, dissertant sur les devoirs, ont toujours appelé un fils. 4667.

» Sacrifier, faire l'aumône, pratiquer la pénitence, observer parfaitement la compression des sens : tout cela n'est pas dit ici-bas la purification de l'homme, qui n'a pas d'enfants. 4668.

« Quand je considère ces choses, femme au candide sourire, je prévois que, n'ayant pas d'enfants, les mondes purs me seront fermés : voilà ma pensée. 4669.

» J'ai perdu la faculté d'engendrer ; elle fut détruite en moi jadis par la malédiction de la gazelle ce jour, femme craintive, où, dans ma folle ignorance, j'ai commis une action cruelle. 4670.

» Il y a dans le code des lois six fils, qui sont héritiers et parents ; six autres, qui sont héritiers, mais non parents : écoute de ma bouche, Prithâ, quels sont ces douze fils : 4671.

» Le fils, que l'époux a lui-même engendré ; le fils d'une veuve et du frère ou proche parent d'un époux mort ; le fils acheté, le fils d'une femme deux fois mariée, le fils d'une jeune fille non mariée ; le fils, né de la femme adultère ; 4672.

Le fils donné par ses parents, le fils acheté, le fils adopté ; celui, qui s'est donné lui-même ; le fils de la femme, qui s'est mariée enceinte, et le fils d'une çoudrâ, sont tous les six des parents. 4673.

» Le fils de Swayambhou, *l'Être-existant-par-lui-même*, Manou jadis a dit, Prithâ : « Les hommes obtiennent de leur semence un fils, qui est l'arbre le plus fructueux du devoir. » 4675.

» Dépouillé ainsi de cette faculté d'être père, je t'enverrai donc aujourd'hui vers un meilleur que moi : cherche à obtenir de lui un fils illustre. 4676.

» Écoute cette narration, Kountî ; je veux parler de Çâradandâyanî. Elle était femme d'un héros : son époux lui commanda *un jour* de lui donner un fils. Soumise à cet ordre, elle, s'étant purifiée au temps de ses règles, Kountî, elle choisit au milieu de la nuit, dans un carrefour, certain brahme saint ; elle sacrifie au feu avec du lait, et, la cérémonie terminée, elle se livre à cet *homme*. 4677-4678.

» Elle enfanta de cette union trois héros, Dourdjaya et ses frères. Comme elle et sur mon ordre, illustre dame, applique-toi sans tarder à me donner un fils des embrassements d'un brahme supérieur en pénitence. » 4679.

À ce langage, roi puissant, reprit Vaîçampâyana, du héros son époux, de Pândou, le chef des Kourouides et le souverain de la terre, Kountî répondit alors : 4680.

« Ne veuille plus me parler jamais de cette manière, ô toi, qui sais le devoir, à moi, ta légitime épouse et qui trouves mon seul plaisir en toi, prince aux yeux de lotus bleu. 4681.

« Toi seul, tu peux, Bharatide, héros aux longs bras, engendrer en moi des fils nés de ta semence. 4682.

» Que j'aille de compagnie avec toi-même au Swarga, souverain des hommes ; prends-moi, rejeton de Kourou, prends-moi dans tes bras pour donner l'être à un fils.

» Puissé-je ne jamais aller, fût-ce seulement de pensée, vers un autre homme que toi ! Manou a-t-il un autre enfant supérieur à toi sur la terre ? 4684.

» Écoute maintenant, âme juste, cette antique légende, connue en tous lieux, que je vais te raconter moi-même, prince aux grands yeux. 4685.

» Il y eut jadis un roi nommé Vyoushitâçva, homme de la plus haute vertu, incrément de la race de Poûrou.

» Un jour que ce prince vertueux aux longs bras sacrifiait, les Dieux, Indra à leur tête, avec les Dévarshis, se rendirent à cette cérémonie. 4687.

» Indra s'y enivra de Soma, les brahmes s'y enrichirent de ses largesses. Alors, ce furent les Dieux et les brahmarshis eux-mêmes, qui remplirent les fonctions de prêtres officiants dans le sacrifice du magnanime Vyoushitâçva, le saint roi. 4688.

» De-là, sire, Vyoushitâçva de resplendir, comme le soleil, en face de tous les êtres au-dessus de l'humanité, dans la perte de son corps. 4689.

» Il vainquit, ô le plus vertueux des rois, il prit, il emmena les monarques de l'orient, du septentrion, de l'occident et du midi. 4690.

» L'auguste Vyoushitâçva, qui égalait en force dix éléphants, devint, grâce au mérite du grand sacrifice açva-médha, le monarque suzerain des rois. 4691.

» Les hommes, qui savent les Pourânas, chantent à cette occasion, petit-fils de Kourou, une chanson, qui commence par ces mots : « Au temps, où Vyoushitâçva à la vaste renommée était l'Indra des enfants de Manou,… »

» Après qu'il eut conquis cette terre jusqu'à l'océan, sa limite, Vyoushitâçva en protégea toutes les classes comme un père ses propres fils. 4692-4693.

» Il offrit de grands sacrifices et distribua des richesses aux brahmes. Grâce aux pierreries, qu'il avait reçues en nombre infini, il célébra de grandes fêtes en l'honneur des Dieux. 4694.

» Il répandit le jus de l'asclépiade à torrents, et solennisa des Soma-sansthâs. Il avait, sire, une épouse, nommée Bhadrâ, fille de Kâkshîvat, éminemment estimée et sans égale en beauté sur la terre. 4695.

» Ces deux époux avaient l'un pour l'autre un mutuel amour, dit la tradition ; mais au milieu de l'amour, dont il brûlait pour elle, Vyoushitâçva fut pris d'une consomption pulmonaire. 4696.

» Au bout d'un temps, qui ne fut pas long, il descendit au tombeau, comme le soleil au mont Asta, et son trépas, monarque des hommes, plongea son épouse dans un profond chagrin. 4697.

» Bhadrâ, qui n'avait pas d'enfants, se lamenta, tigre des hommes, consumée de la plus violente douleur. Écoute, sire, sa *plaintive élégie* : 4698.

« Ô toi, à qui les plus hauts devoirs sont connus, disait Bhadrâ, vivre dans la douleur, ce n'est plus vivre pour toute épouse veuve, qui vit, séparée de son époux ! 4699.

» La mort, chef des kshatryas, est le meilleur état pour la femme, qui n'a plus d'époux ! Je désire marcher dans ta route : je t'en supplie, emmène-moi ! 4700.

» Abandonnée par toi, je n'ai pas la force de vivre un seul instant même : fais-moi grâce, sire ! Emmène-moi d'ici promptement ! 4701.

» Je te suivrai par derrière, monarque des hommes, dans les plaines ou dans les montagnes, toi, qui voyages aux lieux, d'où il n'est point de retour. 4702.

» Te suivant comme ton ombre et toujours soumise à ta volonté, sire, je ferai continuellement, tigre des hommes, mon plaisir de ton bien ! 4703.

» Désormais, sire aux yeux de lotus bleu, infortunée sans toi ! je serai la proie des peines, qui dessèchent le cœur ! 4704.

» Peut-être, voulant te posséder sans partage, j'aurai pu de toi séparer tes compagnons, et c'est pour m'en punir qu'est arrivée aujourd'hui ma séparation d'avec toi ! 4705.

» La femme, qui vit séparée de son époux, ne fût-ce qu'un seul instant, vit dans la douleur : elle est comme une damnée, sire, au sein du Naraka ! 4706.

» J'ai senti dans une vie précédente *la joie et la douleur* des réunions et des séparations ; mais il a fallu toute l'accumulation des œuvres, des fautes et des péchés, commis en toutes mes existences antérieures, sire, afin de causer la cruelle douleur, dont m'accable ici ta séparation d'avec moi. Désormais, sire, je n'aurai pour lit qu'une jonchée de poas ! 4707-4708.

» Je resterai, envahie par la douleur, ma pensée attachée à cette cruelle image ; montre-toi, tigre des hommes ! parle-moi, infortunée, accablée de tristesse, pleurant mon protecteur, et gémissante, ô souverain des hommes ! »

» Après qu'elle eut exhalé ces plaintes de plusieurs manières et embrassé mainte et mainte fois le cadavre, la voix d'un être invisible articula ces paroles : 4709-4710.

« Lève-toi, Bhadrâ ! Viens ! Que je t'accorde ici une grâce ! Je vais engendrer en toi des fils, dame au charmant sourire. 4711.

» Viens, purifiée de ton mois, le huitième ou le quatorzième jour de la lune, recevoir mes embrassements dans ma couche, femme à la taille gracieuse. » 4712.

» À ces mots, la reine, fidèle à son époux, Bhâdra, qui désirait des fils, accomplit au moment révolu cette parole comme elle fut dite. 4713.

» La princesse conçut de ce corps sans vie ; elle en eut trois fils, qui régnèrent chez les Çalvas, et quatre au pays de Madra, noble et vertueux Bharatide. 4714.

» Il en sera ainsi de toi, rejeton de Bharata. Toi, qui possèdes la force de la méditation et de la pénitence, tu es capable d'engendrer des fils en mon sein par la seule vertu de ta pensée. » 4715.

A ces paroles de la reine, *son épouse*, reprit Vaîçampâyana, le roi, qui n'ignorait pas le devoir, lui répondit en ce langage très-élevé et sympathique au devoir : 4716.

« C'est vrai, Kountî ! Ce fait *merveilleux* fut accompli jadis, comme tu l'as dit, noble dame, par Vyoushitâçva ; car il était semblable aux Immortels. 4717.

» Mais je vais t'exposer la vraie nature du devoir, telle que l'ont définie aux temps passés, les magnanimes rishis, consommés sur le devoir. 4718.

» Jadis, les femmes n'étaient pas enfermées, dame au charmant au visage ; elles étaient indépendantes, s'amusaient à leur gré, allaient où elles voulaient, reine au gracieux sourire. 4719.

» Pour elles, noble dame, la jeunesse servant d'excuse, ce n'était pas un crime d'être infidèle à son époux ; ce fut même jadis comme un devoir, femme à la taille charmante. 4720.

Les êtres, conçus dans la matrice des bêtes, suivent encore, sans colère, sans amour, cette loi primitive.

» Cette coutume, enseignée par la nature, est observée même par les maharshis ; elle est observée de nos jours, femme séduisante, chez les Kourous du septentrion. 4721-4722.

» Écoute de ma bouche avec étendue par qui et à quelle occasion fut établie dans le monde, il n'y a pas long-temps, dame au limpide sourire, cette défense, qui est aujourd'hui la règle éternelle et qu'inspira la bienveillance pour les femmes. 4723.

» Il y eut un grand saint, appelé Ouddâlaka, suivant la tradition ; il avait pour fils un anachorète, nommé Çwétakétou. 4724.

» C'est lui, Çwétakétou, qui établit dans sa colère cette vertueuse défense ; apprends de moi pour quelle raison, femme aux yeux bleus comme les pétales du lotus. 4725.

» Jadis un brahmane prit la mère de Çwétakétou par la main en présence de son père et lui dit : « Allons ! »

» Alors, saisi d'indignation à la vue de sa mère, emmenée comme de force, le fils de l'anachorète s'enflamma décoléré. 4726-4727.

» Son père, le voyant courroucé, dit à Çwétakétou : « Ne te mets pas en colère, mon fils ! c'est la coutume universelle. 4728.

» Les femelles de toutes les classes sont communes sur la terre : telles que sont les vaches, telles sont les femmes, chacune dans sa caste. » 4729.

» Le fils du rishi ne put supporter une telle coutume ; et Çwétakétou d'établir cette limite pour les hommes et les femmes sur la terre. 4730.

» Depuis lors cette défense, ma belle, a régné sur la terre, nous dit la tradition, au milieu des enfants de Manou, mais non parmi les autres êtres animés. 4731.

« Dorénavant l'épouse infidèle à son mari, s'écria Çwétakétou, sera coupable d'une faute horrible, attirant l'infortune, égale au crime de l'avortement ! 4732.

» Aussi coupable sera désormais sur la terre l'époux infidèle à sa chaste épouse, qui a marché dans la continence au temps de sa première jeunesse. 4733.

» Il en sera ainsi pour la femme, à qui son mari commandera de lui donner un fils, si elle n'obéit point à cet ordre. » 4734.

» Telle est, craintive, cette barrière des lois, que jadis imposa de force Çwétakétou, fils d'Ouddâlaka. 4735.

» Madayantî, à qui *son époux* Sâaudâsa avait commandé de lui faire naître un fils, s'en alla trouver, femme charmante, le rishi Vaçishtha, comme nous l'avons appris de la renommée. 4736.

» Cette noble épouse, qui désirait faire une chose agréable à son mari, *appelé d'un autre nom* Kalmâshapâda, conçut de l'anachorète un fils, qui fut nommé Açmaka. 4737.

» Tu sais encore, timide aux yeux de lotus bleu, que la naissance de nous-mêmes est due à Krishna-Dvaîpâyana pour l'augmentation de la race des Kourouides. 4738.

» Veuille donc, après que tu auras bien considéré toutes ces choses, pieuse dame, exécuter ma parole, qui est conforme au devoir. 4739.

« À chacune de ses époques sanguines la femme ne doit pas fuir le commerce de son époux : » tel est le devoir au jugement des hommes versés dans les devoirs, princesse fidèle à ton mari. 4740.

» Pour tout le reste des autres temps, il sied de laisser à la femme son indépendance : c'est là ce que les hommes de bien ont nommé l'antique devoir. 4741.

» La femme doit faire, juste ou injuste, fille de roi, ce que lui commande son époux, ont dit les sages, qui savent les Védas ; 4742.

» Surtout, si, désirant un fils, il est privé de sa virilité, comme moi, charmante femme, qui brûle de voir le visage d'un fils. 4743.

» Aussi, ma belle, pour te fléchir, élevé-je à ma tête ces deux mains réunies, qui par le brillant de leurs ongles rouges ressemblent aux pétales du lotus. 4744.

» Veuille donc, suivant mon ordre, femme aux beaux cheveux annelés, concevoir pour moi des fils vertueux d'un brahmane distingué par sa pénitence : que, grâce à toi, ravissante dame, j'entre dans la voie des pères ! »

À ces mots, reprit Vaîçampâyana, Kountî, qui trouvait son plaisir dans le bonheur de son époux, Kountî à la taille charmante répondit en ces termes à Pândou, le conquérant des villes ennemies : 4745-4746.

« Au temps de mon adolescence, dans le palais de mon père, j'étais chargée de recevoir les hôtes : j'eus l'occasion alors de servir un brahme sévère aux vœux parfaits. 4747.

» Il est appelé Dourvâsas, aux desseins mystérieux, Dourvâsas, qui enchaîne *les hommes* dans le devoir. Mes soins plurent au révérend à l'âme épurée, et il me donna une grâce assaisonnée de magie. 4748.

« En même temps qu'il me donnait cette formule d'évocation, il me tint ce langage : « Quelque Dieu, que tu fasses venir avec cette formule, il subira de gré ou de force ta volonté. 4749.

» Par la grâce de chacun d'eux, princesse, un fils te sera donné. » C'est ainsi, rejeton de Bharata, qu'il me parla dans le palais de mon père. 4750.

» La parole de ce brahmane est certaine : le moment est venu d'en user ! Avec ta permission, sire, je vais évoquer un Dieu ! 4751.

» Dis-moi, saint roi, le meilleur des hommes, qui aiment la vérité, quel Dieu ferai-je descendre ici du ciel avec cette formule d'évocation pour qu'il nous donne une vertueuse postérité ? 4752.

» Sache que, résolue à cette affaire, je n'attends plus que ta permission. » 4753.

Pândou lui répondit :

« Efforce-toi dès ce jour même suivant les règles, femme à la jolie taille : évoque ici Dharma, belle dame, car il préside à la vertu dans les mondes. 4754.

» Que *le devoir* ou Dharma, *notre enfant*, n'ait rien, qui se mêle à *l'infraction du devoir*, Adharma, *le vice ou* l'injuste *; car voici comme je pense moi, l'homme, qui te* parle : « Cet *enfant*, dame à la taille charmante, sera le devoir *incarné* 4755.

» Le fils, que Dharma nous aura donné, ne pourra se plaire dans l'injustice ; il sera vertueux au milieu des Kourouides : il n'y a nul doute ici. 4756.

» Ainsi, que Dharma soit d'abord l'objet de ta préférence, dame au limpide sourire : ensuite, mets-en œuvre avec dévotion les prières et la magie pour attirer ce Dieu ici. » 4757.

A ces mots de son époux, reprit Vaîçampâyana, la noble dame répondit : « Oui ! » Elle reçut congé, s'inclina et décrivit autour de lui un pradakshina. 4758.

Gândhârî était enceinte depuis une année, Djanamédjaya, quand, pour en obtenir elle-même un fils, Kountî évoqua le Dieu, stillant de vertus. 4759.

La reine se hâta d'offrir une oblation à Dharma et murmura suivant la règle cette prière, que jadis lui avait enseignée Dourvâsas. 4760.

Aussitôt, contraint par la puissance de l'évocation, le Dieu Yama se présenta, monté sur un char aussi lumineux que le soleil, dans ce lieu, où Kountî murmurait sa prière. 4761.

Il sourit et dit : « Parle, Kountî ! Que te donnerai-je ? » Elle, souriante aussi, répondit : « Donne-moi un fils ! »

Elle s'unit avec Yama, revêtu du corps de l'Yoga, *la méditation faite homme*, et la princesse à la jolie taille en conçut un fils, bon pour tous les êtres animés. 4762-4763.

À la huitième heure, nommée Abhidjit et consacrée à Indra, le soleil étant arrivé au milieu de sa carrière, dans le jour très-honoré, où la lune resplendit à plein disque,

Kountî enfanta un fils éminent, auquel était *promise* une vaste renommée. À peine avait-il reçu le jour, une voix, qui n'appartenait pas à un corps, articula ces mots : 4764-4765.

« Cet enfant sera le plus grand des mortels, le plus vertueux des hommes, adonnés à la vertu ; il sera sur la terre un monarque plein de courage aux paroles véridiques ! 4766.

» Que ce roi, le premier né de Pândou, soit appelé Youddhishthira : il rendra ce nom illustre dans les trois mondes ! 4767.

» La renommée, la splendeur, la piété suivront ses pas. » Pândou, après qu'elle eut obtenu ce vertueux fils, dit encore à Kountî : 4768.

« Le kshatrya excelle par sa force ! » c'est mi mot souvent répété ; désire donc un fils d'une force prééminente. » À ces paroles de son époux, elle de sacrifier au Vent.

Aussitôt le Vent à la grande puissance accourut, monté sur une gazelle, et lui dit : « Que te donnerai-je, Kountî ? Dis-moi la pensée, qui est dans ton cœur ! » 4769-4770.

Elle, rougissante de pudeur et souriante : « Donne-moi, ô le plus grand des Dieux, répondit-elle, un fils à la grande force, au grand corps, qui brise l'orgueil de tous *les plus forts*. » 4771.

De cette *union,* naquit Bhîma aux longs bras, à la vigueur épouvantable. À peine était né ce prince à la force outre mesure, une voix, qui ne sortait pas d'un corps, articula ces mots : 4772.

« Cet enfant n'aura pas d'égal parmi les hommes forts ! » Ainsi parla Maroute. Vrikaudara était né depuis un instant, lorsqu'arriva une chose des plus merveilleuses : il tomba du sein de sa mère et rompit un rocher. 4773.

Troublée de peur à l'arrivée d'un tigre, Kountî s'était levée soudain, ne songeant pas que cet enfant s'était endormi dans son giron. 4774.

Le nourrisson tomba sur la montagne comme un faisceau de tonnerres, et le roc de voler en cent morceaux, broyé sous ses membres. 4775.

À la vue de cette roche, mise en poudre, Pândou fut saisi d'étonnement. Dans ce jour même, où Bhîma vint au monde, ô le plus vertueux des Bharatides, naquit aussi le prince Douryodhana. Après la naissance de Vrikaudaura, Pândou remua de nouveau cette pensée : « Comment aurai-je un fils…, qui soit le plus illustre fiancé du monde ? 4776-4777.

» Le monde est fondé sur l'énergie divine, et l'on obtient ici-bas l'assistance des Dieux par l'accomplissement d'observances, jointes au temps. 4778.

» Indra est le roi des Dieux ; c'est le Dieu suprême : ainsi avons-nous ouï dire à nos maîtres. Il est puissant ; son énergie, sa force est incomparable ; sa splendeur est sans mesure. 4779.

» Satisfait de ma pénitence, il me donnera un fils à la grande force : *oui !* il sera plein de vigueur ce fils, qu'il m'accordera ! 4780.

» Il immolera au milieu des combats les hommes et les êtres plus qu'humains. Je cultiverai donc une difficile pénitence en œuvres, en paroles et en pensées. » 4781.

Alors Pândou en délibéra avec les maharshis et le grand monarque, issu de Kourou, imposa à Kountî un vœu de pureté pendant l'espace d'une année. 4782.

Ce héros aux longs bras se tint lui-même sur un seul pied ; il pratiqua une effrayante pénitence, absorbé dans la plus profonde contemplation. 4783.

Par le désir de gagner la faveur du Dieu, souverain des treize Dieux, il endura, Bharatide, les plus ardentes chaleurs du soleil : enfin, au bout d'un temps, qui fut long, Indra se rendit auprès de lui. 4784.

Vâsava lui dit :

« Je te donnerai un fils, célèbre dans les trois mondes et qui saura mener à bonne fin les affaires des brahmes, de ses amis et des vaches elles-mêmes. 4785.

» Je te donnerai un fils éminent, un père du chagrin pour ses adversaires, un fils pour tous ses parents, l'exterminateur de tous ses ennemis. » 4786.

Le vertueux roi, petit fils de Kourou, à qui le magnanime Vâsava lui-même avait tenu ce langage, se rappelant ces paroles de l'Immortel, dit un jour à Kountî : 4787.

« Le souverain du peuple divin est satisfait de toi ; il veut en récompense te donner un fils, tel que tu ne saurais l'imaginer ; 4788.

» Un fils magnanime, illustre, aux actions plus qu'humaines, consommé dans la science politique, dompteur des ennemis et d'une splendeur égale à celle du soleil.

» Conçois donc, femme ravissante, ce fils inaffrontable, pieux, admirable à voir, absorbant dans son éclat tout l'éclat des kshatryas : tu as gagné la faveur du monarque des Dieux ; évoque-le, belle au limpide sourire. » 4789-4790

À ces mots, reprit Vaîçampâyana, l'illustre dame offrit une oblation à Çakra. Aussitôt accourut le roi des Dieux, qui la rendit mère d'Arjouna. 4791.

À peine était né cet enfant, une voix, qui ne sortait pas d'un corps, articula ces mots d'un son vaste et profond, qui remplit alors tout le ciel d'un bruit de tonnerre.

Ces paroles, manifestement adressées à Kountî au limpide sourire, qu'entendirent les habitants de l'hermitage et toutes les créatures : 4792-4793.

« Cet enfant égal au créateur pour l'énergie, semblable à Çiva pour le courage, invincible comme Indra, Kountî, étendra la gloire de ton nom. 4794.

» Tel que Vishnou augmentait la joie de *sa mère* Aditi, tel Arjouna, semblable à Vishnou, accroîtra lui-même ta joie. 4795.

» Quand il aura soumis à sa puissance les Kourous et les Somakas, les peuples de Tchédi, de Kaçî, et les Karoushas, il attachera la fortune à la race de Kourou. 4796.

» Grâce à la vigueur de son bras, la moelle de tous les animaux nourrira le feu dans la forêt Khândava jusqu'à pleine satiété. 4797.

» Ce héros à la grande force, ayant dompté les plus grands des rois, célébrera, accompagné de ses frères, trois açva-médhas. 4798.

» Semblable au Djamadagnide, possédant une bravoure égale à celle de Vishnou, ce guerrier à la vaste renommée sera, Kountî, le premier des hommes énergiques. 4799.

» Il plaira dans un combat au grand Dieu Çankara, et recevra de Mahâdéva satisfait l'arme appelée Pâçoupata.

» À l'ordre de Çakra, ton fils aux longs bras immolera ces Daîtyas, ennemis des Dieux qui sont dits les Nikâtakavatchas. 4800-4801.

» Ce prince enlèvera entièrement les armes célestes et ramènera aux brahmanes leur félicité perdue ! » 4802.

» Telles sont les paroles bien merveilleuses, que Prithâ entendit à l'heure de son accouchement ! Une joie suprême, à l'ouïe de ces mots prononcés d'une voix élevée, transporta les ascètes habitants du Çataçringa, les troupes des Dieux, Indra et les habitants des cieux. 4803-4804.

Il y eut dans les plages du ciel un bruit confus de tambours ; de grandes acclamations éclatèrent, mêlées à des pluies de fleurs. 4805.

On vit se rassembler pour honorer ce fils de Kountî les troupes des Dieux, et les enfants de Mâdrî, et ceux de Vinata, et les Gandharvas, et les Apsaras, 4806.

Et tous les maîtres des créatures, et les sept maharshis et Bharadwâdja, Kaçyapa, Gâautama, Viçvamitra, Djamadagni, Vaçishtha, et le vénérable Atri, qui se lève au temps où le soleil est couché, vint lui-même *en plein jour au berceau de l'enfant*, 4807.

Avec Marîtchi, Angiras, Poulastya, Poulaha, Kratou et le Pradjâpati Daksha. Les Gandharvas et les Apsaras, 4808.

Vêtues de robes et de guirlandes célestes, embellies de toutes leurs parures, chantèrent Bîbhatsou ; les chœurs des Apsaras dansèrent *autour du nouveau-né*.

Les maharshis flamboyèrent de toutes parts, et le beau Toumbourou chanta, accompagné des Gandharvas, 4809-4810.

Bhîmaséna, Ougraséna, Oûrnâyous et Anagha, Gopati, Dhritarâshtra et Soûryavartchas, le huitième, 4811.

Yougapa, Trinapa, Kârshni, Nandi et Tchitraratha, le treizième, Çâliçiras ou Pardjanya, le quatorzième, 4812.

Kali le quinzième et Narada, qui vient ici le seizième, Satwavrihat, Avrihaka et le magnanime Karâla, 4813.

Bramatchâri, Bahougouna et celui, qu'on appelle Souvarna, Viçwâvasou et Soumanyou, Soutchandra et Çarou, 4814.

Enfin, les deux Gandharvas, nommés Hâhâ et Houhoû, doués de la suavité du chant. Tels furent, souverain des hommes, les Dieux Gandharvas, qui vinrent dans ces lieux. 4815.

Les Apsaras aux grands yeux, ornées de toutes leurs parures, y accoururent joyeuses ; et ces nymphes à la haute fortune dansèrent *autour de l'enfant*. 4816.

C'étaient Anoûtchânâ, Anavadyâ, Gounamoukhyâ et Gounâvarâ, Adrikâ, Somâ, Miçrakéçî, Alamboushâ,

Marîtchi et Çoutchikâ même, Vidyoutparnâ, Tilauttamâ, Ambikâ, Lakshanâ, Kshémâ, Dévî, Kambhâ et Manoramâ, 4817-4818.

Asitâ, Soubâhou, Soupriyâ et Vapous, Poundartkâ, Sougandhâ, Sourasâ, Pramâthinî, 4819.

Kamyâ et Çaradvatî. Là, dansèrent, formant des chœurs, Ménakâ, Sahadjanyâ, Karnikâ et Poundjikasthalâ, 4820.

Ritousthalâ, Ghritâkshl, Viçvatchî, Poûrvatchiti, l'illustre Oumlotchî, l'Apsara Pramlotchî, 4821,

Et Ourvaçî, la onzième entre ces nymphes aux grands yeux, *marièrent dans un* chant *leurs voix mélodieuses*. Brahma et les douze Adityas, dont voici les noms : Aryaman, Mitra, Varouna, Ança et Baga, Indra, Vivaçvat, Poushan, Twashtri et Savitri, Pardjanya et Vishnou,

Se montrèrent à la fois dans le ciel pour augmenter la gloire du fils de Pândou. Mrigavyâdha, et Sarpa, et Nirriti à la vaste renommée[36], 4822-4823-4824.

Adjaîkapâdahi, Vradhna et Pinâkî, ô monarque des hommes, Dahana, Içvara, Kapâli, Sthânou, l'adorable Bhaga et les Roudras étaient au nombre des assistants. 4826.

Là étaient, répandus autour *de cet enfant*, les Açwins, les huit Vasous, les Maroutes à la grande force, les Viçvadévas, et les Sâdhyas. 4827.

Karkautaka, Sarpa et le reptile Vâsouki, Katchhapa, Kounda et le grand serpent Takshaka 4828.

Vinrent s'ajouter à cette foule. Ces reptiles et d'autres encore en grand nombre à la terrible colère, à la force puissante, mais accompagnés alors d'une sainte dévotion, étaient là présents. 4829.

À cette naissance assistèrent les fils de Vinatâ : Târkshya, Aristanémi, Garouda, Asitadhwadja, Arouna et Arouni même. 4830.

Les grands saints de parfaites pénitences virent toutes les troupes des Dieux arrivées dans leurs chars au sommet de la montagne ; mais les autres hommes ne les virent pas.

Frappés d'admiration à la vue de cette grande merveille, les plus vertueux anachorètes d'observer dans la suite à l'égard des Pândouides une conduite pleine de respect. 4831-4832.

Excité de nouveau par l'envie d'obtenir encore des fils, Pândou à la vaste renommée voulut en demander à sa légitime épouse ; mais Kountî lui tint ce langage : 4833.

« Il n'est aucunement parlé d'un quatrième fils dans les cas d'infortune : penser à un cinquième serait d'une courtisane libertine. 4834.

» Comment, instruit, que tu es, allant au-delà de ce devoir accompli *envers tes aïeux*, me parles-tu encore, de même que si tu étais dans l'ivresse, pour obtenir d'autres enfants ? » 4835.

Après la naissance des enfants de Dhritarâshtra et des fils de Kountî, reprit Vaîçampâyana, la fille du roi de Madra dit en particulier ces mots à Pândou : 4836.

« Mon chagrin ne vient pas de ton impuissance, vainqueur des ennemis ; il ne vient pas, homme sans péché, de l'infériorité, où je vis sans cesse à côté d'une rivale, qui fut digne de grâces. 4837.

» Quand on m'eut appris que Gândharî avait donné le jour à cent fils, cette nouvelle, rejeton de Kourou, ne me fit même aucune peine. 4838.

» Mais ce m'était une grande douleur que tu n'eusses pas d'enfants pour conserver ton image : heureusement, il est donné maintenant du sein de Kountî une postérité à mon époux. 4839.

» Si la fille du roi de Kounti faisait aussi de moi naître des fils, ce serait pour moi une faveur, un avantage pour toi !

» Hâte-toi de parler à la fille de Kounti en vertu du lien, qui nous unit au même époux ; et, si j'ai quelque mérite à tes yeux, exhorte-la toi-même. » 4840-4841.

« Mâdrî, lui répondit Pândou, cette idée roule sans cesse dans mon cœur : je n'ai pas attendu que l'envie de parler sur des choses désirées ou non t'ouvrît la bouche.

» Parce que cette pensée m'est venue comme à toi, j'y tournerai mes efforts : je suis persuadé en outre que, si je lui parle, Kountî ne manquera pas d'obéir à ma voix. » 4842-4843.

En conséquence, reprit Vaîçampâyana, Pândou une seconde fois dit en particulier ces mots à Kountî : « Procure des rejetons aimables à ma famille et au monde, 4844.

» Afin que mes ancêtres et moi-même ne soyons jamais privés du gâteau funèbre. Fais, noble dame, cette chose, qui m'est agréable, la plus grande des choses heureuses. 4845.

» Fais pour la renommée cette œuvre difficile. Tel, quoiqu'il fût déjà parvenu à l'empire du ciel, le désir de la renommée engageait Indra à célébrer encore des sacrifices. 4846.

» Tel un brahmane, instruit dans les Védas et qui a supporté une cruelle pénitence, se remet en vue de la renommée sous la direction d'un gourou. 4847.

» Tels tous les rois saints et les brahmes riches de pénitences ont fait des choses pénibles, grandes et petites, en vue de la renommée. 4848.

» Fais traverser à Mâdrî comme sur un canot le fleuve de la stérilité. Acquiers une haute gloire en partageant avec elle *le bonheur d'être mère*. » Kountî répondit : « Oui ! » et dit à Mâdrî : « Il te suffira de penser une seule fois à un

Dieu, et tu concevras de lui un fils semblable à son père ; n'en doute pas ! » 4849.

Ensuite Mâdrî, ayant dirigé son esprit de cette manière, s'en alla de pensée vers les Açwins. Ceux-ci de s'unir avec elle et d'engendrer en elle deux fils jumeaux : 4850.

Nakoula et Sahadéva, incomparables de beauté sur la terre. Une voix non formée dans un corps jeta ces mots sur le couple nouveau-né ; 4851.

« Ils possèdent les qualités du corps et de l'esprit ; ils sont plus grands que les Açwins ; l'excellence de la force et de la beauté les environne d'une éclatante splendeur ! »

Les habitants du Çataçringa, monarque des hommes, composèrent des noms pour ces enfants : chacun d'eux reçut le sien avec le culte, les cérémonies et les bénédictions d'usage. 4852-4853.

Les brahmes d'une âme satisfaite nommèrent ainsi les fils de Kounti : l'aîné Youddhishthira, le troisième Arjouna, l'enfant né entre ces deux Bhîmaséna. Quant aux fils de Mâdrî, l'aîné fut nommé par eux Nakoula, et le puîné Sahadéva. 4854-4855.

Nés à un an d'intervalle, ces fils de Pândou, les plus vertueux rejetons de Kourou, brillaient comme cinq années *faites hommes*. 4856.

A la vue de la grande âme, de la grande vigueur, du mâle courage et de la grande énergie de ses fils, doués tous de la force invincible et de la beauté des Immortels, Pândou en conçut une joie suprême et le monarque des hommes s'en félicita. Ils se firent aimer de tous les anachorètes habitant le Çataçringa et même de leurs épouses. Pândou sollicita Kountî de nouveau en faveur de Mâdrî. 4857-4858-4859.

Dans l'entretien, qu'il eut avec elle en particulier, Kountî lui répondit : « D'une seule entrevue, elle a obtenu deux fils ; ce qui m'a trompée. 4860.

» Je crains d'être en but à son mépris, telle est en effet la voie, que prennent les femmes inconséquentes. Insensée, je n'ai pas songé que l'évocation de ces deux Immortels devait amener un double résultat ! 4861.

» Ainsi, tu ne dois plus rien me commander : accorde-moi cette grâce ! » En conséquence, les fils robustes, estimés, illustres, incréments de la race de Kourou, que les Dieux avaient donnés à Pândou, restèrent au nombre de cinq ; 4802.

Ces fils, qui étaient doués tous des signes les plus heureux, qui avaient un aspect aimable comme la lune, qui avaient la fierté du lion, qui maniaient les grandes flèches, qui avaient la démarche héroïque du lion. 4863.

Tels, avec le cou des lions et le courage des Dieux, grandirent ces Indras des hommes ; et, quand ils se furent développés sur la sainte montagne de l'Himalaya, ils faisaient l'admiration des maharshis, que la curiosité amenait auprès d'eux. 4864.

Les cinq et les cent nouveaux rejetons de la race de Kourou grandirent tous en peu de temps comme des lotus dans les eaux. 4865.

Pândou, appuyé déjà sur la force de leur bras, voyait croître dans la grande forêt, sur la délicieuse montagne, les cinq admirables fils. 4866.

Un jour, dans la saison, où les bois sont bien parés de fleurs, où ils exhalent les senteurs du miel, où ils causent l'enivrement de tous les êtres, le roi se promenait avec *l'une de* ses épouses dans la forêt, 4867.

Embellie de butéas feuillus, de tilakas, de manguiers, de champakas, de resplendissantes érythrines et d'autres grands arbres, opulents de fleurs et de fruits, 4868.

Avec des bassins couverts de toutes les sortes de lotus. À la vue de ces charmes du bois, l'amour naquit au cœur de Pândou. 4869.

Là, se promenant l'âme joyeuse, comme un Immortel, le monarque était accompagné de Mâdrî seule, vêtue d'une robe au tissu délié. 4870.

À la vue de cette femme dans la fleur de la jeunesse et couverte d'un voile transparent, son amour devint tout-à-coup comme un feu, qui s'élève dans les sèches broussailles d'une forêt. 4871.

Voyant son épouse aux yeux de lotus bleu seule avec lui dans ce lieu solitaire, le roi, tombé sous le pouvoir de l'amour, ne put réfréner ses désirs. 4872.

Arrivée dans un endroit sans témoin, la reine tremblante fut prise de force dans les bras du roi, quoi qu'elle pût faire pour l'empêcher. 4873.

Il avait, l'âme offusquée par l'amour, oublié sa malédiction et, embrassant Mâdrî, comme de force, il voulait exercer son droit conjugal. 4874.

Subjugué sous la puissance de l'amour et poussé par son destin au terme de sa vie, le Kourouide avait rejeté la crainte, que lui inspirait la malédiction ! 4875.

La mort en personne, troublant tous ses organes des sens avec sa pensée, avait égaré l'intelligence aveugle du monarque abandonné à l'amour. 4876.

Le Kourouide à l'âme de la plus haute vertu, Pândou trouva donc la mort dans la volupté aux bras de son épouse. Alors, quand elle ne sentit plus qu'un corps inanimé dans ce roi, qu'elle tenait embrassé, Mâdrî de jeter mainte et mainte fois les cris désespérés, que lui arrachait sa douleur. 4877-4878.

Aussitôt Kountî avec ses fils et les deux fils de Pândou, enfants de Màdrî, accourent tous ensemble à ce lieu, où gisait le roi sans vie. 4879.

En ce moment, sire, Mâdrî éplorée dit ces mots à Kountî : « Viens seule ici ! Que les enfants s'arrêtent là ! » 4880.

Celle-ci, à ces mots, fit rester les enfants où ils étaient et se précipita vers elle, en s'écriant : « Hélas ! je suis morte ! » 4881.

Quand elle vit Pândou et Mâdrî couchés sur le sol de la terre, Kountî, la tristesse enveloppant tous ses membres, gémit dans la plus profonde affliction : 4882.

« Ce héros, sur lequel je veillais sans cesse et qui savait toujours se contenir, comment a-t-il pu vouloir s'unir à toi, connaissant la malédiction jetée sur lui par l'habitant des bois ! 4883.

» Est-ce que tu ne devais pas veiller aussi, toi, Mâdrî, sur le roi ! Comment as-tu pu dans ce lieu solitaire exciter les désirs de notre époux ! 4884.

» Comment ce monarque toujours impuissant, alors qu'il t'eut rencontrée dans ce lieu solitaire, a-t-il pu t'embrasser et concevoir ce désir[37], ne songeant plus à sa malédiction ? 4885.

» Tu es heureuse, fille du Balkhan, et plus fortunée que moi, car tu as vu le visage du monarque de la terre, enflammé par le désir ! » 4886.

« Il ne fut pas empêché, reine, et cela plus d'une fois, par moi toute gémissante, lui répondit Mâdrî ; il ne s'arrêta point de lui-même parce que le Destin voulait donner sa vérité à la malédiction. » 4887.

» Je suis l'aînée, reprit Kountî, et sa femme légitime ; mon devoir d'épouse a su porter des fruits excellents. Ne me détourne pas de la résolution d'une chose, Mâdrî, qui doit être nécessairement. 4888.

» Je suivrai mon époux, qui est allé dans le royaume des morts. Lève-toi ! quitte-le et garde ces enfants. »

« Je suivrai moi-même, répliqua Mâdrî, mon époux expiré : nos désirs ne sont pas rassasiés. Que mon aînée veuille bien approuver mon *dessein*. 4889-4890.

» La mort a frappé ce Bharatide, le plus vertueux de sa race, au moment qu'il s'unissait d'amour avec moi : comment n'irais-je pas dans le palais d'Yama éteindre ses désirs ? 4891.

» Moi, qui ne distinguais pas tes fils des miens, je suivrai cette ligne de conduite, noble dame : le *feu du bûcher* lavera mon péché et moi-même. 4892.

» Il te faut donc agir, Kountî, à l'égard de mes fils, comme s'ils étaient les tiens : *hélas !* c'est un désir, dont il s'enflamma pour moi, qui a fait tomber le roi sous l'empire de la mort. 4893.

» Aies soin de brûler avec mon corps ce cadavre bien enveloppé du monarque ; fais-moi ce plaisir, noble dame.

» Sois bonne pour moi et sans négligence pour mes enfants : je ne vois rien autre chose à te prescrire d'aucune manière. » 4894-4895.

À ces mots, reprit Vaîçampâyana, l'épouse fidèle à son devoir, cette illustre fille du roi de Madra se hâta de monter sur le bûcher, où l'on avait placé déjà le souverain des hommes. 4896.

Quand ils virent le roi mort, les maharshis, pareils aux Dieux, et tous les anachorètes, habiles dans les délibérations, tinrent conseil ensemble. 4897.

Les pénitents dirent :

« Le magnanime à la vaste renommée, qui, renonçant au royaume et à la royauté, était venu se mettre sous la protection des ascètes dans ce lieu, où il pratiqua la pénitence, 4898.

» Le roi Pândou s'en est allé au Swarga, après qu'il eut remis en dépôt ici dans vos mains ses épouses et ses fils à peine nés. 4899.

» Prenons les enfants, le corps et l'épouse de ce *prince* à l'âme très-élevée ; puis, dirigeons-nous avec eux vers son royaume : voilà quel est, pense-t-on, notre devoir. »

Parfaits et semblables aux Dieux, les maharshis au cœur généreux, ayant débattu entre eux cette question, s'arrêtèrent à la résolution d'aller, les fils de Pândou marchant à leur tête, vers la cité, qui tire son nom des éléphants, et de remettre ces jeunes Pândouides à Bhîshma et à Dhritarâshtra. 4900-4901-4902.

Tous les ascètes de partir à l'instant même, transportant les deux corps et conduisant avec eux l'épouse et les fils de Pândou. 4903.

Ce long voyage ne tint pas une grande place dans la pensée *de Kountî*. Cette illustre dame arriva bientôt dans le Kouroudjângala et ne tarda point à voir avec ses enfants, dont elle était devenue désormais la seule mère, cette porte d'une ville florissante, où jadis elle avait été si heureuse ! 4904-4905.

Les pénitents demandent aux portiers qu'on les annonce au roi : ceux-ci à l'instant même se rendent au palais et portent cette nouvelle au souverain. 4906.

En apprenant l'arrivée de ces milliers d'anachorètes, lecteurs des Védas, l'étonnement naquit dans Hastinapoura au cœur de tous les hommes. 4907.

À l'heure où le soleil se lève, tous les habitants sortirent de la ville pour voir ces pénitents, accompagnés de la royale veuve et précédés par ces nobles enfants. 4908.

Les foules des femmes, les foules des kshatryas, les foules des voitures pleines de curieux, les brahmes avec les épouses des brahmes, tous sortirent. 4909.

Il n'y eut aucun mélange des foules de vaîçyas avec les foules de çoûdras : personne d'une caste ne portait envie à personne d'une autre caste ; tous avaient l'esprit fixé sur le devoir. 4910.

Ensuite Bhîshma, fils de Çântanou, Somadatta, prince du Vâhlika, le saint monarque, *aveugle* éclairé par la science, et Vidoura lui-même, né d'une vaîçyâ, 4911.

La reine Satyavatî, l'illustre Kâauçalyâ et Gândhârî, environnée des épouses du roi, sortirent *de la ville*. 4912.

Les fils du monarque, au nombre de cent, Douryodhana à leur tête, sortirent eux-mêmes, tous parés de leurs magnifiques ornements. 4913.

À la vue des maharshis, tous les princes Kourouides avec l'archi-brahmane les saluent en courbant la tête et prennent place *devant eux*. 4914.

Tous les habitants de la ville et des campagnes s'inclinent, les saluent en baissant la tête jusqu'à terre, et prennent aussi leur place. 4915.

Aussitôt qu'il vit la multitude du peuple silencieuse de tous les côtés, Bhîshma d'honorer les maharshis en leur offrant de l'eau pour se laver les pieds avec la corbeille hospitalière, et de leur annoncer qu'ils avaient devant eux le royaume et son gouvernement. Ensuite le plus grand des Kourouides, *Vidoura*, le maharshi, qui portait ses cheveux en gerbe et la peau d'antilope, se leva et, quand il eut connu la pensée de ces pénitents, il adressa les mots suivants *à l'assemblée* : « Cet héritier de Kourou, le roi, nommé Pândou, avait renoncé aux jouissances de l'amour et s'en était allé sur le Çatraçringa. 4916-4917-4918.

» Là, naquit à ce roi enchaîné au vœu de la continence ce fils ainé, *qu'on appelle* Youddhishthira et qu'engendra pour lui Yama lui-même par une cause divine.

» Le Vent donna pour second fils au roi magnanime cet enfant, le plus fort des êtres forts : c'est Bhîma à la grande vigueur. 4919-4920.

» Celui-ci, qui est nommé *Arjouna* ou Dhanandjaya, c'est Indra même, qui l'a engendré *pour Pândou* au sein de Kountî ! Sa gloire dominera celle de tous les héros.

» Regardez ces deux jeunes princes : c'est Mâdrî, enceinte des Açwins, qui enfanta *pour son époux* ces deux héros, les plus grands des hommes ! 4921-4922.

» Pândou, qui a vécu sans cesse avec le devoir, l'illustre Pândou, en s'exilant au milieu des bois, a donc ranimé la race éteinte de ses aïeux. 4923.

» Tenez vos yeux continuellement fixés sur la naissance, les progrès, l'instruction védique de ses fils, et vous goûterez la joie suprême, qu'ils donnaient à Pândou.

» Il y a maintenant dix-sept jours que Pândou, heureux des fils, qu'il avait obtenus, et fidèle à suivre la voie des hommes de bien, s'en est allé dans le monde de ses pères.

» Quand elle vit son époux mis sur le bûcher, comme une oblation dans la bouche du feu, Mâdrî a fait le sacrifice de sa vie et s'est elle-même jetée dans le feu. 4926.

» Fidèle épouse, elle a suivi son époux dans l'autre monde. Qu'on célèbre donc à l'instant les cérémonies funèbres en l'honneur et d'elle et de lui. 4924-4925-4927.

» Que des obsèques honorent *ce qui reste de* ces deux corps et ces nobles enfants, leurs fils, vainqueurs futurs des ennemis, avec Kountî, la *seule* mère des cinq *aujourd'hui*. 4928.

» La cérémonie des funérailles terminée, qu'on offre le sacrifice des Pitris au glorieux Pândou, qui fut versé en tous les devoirs et par qui est perpétuée la race de Rourou. »

Quand il eut parlé ainsi à tous les Kourouides, reprit Vaîçampâyana, soudain tous les ascètes disparurent avec les Gouhyakas et sous les yeux mêmes des Kourouides.

Aussitôt qu'ils virent s'évanouir ces troupes de saints accomplis, dont l'assemblée offrait l'image d'une cité de Gandharvas, les *princes et le peuple* furent saisis du plus grand étonnement. 4929-4930-4931.

« Vidoura, dit alors Dhritarâshtra, fais célébrer comme pour un monarque toutes les cérémonies funèbres en l'honneur de Pândou, ce lion des rois, et surtout en l'honneur de Mâdrî. 4932.

» Donne, au nom de Pândou et de Mâdrî, à tous ceux, qui en désireront et au gré de leurs désirs, bestiaux, vêtements, pierres fines, richesses de toutes les sortes. 4933.

» Aies soin que la parure de Mâdrî soit faite par Kountî même ; veille à ce qu'elle soit bien couverte de manière que ni le vent, ni le soleil ne puissent la *toucher, ni la* voir. 4934.

» Pândou, ce monarque sans péché, est à envier, non à plaindre, lui, auquel sont nés cinq fils héroïques, semblables aux fils des Dieux ! » 4935.

Vidoura lui répondit avec Bhîshma, reprit Vaîçâmpâyana : « Qu'il en soit ainsi ! » Ensuite, auguste Bharatide, il fit célébrer les obsèques dans un lieu éminemment vénéré. 4936.

Les pourohitas du roi Pândou apportent de la ville, en se hâtant, des feux allumés, que précèdent les parfums et le beurre clarifié. 4937.

Ils couvrent d'un voile une litière de tous côtés et la parent avec le mort de parfums variés, exquis, et des fleurs de la saison. 4938.

Puis, les ministres, les amis et les parents du roi défunt prirent sur leurs épaules cette litière, décorée de guirlandes et de costumes d'une grande richesse. 4939.

Le monarque fut porté bien couvert avec Mâdrî sur ce magnifique véhicule, attelé d'hommes et supérieurement décoré. 4940.

Cette litière fut ensuite ornée d'un éventail, d'un chasse-mouche et d'une blanche ombrelle au son de tous les instruments de musique. 4941.

Des hommes par centaines, qui avaient reçu des pierreries en grand nombre, étaient chargés de les distribuer, aux funérailles de Pândou, à tous ceux, qui en auraient le désir. 4942.

Ils offraient en l'honneur du rejeton *éteint* de Kourou une foule de chasse-mouches, des ombrelles blanches et de splendides vêtements. 4943.

Devant lui marchaient, splendidement ornés, des *autels portatifs*, où les sacrificateurs, vêtus de robes blanches. versaient des oblations dans leurs feux allumés. 4944.

Les brahmes, les kshatryas, les vaîçyas, les çoûdras, tous en pleurs et consumés de chagrin, suivaient par milliers le monarque *sans vie*. 4945.

« Toi, que voici là, tu nous abandonnes, tu nous plonges dans une douleur éternelle, tu nous laisses sans protecteur ! Où vas-tu maintenant, souverain des hommes ? »

Telles étaient les plaintes, que poussaient tous les Pândouides, Bhîshma et Vidoura lui-même. On déposa dans un lieu purifié, sur les rives de la Gangâ, dans un site délicieusement ombragé, cette litière, qui portait avec son épouse ce lion des hommes, Pândou aux travaux infatigables, aux paroles de vérité. 4946-4947-4948.

On se hâta d'arroser avec l'eau sainte, puisée en des aiguières d'or, son corps, embaumé de tous les parfums, oint d'un onguent blanc de kâliyakâ et semé d'un sandal céleste ; puis, on le frotta de tous les côtés avec du sandal blanc, 4949-4950.

Joint au suc exprimé du tounga, mêlé à de l'aloês noir ; enfin on le couvrit de vêtements blancs, production et ouvrage du pays. 4951.

Le monarque, revêtu de ces habits, comme s'il était vivant, resplendissait encore tel qu'un souverain, accoutumé à s'asseoir sur un siège de la plus haute valeur. 4952.

La cérémonie des obsèques terminée, quand les sacrificateurs eurent donné congé au mort, on brûla, Mâdrî à ses côtés, le roi avec ses belles parures, arrosé, suivant les rites, de beurre clarifié, d'un sandal à l'exquise odeur, de padma, de tounga et de tous les autres parfums divers. 4953-4954.

À l'aspect de ces deux corps *sans vie*, Kâauçalyâ de s'écrier : « Hélas, mon fils ! » et, frappée d'évanouissement, elle tomba soudain sur la terre. 4955.

À la vue de cette reine gisante, consternée, le peuple de la ville et des campagnes se mit à pleurer, touché de compassion et consumé de chagrin par amour de son roi.

Au cri de désespoir, qui fut jeté par Kountî, tous les êtres et les animaux eux-mêmes répondirent avec les hommes par des cris plaintifs. 4956-4957.

Ainsi sanglotèrent Bhîshma, fils de Çântanou, Vidoura à la haute sagesse et les Kourouides de toutes parts, saisis de la plus cruelle douleur. 4958.

Ensuite Bhîshma, Vidoura, le roi *Dhritarâshtra* et les fils de Pândou accomplirent la cérémonie de l'eau avec toutes les épouses des enfants de Kourou. 4959.

Tous les fils de Pândou jetaient leurs plaintes *au vent*. Bhîshma, fils de Çântanou, Vidoura et ceux de la famille rendirent au mort les honneurs de l'eau. 4960.

Tous les citoyens affligés environnèrent, sire, les jeunes Pândouides, qu'ils avaient pris, déchirés par le chagrin, au milieu d'eux, après qu'ils eurent accompli la cérémonie de l'eau. 4961.

Les citadins, brahmes et autres, se couchèrent sur la terre de la même façon que s'y étaient jetés, sire, les cinq jeunes Pândouides avec leurs parents. 4962.

Douze nuits, toute la ville, *depuis les vieillards* jusqu'aux enfants, resta avec les fils de Pândou sans joie, sans bien-être, le bonheur évanoui. 4963.

Ensuite, continua le narrateur, Kountî, le roi, Bhîshma et ceux de leur famille offrirent à Pândou un çrâddha, composé de beurre clarifié, arrosé d'huile, présenté avec le mot swadhâ ! 4964.

Après qu'ils eurent servi des festins aux Kourous par milliers, les brahmanes à leur tête, après qu'ils eurent distribué des masses de pierreries et les plus beaux des villages aux principaux des brahmes, ils prirent les fils de Pândou, honneur des Bharathides, qui avaient satisfait aux devoirs de la purification, et tous ils rentrèrent dans la ville, qui tire son nom des éléphants. 4965-4966.

Tous les habitants de la ville et des campagnes ne cessèrent jamais de regretter l'auguste Bharatide, qui n'était plus, comme une famille pleure un des siens, que la mort vient de frapper. 4967.

Le çrâddha fini, voyant le peuple désolé, Vyâsa dit à sa mère, accablée par la douleur et délirante de chagrin :

« Les temps sont dépouillés de leurs plaisirs, des infortunes les assiègent, la terre a perdu sa jeunesse, chaque jour est criminel et chaque lendemain encore plus.

» Si le monde, envahi par des fraudes sans nombre et tout rempli de mille péchés, rompt avec les bonnes mœurs, les cérémonies religieuses et la justice, il deviendra une chose épouvantable. 4968-4969-4970.

» Tel est le dérèglement des Kourouides que la terre va bientôt cesser d'être. Pars donc ! voue-toi à la méditation et vas habiter, recueillie en toi-même, dans la forêt de pénitence. 4971.

» Puissent tes yeux ne pas voir la ruine de ta race ! » Elle promit d'agir ainsi, entra *dans le gynœcée* et dit à sa bru : 4972.

« Ambikâ, la mauvaise conduite de ton petit-fils va causer la perte des Bharatides, de leurs fils et des habitants de cette ville même : voilà ce qui nous fut rapporté. 4973.

» Avec ta permission, je vais prendre Kâauçalyâ désolée, que ce petit-fils accable de chagrin, et j'irai *faire pénitence*, au bois, si telle est ton opinion. » 4974.

« Oui ! » répondit Ambikâ. Aussitôt Satyavatî, la sainte femme, dit adieu à Bhîshma et prit le chemin de la forêt, puissant Bharatide, avec ses deux brus. 4975.

Là, quand elles eurent supporté une bien longue pénitence, les reines, se dégageant du corps, entrèrent dans la voie désirée. 4976.

En ce temps les Pândouides, continua le narrateur, ayant reçu tous les sacrements védiques, avaient grandi, savourant les plaisirs *de leur âge*, dans le palais de leur père.

Ils s'amusaient en paix joyeusement avec les jeunes Dhritarâshtrides et se distinguaient par leur supériorité dans tous les jeux de l'enfance. 4977-4978.

Bhîmaséna écrasait tous les fils du roi Dhritarâshtra en agilité, en adresse à toucher le but, à dérober un mets, à ravir le bétail. 4979.

Le Pândouide en jouant leur déclarait une guerre de badinage, faisait d'eux ses prisonniers et, les comprimant tous à la fois jetés sur la terre, s'asseyait sur leurs têtes.

Seul contre ces vigoureux enfants au nombre de cent-un, le jeune Vrikaudara les contenait tous renversés à terre, et même sans beaucoup de peine. 4980-4981.

Le robuste garçon les prenait aux cheveux et, les frappant avec douceur, il traînait ce *faisceau d'enfants*, malgré tous leurs cris, sur la terre, contre laquelle étaient broyés les épaules et les genoux. 4982.

Un jour qu'il s'amusait dans l'eau, il prit dans ses bras dix enfants, plongea avec eux et reparut à la surface, tenant ses jeunes amis semblables à des morts. 4983.

Alors qu'ils étaient montés sur un arbre pour y cueillir des fruits, Bhîma secouait l'arbre d'un coup de pied.

Frappés de ce coup impétueux, les arbres vacillaient, et les enfants tombaient d'une chûte, mêlée à celle des fruits. 4984-4985.

Jamais, ni dans une lutte, ni à la course, ni dans les exercices militaires, les jeunes princes, qui cherchaient à l'imiter, n'obtenaient sur lui quelque supériorité. 4986.

Quand Vrikaudara le disputait aux jeunes Dhritarâshtrides, il ne cessait pas d'être excessivement désagréable par enfantillage, mais non dans un esprit de méchanceté.

Alors que l'auguste Douryodhana se vit obligé de renoncer à lutter contre la force de Bhîmaséna, il montra son mauvais naturel. 4987-4988.

La démence et l'ambition du trône fit naître une pensée criminelle en cet homme, transfuge de la vertu et qui promenait ses yeux autour de lui sur tous les vices. 4989.

« Ce Vrikaudara, le plus fort des forts, le fils de Kountî, le deuxième des trois fils de Pândou, il faut le contenir par la méchanceté. 4990.

» Vigoureux, vaillant, doué d'un immense héroïsme, se dit-il, Bhîmaséna seul combat contre nous tous réunis !

» Un jour qu'il sera endormi dans le jardin public de cette ville, précipitons-le dans le Gange ; puis, on jettera dans une prison chargé de fers, Youddhishthira, qui excelle sur tous ses frères puînés et, lui donnant une mort violente, je régnerai sur la terre ! » Quand il eut arrêté sa résolution de cette manière, le scélérat Douryodhana d'épier continuellement cette occasion, que devait lui offrir le magnanime Bhîma. 4991-4992-4993.

Ensuite, il se fit élever, pour le plaisir du bain, *puissant* Bharatide, des tentes vastes, admirables, d'étoffe, 4994.

Surmontées de drapeaux et bien remplies de toutes les choses, qu'on pouvait désirer. Il fit bâtir au même lieu plusieurs maisons de formes variées. 4995.

Il y fit construire un édifice, nommé le Divertissement-des-Bains, à l'extrémité du rivage, sur un lieu préparé, qui affectait un peu les apparences d'une montagne.

Certains hommes vinrent annoncer à Douryodhana que des gens habiles dans l'art de la cuisine avaient préparé des mets, des breuvages, des friandises, maintes choses à sucer ou à lécher. Ce prince aux mauvaises pensées dit alors aux Pândouides : 4996-4997-4998.

« Suivrons-nous la Gangâ, moi et tous mes frères, accompagnés *de vous*, et ferons-nous une promenade à mon Château-des-Bains ? » 4999.

« Qu'il en soit ainsi ! » répondit Youddhishthira. Les héros Kourouides sortirent de la ville avec les fils de Pândou. Montés sur des chars semblables à des villes ou sur de magnifiques éléphants, nés dans le pays, ils s'avancent vers ces bois en jardins et congédient une foule de leurs gens. 5000-5001.

Alors tels que des lions dans la caverne d'une montagne, tous ces héroïques frères entrent, admirant ce jardin, 5002.

Embelli par des salles de réunion, de resplendissantes tourelles percées de fenêtres et d'œils-de-bœuf, rempli de machines et de courtisans. 5003.

Ils admirent cette villa, nettoyée par d'*habiles* orfèvres, décorée par d'excellents peintres, ornée de lacs et de bassins aux ondes pleines de lotus, 5004.

Où les eaux resplendissaient, couvertes de nélumbos épanouis, où la terre se tapissait de fleurs suivant les saisons. 5005.

Assis là, tous les fils de Pândou et les Kourouides de savourer çà et là en grand nombre les jouissances secrètes de leurs désirs. 5006.

Puis, en étant venus à folâtrer dans ce bois charmant, ils se présentèrent de toutes parts les uns à la bouche des autres mainte chose *délicieuse* à manger. 5007.

Excité par l'envie de tuer Bhîmaséna, le perfide Douryodhana fit jeter le plus subtil poison dans un aliment.

Il se leva, et, pareil à un rasoir par le cœur, semblable à un Dieu par la bouche, le scélérat donna lui-même, comme un ami, comme un frère, ce mets copieux à Bhîmaséna, qui l'attendait sans aucun soupçon du crime. 5008-5009-5010.

Riant au fond du cœur, Douryodhana, le plus vil des hommes, se crut arrivé au comble de ses vœux. 5011.

Les Dhritarâshtrides et les Pândouides, tous l'esprit en bel humeur, prirent de compagnie leurs amusements au milieu des eaux. 5012.

Les enfants de Kourou, à la fin de leurs jeux, furent vêtus de blancs habits et bien parés. À l'extrémité du jour, ces héros, que les divertissements avaient fatigués, désiraient aller se reposer dans les chambres de la maison de plaisance ; et Bhîma, tout robuste qu'il fût, était épuisé lui-même jusqu'à la plus extrême fatigue. 5013-5014.

Il fit ramener en voiture les jeunes princes, sortis des amusements du bain ; et, comme il avait besoin d'un lieu pour dormir, il monta sur la hauteur à la cime du promontoire et s'y assoupit. 5015.

Ayant trouvé là un vent frais, le fils de Pândou fatigué. ivre jusqu'au délire, les membres engourdis par le poison, fut bientôt sans mouvement. 5016.

Alors Douryodhana, enchaînant Bhîma, semblable à un mort, avec des liens formés de lianes, fit tomber le héros de la hauteur au milieu des ondes. 5017.

Le Pândouide sans connaissance arriva jusqu'au fond de l'eau et parvint au palais des Nâgas. Là, tombant parmi les jeunes princes des serpents, Bhîma fut mordu cruellement par de nombreux reptiles au subtil poison, aux longues dents, à l'excessif venin. 5018.

Mais le poison mobile des serpents neutralisa dans ces morsures le poison fixe *du jaloux Douryodhana*. 5019.

Les dents cruelles des reptiles, s'acharnant à ses membres, n'entamèrent pas même, telle en était la force, la peau du héros à la vaste poitrine. 5020.

Ensuite, le fils de Kountî, s'étant réveillé, brisa tous ses liens et broya tous les serpents, dont quelques-uns seulement purent s'enfuir épouvantés. 5021.

Tous les autres furent tués par Bhîma. Les fuyards se rendirent chez Vâsouki et dirent à ce roi des serpents, semblable à Vàsava : 5022.

« Cet homme, Indra des serpents, fut jeté dans les eaux garotté ; aussi, héros, avions-nous pensé : « Il boira notre poison ! » 5023.

» Il arrive à nous sans mouvement ; nous le mordons, il se réveille, il revient à la connaissance et soudain il rompt ses liens et nous brise ! 5024.

» Veuille bien t'informer toi-même quel est cet homme, qui broie tout de ses longs bras. » Alors, suivi des serpents, Vâsouki s'approcha et regarda ce Bhîma aux longs bras, à la vigueur épouvantable. 5025.

À peine le grand-père de Prithâ l'eut-il vu qu'il embrassa bien étroitement son arrière-petit-fils. 5026.

Vâsouki à la vaste renommée fut très-content de le voir et le roi des serpents dit : « Quel plaisir peut-on lui faire ? » 5027.

» Qu'on lui donne une masse de biens, un amas de pierreries et des richesses ! » Le Nâga, auquel Vâçouki parlait de cette manière, lui répondit : 5028.

« Si tu es content, Indra des serpents, à quoi bon pour lui des amas de richesses ? Que ce jeune homme à la grande force boive à ta satisfaction une rasade ? 5029.

» Cette urne contient la force de mille serpents ; qu'on donne à ce jeune garçon autant de force qu'il en pourra boire ! » 5030.

« Qu'il en soit ainsi ! » répondit Vâsouki au Nâga. Ensuite les serpents souhaitent une heureuse soif à Bhîma ! Le vigoureux Pândouide, assis la face tournée à l'orient, goûte au breuvage et, d'une seule haleine, il boit la cruche entière. 5031-5032.

Le fils de Pândou tarit ainsi huit cruches. Puis, sur un lit céleste, que lui avaient donné ces Nâgas, Bhîmaséna aux longs bras, le dompteur des ennemis, dormit tant qu'il voulut. 5033.

Ces choses faites, reprit Vaîçampâyana, tous les enfants de Rourou et de Pândou, à l'exception de Bhîmaséna, ayant mis fin aux plaisirs du bain, s'en étaient retournés à la ville, qui tire son nom des éléphants. 5034.

Ils étaient montés sur des chars, des éléphants, des chevaux ou plusieurs autres véhicules, et s'entredisaient :

« Sans doute, Bhîmaséna s'en est allé devant nous ! » Le criminel Douryodhana, ne voyant pas Vrikaudara parmi les siens, rentra joyeux dans la ville, accompagné de ses frères. 5035-5036.

Le vertueux Youddhishthira, qui ne voyait pas *l'ombre* du vice dans son cœur, jugeait toujours bien des autres sur les inductions, qu'il tirait de lui-même. 5037.

Le fils de Prithâ, plein d'affection pour ses frères, vint trouver sa mère et, l'ayant saluée : « Ambâ, dit-il, Bhîma n'est-il pas venu ici ? 5038.

» Où peut-il être allé, mère ? Je ne le vois pas ici, noble dame ! Nous avons fouillé pour lui, de tous les côtés, les jardins et le bois, et, ne voyant pas l'héroïque Vrikaudara, nous avons tous pensé : « Il s'en est allé devant nous. »

» Et nous sommes revenus, l'âme inquiète. Où peut-il être allé, sainte femme, après être venu ici ? Où l'as-tu envoyé ? 5039-5040-5041.

» Parle-moi, illustre dame, de Bhîmaséna aux longs bras ! En effet, mon cœur, femme resplendissante, ne peut bannir ses soucis à l'égard du héros. 5042.

» Cependant Bhîma dort, je pense ; je ne crois pas qu'on l'ait tué ! » À ces mots du sage Dharmarâdja, Kountî de s'écrier toute émue : « Hélas ! hélas ! » et de lui répondre en ces termes : 5043.

« Je n'ai pas vu Bhîma ; il n'est pas venu chez moi : emploie vite, mon fils, tes efforts à sa recherche avec tes frères plus jeunes. » 5044.

Quand elle eut parlé de cette manière à son fils aîné, le cœur affligé d'inquiétudes, Kountî fit appeler Vidoura et lui tint ce langage : 5045.

« Où est passé Bhîmaséna, vénérable Kshattri : on ne le voit pas. Les frères de *Douryodhana* et ses frères sont tous sortis du jardin ; 5046.

» Seul Bhîma aux longs bras est resté là et n'est pas venu ici vers moi. Il n'est pas toujours agréable aux yeux de Douryodhana ! 5047.

« Celui-ci est cruel, féroce, d'un esprit méchant, dévoré par l'ambition du trône et ne rougissant de rien ; il aura tué Bhîma dans son ressentiment contre lui ! Cette pensée trouble mon cœur et le brûle affreusement. »

« Ne parle point ainsi, noble dame, répondit Vidoura ; exerce ta surveillance sur tes autres fils : car le traître, si tu n'y veilles, attaquera ceux, qui te restent. 5048-5049.

» Tes fils, comme l'a dit un grand anachorète, sont destinés pour une longue vie. Ton fils reviendra : il fera encore ta joie. » 5050.

A ces mots, reprit Vaîçampâyana, le sage Vidoura s'en revint à son logis, et Kountî, plongée dans ses pensées, resta assise dans son palais. 5051.

Le vigoureux fils de Pândou à la force incalculable, ayant digéré sa liqueur, se réveilla enfin le huitième jour. 5052.

Troublés à la vue du Pândouide, qui se réveillait, les serpents de l'amadouer et de lui adresser les paroles suivantes : 5053.

« À cause de cette liqueur, essence de forces, que tu as bue, héros aux longs bras, tu seras inaffrontable dans une bataille ; car tu y porteras la force d'une myriade de serpents. 5054.

» Baigné dans les ondes saintes, retourne en ton palais maintenant ! Tes frères, séparés de toi, héros de Kourou, sont plongés dans le chagrin. » 5055.'

Ensuite, s'étant baigné, devenu pur, habillé de vêtements blancs, paré d'une guirlande, le prince aux longs bras, honoré d'une fête dans le palais des serpents pour la bonne fortune du voyage ; 5056.

Ayant mangé d'une nourriture sans pareille, donnée par les puissants Nâgas et composée des herbes les plus odorantes mêlées à des simples, capables de neutraliser tout poison ; 5057.

Comblé d'hommages et salué de bénédictions par les serpents, le héros Pândouide, tout couvert de célestes parures, ayant dit adieu aux Nâgas, 5058.

Se leva, l'esprit dispos ; et le brave aux yeux de lotus bleu fut jeté par le *souverain des* reptiles hors du monde des serpents, au-delà des eaux *du Gange*. 5059.

Le rejeton de Kourou se vit replacé au même lieu bocager, *d'où il était tombé*, et soudain les Nâgas disparurent aux yeux du Pândouide. 5060.

Le fils de Kountî, Bhîmaséna aux longs bras, à la grande vigueur, se lève et se rend à la hâte auprès de sa mère. 5061.

Là, quand il s'est incliné devant sa mère et son frère aîné, le héros, qui broie les ennemis, baise sur la tête ses frères plus jeunes. 5062.

Ces princes et sa mère l'embrassent et ils s'entre-disent ces mots, qu'inspire une mutuelle amitié : « Oh ! bonheur ! oh ! bonheur ! » 5063.

Ensuite Bhîmaséna à la grande force, au mâle courage, de raconter à ses frères toute la conduite du *perfide* Douryodhana. 5064.

Le fils de Pândou leur exposa complètement ce qui lui était arrivé dans le monde des Nâgas, sans rien omettre ni du bien, ni du mal. 5065.

Le roi Youddhisthira dit alors ces mots remplis de sens à Bhîma : « Garde le silence ; je n'en dirai jamais rien ! Que désormais les fils de Kountî veillent sans négligence les uns sur les autres ! » 5066.

Après qu'il eut parlé ainsi, Youddhisthira aux longs bras, Yama sur la terre, se tint avec tous ses frères continuellement sur ses gardes. 5067.

Quand le roi Douryodhana, Karna et Çakouni, fils de Soubala, eurent vu les jeunes Pândouides montrer de la colère jusque dans leurs yeux, ils cherchèrent à les détruire avec différents moyens ; mais les fils irrités de Pândou, dociles aux conseils de Vidoura et ne déposant jamais leur méfiance, découvraient tous leurs pièges. Celui-ci avait cherché pour les instruire un gourou, qui fût parvenu à la rive ultérieure dans les choses des Çâstras et des Védas, et les avait présentés à Çarastamba, issu de Gautama. » 5068-5069-5070.

« Veuille me dire aussi, Brahme, interrompit Djanamédjaya, la naissance de Kripa ; comment il naquit d'un roseau de flèche ou comment il obtint ses traits. » 5071.

« Auguste monarque, répondit Vaîçampâyana, le Gautamide, appelé Çaradvat, était le fils du grand anachorète Gautama : on ne peut douter qu'il soit né avec des flèches. 5072.

La pensée de celui-ci était dirigée vers le Dhanour-Véda, comme la pensée de celui-là, fléau des ennemis, l'était vers la lecture des Védas. 5073.

Tels que les Brahmatchâris parviennent aux Védas par la pénitence ; tel il dut à sa pénitence d'obtenir toutes les armes de trait. 5074.

La vaste pénitence du Gautamide inspira de grandes inquiétudes au roi des Dieux à cause de l'excellence du Dhanour-Véda. 5075.

Le souverain des Immortels envoya donc, *noble* Kourouide, une jeune fille des Dieux : « Mets obstacle, lui dit-il, à sa pénitence ! » 5076.

Elle se rendit à son délicieux hermitage ; et la jeune enfant essaya de tenter le Gautamide, portant un arc et des flèches. 5077.

À peine eut-il vu dans le bois cette Apsara de formes incomparables dans le monde à demi-nue sous un seul vêtement, le Gautamide resta, les yeux tout grands ouverts. 5078.

Son arc et ses flèches tombèrent de ses mains sur la terre, et son corps fut agité même d'un tremblement à cette vue. 5079.

Mais, grâce à son éminente fermeté, le grand docteur ne descendit pas des hauteurs de la science ni de la vigueur de sa pénitence. 5080.

L'émotion de l'anachorète eut bientôt montré son effet : elle fit couler sa semence et lui-même, sire, ne s'en aperçut pas. 5081.

Le solitaire s'en alla, quittant son hermitage et fuyant la nymphe, mais son fluide prolifique tomba sur le bois d'une flèche. 5082.

La semence tombée sur le bois de flèche se partagea en deux, roi des hommes, et de là naquit un couple d'enfants à Çaradvat le Gautamide. 5083.

Un jour que le roi Çântanou errait à la chasse au gré de son caprice, je ne sais quel homme de son armée vit ces deux jumeaux dans la forêt. 5084.

Ayant vu l'arc avec sa flèche et des peaux d'antilope noire, il en conclut qu'un brahmane consommé dans le Dhanour-Véda était le père de ces enfants. 5085.

Il montra au roi les jumeaux, l'arc et la flèche : le monarque adopta ce couple de nouveaux-nés et fut ému de compassion. 5086.

Il revint dans ses palais : « Ce sont là, disait-il, mes enfants ! » Le fils de Pratipa, le plus vertueux des hommes, fit élever ces jumeaux du Gautamide et les munit de tous les sacrements. Le Gautamide, rentré dans son hermitage, s'y appliqua de nouveau à l'étude du Dhanour-Véda. 5087-5088.

« Je les ai élevés par un sentiment de *kripa, c'est-à-dire de* compassion. » Le monarque donna aux deux enfants un nom tiré de cette circonstance, *et les appela Kripa et Kripi*. 5089.

Le Gautamide sut, grâce aux lumières acquises par sa pénitence, en quel endroit on avait recueilli ses deux enfants ; il vint et fit connaître au jeune Kripa quelle était sa famille et le reste. 5090.

Il lui enseigna complètement le Dhanour-Véda et ses quatre sortes, les différentes armes et tous les secrets.

Le *jeune homme* parvint en peu de temps au plus haut talent d'enseigner. Alors tous les héros Dhritarâshatides, les fils de Pândou, les Yadouides, les princes nés de Vrishni et les autres rois, venus de maintes contrées, durent à ses leçons la science du Dhanour-Véda. 5091-5092-5093.

Ensuite Bhishma, expert dans toutes les armes, Bhîshma, qui avait renoncé au trône, mais qui n'avait pas une intelligence étroite ni une âme, qui ne fût d'un Dieu, lui, qui désirait l'excellence pour ses petits-neveux, Bhîshma, dans son désir de faire acquérir aux vigoureux enfants de Kourou une bonne instruction, interrogea à la ronde les maîtres estimés pour la force dans les armes et le talent d'enseigner. 5094-5095.

Ses réflexions faites, sire, ce fils de la Gangâ, le plus vertueux des Bharatides, mit les jeunes Pândouides et Kourouides sous la direction du sage Drona, fils de Bharadwâdja et consommé dans les Védas. Honoré par ce magnanime d'une manière convenable et suivant l'étiquette, le vertueux anachorète à la vaste renommée, le plus savant des hommes versés dans les Védas, reçut tous ces jeunes princes à son école. 5096-5097-5098.

Drona leur enseigna complètement le Dhanour-Vépa. Les Kourouides et les Pândouides à la splendeur infinie devinrent en peu de temps, sire, habiles dans toutes armes. »

« Comment naquit Drona ? interrompit Djanamédjaya. Comment avait-il obtenu les armes ? Comment vint-il chez les Kourous ? De qui était fils cet énergique *anachorète* ? 5099-5100.

« Comment Açwatthâman, le plus instruit des hommes exercés dans les armes, est-il né son fils ? Je désire entendre cette digression avec étendue : parle. » 5101.

« En face des portes de la Gangâ, reprit Vaîçampâyana, vivait un grand et vénérable anachorète, toujours fidèle à son vœu ; il avait pour nom Bharadwâdja. 5102.

Jadis, un matin, le maharshi Bharadwâdja, vaquant à l'oblation du beurre clarifié et à l'offrande du riz et de l'orge frits, vint au fleuve du Gange faire ses ablutions. Il vit l'Apsâra Ghritâtchî, qui s'y baignait elle-même à ses yeux. 5103.

Douée de jeunesse et de beauté, nonchalante d'ivresse et fière de l'ivresse, *qu'elle inspirait*, sa robe était retournée à l'envers sur le rivage du fleuve ; l'anachorète put donc la voir nue avant qu'elle eût remis sa robe à l'endroit, et s'éprit d'amour. 5104.

Tandis que la pensée de Bharadwâdja s'attachait à cette *enchanteresse*, tout sage qu'il fût, sa semence coula et l'anachorète de la recueillir dans son aiguière. 5105.

Drona naquit donc plus tard de l'aiguière du sage : il lut complètement les Védas et les Védângas. 5106.

L'auguste Bharadwâdja, le plus instruit des hommes experts dans les armes, sut concilier à son fils la faveur de l'éminent Agnivéça et lui fit obtenir le trait igné.

Cet anachorète fils du Feu, vertueux Bharatide, donna au fils de Bharadwâdja cette grande flèche, nommée le Trait-du-feu. 5107-5108.

Bharadwâdja avait pour ami un prince, appelé Prishata, auquel naquit en ces temps un fils, nommé Droupada.

Ce jeune prince, le plus noble des kshatryas, venait continuellement à l'hermitage, il jouait avec Drona et faisait avec lui une lecture des Védas. 5109-5110.

Prishata vint à mourir et Droupada aux longs bras, sire, monta sur le trône des Pântchâlains septentrionaux.

Le vénérable Bharadwâdja passa au ciel dans le même temps et Drona aux grandes macérations, succédant à son hermitage, y cultiva la pénitence. 5111-5112.

Consommé dans le Véda et les Védângas, ayant purifié ses souillures dans le feu de la pénitence, l'âme attachée à la mémoire de ses pères, Drona à la vaste renommée, conduit par le désir de leur engendrer un fils, obtint pour son épouse la fille de Çaradvat, Kripî, qui trouvait continuellement son bonheur dans l'entretien du feu perpétuel, le devoir et la répression des sens. 5113-5114.

Açvatthâman fut donné pour fils à la Gautamide. À peine sorti du sein de sa mère, le nouveau-né de hennir aussi fort que le cheval Outchhaîççravas. 5115.

À ce bruit, un être invisible, qui se tenait dans les airs, s'écria : « Parce qu'il a jeté, comme un cheval[38], un hennissement[39], qui est monté jusqu'aux plages moyennes du ciel, cet enfant sera nommé Açvatthâman ! » 5116.

Le père fut très-satisfait de ce fils, et le Bharadwâdjide, habitant son hermitage, continua de s'y appliquer au Dhanour-Véda. 5117.

La renommée porta à ses oreilles le nom du magnanime fils de Djamadagni, le fléau des ennemis, ce brahme, versé dans toutes les connaissances et qui excellait sur tous les hommes, qui manient les armes, 5118.

Râma, qui voulait alora donner aux brahmes les richesses de toute la terre. On lui parla de son Dhanour-Véda et de ses armes divines : il fit mentalement adoration à celles-ci et même au Çâstra de la science politique.

L'anachorète à la grande pénitence, au bras puissant, alla donc au Mahéndra, la sourcilleuse montagne, environné de ses disciples, enchaînés à leurs vœux et soumis eux-mêmes à la pénitence. 5119-5120.

Arrivé au Mahéndra, le Bharadwâdjide à la vigoureuse pénitence vit là ce Bhargavain dompté, patient, meurtrier des ennemis. 5121.

Drona, escorté de ses disciples, s'approcha du rejeton de Bhrigou, lui dit son nom et sa famille issue d'Angiras.

Ces choses dites, il courba la tête jusqu'à terre afin d'honorer ses pieds ; et, comme *Râma*, désirant aller au bois, l'avait congédié, lui *et* tout *son cortège*, le fils de Bharadwâdja adressa au magnanime Djamadagnide les paroles suivantes : 5122-5123.

« Sache que je suis Drona, un brahme du plus haut rang, le fils de Bharawâdja, et que le sein d'une mère ne m'a jamais conçu. C'est le désir des richesses, qui m'a conduit vers toi. » 5124.

Le magnanime, qui avait broyé tous les kshatryas, lui dit : « Sois le bien-venu, ô le plus grand des brahmes ! Parle ; que désires-tu ? » 5125.

À ces mots, le Bharadwâdjide répondit au *Djamadagnide*, le plus grand des victorieux, à ce Râma, que sa générosité poussait à distribuer en présents les diverses richesses : « Anachorète à la grande pénitence, je désire et te demande une richesse, qui n'ait pas de fin. » 5126.

Râma lui dit : « Tout ce que j'avais d'or et tout ce que je possédais en richesses quelconques, je l'ai donné aux brahmes, homme riche de pénitences. 5127.

« Cette terre divine, limitée par les mers, enguirlandée de ses villes, je l'ai donnée elle-même toute entière à Kaçyapa avec ses bourgs et ses villages. 5128.

» Il ne me reste plus maintenant que ce corps, mes grands arcs et mes armes diverses. 5129.

» Demande ou mes armes ou ma personne : je te les offre. Choisis, Drona : que te donnerai-je ? Dis-le vite ! »

« Donne-moi sans réserve, fils de Bhrigou, lui répondit Drona, toutes tes armes avec les secrets de leur usage et les moyens de les arrêter. » 5130-5131.

« Oui ! » reprit le Bhargavain ; et sur le champ celui-ci de lui donner ses armes, et la clef de leur mystère, et le Dhanour-Véda, sans rien omettre. 5132.

Après qu'il eut reçu tous ces *présents*, le vertueux brahme, qui possédait maintenant la science des armes, s'en alla bien joyeux au palais de son cher ami Droupada.

Arrivé en présence du roi, l'auguste Bharadwâdjide dit au prince : « Me voici chez toi, sache-le, sire, moi, ton ami ! » 5133-5134.

À ces mots, le Pântchâlain, qui jadis avait du plaisir à entendre ce nom d'ami dans la bouche du Bharadwâdjide, ne put, maintenant qu'il était roi, supporter cette expression. » 5135.

Les sourcils froncés de mauvaise humeur et de colère, ses yeux devenus rouges, le monarque, enivré par l'orgueil du pouvoir, tint ce langage à Drona. 5136.

« Ta science est encore imparfaite, brahme ; elle n'est pas encore bien faite aux usages, puisque tu viens me dire si brusquement, deux fois né : « Je suis ton ami !

» On ne voit nulle part exister l'amitié entre les rois puissants et des hommes nés comme toi, privés de grandeur et dépourvus de richesses. 5137-5138.

» Les amitiés vieillissent elles-mêmes dans le cours du temps avec l'homme, qui vieillit. Sans doute, il y eut jadis amitié entre moi et toi ; mais elle avait pour lien l'égalité.

» L'amitié n'est inaltérable dans le cœur de personne, qui soit au monde. Le temps a pour effet certain de la détruire et la colère en brise le lien. 5139-5140

» Ne fais plus compte, ô toi, d'une chose, qui a vieilli ; renonce à cette amitié. Celle, qui jadis te rapprocha de moi, ô le plus vertueux des brahmes, avait pour cause le besoin. 5141.

» Le pauvre n'est pas l'ami du riche, le savant n'est pas l'ami de l'ignorant, un lâche n'est pas l'ami d'un héros : pourquoi se targuer d'une ancienne amitié, *quand les conditions ne sont plus les mêmes ?* 5142.

» Il y a mariage et amitié entre gens, qui ont égalité de fortune ou égalité de science ; mais non entre l'homme bien nourri et celui, que la faim tourmente. 5143.

» Celui, qui n'est pas instruit, peut-il être ami de l'homme instruit ? Celui qui n'a pas de char n'est point l'ami de celui, qui possède un char ; celui, qui n'est pas roi, n'est pas l'ami d'un souverain : pourquoi se targuer d'une ancienne amitié, *quand les conditions ne sont plus* les mêmes ? » *5144.*

Après un tel langage de Droupada à l'auguste fils de Bharadwâdja, reprit Vaîçampâyana, celui-ci réfléchit un moment, tout plongé dans la colère. 5145.

Quand l'intelligent *anachorète* eut arrêté sa résolution dans son âme à l'égard du *roi* Pântchâlain, il se rendit chez les Kourous septentrionaux dans la cité, qui tire son nom des éléphants. 5146.

Arrivé dans cette ville, le vertueux brahme, fils de Bharadwâdja, y demeura bien caché dans la maison du fils de Gautama. 5147.

Là, son auguste fils enseigna sous Kripa les armes aux jeunes princes, et tout le monde ignorait qui il était. L'anachorète à l'âme impénétrable habita ainsi là un certain temps. Les Koumâras un jour sortirent de compagnie hors d'Hastinapoura. 5148-5149.

Les jeunes héros se promenaient et jouaient avec un sceau[40] ; mais, au milieu de leurs jeux, le sceau tomba dans un puits. 5150.

Ils se mirent donc à chercher de tous leurs efforts avec empressement à retirer le sceau du puits ; mais ils n'atteignirent point à leur but, et le sceau ne fut pas retiré.

Alors, se regardant les uns les autres, le visage baissé de honte, ils furent vivement affligés, ne trouvant aucun moyen de recouvrer l'anneau. 5151-5152.

Ils virent non loin d'eux un brahme aux cheveux blancs, maigre, la peau noircie *par la pénitence*, qui honorait un feu placé devant lui, tout appliqué à cette dévotion. 5153.

À la vue du magnanime brahme, les jeunes princes s'approchent et l'environnent d'une âme occupée de l'entreprise, où leurs efforts avaient échoué. 5154.

L'énergique Drona, voyant les Koumâras bien embarrassés dans cette affaire, sourit lentement et dit avec finesse :

« Oh ! bien faible est donc votre puissance de kshatryas ! Bien légère est donc la science, qui vous fut enseignée, des astras, si vous, nés dans la race de Bharata, vous ne savez pas retirer de là un sceau ! 5155-5156.

» Eh bien ! moi ! je vais retirer du puits ces deux choses à la fois : votre sceau et mon anneau. Donnez-moi seulement à manger quelques roseaux de cannes à sucre sauvages ! » 5157.

Quand il eut parlé de cette manière aux jeunes princes, l'anachorète jeta dans ce puits à sec l'anneau, qui ceignait son doigt ; ensuite le dompteur des ennemis, Youddhishthira, fils de Kountî, dit ces mots à Drona, *en lui offrant les saccharums spontanées* : 5158.

« Reçois dans ceci, brahmane, si Kripa veut bien le permettre, une aumône éternelle ! » Drona sourit à ces mots et dit aux jeunes Bharatides : 5159.

« Voici une poignée de roseaux, que je consacre avec les formules de l'astra. Admirez maintenant sa vertu, qui n'existe pas en nulle autre chose ! 5160.

» Je vais briser mon anneau avec un de ces roseaux, le roseau avec un autre, celui-ci avec un troisième, et je reprendrai, à l'aide de ces roseaux mis d'eux-mêmes bout à bout et rejoints mon anneau réparé. » 5161.

Ensuite, reprit Vaîçampâyana, toutes ces choses furent exécutées promptement de la manière, qu'avait indiquée le Bharadwâdjide ; et les jeunes princes avaient regardé cette merveille avec des yeux épanouis d'étonnement. 5162.

« C'est admirable au plus haut degré ! » pensaient-ils ; et les Koumâras dirent ces mots à Drona : « Maharshi, retire vite ce sceau ! » 5163.

Alors, l'auguste Drona à la haute renommée, ayant pris un arc avec un trait, de percer le sceau d'une flèche, qui le rapporta en l'air, hors du puits. 5164.

La flèche ayant rapporté l'anneau hors du puits, Drona le prit et le donna, sans paraître étonné aux jeunes princes ébahis. 5165.

Quand ils virent le sceau retiré ; « Nous nous inclinons devant toi, brahme, lui dirent les Koumâras ; on ne voit pas avec les autres de telles choses. Nous savons *maintenant* qui tu es et de qui tu es : que devons-nous faire ? » 5166.

À ces mots, dit Vaîçampâyana, Drona fit cette réponse aux jeunes princes : 5167.

« Parlez de moi à Bhîshma ; dites-lui quel est mon extérieur et quels sont mes talents : ce héros à la bien grande splendeur saura aussitôt qui je suis. » 5168.

« Oui ! » dirent les Koumâras. Ils vont et racontent à Bhîshma la parole certaine du brahmane et ce fait merveilleux. 5169.

Bhîshma au récit de ces jeunes gens reconnut *sur le champ* Drona : « Voilà, pensa-t-il, un précepteur d'une nature convenable ! » 5170.

Ils sortent et reviennent, amenant l'anachorète, que tous à l'envi comblent d'hommages. Leur oncle adroitement demanda à l'étranger quelle raison l'avait conduit en ces lieux, et Drona de lui tout raconter. 5171.

« Jadis, inaltérable guerrier, dit-il, je suis entré sous la direction du maharshi Agnivéça pour apprendre les armes et par l'envie d'étudier le Dhanour-Véda. 5172.

» Je fus là plusieurs années un brahmatchâri à l'âme soumise, portant les cheveux rattachés en gerbe : j'habitai là bien long-temps, faisant mon bonheur d'obéir à mon gourou. 5173.

» Le noble Pântchâlain à la grande force, Yajnaséna, le fils du roi, demeurait avec moi chez ce maître afin de s'instruire dans la science de l'arc et des flèches. 5174.

» Il était là mon ami, mon aide, mon compagnon, et je vécus bien long-temps, seigneur, intimement lié avec lui.

» Dès l'enfance, rejeton de Kourou, nous faisions nos lectures en commun : il fut toujours là mon ami, n'ayant pour moi que des paroles gracieuses et des services obligeants. 5176-5176.

» Un jour, Bhîshma, il me dit ces paroles, qui ajoutèrent à ma joie : « Je suis, Drona, celui, que mon magnanime père aime le plus entre ses fils. 5177.

» Quand l'auguste Pântchâlain m'aura sacré sur le trône, tu partageras ma fortune, vénérable ami ; je te le jure sur la vérité. 5178.

» Ta volonté régnera sur tous mes festins, mes richesses et mes plaisirs. » Ces paroles dites, la science des armes acquises, il s'en alla, honoré de mes révérences.

» Je gardai long-temps cette promesse dans mon cœur. J'épousai alors sur les ordres de mon père, qui désirait se voir des petits-fils, l'illustre Nâtikéçî à la grande science, aux glandes observances, qui trouvait un continuel plaisir dans la répression des sens, les sacrifices et l'entretien du feu perpétuel. 5179-5180-6181.

» La Gautamide eut un fils, de qui je suis le père : c'est le redoutable Açwatthâman aux héroïques exploits et d'une splendeur égale au soleil. 5182.

» Je fus aussi heureux par ce fils, que Bharadwâdja le fut par moi. *Un jour,* dans son enfance, Açwatthâman vit les fils d'un homme opulent boire du lait de vache ; il se mit à pleurer, et son chagrin confondit à mes yeux tous les points cardinaux du ciel. 5183.

« Un maître de maison ne périra pas, me dis-je, s'il ne sort pas de son devoir. » Quand j'eus roulé cette pensée dans mon esprit, je parcourus maintes fois la contrée. 5184.

» J'eus beau promener mes pas d'un bout à l'autre bout, nulle part je n'obtins une vache, moi, qui désirais, fils de la Gangâ, ce don, pieux honoraire de mes fonctions. 5185.

» Alors ses jeunes compagnons de tenter ses désirs avec une eau, qu'ils avaient blanchie au moyen de la farine. À peine eut-il bu ce mélange de farine et d'eau qu'il s'écria : « J'ai bu du lait ! » 5186.

» Il se leva et se mit à danser dans une folie d'enfantillage. Quand je vis mon fils, tombé dans un état ridicule, danser, environné de ses jeunes camarades, je sentis ma fermeté d'âme, qui m'abandonnait. « Fi du pauvre Drona qui n'arrive pas à trouver la richesse ! 5187-5188.

» Lui, de qui le fils, ayant soif de lait, a bu de l'eau enfarinée et s'est mis à danser, transporté de joie, en s'écriant : « J'ai bu du lait !… » 5189.

» Dès que je les entendis s'entretenir de cette manière, ma raison s'envola : je me blâmai moi-même, et j'en vins à concevoir de moi les pensées qu'ils en avaient conçues.

» Il y a plus ; je me dis : « Je demeurais avant ce jour délaissé et moqué des brahmes. Faisons désormais une cour assidue, mais innocente, par l'envie d'acquérir aussi des richesses. » 5190-5191.

» Ces réflexions faites, Bhîshma, je pris mon fils bien-aimé et je m'en allai, accompagné de mon épouse, trouver le fils de Somakî, poussé vers lui par le sentiment de notre ancienne amitié. 5192.

» Comme j'avais ouï dire qu'on l'avait sacré : « Mes vœux sont comblés ! » pensai-je. Me rappelant notre ancienne amitié et la parole, qu'il m'avait dite, je m'acheminai, plein de joie, vers mon cher ami, devenu roi. 5193.

» Je m'approchai, seigneur, de mon ancien compagnon Droupada et je lui dis : « Je suis ton ami ; sache, roi puissant, que c'est moi ! 5194.

» Me voici parlant à Droupada comme un ami ! » Mais lui, se moquant de moi, comme si j'avais un visage ridicule, me dit : 5195.

« Ta science est encore imparfaite, brahme ; elle est encore peu faite aux usages, puisque tu me dis si brusquement, deux fois né : « Je suis ton ami ! » 5196.

» Les amitiés vieillissent ici-bas dans le cours du temps avec l'homme, qui vieillit. Sans doute, il y eut jadis entre nous une amitié, qui avait pour lien l'égalité. 5197.

» L'ignorant n'est pas l'ami du savant ; l'homme, qui n'a pas de char, n'est pas l'ami de l'homme, qui possède un char. L'amitié est fille de l'égalité ; l'inégalité ne la produit jamais. 5198.

» L'amitié n'exista jamais inaltérable au cœur de personne au monde. Le temps l'efface, elle est enlevée par la colère. 5199.

» Ne fais plus compte d'une chose vieillie ; renonce, ô toi, à cette amitié ! Jadis exista entre nous deux l'amitié, ô le meilleur des brahmes ; le besoin en était le nœud.

» L'indigent n'est pas l'ami du riche, l'ignorant ne l'est pas du savant, ni un lâche d'un héros : pourquoi se targuer d'une ancienne amitié, *quand les conditions ne* sont plus les mêmes ? *5200-5201*.

» L'amitié n'existe nulle part, insensé, entre les rois puissants et des êtres nés comme toi, exclus des grandeurs et privés des richesses. 5202.

L'homme illettré n'est pas l'ami de l'homme érudit : celui, qui n'a pas de char, ne l'est pas de celui, qui possède un char : celui, qui n'est pas roi, n'est pas l'ami d'un souverain : pourquoi se targuer d'une ancienne amitié, *quand* les conditions ne sont plus les mêmes ? *5203*.

» Je ne connais pas cette promesse de partager avec toi les bénéfices du trône, chose, que tu as sans doute Imaginée ! Mais je veux bien pour une seule nuit, brahme, te donner ici la nourriture. » 5204.

» À ces mots du roi, je partis avec mon épouse, m'étant lié d'une promesse, que je ne tarderai pas d'accomplir.

» Plongé dans le ressentiment par ce langage de l'orgueilleux Droupada, je suis venu chez les Kourous, Bhîshma, parce que j'ai besoin d'élèves doués de grandes qualités. 5205-5206.

» Je suis venu aussi rehausser même en grandeur cette délicieuse ville de Nâgapoura, l'amour de ton altesse.

Parle ! que ferai-je pour toi ? » 5207.

Aux paroles du Bharadwâdjide, reprit Vaîçampâyana, Bhîshma de répondre en ces termes : « Que l'arc *de ton ennemi* ait sa corde brisée et que ta main soit armée d'un bon arc ! 5208.

» Le cœur bien joyeux, goûte aux festins dans le palais de Kourou ! Tout ce qui est de richesses aux Kourouides est à toi ! C'est de toi, comme d'un suzerain, que relève ce royaume et son gouvernement. Tous les Kouravas sont tes sujets ! Quelque chose que tu veuilles demander, pense ; « C'est déjà fait ! » 5209.

» Je suis heureux que tu sois venu dans cette ville, saint brahme ! c'est une grande faveur, qui m'est accordée. » Ensuite, Drona, le plus vertueux des hommes, reprit Vaîçampâyana, Drona à la grande splendeur, comblé des respects de Bhîshma et *de tous les princes*, se reposa dans le palais de Kourou. 5210-5211.

Quand le brahme se fut délassé, Bhîshma prit les jeunes rejetons de Kourou, ses petits-neveux, et les confia pour leur enseignement au gourou avec diverses richesses.

Le prince donna fort satisfait au Bharadwâdjide une maison bien cachée, toute pleine de grains et de choses précieuses. 5212-5213.

Drona, l'habile archer, reçut, d'une âme joyeuse pour ses disciples les jeunes princes de Kourou, enfants de Pândou et de Dhritarâshtra. 5214.

Devenu le maître de ces adolescents, qui avaient mis leur habitation près de la sienne, l'anachorète seul avec eux dit en secret, l'âme charmée, ces mots à tous : 5215.

« Quelque soit le désir, qui roule dans mon cœur, il faut, une fois que vous aurez acquis la science des armes, m'en donner l'accomplissement ; promettez-le-moi, jeunes gens purs de tout péché. » 5216.

Ces paroles entendues, monarque des hommes, reprit Vaîçampâyana, les Kourouides ne répondirent pas un seul mot ; ensuite, fléau des ennemis, Arjouna promit tout. 5217.

Alors, ayant baisé mainte fois sur la tête ce jeune homme, qui prenait la première place dans son affection, et serrant Arjouna dans ses bras, il pleura de joie. 5218.

Ensuite l'énergique Drona mit les armes diverses, humaines et divines, à la main des fils de Pândou. 5219.

Les autres fils de roi, et les Vrishnides, et les Andhakas, et les princes des pays étrangers vinrent tous en foule apprendre les armes sous la direction du brahme, le plus grand de sa caste. Le fils *adoptif* du *noble* cochet, *Karna-Râdhéya* se vit forcé lui-même de venir aux leçons du *savant* brahme. 5220-5221.

Mais, en lutte de rivalité avec Arjouna, le fils du cocher royal se rendait chez Douryodhana et s'y livrait au plaisir de mépriser les Pândouides. 5222.

Le désir d'apprendre la science de l'arc avait conduit Karna aux leçons du brahmane. Grâce à son amour pour la science de l'arc et par les soins de l'enseignement, joint à la force de son bras, le Pandouide Arjouna excellait sur tous les jeunes gens de son âge en toutes les manières de se servir des flèches, en adresse, en maintes supériorités. Drona assurait qu'Aîndri[41] était sans égal dans les choses de ses cours. 5223-5224-6225.

Il instruisit ainsi tous les jeunes princes, il donna à tous le kamandalou ou *l'aiguière d'argile* en signe de leur tardif avancement jusqu'à ce qu'ils eussent atteint les exercices supérieurs de son fils, qu'il gratifia du koumbha; symbole de ses rapides progrès. 5226-5227.

Drona disait à son fils : « Djishnous[41] a bien compris cette chose ! » Quand Phalgouna[41] eut terminé le temps du kamandalou par le maniement de la flèche Varounaine, il eut l'honneur d'être admis auprès de son gourou avec le fils de son maître. 5228.

Quelle que fût la hauteur de son excellence, ce fils de l'Atchârya ne put jamais laisser derrière lui cet intelligent fils de Prithâ, le plus instruit des hommes experts dans la science de l'arc. 5229.

Arjouna mettait une application extrême à honorer son gourou, il s'absorbait dans une profonde méditation sur l'Astra-*Véda*, et Drona le favorisait de son amitié. 5230.

Ayant vu qu'il tenait levés continuellement son arc et ses flèches, Drona fit venir le cuisinier et lui dit ces mots sur Phalgouna : 5231.

« Ne donne aucune sorte de nourriture à Arjouna dans la nuit et ne répète à personne ces paroles de moi sur

Vidjaya[41]. » 5232.

Une certaine fois qu'Arjouna mangeait, le vent souffla, et une lampe allumée là fut éteinte. 5233.

La bouche du fils de Kountî n'est pas très-désireuse de manger, mais il en est autrement de sa main pour agir, grâce aux faveurs, dont fut doué ce resplendissant héros.

Il était nuit ; mais le fils de Pândou n'en songea pas moins aux occupations *militaires,* et le guerrier aux longs bras de s'exercer la main avec son arc. 5234-5235.

Drona entendit le bruit, que jetait la surface de sa corde ; il se leva, s'approcha de lui, Bharatide, l'embrassa et lui dit ces mots : 5236.

« J'emploierai mes soins à faire qu'il n'y ait dans le monde aucun archer égal à toi : je te le dis sur la vérité. » 5237.

Ensuite Drona enseigna de nouveau à Arjouna, reprit Vaîçampâyana, la science des combats à cheval, sur des éléphants, sur des chars, ou même à pied sur la terre.

Il instruisit les rejetons de Kourou aux combats dans une mêlée, aux combats à la massue, à manier l'épée, les épieux de fer, les traits barbelés et des leviers en fer.

Sur la renommée de son habileté, désirant apprendre le Dhanour-Véda, les rois et les fils de rois affluaient vers lui par milliers. 5238-5239-5240.

Ékalavya, le grand monarque, fils de Hiranyadhanoush, roi des Nishâdas, se rendit lui-même chez Drona. 5241.

Mais celui-ci, qui n'ignorait pas le devoir : « C'est un prince des Nishâdas ! » pensa-t-il ; et, par la considération des autres, il ne voulut pas le recevoir pour élève en la science de l'arc. 5242.

Le formidable prince toucha de sa tête les pieds de l'anachorète ; et, s'exilant au fond des bois, il se fit une idole de terre à l'image de Drona. 5243.

Là, il observa exactement à l'égard de cette figure la conduite du disciple envers son directeur, et, s'enchaînant à la pénitence, il se plongea dans une profonde abstraction sur l'arc et les flèches. 5244.

Doué de la plus grande foi et grâce aux méditations les plus élevées, il parvint à une adresse supérieure dans l'art d'encocher, de tenir et de lancer une flèche. 5245.

Un jour les Pândouides, rejetons de Kourou, à qui Drona en avait donné le congé, sortirent tous *les cinq* de la ville sur leurs chars, ô toi, qui broies les ennemis, et s'en furent à la chasse. 5246.

Chargé de leurs provisions, un seul homme, accompagné d'un chien, suivait à son gré les Pândouides. 5247.

Tandis qu'ils erraient çà et là, conduits par l'envie de faire telle ou telle chose, le chien, rôdant sans être vu dans ces bois, rencontra le prince des Nishâdas. 5248.

À la vue de cet homme, portant les cheveux rattachés en gerbe, vêtu avec une peau d'antilope noire, et le corps tâché de noires souillures, le chien s'arrêta devant lui et se mit à aboyer. 5249.

Alors, montrant son adresse à l'arc, ce pénitent de lancer d'un seul coup sept flèches dans la gueule du chien aboyant. 5250.

L'animal revint, sa gueule pleine de flèches vers les Pândouides ; et ces héros, à son aspect, furent saisis de la plus haute admiration. 5251.

À la vue de cette promptitude à percer dans l'instant même du cri, eux de vanter sans réserve ce coup d'adresse et chacun d'être honteux de soi-même. 5252.

Les Pândouides se mirent donc à chercher dans le bois cet habitant de la forêt, et le virent occupé, sire, à décocher des flèches sans aucun relâche. 5253.

Ils ne reconnurent pas le prince dans son aspect misérable, et, l'interrogeant à la ronde : « Qui es-tu, seigneur ? lui dirent-ils ; et de qui es-tu le fils ? » 5254.

Ékalavya répondit :

« Sachez, héros, que je suis le fils de Hiranyadhanoush, que je suis le roi des Nishâdas, le disciple de Drona, et que je me fatigue à étudier le Dhanour-Véda. » 5255.

Après que les Pândouides en furent venus à le connaître d'une manière indubitable, ils reprirent le chemin de la ville et racontèrent circonstanciellement à Drona toute cette merveilleuse aventure. 5256.

Mais Arjouna, le fils de Kountî, ne perdait pas le souvenir d'Ékalavya ; il vint trouver seul en secret son maître et lui dit sur un ton affectueux : 5257.

« Un jour ta révérence, m'ayant embrassé, m'a tenu ce langage, que précédait un mot d'amitié : « Un de mes disciples ne sera jamais supérieur à toi. » 5258.

» Pourquoi y a-t-il un potentat dans ce monde même, qui est supérieur à moi ? Ta révérence a un autre disciple : le fils du roi des Nishâdas ! » 5259.

Drona de songer un instant, reprit Vaîçampâyana, et d'arrêter sa résolution ; puis, accompagné de l'Ambidextre, il s'en alla vers le prince des Nishâdas. 5260.

Il vit, portant le djâta, son corps souillé de taches, et revêtu d'une peau, Ékalavya, qui, son arc à la main, décochait continuellement des flèches. 5261.

Celui-ci, à la vue de Drona, qui vient à lui, s'avance à sa rencontre ; il prend ses pieds et touche du front la terre. 5262.

Quand il eut honoré Drona suivant l'étiquette, le Nishâdain lui annonce qu'il est un de ses disciples et se tient devant lui, ses deux mains réunies aux tempes. 5263.

Ensuite Drona, sire, dit ces mots à Ékalavya : « Si tu es mon disciple, héros, paye-m'en les honoraires ! » 5264.

À ces mots, Ékalavya répondit, plein de joie : « Révérend, que te donnerai-je ? Veuille bien mon maître me donner ses ordres ! Il n'est rien à moi, que j'excepte du présent, qui est dû à mon gourou, ô le plus savant des hommes versés dans les Védas. » 5265.

« Donne-moi ton pouce, reprit l'anachorète, en récompense de mes leçons ! » Et, à ces effroyables paroles du brahme, Ékalavya, 5266.

Conservant sa promesse dans la vérité, ne sortant pas un instant de la soumission, le visage gai et l'âme non abattue, 5267.

Se trancha le pouce résolument et le donna au *terrible* Drona. Désormais le prince Nishâdain tira ses flèches avec les seuls doigts de sa *main mutilée* ; mais il ne fut plus, monarque des hommes, aussi prompt qu'avant.

L'âme joyeuse alors, Phalgouna vit ses inquiétudes se dissiper ; et la parole de l'anachorète, qui avait dit : « Nul autre ne surpassera jamais Arjouna, » resta une parole de vérité. 5268-5269.

Deux élèves du *pieux* Drona étaient propres au combat avec la massue : Douryodhana et Bhîma aux âmes toujours bouillantes de colère. 5270.

Açvatthàman excellait pour la connaissance de tous les secrets ; les deux jumeaux, *fils des Açwins*, étaient au-dessus de tous les hommes pour le maniement de l'épée. 5271.

Youddhishthira était sans égal pour combattre sur un cheval ; Arjouna, célèbre en tous lieux jusqu'à l'Océan, borne de la terre, était le prince de tous les princes des hommes de char. 5272.

Arjouna se distinguait par-dessus tous *ses compagnons*, dans l'exertion continue de la force, de la méditation et de l'intelligence, par son attachement à son gourou, la science de l'arc et son adresse en toutes les sortes de flèches. 5273.

Le puissant héros Arjouna primait sur tous les jeunes princes par son excellence aux leçons données en commun de l'arc et de la flèche, 5274.

L'âme méchante des Dhritarâshtrides s'indignait en même temps de voir dans Arjouna une étude achevée, et dans Bhîmaséna un souffle de vie supérieur. 5275.

Le chef de ce jeune troupeau, Drona, les ayant tous rassemblés, voulut connaître dans une expérience de tir ceux, qui étaient véritablement instruits dans l'arc et dans la science.

Il fit élever à la cime d'un arbre un vautour, ouvrage de sculpture dû à la main des ouvriers, et le signala à ses nobles élèves comme un but *presque* invisible. 5276-3277.

« Vite ! prenez tous de tous côtés vos arcs, leur dit-il ; et que vos altesses se tiennent, le trait encoché, visant cet oiseau ! 5278.

» Au même temps que tombera ma parole, abattez sa tête ! Je vous donnerai l'ordre à tous, l'un après l'autre : faites ainsi, mes fils ? » 5279.

Ensuite, reprit Vaîçampâyana, le plus excellent des Angirasides, s'adressant à Youddhishthira le premier : « Encoche ta flèche, inaffrontable guerrier, lui-il dit, et décoche-la dès la fin de ma parole ! » 5280.

Excité par la voix du maître, le terrible Youddhishthira le premier d'empoigner son arc et de se mettre en attitude, visant l'oiseau. 5281.

Drona, un instant après, dit ces mots, puissant Bharatide, au petit-neveu de Kourou, qui tenait son arc bandé : 5282.

« Vois-*tu* le vautour mis sur l'arbre, fils du plus vertueux des hommes ? » — « Je le vois, » répondit Youddhishthira à son maître. » 5283.

Après un nouvel instant, Drona lui dit encore : « Vois-tu l'arbre, ou moi, ou tes frères eux-mêmes ? » 5284.

Le fils de Kountî lui répondit à deux et trois fois : « Je vois cet arbre, et ta révérence, et mes frères, et l'oiseau. »

« Marche ! » fit Drona comme d'une âme joyeuse, et il ajouta avec dédain : « Il est impossible que tu frappes ce but ! »

Le maître à la haute renommée interrogea ainsi, en suivant l'ordre et pour expérimenter leur savoir, Douryodhana et les autres fils de Dhritarâshtra, *ses frères*. 5287.

Il éprouva ainsi, et Bhîma, et les deux jumeaux, et ses autres disciples, princes des pays étrangers ; « Voyons tout cela ! » dit-il : et tous furent dédaignés *comme le fut Youddhisthira*. 5285-5286-5288.

Ensuite Drona dit en souriant à Dhanandjaya : « C'est à toi maintenant d'attaquer ce but. Regarde-le ! 5289.

» Au même instant que sortira ma parole, envoie ta flèche ! Bande ton arc, mon fils, et reste en attitude une minute seulement. » 5290-5291.

À ces mots, l'Ambidextre, excité par la voix du maître, fit courber son arc et se tint, visant le vautour. 5292.

Un instant après : « Vois-tu l'oiseau mis sur la cime, Arjouna, et l'arbre, et moi-même, lui dit son gourou. »

« Je ne vois que le vautour ; et je ne vois ni l'arbre, ni ta révérence ! » C'est ainsi, Bharatide, que le fils de Kountî répondit à son maître. 5293-5294.

Après un nouvel instant, l'inafirontable Drona, l'âme satisfaite, dit une seconde fois au héros des Pândouides :

« De quelle manière vois-tu l'oiseau ? Dis-moi encore cette parole ! » — « Je vois la tête du vautour ; mais, je ne vois pas son corps, » lui répondit Arjouna. 5295-5296.

Le poil hérissé de plaisir à ces mots d'Arjouna : « Décoche ! » cria-t-il au fils de Prithâ ; et celui-ci d'envoyer son trait, sans balancer. 5297.

Aussitôt, coupée avec le tranchant acéré de sa flèche, le Pândouide fit tomber la tête du vautour, mis à la cime de l'arbre. 5298.

Drona, cette œuvre accomplie, serra dans ses bras le fils de Pândou et se crut déjà victorieux en bataille de *l'insolent* Droupada et de sa famille. 5299.

Au bout d'un certain laps de temps écoulé, puissant Bharatide, *cet anachorète*, le plus excellent des rejetons d'Angiras, s'en alla, accompagné de ses disciples, se baigner dans le Gange. 5300.

Mais, tandis que Drona était plongé dans l'eau, un vigoureux crocodile, errant sous les ondes, le saisit, excité par la mort, à l'extrémité d'une cuisse. 5301.

Quoiqu'il fût bien capable de se délivrer lui-même, il appela tous ses disciples au secours, les hâtant avec ces paroles : « Tuez le crocodile et sauvez-moi ! » 5302.

Au même instant que ces mots sortaient de sa bouche, Bîbhatsou de tuer l'amphibien plongé dans l'eau avec cinq traits aigus, insurmontables. 5303.

L'esprit égaré, ses autres disciples se tournaient çà et là ; mais cette action fit voir à l'anachorète que le jeune Pândouide était doué de compatissance ; il estima que cet élève était supérieur à tous ses autres disciples et son amitié pour lui s'en accrut. Le crocodile, déchiré en maintes pièces par les traits du fils de Prithâ, abandonna la jambe du solitaire et mourut. Ensuite le Bharadwâdjide tint ce langage au magnanime héros : 5304-5305-5306.

« Reçois, guerrier aux longs bras, avec les moyens pour le rappeler au carquois, son coup porté, ce trait supérieur, insoutenable, nommé la Tête-de-Brahma. 5307.

» Il ne te faut jamais d'aucune manière en user parmi les hommes : lancée même avec une faible lumière, cette arme consumerait le monde entier. 5308.

» Elle n'est pas dite, mon fils, une arme vulgaire dans les mondes. Porte-la dévotement : écoute encore cette parole de moi. 5309.

» Si un être surhumain, ton ennemi, héros, met en péril ta vie dans le combat, tu peux néanmoins employer cette flèche pour sa mort ! » 5310.

« Qu'il en soit ainsi ! » répondit Bîbhatsou, les mains réunies aux tempes ; il reçut l'arme supérieure et son gourou lui dit encore : 5311.

« Aucun homme, l'arc en main, ne sera ton égal dans le monde ! « 5312.

Ayant vu que les fils de Dhritarâshtra et ceux de Pândou, noble Bharatide, continua le narrateur, possédaient complètement la science de l'arc, Drona de parler en ces termes à Dhritarâshtra, le monarque des hommes, 5313.

En présence de Kripa, de Somadatta, du sage fils de Bahlîka, du fils de la Gangâ, de Vyâsa et de Vidoura :

« Sire, ô le plus vertueux des enfants de Kourou, tes fils ont acquis la science : qu'ils fassent voir maintenant, si tu le permets, l'instruction, qu'ils ont reçue,

Le puissant monarque lui répondit, l'âme satisfaite : « Tu as fait là une grande chose, fils de Bharadwâdja, ô le plus vertueux des brahmes ! 5314-5315-5316.

» Si tu penses que le temps est venu, donne-moi tes ordres en détail sur le lieu et les règles du spectacle.

» Je porte envie aux hommes, qui jouissent de la vue, parce qu'ils verront mes fils prouver leur science et leur force dans les armes. 5317-5318.

» Kshattri, fais ce que dit le gourou, précepteur de mes fils : jamais, je pense, il n'y aura une chose, ami du devoir, qui me soit aussi agréable. » 5319.

Vidoura aussitôt salua le monarque et sortit de la salle. Le Bharadwâdjide à la grande science fit mesurer un terrain, 5320.

Uni, sans arbres, sans broussailles, arrosé par un cours d'eau. Il offrit sur cette terre un sacrifice à l'honneur du jour lunaire de la constellation zodiacale. 5321.

Après qu'on eut proclamé rassemblée pour cette fête, les ouvriers construisirent sur le lieu de la scène, suivant les règles et conformément aux Çâstras, un amphithéâtre bien disposé, bien vaste, muni, sire, de tous les meubles à l'usage du roi et des femmes. 5322-5323.

On fit construire aux habitants de la campagne des échafauds vastes, élevés en hauteur, et des palanquins d'une grande richesse. 5324.

Ce jour de fête arrivé, ô le meilleur des êtres, qui sont doués de la parole, le monarque, ayant nommé présidents des jeux Bhîshma, Kripa et le vertueux Atchârya, s'avança, accompagné de ses ministres, vers ce pavillon céleste, fait d'or, embelli de pierres fines et de lazuli, environné de réseaux de perles. 5325-5326.

La vertueuse Gândhârî, et Kountî, et toutes les femmes du roi, ô le plus grand des victorieux, et leurs domestiques, et leurs suivantes, 5327.

De monter joyeuses sur les plate-formes comme les femmes des Dieux montent sur le Mérou. Les brahmes, les kshatryas, et tout ce qu'il y avait d'hommes appartenant aux quatre classes, sortirent en foule précipitamment de la ville impatients de voir l'adresse des jeunes princes dans les armes. Dans un instant ces hommes, impatients du spectacle, eurent formé l'assemblée. 5327-5328.

Les fanfares des instruments de musique et la curiosité des assistants agitèrent cette nombreuse affluence comme les flots de la grande mer. 5329.

Alors, vêtu d'une robe blanche, portant le cordon blanc du sacrifice, les cheveux blancs, la barbe blanche, oint d'un onguent blanc et ceint d'une blanche guirlande,

Atchârya, accompagné de son fils, entra au milieu de l'amphithéâtre, comme le soleil, escorté d'Angaraka, fait son entrée dans un ciel sans nuages. 5330-5331.

Ce fort des forts célébra le sacrifice conforme au temps et fit réciter aux brahmes les plus instruits des mantras les prières destinées à gagner les faveurs de la fortune.

Aussitôt après la sainte proclamation faite de ce saint jour de fête, entrèrent des hommes, qui portaient un arsenal de toutes les différentes armes. 5332-5333.

Derrière eux parurent les héroïques princes, enfants de Bharata, les doigts munis du gantelet, les reins serrés de la ceinture, le carquois attaché sur l'épaule, et l'arc à la main. 5334.

Ces Koumâras à la grande vigueur, marchant tous à leur rang d'âge, Youddhishthira à leur tête, firent montre d'une adresse supérieure et merveilleuse à tirer la flèche. 5335.

Entre les spectateurs, ceux-ci baissaient la tête par la crainte du trait décoché ; ceux-là, pleins d'étonnement, le voyaient brisé *dans son vol*. 5336.

Ces rivaux de percer des buts avec des flèches embellies des marques de leurs noms, ou de monter en courant divers chevaux, lancés avec vitesse. 5337.

À la vue de cet escadron de jeunes princes, l'arc et la flèche en main, semblables à une armée de Gandharvas, tous étaient émerveillés. 5338.

Les autres, noble Bharatide, épanouissant leurs yeux d'admiration, criaient à l'envi par centaines de mille : « Bien ! bien ! » 5339.

Après que les jouvenceaux à la grande vigueur eurent fait maintes prouesses à l'arc, en conduisant un char, sur le dos d'un éléphant, à cheval, en combat singulier, 5340.

Ces *nobles* combattants, armés du cimeterre et du bouclier, s'escrimèrent, le sabre à la main, sur toutes les différentes sortes de terrains, comme on leur avait enseigné. 5341.

Dans cet exercice, le cimeterre *à la main droite*, l'écu *au bras gauche*, ils montrèrent légèreté, correction, élégance, fermeté, vigueur du poignet, habitude de tous les coups et parades. 5342.

Ensuite, le poil continuellement hérissé, Douryodhana et *Bhîma* au ventre de loup descendirent sur l'arène, portant chacun sur l'épaule une massue et tels que deux montagnes, surmontées chacune d'un sommet. 5344.

La ceinture liée sur les reins, ces deux guerriers aux longs bras sont affrontés d'un courage inébranlable, comme deux grands éléphants, que la présence d'une éléphante a remplis d'ivresse. 5344.

Semblables à deux pachydermes en fureur, ces robustes champions aux brillantes massues décrivaient des circonvolutions, soit à droite, soit à gauche. 5345.

Vidoura expliquait à Dhritarâshtra et la mère des trois Pândouides à Gândhârî tous les faits et gestes des jeunes princes. 5346.

Tandis que le roi, *frère ainé* des Kourouides, et Bhîma, le plus fort des hommes forts, combattaient dans l'arène, l'assemblée, attachant son amour à l'un ou à l'autre des rivaux, était partagée en deux sentiments. 5347.

Il s'élevait tout à coup des clameurs immenses d'hommes s'écriant : « Bien ! prince des Kourouides ! Bien, *héros* Bhîma ! » 5348.

Quand il vit l'amphithéâtre semblable à une mer agitée, le prudent Bharadwâdjide jeta ces mots à son fils bien-aimé Açvatthàman : 5349.

« Sépare ces deux champions à la grande vigueur, qui ont fait preuve de force et d'habileté : prenons garde que cette lutte de Souyodhana et de Bhîma n'allume la colère de l'amphithéâtre ! » 5350.

Aussitôt le fils du gourou arrêta ces deux guerriers, la massue levée, tels que deux mers aux grands rivages, bouleversées par le vent à la fin d'un youga. 5351.

Ensuite Drona vint dans l'enceinte de l'amphithéâtre ; il fit cesser le bruit de l'assemblée, pareil au *tonnerre des* grands nuages, avec la multitude des instruments de musique, et dit ces paroles : 5352

« Voyons maintenant Aîndri, fils de Prithâ, égal à Vishnou, habile en toutes les armes et qui m'est plus cher que mon fils même ! » 5353.

À l'instant, recommandé par les prières de son maître, parait le jeune Phalgouna, ayant lié la manique, défense de ses doigts, le carquois plein, son arc et sa cuirasse d'or, semblable enfin au nuage du crépuscule, qui porte la foudre, arme d'Indra, et reflète les derniers rayons du soleil. 5354-5355.

À sa vue, l'assemblée fut confusément agitée dans tout l'amphithéâtre, les instruments de musique et les conques résonnèrent de tous les côtés. 5356.

« Voilà, disait-on, le fils charmant de Kountî ! Voilà le troisième des fils de Pândou ! Voilà le fils du grand Indra ! Voilà le sauveur des enfants de Kourou ! » 5357.

« Voilà le plus savant des hommes instruits dans les armes ! Voilà le plus excellent des hommes vertueux ! Voilà celui, qui est un riche trésor de science et de bon naturel au milieu même des gens les plus heureusement nés ! » 5358.

Telles étaient les paroles, que les spectateurs jetaient confusément aux oreilles ; et le sein de Kountî était baigné de larmes, qui se mêlaient, en stillant de ses yeux.

Dhritarâshtra, le plus vertueux des hommes, frappé de ce grand bruit, qui avait rempli ses oreilles, dit, l'âme joyeuse, à Vidoura : 5360.

« Kshattri, quelle est donc la cause de cet immense bruit, pareil à celui de la mer agitée, qui vient de s'élever tout à coup dans l'amphithéâtre et qui semble capable de faire éclater la voûte des cieux ? » 5361.

« C'est Phalgouna, puissant monarque, le fils de Prithâ et de Pândou, répondit Vidoura, qui, revêtu de sa cuirasse est descendu sur l'arêne : telle est ici la cause de ce bruit si grand. » 5362.

« Je suis heureux, je suis favorisé du ciel, reprit Dhritarâshtra, je suis défendu, prince à la haute sagesse, par ces trois feux de Pândou, qu'alluma l'arani[42] de Prithâ ! » 5363.

Aussitôt que l'amphithéâtre eut calmé un peu les transports de sa joie, Bîbhatsou fit voir à son maître sa légèreté à tirer les flèches. 5364.

Il produisit le feu avec le trait d'Agni, il produisit l'eau avec celui de Varouna, il produisit le vent avec le trait de Vâyoa, il produisit les nuages avec celui d'Indra. 5365.

Par la flèche appelée Terrestre, il entra dans la terre ; par la flèche dite de la montagne, il devint lui-même une montagne, et, par la flèche de l'invisibilité, il disparut à tous les yeux. 5366.

Tantôt il est un géant, tantôt il est un nain ; tantôt il est sur le timon, tantôt il est au milieu du char ; tantôt il est descendu sur la terre. 5367.

Ses membres savamment ramassés, il perce de flèches différentes le très-jeune, l'atome, le vieillard, lui, qui est aimé du *vieillard*, son gourou ! 5368.

Il envoya comme une seule flèche cinq traits séparés à la fois dans la gueule d'un sanglier de fer, qui tournait *sur un pivot*. 5369.

Le jeune prince à la grande vigueur plongea comme dans une forte gaîne vingt-et-une flèches dans une corne de vache, qu'un lien tenait suspendue en l'air. 5370.

C'est ainsi qu'habile à manier les javelots, il fit des merveilles avec l'arc, le grand cimeterre, les autres armes, et qu'il décrivit, monarque sans péché, des cercles avec la massue. 5371.

Ces exercices surprenants accomplis, quand la curiosité de l'assemblée commençait à s'émousser, Bharatide, et le son des instruments de musique à languir, 5372.

Un bruit de mains applaudissantes, annonce de force et de grandeur, se fit entendre, semblable à un coup de tonnerre, venant du côté de la porte. 5373.

« Est-ce que les montagnes se fendent ? Est-ce que la terre s'entrouvre ? Est-ce que le ciel se remplit de nuages épais et gros de pluies ? »

Telle fut en ce moment, souverain de la terre, l'opinion de l'amphithéâtre ; et tous les spectateurs alors de tourner la tête vers la porte. 5374-5376.

On vit paraître, environné des cinq nobles frères, Drona, tel que Lunus, entouré des cinq étoiles de la constellation Savitra. 5376.

La vigoureuse centaine de frères, accompagnée d'Açwatthâman, environnait Douryodhana, le meurtrier des ennemis, qui marchait, le front levé. 5377.

La poignée de sa massue à la main, au milieu de ses frères, les armes droites, se pressant autour de lui, il brillait en ce moment tel que Pourandara, environné des troupes immortelles dans le jour, qui vit la perte des Dânavas. 5378.

Quand ces héros lui eurent donné un libre passage, Karna, le conquérant des cités ennemies, entra dans la vaste enceinte, les yeux épanouis d'étonnement. 5379.

Il portait sa cuirasse naturelle, ses boucles-d'oreille illuminaient son visage : armé de son arc et ceint de son effroyable cimeterre, il semblait une montagne ambulante.

Karna aux grands yeux, à la vaste renommée, ce fils de la vierge Prithâ, l'exterminateur des armées ennemies, paraissait bien le fils du Soleil, l'astre aux rayons acérés !

Possédant la force, la vigueur, le courage de l'Indra des éléphants, du souverain des taureaux, du monarque des lions, doué d'une beauté illuminée par des groupes de splendeurs, il ressemblait à la flamme, à la lune, au soleil. 5380-5381-5382.

Jeune, beau, grand, semblable à un palmier d'or, ayant le corps d'un lion, riche de qualités innombrables, fils enfin du Soleil, 5383.

Le guerrier aux longs bras jeta de tous côtés ses regards sur le cercle des spectateurs et ne parut pas tenir en bien haute considération l'autorité de Drona et de Kripa.

Toute l'assemblée demeurait immobile, les yeux fixes, son agitation calmée : « Qui est cet inconnu ? » se demandait-on, saisi de la plus vive curiosité. 5384-5385.

Le plus éloquent des êtres, qui sont doués de la parole, il dit avec une voix profonde comme la voix des nuages, frère à son frère inconnu, fils du Soleil au fils d'Indra :

« Fils de Prithâ, ces exercices supérieurs, que tu viens de faire, je les ferai moi-même sous les regards des hommes *ici rassemblés* : c'est ton tour de m'admirer ! » 5386-5387.

Il n'avait pas encore achevé de parler, ô le plus éloquent des hommes, que déjà de toutes parts l'assistance s'était levée soudain, comme jetée hors des sièges par le jeu d'un ressort. 5388.

Douryodhana aussitôt abandonne son cœur à la joie, monarque des enfans de Manou ; mais la honte et la colère entrent au même instant dans celui de Bîbhatsou. 5391.

Aussitôt que Drona lui en eut octroyé la permission. Rama à la grande force, Karna, à qui les combats étaient continuellement agréables, exécuta les mêmes exercices, que le fils de Prithâ venait d'exécuter là. 5390.

Douryodhana, plein de joie, embrassa, Bharatide, avec ses frères, le *vaillant* Karna, et lui dit ces mots : 5391.

« Sois le bien-venu, héros aux longs bras ! Une heureuse fortune t'a conduit en ces lieux. Le royaume de Kourou et moi, nous sommes à ta disposition ! » 5302.

« J'ai exécuté, ce me semble, tout *ce que j'avais promis*, lui répondit Karna. Je fais choix de ton amitié ; mais je désire, auguste prince, soutenir un combat singulier contre le fils de Prithâ. » 5393.

« Jouis des plaisirs avec moi, dompteur des ennemis ! reprit Douryodhana. Sois le bienfaiteur de tous nos parents, et mets ton pied sur la tête de tous nos ennemis ! » 5394.

Alors s'estimant offensé, le fils de Prithâ dit à Karna, qui se tenait comme une montagne au milieu de cet escadron de frères : 5395.

« Tombant sous mes coups, Karna, tu obtiendras les mondes, réservés à ceux, qui se montrent, sans qu'on les ait appelés ; qui parlent, sans qu'on leur ait adressé la parole ! » 5396.

« Cette lice, répondit Karna, est le domaine de tons : toi seul en es-tu le maître ici, Phalgouna ? C'est la supériorité de vigueur, qui fait les rois ! Le droit obéit à la force !

» Pourquoi, Bharatide, parles-tu avec des injures, qui ne coûtent pas grande peine ? Parle avec des flèches ! Quant à moi, je vais tout à l'heure t'enlever la tête avec les miennes sous les yeux de ton gourou ! » 5397-5398.

Ensuite, reprit Vaîçampâyana, quand Drona lui eut permis cette lutte, le conquérant des villes ennemies, le fils de Prithâ, embrassé à la hâte par ses frères, s'approcha de lui pour le combat. 5399.

Embrassé lui-même par Douryodhana et ses frères, Karna, tenant son arc et portant ses flèches, se montrait impatient de combattre. 5400.

Tout à coup le ciel se couvrit de nuages, fulgurants d'éclairs et résonnants de tonnerres, devant lesquels se dessinait l'arc d'Indra et sur la face desquels une file de grues figurait un sourire. 5401.

Quand il vit le Dieu aux coursiers verts abaisser avec amour ses yeux sur l'arène, le soleil dissipa ces nuages, qui s'étaient approchés de ses rayons. 5402.

D'un côté, on vit donc Arjouna abrité sous l'ombre des nuages ; de l'autre, on vit Karna que le soleil environnait de sa splendeur. 5403.

Dans cette partie de l'arène, où était Karna, s'étaient rangés les Dhritarâshtrides ; dans celle, où était le fils de Prithâ, se tenaient le Bharadwâdjide, Kripa et Bhîshma.

Deux penchants divisaient l'amphithéâtre ; les femmes étaient elles-mêmes partagées en deux sentiments ; la fille de Kountibhodja, sachant la vérité sur le jeune inconnu, était près de s'évanouir. 5404-5405.

Enfin, elle perdit connaissance, et Vidoura, instruit dans tous les devoirs, Vidoura, aidé par les servantes de Kountî, rendit l'usage des sens à la reine, grâce à des eaux de sandal.

Revenue à elle-même, Kountî vit ses deux fils revêtus de leurs armures et dans sa profonde émotion, elle ne vit plus rien autre chose. 5406-5407.

Kripa le Çaradvatide, versé dans tous les devoirs, instruit dans les usages du combat singulier, dit à ces deux rivaux, qui levaient déjà leurs grands arcs : 5408.

« Celui, qui va engager un combat singulier avec ton excellence, *dit-il à Karna*, est un prince né de Kourou, un fils de Pândou et le plus jeune des enfants de Prithâ.

» Dis toi-même ainsi, guerrier aux longs bras, quels sont ta mère, ton père, ta race et les rois puissants, de la famille desquels tu es l'ornement. 5409-5410.

» Quand le fils de Prithâ les connaîtra, il combattra ou non avec toi. Les fils de rois ne combattent point avec ceux, dont les familles trop peu élevées ne garantissent pas les procédés. » 5411.

À ces mots, le visage de Karna, incliné par la honte, sembla tel qu'un lotus affaissé sous une charge d'eau pluviale. 5412.

Douryodhana répondit *pour lui* :

« Atchârya, l'origine des rois est de trois sortes suivant la décision des Çâstras : noblesse de race, héroïsme et commandement des armées. 5413.

» Si Phalgouna ne veut pas combattre avec ce héros parce qu'il n'est pas roi, *eh bien !* je vais le sacrer ici même sur le trône du pays d'Anga. » 5414.

Au même instant, le héros à la grande force, Karna, assis sur un trône d'or, environné d'urnes d'or, pleines de fleurs et de grains frits, est sacré avec les formules des prières, et ceint du diadème des rois d'Anga, 5415.

Au milieu des acclamations de victoire, et sous les emblèmes du parasol, de l'éventail et du chasse-mouche. Vrisha, devenu roi, tint alors ce langage au noble rejeton de Kourou : 5416.

« Que te donnerai-je, tigre des rois, qui soit égal au don de ce royaume ? Parle, sire ! et je le fais à l'instant. » — « Ce que je désire, lui répondit Douryodhana : c'est une amitié sans borne ! » 5417.

A cette parole : « Qu'il en soit ainsi ! » s'écria Karna, tout joyeux. Les deux rois s'embrassent et goûtent une joie suprême. 5418.

En ce moment, la partie supérieure de son vêtement rejetée, couvert de sueur, le corps tremblant, *la bouche ouverte*, comme s'il criait, avec de longues anhélations, entra dans l'amphithéâtre Adhiratha. 5419.

À la vue du royal cocher, Karna, enchaîné par le respect, qu'il devait à son père, abandonne son arc et courbe sa tête devant lui, sa tête humide encore de la rosée du sacre. 5420.

Il couvrit avec émotion les pieds de son père avec un pan de son vêtement : « Mon fils ! » dit le cocher au héros, quand il eut accompli ce devoir. 5421.

Celui-ci embrasse tout ému de tendresse *son fils adoptif*, arrose de ses larmes, cette tête mouillée encore de la rosée du sacre dans la royauté d'Anga ; 5422.

Et son aspect inspirant à Bhîmaséna cette pensée : « C'est le fils d'un cocher ! » il adressa à Karna ces mots pour se moquer : 5423.

« Tu ne mérites pas l'honneur qu'Arjouna te tue dans un combat ! Prends, fils de cocher, prends vite un aiguillon ; c'est l'arme, qui sied à ta famille ! 5424.

» Ô le plus vil des hommes, tu n'es pas moins indigne de posséder le royaume d'Anga que le chien de goûter dans un sacrifice un beurre clarifié, rais auprès du feu sacré ! » 5425.

Ses lèvres un peu tremblantes à ces *amères* paroles, Karna de pousser un soupir et de lever ses yeux vers le soleil, placé sur la voûte des cieux. 5426.

Aussitôt le vigoureux Douryodhana s'élance de colère, tel qu'un éléphant ivre de rut, hors du massif de lotus, que ses frères semblaient former autour de lui ; 5427.

Et jette ces mots à Bhîmaséna aux terribles exploits, ferme devant lui ! « Ventre-de-loup, il ne te sied pas d'avancer une telle parole ! 5428.

» Ce que les kshatryas ont de plus grand, c'est la force. On peut combattre sans déshonneur l'homme, *quel qu'il soit*, parent de la caste des kshatryas. Les rois sont comme les fleuves, dont l'origine est souvent inconnue. 5429.

» Le feu, qui remplit toutes les choses mobiles ou immobiles, est sorti de l'eau ; la foudre, qui donna la mort aux Danavas, a été faite avec les os de Dadhitcha. 5430.

» Le vénérable dieu Gouha lui-même n'est-il pas appelé de ces noms : Agnéya[43], Râaudra[43], Gangéya[43] et fils des Krittikas ? 5431.

» Tels et tels brahmes, suivant la renommée, sont nés de kshatryas : ainsi Viçvamitra et autres se sont élevés d'eux-mêmes à l'immortelle condition de brahmes. 5432.

» Drona, notre maître, est né d'une aiguière, et le Gautamide est né d'un roseau de flèches pour la race de Gautama. 5433.

» Je connais même la naissance de vos altesses. Comment une gazelle aurait-elle enfanté ce tigre, d'une splendeur égale au soleil, avec cette cuirasse naturelle, ces boucles-d'oreille natives et tous ces caractères de royauté, que nous voyons en lui ? 5434.

» C'est un monarque digne, non du royaume d'Anga, mais de l'empire sur toute la terre. S'il est ici un homme, qui s'indigne de mon action, *eh bien !* qu'il bande son arc, soit à pied, soit monté sur un char, à l'encontre de ce héros au bras vigoureux et de moi, prêt à suivre ses ordres ! » 5436-5436.

Alors un grand tumulte s'éleva dans tout l'amphithéâtre et le soleil descendit sur la montagne du couchant, comme s'il approuvait ces cris et disait avec eux : « Bien ! bien ! » 5437.

Le noble Douryodana prit la main de Karna et sortit de l'arène, éclairant l'obscurité de la nuit avec la flamme des lampes. 5438.

Les Pândouides et Drona, et Kripa, et Bhîchma, s'en revinrent tous de compagnie, sire, chacun dans son palais. 5439.

Le peuple s'en retourna, Bharatide, et, dans leurs entretiens, on entendait l'un dire ; « Arjouna ! » celui-ci ; « Karna ! » cet autre : « Douryodhana ! » 5440.

Une joie secrète était née de la tendresse maternelle au cœur de Kountî, qui avait pu voir son fils, révélé par des signes divins, monter sur le trône d'Anga. 5441.

Sa liaison avec Karna eut bientôt dissipé, seigneur, la crainte, qu'Arjouna avait inspirée à Douryodhana même.

Le héros, s'étant reposé des exercices d'armes, qu'il avait exécutés, parla désormais à Douryodhana avec une extrême politesse, et l'opinion d'Youddhishthira fut celle-ci : « Il n'existe pas un archer sur la terre, qui soit égal à Karna ! » 5442-5443.

Le gourou, continua le narrateur, ayant vu que les fils de Pândou et les Dhritarâshtrides avaient complètement acquis la science des armes, pensa que le moment était venu de réclamer le prix des leçons, qu'il avait données.

Drona, l'instituteur des jeunes princes, ayant donc assemblé tous ses disciples, sans en omettre un seul, leur donna cet ordre, puissant monarque, comme honoraire de ses instructions : 5444-5445.

« Faites prisonnier sur le champ de bataille Droupada, le roi des Pântchâlains, et amenez-le moi ! Ce captif sera la plus belle récompense de mes leçons ! » 5446.

« Oui ! » répondirent tous les *jeunes* guerriers, et, montés sur leurs chars, ils se hâtent, Drona les accompagnant, de courir à la conquête du riche prix dû aux enseignements de leur âtchârya. 5447.

Les nobles héros s'avancent, immolant déjà en pensée les Pântchâlains et broyant la ville de ce Droupada à la grande vigueur. 5448.

Douryodhana, et Karna, et Youyoutsou aux vastes forces, Douççâsana, Vikarna, Djalasandha, Soulotchana ;

Ceux-ci et les autres koumâras, aux vastes courages, les plus excellents des kshatryas, se précipitaient, criant à l'envi : « Moi en avant ! moi en avant ! » 5449-5450.

Montés sur les plus rapides chars, les jeunes princes, escortés de leur cavalerie, entrent tous dans la ville *ennemie* et déjà ils s'avancent dans la rue du roi. 5451.

Dans ce même temps, à la nouvelle et à la vue de cette grande armée, le puissant roi du Pântchâla, Yajnaséna, se hâte de revêtir sa cuirasse et sort de son palais, sire, accompagné de ses frères. Tous les enfants de Kourou, à *son aspect*, jettent des cris et l'inondent avec des pluies de flèches. 5452.

Yajnaséna, difficile à vaincre dans une bataille, s'approche des Kourouides sur son char resplendissant et fait pleuvoir sur eux des traits épouvantables. 5453.

Voyant une intempérance d'orgueil emporter les jeunes princes, le fils de Prithâ commence par saluer Drona, son maître, le plus vertueux des brahmes, et lui parle ensuite de cette manière : 5454.

« Quand ils auront jeté tout leur feu, nous alors ! frappons un coup hardi ; car ils ne sont point capables de faire Droupada prisonnier sur le champ de bataille ! » 5455.

Ces mots dits, le vertueux fils de Kountî sort, accompagné de ses frères, et se porte à un demi-kroça de la ville. 5456.

À la vue des Kourouides, le monarque ennemi porta sa course de tous les côtés, et sema l'égarement au sein de leur armée avec une grande multitude de flèches. 5457.

Quoiqu'il fût seul dans son char, la terreur fit penser aux Kourouides qu'il était multiple dans cette bataille, si grandes étaient sa hâte et son activité. 5458.

Droupada fit parcourir toute l'atmosphère à ses flèches épouvantables. Ensuite, puissant monarque, les conques, les timbales, les tambours de résonner par milliers dans la ville des Pântchâlains ; les magnanimes citadins de pousser leurs cris de guerre ; et le vaste bruit de la corde des arcs alla toucher la voûte du ciel. 5459-5460.

Douryodhana, Vikarna, Soubâhou, Dirghalotchana, et Douççâsana de les inonder pleins de colère avec des averses de flèches. 5461.

Tout couvert de blessures, le héros issu de Prishat, invincible dans les combats, dissipa ces armées, Bharatide, à l'instant même. 5462.

Circulant partout, comme un tison ardent, qu'on fait pirouetter, il rassasia de flèches Douryodhana, et Vikarna, et Karna à la grande vigueur, et une foule de héros, fils de rois, et les différentes armées. 5463.

Alors tous les citadins fondirent avec des massues et des bâtons sur les Kourouides, comme des nuées, qui versent leurs pluies. 5464.

À peine entendu ce combat tumultueux, les habitants de la ville, enfants et vieillards, courent sur les Kourouides : poussant des cris, vociférant, ils se précipitent sur les fils de Kourou et les fils de Pândou. 5465.

Les cris de leurs compagnons en détresse viennent frapper les oreilles des Pândouides : aussitôt ils s'inclinent devant Drona et montent sur leurs chars. 5466.

Phalgouna se hâte d'arrêter l'*aîné* des Pândouides, Youddhishthira : « Ne combats pas ! » lui dit-il ; ensuite, il met *les deux ailes* de l'armée sous le commandement des jumeaux, fils de Mâdrî. 5467.

Bhîmaséna, sa massue au poing, marchait toujours à la tête de l'armée. Le Prithide sans péché entend le tumulte des ennemis et s'avance rapidement, escorté de ses frères, dans son char de guerre, dont le bruit fait retentir les plages du ciel. 5468.

Alors Bhîmaséna aux longs bras, tel qu'un crocodile entre dans la mer, se plonge, la massue à sa main, et semblable au Dieu de la mort, dans l'armée des

Pântchâlains, dont le fracas imite les mugissements de l'Océan, soulevé par la tempête. 5469.

Bhîma, expert dans les combats et sans égal pour la force du bras, ce fils de Kountî, sa massue au poing et portant les formes de la Mort, courut seul contre l'armée des éléphants et les abattit sous les coups de sa *terrible* massue. 5470.

Ces pachydermes, semblables à des montagnes, versaient des fleuves de sang ; et les éléphants, dont la massue de Bhîmaséna avait rompu la sphère de la tête, tombaient sur la terre comme des sommets renversés par un coup de la foudre. 5471.

Le Pândouide abattit les chars, les chevaux et les éléphants : hommes de pied ou guerriers montés sur des chars, le frère aîné d'Arjouna massacrait tout indistinctement. Tel que le pâtre dans un bois fait marcher devant lui avec un bâton son troupeau de bétail ; ainsi Vrikaudara chassait les éléphants. 5472-5473.

Phalgouna, le troisième fils de Pândou, continua le narrateur, se hâtant de faire ce qui était agréable au fils de Bharadwâdja, s'avança contre le rejeton de Prishat en lui décochant une multitude de flèches. 5474.

Flamboyant comme le feu à la fin d'un youga, il abattait de tous les côtés, sur le champ de bataille, sire, des foules de chevaux, des foules de chars, des foules d'éléphants. Maltraités par le fils de Prithâ, les Pântchâlains, accoutumés à vaincre, l'inondent à la hâte, de toutes parts, avec des flèches de toutes les espèces. 5476-5476.

Poussant de leur bouche le rugissement du lion, ils attaquent le *brave* Pândouide : ce fut un combat épouvantable, un spectacle merveilleux au plus haut degré ! Le fils d'Indra s'en indigne et à leur cri de guerre il répond avec son cri de guerre. 5477.

Kirîti poursuivait les Pântchâlains avec vigueur sur le champ de bataille, les couvrait d'une grande multitude de flèches et les jetait dans le vertige. 5478.

Encocher sans cesse et décocher rapidement ses dards : on voyait l'illustre fils de Kountî faire l'une et l'autre chose, sans que le moindre intervalle séparât ces deux actions. 5479.

Les cris de guerre s'élevaient, mêlés aux applaudissements. Tout à coup le roi des Pântchâlains, accompagné de Satyadjit, 5480.

Courut sur lui rapidement, tel que Çambara jadis fondit sur Mahéndra. Mais le Prithide, de même qu'un grand lion brûle de tuer un éléphant, chef d'un troupeau, couvrit le Pântchâlain d'une épaisse averse de flèches. Les cris de : Hâ ! hâ ! surgissent dans l'armée Pântchâlaine. 5481-5482.

Satyadjit, qui possédait la force de la vérité, voyant le fils de Prithâ s'avancer, se précipita vers Dhanandjaya pour défendre le roi des Pântchâlains. 5483.

Rien n'aurait pu empêcher les armées de s'émouvoir à l'aspect d'Arjouna et du Pântchâlain, qui, tels qu'Indra et Bali, s'élançaient l'un vers l'autre au combat. 5484.

Soudain le Prithide blessa fortement et profondément Satyadjit avec dix flèches douloureuses : ce fut comme un prodige. 5485.

Le Pântchâlain harcela ce héros avec des centaines de flèches, et le fils de Prithâ inonda son ennemi avec une pluie de ses dards, 5486.

Doué d'une grande agilité, il déploya ce don ; il trancha la corde, il brisa l'arc de Satyadjit et put alors s'avancer contre le roi de Pântchâla. 5487.

Mais Satyadjit, saisissant un nouvel arc, blessa rapidement le Prithide, malgré son agilité supérieure, avec son cocher, ses chevaux et son char. 5488.

Malmené par le Pântchâlain dans ce combat, le fils de Prithâ s'en indigne, et d'une main prompte lui envoie des flèches pour le tuer. 5489.

Sans employer d'autres armes que des arcs humains, il frappe mainte et mainte fois ses coursiers, son drapeau, son arc, son poing, son cocher même et son écuyer. 5490.

Enfin *l'ennemi* vaincu tourne le dos au combat avec ses chevaux séparés. Quand il voit Satyadjit se retirer du champ de bataille, 5491.

Le roi déchaîne avec une grande vitesse une pluie de flèches contre le fils de Pândou : ce fut un terrible combat, ô le plus éminent des victorieux, qu'Arjouna eut alors à soutenir. 5492.

Le fils de Prithâ lui rompt son arc, abat son drapeau sur la terre, et lui blesse avec cinq flèches ses coursiers et même son cocher. 5493.

Alors, il jette son arc, accoutumé à ne recevoir que des flèches excellentes ; il met le cimeterre à la main et, poussant un cri de guerre, 5494.

Il s'élance tout à coup et saute sur le timon du char, où se tenait le roi des Pântchâlains. 5495.

Monté dans le char du monarque, l'intrépide Dhanandjaya le saisit, comme on arrête un éléphant, qui vient de troubler les eaux d'un étang ; 5496.

Et tous les Pântchâlains de s'enfuir aux dix points de l'espace. 5497.

Quand il eut ainsi fait voir à tous les guerriers la force de son bras, Dhanandjaya pousse un cri de victoire et sort du champ de bataille. 5498.

À la vue d'Arjouna, qui marchait *avec son prisonnier,* les jeunes princes se mirent de compagnie à broyer la ville du magnanime Droupada. 5499.

« Droupada est parent des héros de Kourou, dit Arjouna : ne le tue pas, Bhîma ! Que ce riche don soit offert au gourou. » 5500.

Bhîmaséna, sire, qu'Arjouna arrêtait ainsi, Bhîmaséna, *que ta ruine de la ville n'avait pas* rassasié des droits de la guerre, s'abstint *néanmoins de tuer le prisonnier.*

Les jeunes Kourouides et Pândouides offrirent en présent à Drona, puissant Bharatide, Yajnaséna-Droupada, tombé dans leurs mains avec ses ministres sur le champ de bataille. 5501-5502.

Drona alors de fixer les yeux de son esprit sur *les causes de son inimitié ; puis, de tenir ce langage à Droupada, de* qui l'orgueil était brisé, les richesses enlevées et la liberté perdue : 5503.

« Maintenant qu'il a suffi d'un instant pour broyer ta ville et briser ton royaume, maintenant que ta vie fut remise entre mes mains par les ennemis, qui t'ont fait prisonnier, à quoi bon te targuer d'une ancienne amitié, quand les conditions ne sont pas les mêmes ? » 5504.

Après qu'il eut dit ces mots et qu'il se fut un peu raillé de lui, il ajouta ces paroles : « Ne crains aucun danger pour ta vie, héros ! Nous autres, qui sommes des brahmes, nous avons de la patience. 5505.

» Je me suis amusé avec toi dans notre enfance à l'hermitage *de mon* père ; ces jeux ont accru mon inclination naturelle et mon amitié pour toi. 5506.

» Je te demanderai encore ton amitié, noble roi ; je t'accorde une grâce, sire : accepte en présent la moitié de ton royaume. 5507,

« Un homme, qui n'est pas roi, as-tu dit, ne mérite pas d'être l'ami d'un roi ; » c'est vrai, Yajnaséna, et c'est pour cela que je me réserve une part dans ton royaume.

» Règne sur la contrée au midi, moi je régnerai sur le pays au nord du Gange, et regarde-moi comme ton ami, si tel est aussi ton sentiment. » 5508-5509.

Droupada lui répondit :

« Cette conduite, brahme, n'a rien, qui étonne en des âmes héroïques et magnanimes. Je m'en félicite, et mon désir est de renouer avec toi une éternelle amitié. » 5510.

A ces mots Drona le remit en liberté, noble Bharatide, le traita d'une âme satisfaite comme son hôte, lui rendit la moitié de son royaume 5511.

Et lui donna, sur la rive de la Gangâ, Makandî aux grasses campagnes. Dès lors, humilié dans son orgueil, Droupada fit de Kâmpilya sa résidence et sa capitale. 5512.

Il régna sur les Pântchâlains méridionaux jusque sur les bords de la rivière Tcharmanvatî. C'est ainsi que Droupada fut sauvé par l'anachorète, qu'il avait méprisé. 5513.

Il ne vit pas la défaite du brahme par la force de kshatrya, et reconnut que le kshatrya n'avait pas la force du brahme. 5514.

Désirant la naissance d'un fils, Drona parcourut la terre ; il arriva dans la contrée d'Ahitchhatra. 5515.

C'est ainsi qu'il reçut d'Arjouna, sire, qui l'avait conquise, les armes à la main, la ville d'Ahitchhatrâ, avec ses *belles* campagnes. 5516.

Une année s'étant écoulée, seigneur, Dhritarâshtra, considérant la solide amitié, la compatissance aux peines de ses domestiques, la droiture, l'humanité, la patience, la fermeté et la constance d'Youddhishthira, fit reconnaître comme prince héréditaire ce fils de Pândou. 5517-5518.

Après un long espace de temps, ce fils de Kountî éclipsa la gloire de son père, grâce à ses observances, sa conduite, son excellent naturel. 6619.

Le fils de Pândou, *Bhîma* au ventre de loup acquit une science immortelle sous la direction de Sankarshana dans les combats à l'épée, dans les combats à la massue, dans les combats de char. 5520.

Son instruction achevée, Bhîma, qui était l'égal de Dyoutmaséna pour la force et connaissait l'essence des flèches, des bhallas, des traits en fer et des kshouras, marchait dans l'empire sur ses frères en vigueur et fermeté du poing, en vitesse, en habileté à percer *un ennemi*. 5521-5522.

« Il n'existe personne au monde, qui soit l'égal de Bîbhatsou en légèreté, en excellence ! » Telle était l'opinion fixe de *l'anachorète* Drona. 5523.

Celui-ci dit un jour à Goudâkéça dans l'assemblée des Kourouides : « Mon maître fut jadis le disciple du saint Agastya, dans la science de l'arc. 5524.

» On l'appelait Agnivéça et je fus son disciple, rejeton de Bharata. Mes efforts tendaient sans cesse à faire sortir un progrès à venir d'un progrès obtenu, aussi mon exactitude à mes devoirs fût-elle récompensée par le don de cette arme, qui n'est jamais vaine, qui ressemble au feu, qui est nommée la Tête-de-Brahma et qui suffirait à consumer la terre elle-même. 5525.

» Mon instituteur me dit, seigneur, en me donnant cette arme : « Fils de Bharadwâdja, il ne faut pas décocher ce trait sur des hommes de petite force. 5526.

» Tu as mérité cette flèche, héros ; mais un autre n'en est pas digne. Il faut observer cette condition, souverain des hommes, établie par le saint anachorète : 5527.

« Donne-la sous les yeux de tes frères à un âtchârya comme prix de ses leçons. » — « Je la donnerai ! » promit Arjouna ; et son gourou lui dit encore : 5528.

« Il t'est permis de lutter avec moi sur un champ de bataille, vertueux jeune homme, si je combats *dans un parti opposé au tien.* » — « Oui ! » répondit le héros des Kourouides, qui prit les pieds de son maître, les embrassa et partit pour la contrée septentrionale. 5529.

Le bruit de ce qu'il était devenu, *grâce à la science*, remplit toute la terre jusqu'à la ceinture de ses mers : « Il n'est pas au monde un archer quelconque, disait-on, égal à Arjouna ! » 5530.

Dhanandjaya, ce fils de Pândou, était un guerrier accompli dans les combats à la massue, dans les combats à l'arc, dans les combats à l'épée, dans les combats au char. 5531.

Le grand politique Sahadéva, quand il eut obtenu toute la science politique du souverain des Dieux, n'en continua pas moins à vivre sous l'empire de ses frères. 5532.

Ils aimaient tous Nakoula, que Drona lui-même avait pris soin d'élever : c'était un guerrier habile dans les divers genres de combats et supérieur dans l'art de conduire un char. 5533.

Saâuvira, qui avait célébré le sacrifice de trois années, fut tué sur le champ de bataille dans la guerre des Gandharvas par les fils de Prithâ, ayant à leur tête Arjouna.

Celui-ci rangea sous leur domination le monarque des Yavanas, que le vigoureux Pândou même, sire, n'avait pu réduire sous sa puissance. 5534-5535.

Le prudent fils de Prithâ immola un roi de Souvira, nommé Vitoula, doué d'une immense vigueur et toujours orgueilleux à l'encontre des enfants de Kourou. 5536.

Arjouna mit le joug de ses flèches sur un prince du Souvira, nommé Soumitra ; il en dompta un autre, appelé Dattamitra, qui s'était résolu à la guerre. 5537.

Aidé seulement de Bhîmaséna, Arjouna vainquit tous les peuples de l'aurore en bataille et, monté sur un seul char, il défit une myriade de chars ! 5538.

Ensuite affrontant la région du midi avec un seul char, Dhanandjaya la conquit et répandit sur le royaume de Kourou un fleuve de richesses. 5539.

C'est ainsi que jadis tous ces magnanimes fils de Pândou, les plus grands des hommes, ont augmenté leur royaume des royaumes conquis sur les ennemis. 5540.

Mais alors qu'il eut ouï dire la force irrésistible de ces vigoureux archers, les sentiments du roi Dhritarâsthtra à l'égard des Pândouides en furent bientôt altérés ; 5541.

Et, plongé dans ses pensées, il'ne pouvait goûter le sommeil dans la nuit. 5542.

Quand il eut appris, continua le narrateur, que les héros, fils de Pândou, avaient une grande vigueur et possédaient une force prééminente, le puissant roi, malade d'inquiétudes, s'abîma dans les soucis. 5543.

Dhritarâshtra fit donc appeler Kanika, son brahme, le meilleur de ses conseillers, le plus instruit des hommes versés dans les matières, que traite le Livre des rois, et lui dit ces paroles ; 5544.

« Les fils de Pândou sont puissants, et je m'en irrite sans cesse, ô le plus grand des brahmes. Dis-moi les raisons, qui militent pour la paix ou la guerre ; je ne puis en trouver de plus assurées nulle part, Kanika ; je suivrai ton avis, a 5545.

À cette question du monarque, le brahme éminent à l'âme sereine lui répondit avec ce langage incisif, qui mettait devant ses yeux les choses du Traité des rois :

« Écoute, roi sans péché, ce que je vais dire ici ; et, quand tu l'auras entendu, ô le plus vertueux des enfants de Kourou, ne veuille pas t'en indigner contre moi ! 5546-5547.

» Que la verge soit toujours levée, que l'énergie soit toujours visible : que, toujours bien couvert, on regarde ce que les ennemis laissent à nu, et qu'on observe leur côté faible. 5548.

» Que l'ennemi ne voie pas le défaut de ta cuirasse ; attaque l'ennemi par le défaut de la sienne, et mets à l'abri ton côté faible, comme la tortue cache ses membres. 5549.

» Toute chose une fois commencée, que jamais elle ne soit mal exécutée ; car une épine mal coupée enfante une longue douleur. 5550.

» On est loué pour détruire des adversaires malfaisants. Qu'on utilise à propos chaque infortune d'un ennemi pour verser les défaites sur un rival au grand courage et la fuite irrémédiable sur un ennemi aux batailles jusque-là heureuses. Il ne faut d'aucune manière, auguste roi, dédaigner un ennemi, tout faible soit-il : un petit feu brûle un bois entier, de proche en proche. 5551-5652.

» Il faut savoir être aveugle quand le temps exige la cécité. Point de faiblesse *au réveil !* Qu'on s'arme d'un arc à la soif insatiable et qu'on dorme le sommeil des gazelles !

» Annulez avec des caresses et les autres moyens un ennemi, qui se tient sous votre puissance ; mais n'exercez aucune pitié à l'égard du vaincu, qui implore merci.

» On vit de cette manière dans la sécurité, car un ennemi tué ne donne plus d'inquiétudes. Paralysez avec des présents un ennemi et le roi, qui jadis vous a fait du mal. 5553-5564-5555.

» Immolez, dit-on, par tous les côtés de l'ennemi trois, cinq, sept ; coupez toujours dès le principe la racine de l'armée ennemie, et faites-vous ensuite des alliés de tous vos ennemis. 5556.

» Dans un royaume, dont la racine est coupée, tous ceux, dont elle nourrissait la vie, périssent. Comment des branches continueraient-elles à vivre dans un arbre, dont la racine est coupée ? 5557.

» Que l'on applique son attention, qu'on se tienne sans cesse à couvert ; qu'on observe les prises, qu'un autre peut donner sur lui, et qu'on marche toujours avec précaution au milieu des ennemis. 5558.

» Endormez le monde avec des cérémonies devant le feu sacré, avec des cheveux rattachés en gerbe, des vêtements rougis à l'ocre, des peaux d'antilope noire ; ensuite précipitez-vous comme un loup *dévorant* ! 6559.

» C'est avec la fourche, qu'on purifie *l'étable*, dit un de ces adages, qui font vivement comprendre les choses. On commence par faire courber les branches avant d'en faire tomber tous les fruits mûrs. 5560.

» Commencer une chose, c'est pour les gens habiles dans le monde, *préparer un arbre* à rapporter des fruits.

» Portez un ennemi sur vos épaules tant que le moment favorable n'est pas arrivé ; puis, au temps révolu. brisez-le comme on casse une cruche d'argile avec une pierre. 5561-5562.

» Il ne faut pas relâcher un ennemi, quelque touchantes paroles, qu'il vous dise. Soyez pour lui sans pitié ; on doit tuer *sans scrupule* un être malfaisant. 5668.

» Détruisez un ennemi ou par des caresses ou par des largesses, soit en semant la division chez lui, soit en usant de la force : employez pour le détruire tous les moyens. »

« Comment, interrompit Dhritarâshtra, peut-on détruire un ennemi par les caresses, les présents, la division ou la force ouverte ? Dis-moi cela suivant la vérité. » 5564-5565.

» Écoute, grand roi, lui répondit Kanika, l'aventure exacte d'un chacal, qui jadis vécut dans les bois et dont le regard embrassait les choses des Traités de politique.

» Il était un chacal, qui avait terminé ses études et qui, docteur en ses affaires, habitait avec *quatre* amis : un ichneumon, un loup, un rat et un tigre. 5566-5567.

» Ils virent dans la forêt une vigoureuse gazelle, chef d'un troupeau, et, n'ayant pu la prendre, ils délibérèrent en conseil. 5568.

« Tigre, dit le chacal, tu as cherché plus d'une fois avec de grands efforts à la tuer dans ces bois ; mais toujours en vain ; car elle est jeune, douée d'une *admirable* vitesse et pourvue d'intelligence. 5669.

» Que le rat s'en aille ronger la corne à deux de ses pieds, tandis qu'elle dormira ; ensuite, ne pouvant plus courir avec ses pieds mangés, que le tigre fasse d'elle sa victime. 5570.

» Puis, nous la mangerons tous, l'esprit en joie ! » Eux alors de suivre ponctuellement ce conseil du chacal ; 5572.

Et le tigre de tuer la gazelle, dont le rat avait mangé les pieds. Quand il vit le corps de l'animal étendu sans mouvement sur la terre : « Allez prendre le bain, s'il vous plaît, et revenez, dit le chacal ; moi, pendant ce temps, je garderai le gibier. » 5572.

» À ces mots, tous s'en vont à la rivière ; et le chacal se met dans l'attitude d'une personne absorbée dans ses pensées. 5673.

» Le tigre à la grande force, s'étant baigné, revint le premier et vit son ami, l'âme plongée dans la rêverie. 5574.

« Pourquoi as-tu l'air si triste, *camarade* à la grande science, le plus intelligent de nous tous ? lui demanda le tigre. Quand nous aurons fait de cette viande un bon festin, nous nous amuserons ! » 5575.

» Le chacal répondit :

» Écoute-moi te répéter, roi puissant des gazelles, ce que m'a dit le rat : « Je me moque de la force du tigre ; c'est moi, au fait, qui ai tué la gazelle aujourd'hui. 5576.

» Tombé sous la force de ma patte, je vais dans un moment le rassasier de manière qu'il n'aura plus jamais faim ! » Cette menace du rat m'a fait passer l'envie de toucher à ce manger. » 5677.

« S'il a parlé ainsi, coureur des bois, reprit le tigre, maintenant que je suis averti, je le tuerai, s'il tombe sous la force de ma patte ; 5578.

» Ensuite, je reviendrai manger la viande ici. » Aussitôt il s'en alla *chercher le rat* dans la forêt. 5579.

» Dans le même temps, arrive celui-ci ; à peine entré, le chacal s'approche de lui et dit : 5580.

« Écoute, rat, s'il te plaît, ce que m'a dit l'ichneumon :

« Je ne veux pas manger de la chair de cette gazelle ; je n'ai pas envie d'être empoisonné. 5581.

» Je mangerai le rat, si ta seigneurie m'approuve. » À ces mots, le rat épouvanté entra vite dans un trou. 5582.

» Cela fait, sire, arrive, sortant du bain, le loup, à qui, dès son entrée, le chacal adresse ces paroles ; 5583.

» Ce roi des quadrupèdes, *le tigre* est en colère ; il ne sera pas bon pour toi… Mais… le voilà, qui revient ici avec son épouse… Sauve-toi vite ! » 5584.

» Poussé ainsi par le chacal, le loup, mangeur de chair, fait un bond et s'enfuit. 5685.

» Dans l'instant même se présenta l'ichneumon, auquel, puissant roi, ces mots furent dits par le chacal : 5586.

« J'ai vaincu *tes compagnons et les miens*, venus l'un après l'autre ; ils ont succombé sous la force de ma patte. Livre-moi aussi un combat singulier, et tu mangeras cette viande à ton gré ! » 5587.

» L'ichneumon répondit :

« Puisque tu as vaincu tous ces héros : le roi des quadrupèdes, le loup et même l'intelligent rat, tu es donc plus fort qu'eux. 5588.

» Je ne puis alors combattre avec toi ! » Ces paroles dites, il décampa. Eux partis de cette manière, le chacal, d'une âme joyeuse, mangea seul cette chair, qu'il devait à l'invention de son ingénieux stratagème.

» Le roi, qui prendra cette conduite pour sa règle, avancera d'un progrès continuel. 5589-5690.

» Qu'il brise le timide avec la crainte ; le héros vaillant avec les démonstrations du respect, l'avare avec des présents et le faible avec sa force. 5591.

» Maintenant que tu as entendu ces règles, écoute, sire, une autre chose. Le roi, qui aspire à la prospérité, doit supposer que son fils, son frère, son ami, son père lui-même, ou son instituteur spirituel, sont au rang de ses ennemis. 5592.

» Détruisez vos ennemis, celui-ci par des serments jurés, celui-là par des présents. Si le doute de *votre sincérité* les tient l'un et l'autre en méfiance, ne craignez pas d'employer le poison ou le sortilège : c'est ainsi que s'accroît la puissance d'un roi, qui a foi *dans ces moyens*. 5593.

» La parole d'un gourou orgueilleux, engagé dans une mauvaise route, mais connaissant la chose, qu'on doit faire ou ne pas faire, mérite elle-même d'être écoutée. 5595.

» Irrité, ne prenez jamais les formes de la colère ; mettez le sourire en avant des paroles et ne repoussez jamais quelqu'un avec une apparence de colère. 5596.

» Êtes-vous sur le point d'attaquer, ou même attaquez-vous, fils de Bharata, ne laissez pas de dire une parole amicale ; le combat fini, témoignez de la pitié, affligez-vous et pleurez. 5597.

» Rassurez l'ennemi avec des manières, qui respirent l'utile, le juste, l'aimable ; ensuite, faites-lui la guerre à propos, quand le sol remue sous ses pas. 5598.

» Coupable d'une grande offense, demeure-t-il fidèle au devoir, où il s'est converti, sa faute reste cachée, comme le sommet d'une montagne par de sombres nuages, 5599.

» Mettez le feu à la maison de l'homme, qui a subi la peine capitale ; ne versez pas des parfums dans vos royaumes sur les voleurs, les athées et les gueux. 6600.

» Comme un alligator aux dents aigües, noyez avec assurance vos ennemis, abusés par toutes les sortes de politesse : l'empressement à vous lever, l'offre d'un siège et maints dons ou présents. 5601.

» Méfiez-vous même d'un roi, qui est sans méfiance ; mais on ne saurait trop se méfier d'un voisin méfiant ; le danger, que fait naître l'assurance, coupe les racines d'un trône. 5602.

» Ne vous fiez pas à celui, qui ne vous accorde pas sa confiance ; ne vous fiez même pas trop à celui, qui vous donne la sienne : le danger, qui est fils de la confiance, peut couper les racines d'un trône. 5603.

» Sachez disposer habilement vos émissaires dans l'intimité d'un monarque ennemi : associez-vous dans les royaumes de l'étranger les faux dévots, les hérétiques et les autres gens *de même espèce*. 5604.

» Faites parcourir *à vos agents* les jardins publics, les promenades, les temples des Dieux, les tavernes, les grandes rues, et tous les tîrthas mêmes, les cours des maisons, les puits, les montagnes, les forêts, les assemblées et toutes les rivières. 5605.

« Soyez de langue un *marbre* bien poli, mais le tranchant d'un rasoir par le cœur. Qu'un sourire devance la parole, quand vous couvez dans la pensée un dessein épouvantable. 5606.

» Porter les mains réunies aux tempes, jurer des serments, flatter, saluer du front à terre les pieds d'un rival, prodiguer les espérances : voilà ce que doit faire l'homme, qui aspire à la prospérité. 5607.

» Soyez tout couvert de fleurs, mais sans fruits ; ou, si vous portez des fruits, qu'on ne puisse y atteindre. Soyez au-dehors semblable à un fruit mûr ; mais soyez au-dedans un fruit vert et qu'on ne puisse jamais vous digérer. 5608.

» Il y a dans les trois buts de la vie humaine une oppression trijumelle et trois parties d'un même faisceau : réunies, sachez-le, elles sont chose excellente ; mais évitez la tyrannie de l'une au détriment des autres. 5609.

» L'homme, qui suit le devoir, sent lui-même sa tyrannie ; il est enchaîné par lui sur les deux autres points. L'argent est un tyran pour celui, que l'avarice aveugle : l'amour en est un autre pour l'homme, qui donne à cette passion trop d'empire sur lui-même. 5610.

» L'âme pure, sans orgueil, attentive, la bouche sans invectives, la flatterie à vos lèvres, les yeux fixés sur l'utile, délibérez avec les brahmes. 5611.

» Arrachez d'un geste épouvantable ou même doux une âme consternée, et remplissez avec capacité le devoir *des rois*.

» L'homme, qui n'est pas monté haut, ne voit que des choses heureuses, et les dangers ne se montrent pas à ses yeux ; mais, s'il est monté plus haut dans la vie, c'est alors qu'il aperçoit au loin des périls. 5612-5613.

» Honni soit le souverain, qui emploie son intelligence à consoler, disant à l'un : « C'est une chose passée ! » à l'ignorant : « C'est un événement, qui ne s'était pas encore vu ! » au savant : « C'est une de ces choses, que le temps ramène dans ses révolutions ! » 5614.

» Le roi, qui, la paix conclue avec son ennemi, s'endort comme s'il n'avait plus rien à faire, ressemble à un homme, qui s'est endormi à la cime d'un arbre et que sa chûte réveille à terre. 5615.

» Employez toujours vos efforts sans paroles d'impatience à bien cacher vos desseins et, sous la garde de vos émissaires, conservez les apparences de la sécurité. 5616.

» On ne parvient pas à une haute prospérité, si l'on n'a brisé les membres des ennemis, si l'on n'a consommé des actes épouvantables, si l'on n'a tué comme un pêcheur tue ses poissons. 5617.

» L'armée de vos ennemis est-elle harassée, malade, inondée, sans fourrage, sans eau, sans défiance, fourvoyée et sans lumière, fondez sur elle *sans tarder*. 5618.

» Un mendiant ne va pas demander l'aumône à un mendiant ; on ne se réunit pas en conseil pour une chose terminée ; ne laissez donc rien sans l'avoir conduit à bonne fin. 5619.

» Dans les délibérations et dans la guerre, il faut déployer ses efforts sans maudire *sa peine*. L'homme, qui désire le succès, doit y consacrer tous les efforts de son activité. 5620.

» Que les ennemis et vos amis eux-mêmes ne pénètrent pas vos desseins : à peine ont-ils vu la chose commencée, qu'ils la voient complètement terminée. 5621.

» Tant que le danger n'est pas venu, marchez avec précaution ; mais, une fois le péril arrivé sous vos yeux, affrontez-le sans crainte. 5622.

» L'homme, qui répand ses faveurs sur un ennemi courbé par le bâton, doit accepter la mort, tel qu'une jument reçoit le germe *d'un étalon*. 5623.

» Voyez comme si elle était déjà présente la chose, qui n'est pas encore venue, et gardez qu'il ne vous échappe pas la moindre cause par faute de prévoyance. 5624.

» Après qu'il aura fait la part du lieu, du temps, du destin, des trois buts, qu'on se propose dans la vie humaine, l'homme, qui désire le succès, doit y consacrer toute son activité. 5625.

« Sachez, dit la doctrine, que le temps et le lieu sont des instruments pour l'émancipation finale. » 5626.

» Un ennemi, que l'on néglige enfant, pousse des racines, comme un palmier : c'est un petit feu, allumé dans un bois, où il ne tarde pas à devenir grand. 5627.

» L'homme, qui d'abord ne brûle que lui-même, comme un faible tison, grandit ensuite et dévore un empire, quelque grand qu'il soit. 5628.

» Donnez une espérance, dont *l'accomplissement* exige du temps ; faites naître dans ce temps un obstacle ; dites que l'obstacle vient d'un prodige ou que le prodige vient de cette cause. 5629.

» Que le temps devienne en s'accomplissant un rasoir bien effilé, qui tranche les existences ; et que *votre main* cachée coupe autour *de la face* vos ennemis, en leur faisant la barbe. 5630.

» En te conduisant à l'égard des Pândouides et des autres suivant la convenance, prends garde, noble enfant de Kourou, à ne pas te noyer : exécute ainsi l'affaire.

« L'homme, qui jouit de toutes les prospérités, est aussi le meilleur ; » c'est un axiôme. Défends-toi, puissant roi, contre les fils de Pândou : ils sont forts, ces Pândouides, par cela même qu'ils sont les fils de ton frère. Adopte un plan de conduite tel, monarque des hommes, que tu n'aies pas à t'en repentir dans la suite. » 5631-5632-5633.

Après qu'il eut parlé ainsi, reprit Vaîçampâyana, Kanika s'en revint à sa maison, et le chagrin se mit à ronger le cœur du noble Dhritarâshtra. 5634.